2026

브랜드 만족 1위

9급 공무원 시험대비

박문각
공무원

특별판

지금까지의 필기노트는 잊어라!

한눈에 보기 편한 세로형 필기노트

핵심을 간추린 해법요람과 한국사 주제별 총정리

가독성을 높인 본문과 QR코드 해법 미니 강의

노범석 편저

노범석
한국사 ★★★★★ 필기노트

이 책의 **구성과 특징**

✦01 보기 불편한 가로형은 가라!

수험생을 고려한 세로형 필기노트

강의 판서를 옮겨 놓은 형태인 기존의 한국사 필기노트, 정작 수험생이 보기에는 불편합니다.
그래서 과감하게 세로 형태로 만들었습니다!

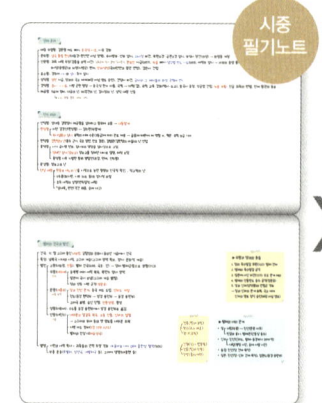

✦02 필기노트 속 필기노트

해법 요람

한국사 주요 내용을 간추린 해법 요람(要覽)!
요람으로 기본을 잡고! 시험 직전 요람으로 마무리!

✦03 주요 기출 주제 표시

필기노트 속 기출필수코드

기출 빈출 주제들에 기출필수코드 표시!(더 중요한 주제는 별표 표시!)

✦04 복잡하지 않은 단순한 구성으로

가독성을 높인 본문

기본 내용은 검정색 중요 내용은 빨강색
심화 내용은 파랑색 부연 설명은 갈색

✦05 놓치기 쉬운 주제·개념들을

꼼꼼히 챙긴 포스트잇

필수 내용과 심화 내용은 물론 시험에 자주 나오는 중요 사료, 암기법과 문제 접근 방법까지!

▶ 청동기 시대 계급의 발생

생산력 증가
↓
잉여 생산물
↳ 차등 분배
빈부 격차
(사유 재산)
↓
계급 분화 ┌ 外 고인돌, 청동기(위신재)
         └ 內 선민 사상, 국가 출현

△ 탁자식(북방식) 고인돌

▶ 조선의 혼인 풍습

• 일부일처제(but 축첩 가능)
• 처와 첩에 대한 차별 엄격
  (서얼: 문과 응시 ×, 제사·상속 차별)

◉ 『동국통감』 서문

일찍이 세조께서, "우리 동방에는 비록 여러 역사책이 있으나 장편으로 되어 귀감으로 삼을 만한 것이 없다."라고 말씀하시고 …

✦06 필기노트만으로 채워지지 않은 2%,

해법 코드 미니 강의로 완성!

해법국사 APP과 연동!
필요한 부분만 골라
해법 QR 코드를 찍어라!

2026년 노범석 한국사
필기노트 강의 + 추가 컨텐츠

9월 | **2026 노범석 한국사 기출문제 다잡기**
[한국사 기출문제 강의]

▼

11월 | **2026 노범석 한국사 필기노트 특강**
[교재: 노범석 한국사 필기노트]

▼

11월 | **2026 노범석 한국사 기출 필수 코드**
[핵심요약+단원별 실전 문제풀이 강의]

▼

1월 | **2026 국가직 9급 대비 동형 모의고사**
15시간에 끝장내는 한국사 파이널 특강
[교재: 노범석 한국사 필기노트]

▼

3월 | **2026 지방직·서울시 대비 동형 모의고사**

오직 노범석 한국사
필기노트 특강에서만 제공!

복습용 빈칸 페이퍼

• 매시간 테스트 실시
• 핵심만 간추린 빈칸 자료

압도적인 퀄리티!
오직 노범석 필기노트에만 있는 한국사 핵심 총정리

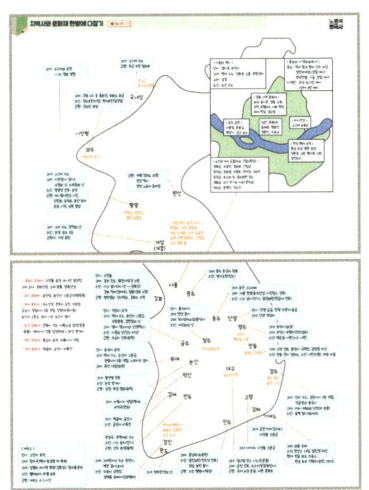

✓ 지역사·지역 문화재 총정리

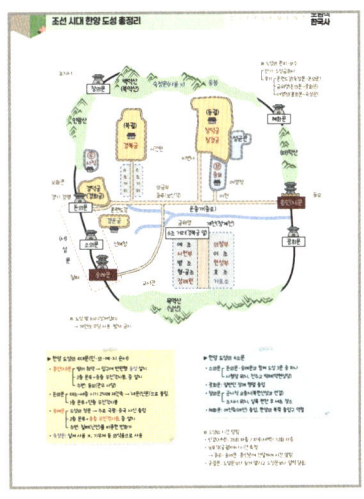

✓ 도성 총정리

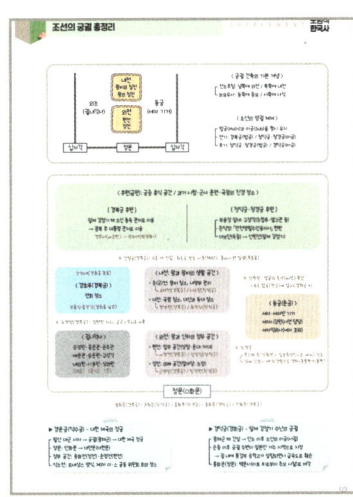

✓ 궁궐 총정리

✓ 건축 총정리

✓ 회화 총정리

✓ 근대 사회 총정리

기출필수코드 한눈에 보기

최근 7년간 공무원 한국사에서 가장 많이 출제된 57개의 주제를 기출필수코드로 제시하였다.
이중 특히 많이 출제된 최대 빈출 주제 29개는 별표(★)를 표시하였다.

이 책의 차례 ✦

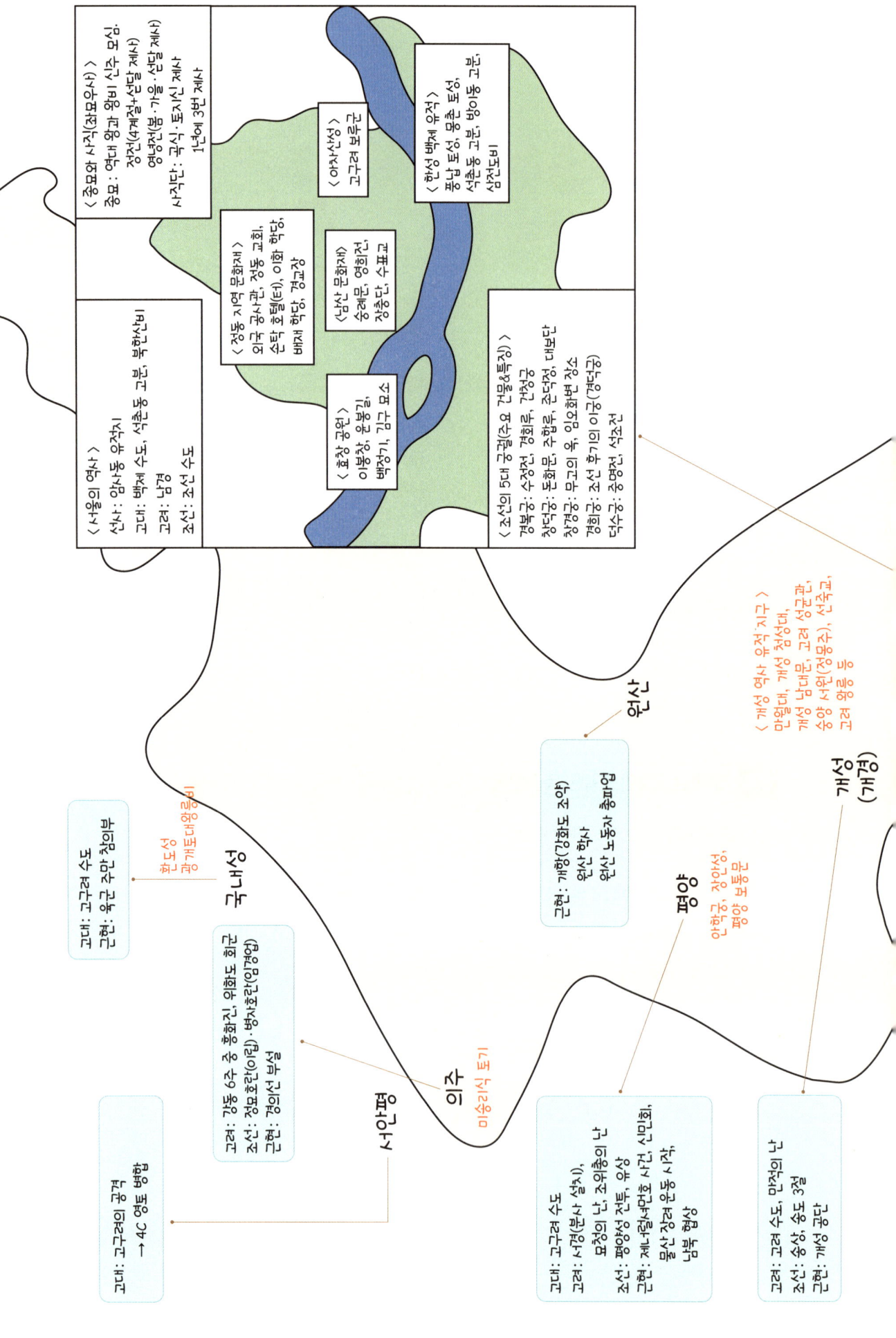

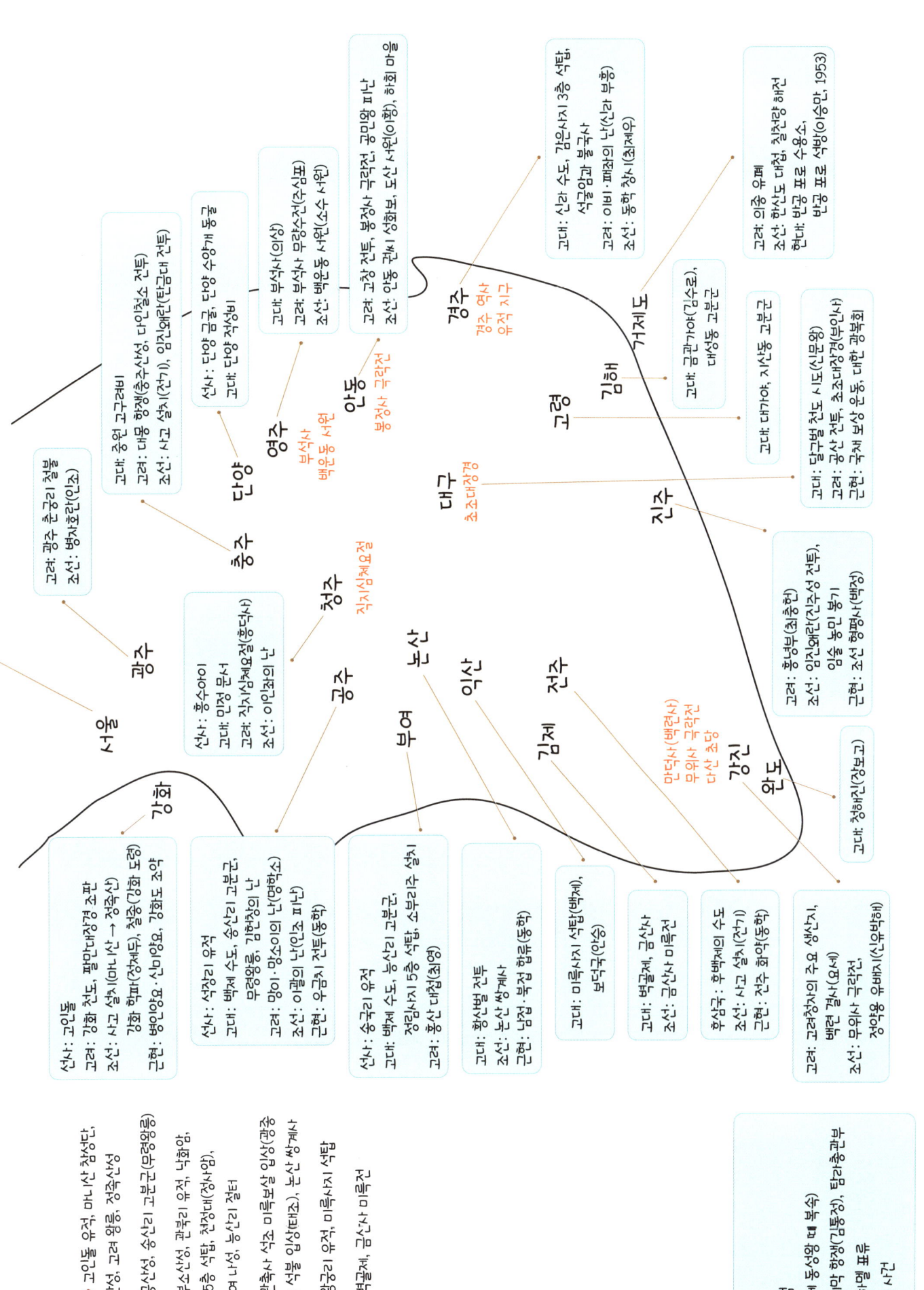

서울 / **강화** / **광주** / **충주** / **영주** / **단양** / **청주** / **공주** / **부여** / **논산** / **익산** / **김제** / **전주** / **대구** / **경주** / **김해** / **거제도** / **고령** / **진주** / **완도**

경주 역사 유적 지구

초조대장경

부석사
배운동 서원

봉정사 극락전

직지심체요절

마곡사(백련사)
무위사 극락전
다산 초당

경주 관련
고대: 신라 수도, 감은사지 3층 석탑,
석굴암과 불국사
고려: 이비·패강의 난(신라 부흥)
조선: 동학 창시(최제우)

거제도 관련
고려: 이준 유폐
조선: 한산도 대첩, 칠천량 해전
현대: 반공 포로 수용소,
반공 포로 석방(이승만, 1953)

김해 관련
고대: 금관가야(김수로),
대성동 고분군

고령 관련
고대: 대가야, 지산동 고분군

대구 관련
고대: 달구벌 천도 시도(신문왕)
고려: 공산 전투, 초조대장경(부인사)
근현: 국채 보상 운동, 대한 광복회

진주 관련
고려: 흥녕부(최충헌)
조선: 임진왜란(진주성 전투),
이슬 농민 봉기
근현: 조선 형평사(백정)

완도 관련
고대: 청해진(장보고)

광주(경기) 관련
고려: 광주 춘궁리 철불
조선: 병자호란(인조)

충주 관련
고대: 중원 고구려비
고려: 대몽 항쟁(충주산성, 다인철소 전투)
조선: 사고 설치(전기), 임진왜란(탄금대 전투)

단양 관련
신사: 단양 금굴, 단양 수양개 유물
고대: 단양 적성비

영주 관련
고려: 부석사 무량수전(주심포)
조선: 배운동 서원(소수 서원)

안동 관련
고려: 고창 전투, 봉정사 극락전, 공민왕 피난
조선: 안동 권씨 성황당, 도산 서원(이황), 하회 마을

청주 관련
신사: 흥수아이
고대: 민정 문서
고려: 직지심체요절(흥덕사) 난
조선: 이인좌의 난

공주 관련
신사: 석장리 유적
고대: 백제 수도, 송산리 고분군,
무령왕릉, 간천창의 난
고려: 망이·망소이의 난(명학소)
조선: 이괄의 난(인조), 우금치 전투(동학)

부여 관련
신사: 송국리 유적
고대: 백제 수도, 능산리 고분군,
정림사지 5층 석탑, 소부리주 설치
고려: 홍산 대첩(최영)

논산 관련
고대: 황산벌 전투
조선: 논산 쌍계사
근현: 남접·북접 합류(동학)

익산 관련
고대: 미륵사지 석탑(백제),
보덕국(안승)

전주 관련
고대: 벽골제, 금산사
조선: 금산사 미륵전
후백제: 후백제의 수도
조선: 사고 설치(전기)
근현: 전주 화약(동학)

전주/익산 관련
고려: 고려장자의 주요 생산지,
벽란도 검산사
조선: 무위사 극락전
자약용 유배지(신유박해)

〈강화도 문화재〉 고인돌, 마니산 참성단,
고려 궁지, 강화산성, 고려 왕릉, 정족산성

〈공주 문화재〉 공산성, 송산리 고분군(무령왕릉)

〈부여 문화재〉 부소산성, 관북리 유적, 낙화암,
궁남지, 정림사지 고분군, 부여 나성,
능산리 고분군, 능산리 절터

〈논산 문화재〉 관촉사 석조 미륵보살 입상(관촉
~목조), 개태사지 석불 입상(태조), 논산 쌍계사 석탑

〈익산 문화재〉 왕궁리 유적, 미륵사지 석탑

〈김제 문화재〉 벽골제, 금산사 미륵전

〈제주도〉
신사: 고산리 유적
고대: 탐라국(백제 동성왕 때 복속)
고려: 삼별초 마지막 항쟁(김통정), 탐라총관부
조선: 벨테브레·하멜 표류
근현: 제주도 4·3 사건

1장 한국사의 연구와 선사 시대

실전 Tip
평가·의의·의미·한계
→ 기록으로서의 역사

역사의 의미 사실과 기록이라는 두 가지 측면으로 구성됨.

- **사실로서의 역사**: 객관적, 현재까지 일어났던 모든 과거의 사건을 의미, 있는 사실 그대로의 역사(랑케)
- **기록으로서의 역사**: 주관적, 과거의 객관적 사실을 역사가가 재구성, 역사는 현재와 과거의 대화(E.H. 카)

▶ E.H. 카의 역사 인식

역사가의 주관적 해석
+ 객관적 역사 연구

우리 민족의 기원 중국 측 기록에서는 동이족·예족·맥족·예맥족·한족(韓族) 등으로 표현

- **민족의 형성**: 구석기 시대부터 사람이 살기 시작, 신석기~청동기 시대를 거쳐 민족의 기틀 형성
- **특징**: 황인종(인종), 알타이 어족(언어), 만주와 한반도 포함한 동북아시아 지역에서 활동

1강 선사 시대

기본서 11~22쪽

解法 요람

선사 시대 총정리 기출필수코드 01

경제 생활이 주거 형태 결정

	70만 년 전 구석기	농경 → 토기 B.C. 8000년 전 신석기	계급 → 고인돌 B.C. 2000년 전 청동기
사회	무리 사회 평등한 공동체 생활	기본 구성 단위 씨족 →(족외혼)→ 부족 사회	군장 국가
도구	뗀석기(사냥용)	간석기(농기구)	비파형 동검, 반달 돌칼 청동제 농기구 ✕
경제	채집, 수렵	원시 농경 ⇨ 조·피·수수 원시 수공업 → 가락바퀴, 뼈바늘	본격적 농경 ⇨ 벼농사 시작
주거	이동 생활 동굴, 막집, 바위 그늘	정착 생활 움집(강가, 해안) 반지하, 원형 화덕(중앙) 화덕: 추워서	움집(야산, 구릉) 지상화, 직사각형, 화덕(벽) 배산임수(취락) 화덕 / 주춧돌
신앙	주술적(주술≠신앙)	농경의 영향 원시 신앙 (애니미즘, 토테미즘, 샤머니즘) 자연 현상 숭배 / 특정 동·식물 숭배 / 무당(샤먼) 숭배	선민사상(제정일치) 계급 사회
대표 유적	연천 전곡리 아슐리안 주먹 도끼 공주 석장리	서울 암사동	부여 송국리

※ 구석기 시대는 수법에 따라 전기, 중기, 후기로 나눔.

구석기 시대의 생활   ※ 대표 유적: 연천 전곡리, 공주 석장리 등

- 시대 구분: 석기 제작 방법에 따라 전기, 중기, 후기의 세 시기로 구분
  - 전기: 큰 석기 한 개를 여러 가지 용도로 사용, 주먹 도끼·찍개 등
    - 연천 전곡리(아슐리안 주먹 도끼 최초 발견)
  - 중기: 몸돌에서 떼어 낸 돌조각(격지)을 도구로 사용, 점차 한 개의 석기가 하나의 쓰임새를 가짐.
  - 후기: 쐐기를 사용해서 여러 개의 돌날격지 만듦, 슴베찌르개 등 작고 날카로운 석기 제작

- 뗀석기와 뼈 도구를 가지고 사냥과 채집
  - 사냥용(주먹 도끼·찍개·찌르개), 조리용(긁개·밀개)

- 먹을 것을 찾아 이동 생활, 동굴·바위그늘에서 살거나 강가에 막집을 짓고 거주

- 공동 생활, 평등 사회(계급 ✕), 경험 많고 지혜로운 사람이 무리를 이끎.
  - 권력 ✕

- 주술적 의미의 예술 활동(사냥의 성공과 풍요 기원)
  - 공주 석장리·단양 수양개 등에서 고래와 물고기 등을 새긴 조각 발견

△ 주먹 도끼   △ 슴베찌르개

▶ 전환기(중석기 시대)
- 기온↑, 해수면↑, 작고 민첩한 동물 등장
- 잔석기·이음 도구 등 제작
  - 석기를 나무나 뼈에 꽂아 사용

신석기 시대의 생활

- 도구 ┬ 간석기(부러지거나 무뎌진 경우 다시 갈아 사용)
  └ 토기: 식량의 운반·조리·저장

- 농경의 시작 ┬ 농기구 사용(돌괭이·돌삽·돌보습·돌낫 등)
  생산 경제 ├ 잡곡류 경작(탄화된 좁쌀 출토) 서울 암사동·봉산 지탑리·평양 남경 등
  └ 공동으로 식량 생산, 농경이 크게 발달 ✕

- 사냥·채집 ┬ 사냥과 채집, 물고기잡이는 여전히 식량을 얻는 중요한 수단
  ├ 갈돌과 갈판을 사용하여 곡물이나 열매를 갈아 먹음.
  └ 해안 지역에 형성된 대규모 조개더미(조개를 많이 먹음, 껍데기는 장식용)

- 원시적 수공업: 가락바퀴·뼈바늘 등을 가지고 옷이나 그물 제작

- 움집 ┬ 원형 or 모서리 둥근 사각형, 중앙에 화덕 위치(불씨 보관, 취사·난방), 저장 구덩(화덕 or 출입문 옆)
  └ 4~5명 정도의 가족이 살기에 알맞은 크기
    └ 식량 저장·도구 보관

- 사회 ┬ 평등 사회: 지배와 피지배 관계 발생 ✕, 나이와 경험이 많은 자가 부족을 이끎.
  └ 부족 사회: 혈연 중심의 씨족 사회, 씨족을 기본 단위로 한 부족 사회 형성(족외혼)
    └ 다른 씨족의 생활 구역 침범 ✕

- 신앙 ┬ 애니미즘: 농사에 큰 영향 끼치는 자연 현상이나 자연물 숭배
  │ └ 풍요로운 생산 기원, 태양과 물에 대한 숭배가 으뜸
  ├ 토테미즘: 자기 부족의 기원을 특정한 동식물과 연결시켜 숭배(부족의 수호신)
  ├ 샤머니즘: 무당(영혼·하늘과 인간을 연결)과 주술 숭배
  └ 영혼과 조상 숭배: 죽은 후에도 영혼은 없어지지 않는다고 생각 → 죽은 사람을 매장하는 풍습 등장

- 예술 활동: 흙을 빚어 구운 여인상, 조개껍데기 가면 등 제작
  │ └ 풍요와 다산 상징 └ 공동체 의식에 사용
  └ 신석기인들은 동물 뼈나 조개껍데기로 만든 목걸이와 팔찌 착용

△ 가락바퀴(실을 만드는 방직 도구)   △ 뼈바늘

△ 신석기 시대의 집터

▶ 동침신전앙와장
- 시신의 머리를 해 뜨는 동쪽에 둠.
- 태양 숭배, 영혼 불멸 사상

▶ 신석기 시대 토기
- 이른 민무늬 토기, 덧무늬 토기, 눌러찍기무늬(압인문) 토기
  └ 빗살무늬 토기보다 앞선 시기에 사용
- 빗살무늬 토기(신석기 시대 대표 토기)
  ┬ 전국 각지에 분포
  └ 뾰족하거나 둥근 모양의 밑바닥, 표면에 빗살 무늬

△ 빗살무늬 토기

(덧무늬 토기: 신석기, 토기 표면
  덧띠 토기: 초기 철기, 토기 입구

청동기와 철기의 보급

청동기의 보급

△ 반달 돌칼

- 석기 ┌ 농기구(반달 돌칼, 바퀴날 도끼, 홈자귀 등) ┌ 추수용
     └ 무기(간돌검 등)

- 청동기 ┌ 비파형 동검(북방식 동검)
      │   └ 중국 ×, 만주 ○
      └ 거친무늬 거울(제사용 도구)

△ 비파형 동검

- 토기 ┌ 민무늬 토기: 무늬 없음, 송국리식 토기 등
     ├ 미송리식 토기: 양쪽에 손잡이, 집선 무늬
     │   └ 청천강 이북 지역과 만주 일대에 분포
     └ 붉은 간 토기

△ 미송리식 토기

- 무덤 ┌ 고인돌: 탁자식(북방식)·바둑판식·개석식
     │   └ 2000년 유네스코 세계 문화유산 등재(고창·화순·강화)
     └ 돌널무덤, 돌무지무덤 등
            └ 고구려·백제도 돌무지무덤 만듦.

※ 고조선의 세력 범위 ┌ 미송리식 토기
               ├ 고인돌
               └ 비파형 동검

철기의 보급   청동기는 의식용 도구로 변화

- 철기: 철제 농기구(농업 발달), 철제 무기

- 청동기 ┌ 세형동검(한국식 동검) ┐ 청동기의 독자적 발전
      └ 잔무늬 거울, 거푸집   ┘

△ 세형동검

- 토기 ┌ 덧띠 토기: 토기 입구에 덧띠 붙임.
     └ 검은 간 토기: 표면에 흑연을 발라 만듦.

△ 거푸집

- 무덤: 독무덤, 널무덤 유행
        └ 항아리 └ 나무로 만든 관(널)

- 중국과의 교류: 화폐, '진과'라 새겨진 창, 붓(한자 사용) 등
        └ 명도전·반량전·오수전   └ 경남 창원 다호리

△ 독무덤(항아리 2개 맞붙임.)

△ 널무덤(나무 널에 시신 매장)

청동기·철기 시대의 생활

- 농경 ┌ 밭농사(조·보리·콩·수수 등) 중심
     ├ 일부 저습지에서 벼농사 실시(탄화미 발견)
     └ 농업 생산력의 증가, 돼지·소·말 등 가축 사육
            └ 사냥·어로·조개 채집의 비중 감소

- 주거 ┌ 강을 끼고 있는 나지막한 야산이나 구릉 지대에 거주(배산임수) 정착 생활의 규모 확대
     ├ 구조 ┌ 대체로 원형이나 직사각형, 점차 지상 가옥화, 화덕(한쪽 벽), 저장 구덩
     │   ├ 방어 시설: 나무 울타리(목책)나 도랑(환호) 등으로 외부 침입을 막음.
     │   └ 공동 시설: 주거용 외에 창고, 공동 작업장, 집회소, 공공 의식 장소 등
     └ 철기 시대에는 온돌 시설·부뚜막 등장

- 사회 구조 발달 ┌ 생산 경제 발달, 사유 재산(빈부 격차)과 계급 발생 → 지배자인 군장(권력+경제력) 등장
           └ 선민 사상 등장, 남성 중심의 사회 형성
                  └ 특정 집단만이 신(神)에게 선택, 정복 활동에 이용됨.

- 예술 ┌ 정치적 요구와 종교가 밀착, 사후 세계에 대한 믿음
     │   └ 무덤의 껴묻거리들
     ├ 청동제 거울·방울·검(지배자의 권위를 과시하는 의식용 도구)
     └ 울주 반구대(여러 동물)·고령 양전동 장기리(기하학적 무늬) 바위그림(암각화)
            └ 2025년 반구천의 암각화(울주 대곡리 반구대 암각화, 울주 천전리 암각화)가
              유네스코 세계 문화유산으로 지정

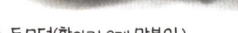

> ▶ 청동기 시대 계급의 발생
>
> 생산력 증가
> ↓
> 잉여 생산물
> └ 차등 분배
> 빈부 격차
> (사유 재산)
> ↓
> 계급 분화(고인돌)
>
> △ 탁자식(북방식) 고인돌

> 2025년 유네스코 세계유산으로 지정
>
> ▶ 울주 대곡리 반구대 암각화(바위그림)
>
> - 현존하는 청동기 암각화 중 가장 오래된 것으로 추정
> - 고래잡는 사람, 호랑이, 사슴, 고래 등을 묘사
>
> △ 반구대 바위그림 탁본(울산 울주 대곡리)
>
> ▶ 고령 장기리 암각화(바위그림)
>
> 동심원(태양 상징), 삼각형, 사각형 등 기하학 무늬

선사 시대의 대외 교류

┌ 신석기: 일본과의 원거리 교역(흑요석, 통나무배)
└ 청동기·철기 ┌ 일본에서 발견된 부여 송국리 유적의 원형 움집(주거 집단 이주)
         └ 한반도에서 일본 야요이 토기 발견 한반도와 일본이 해상으로 교류

선사 시대 주요 유적지

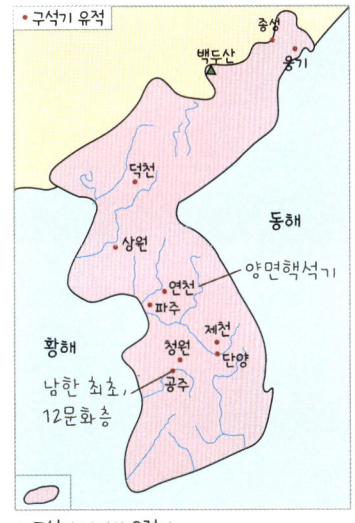

△ 구석기 시대의 유적지

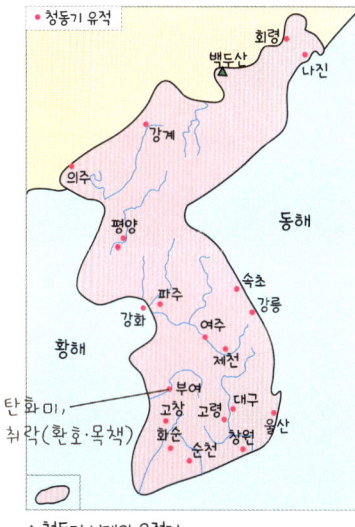

△ 신석기 시대의 유적지

△ 청동기 시대의 유적지

- 종성 동관진(함북): 한반도 최초로 구석기 발견(1935), 일제 은폐
- 공주 석장리: 남한 최초의 유적 발견지, 전기~후기를 포괄하는 12문화층
- 연천 전곡리: 유럽 아슐리안계 주먹 도끼 발견, 모비우스 주먹 도끼 학설 깨짐.
- 단양 금굴: 우리나라 최고(最古)의 유적지
- 단양 수양개: 고래·물고기 등 조각품 발견
- 인골 화석 발견: 청원 두루봉 동굴(흥수 아이) 등 └─ 동굴, 바위그늘

- 서울 암사동: 빗살무늬 토기, 움집(바닥 원형, 화덕 중앙) 등
- 봉산 지탑리: 움집(바닥 원형, 화덕 중앙) 등
- 부산 동삼동: 조개껍데기 가면, 치레걸이, 흑요석 등
- 제주 한경 고산리: 가장 오래된 신석기 유적(고산리 토기) 출토
- 탄화된 좁쌀 발견: 서울 암사동, 봉산 지탑리, 평양 남경 등

- 부여 송국리: 물에 댄 논에서 벼를 재배한 흔적 발견, 환호(도랑)를 두르고 목책을 설치(방어용), 원형의 송국리형 주거(송국리식 토기) 발견 등
- 여주 흔암리: 벼를 재배한 흔적 발견
- 탄화미 발견: 부여 송국리, 평양 남경 등
- 고인돌 발견: 강화도 부근리 등

중국사 총정리

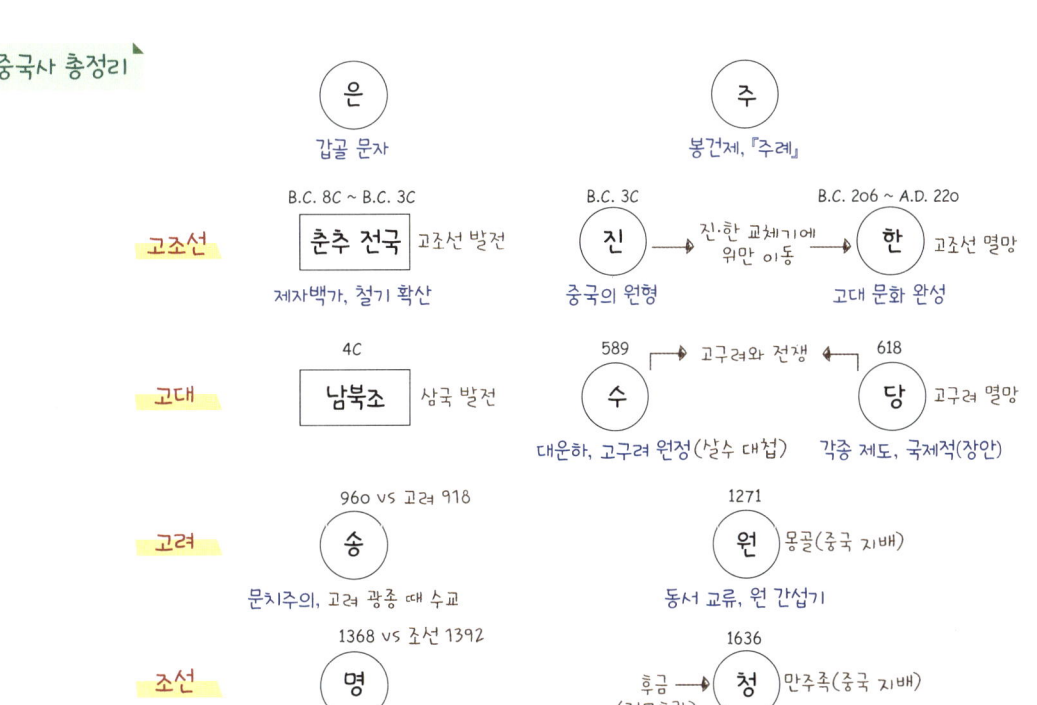

2강 | 고조선의 건국과 발전

解法 요람

고조선의 건국과 발전 기출필수코드 02 ★

※『관자』: 가장 오래된 기록

건국		• 성립: 단군왕검, 기원전 2333년(『삼국유사』, 『동국통감』) 　　　　└ 중국, 요 임금 재위 기간 • 영역: 요령~한반도 　　비파형 동검, 고인돌(탁자식·북방식), 미송리식 토기의 출토 분포와 거의 일치 • 단군 이야기: 청동기 문화를 바탕으로 고조선이 성립된 역사적 사실 반영 • 수록 문헌: 『삼국유사』(일연), 『제왕운기』(이승휴), 『세종실록지리지』, 『동국여지승람』 등 　　└ 단군의 건국 설화 수록
발전	**단군 조선**	• 세력 범위: 요령~한반도(대동강 유역 중심) • 정치 조직 확립: 왕위 세습(B.C. 3C, 부왕·준왕), 관직 정비(상·대부·장군·박사) • 대외 관계: 연나라와 대립(연과 대등할 만큼 강성) • 연나라 장수 진개의 공격으로 요동 지역을 상실하고 대동강으로 이동(B.C. 3C 초)
	위만 조선	• 유이민의 이동(2차): 진·한 교체기 위만이 고조선으로 이동, 세력 확대 　　　　　　　　　　　　　└ 준왕이 중용 　　cf. 1차 유이민 이동: B.C. 5C 전국 시대 혼란기 • 위만 왕조 성립(B.C. 194): 유이민 세력과 토착 세력의 연합 정권, 단군 조선 계승 • 철기의 본격적 수용, 중계 무역으로 번성 • 대외 관계: 흉노와 연결, 한과 대립(⇨ 한 무제의 침입) 　　　　　　└ 한나라 견제 의도
멸망		한 무제의 침입, 지배층의 내분으로 멸망(B.C. 108) ⇨ 한군현 설치 ⇔ 토착민의 저항 법률이 60조 이상으로 증가, 풍속 각박해짐. 주화파 vs 주전파(우거왕) → 우거왕 피살, 왕검성 함락
사회	**8조법** 3개만 전해짐.	• 기록: 『한서』 지리지(반고) • 내용: 살인죄, 상해죄, 절도죄 ⇨ 생명 존중, 농경 사회, 사유 재산제와 계급 사회

단군 신화

┌ 정치적 의미: 건국 과정에서 환인-환웅족과 곰 부족 결합, 호랑이 부족 배제
│　　　　　　　　　　　　　└ 환웅 부족은 하늘의 자손이라고 주장(선민 사상)
├ 홍익인간: 민본주의 통치 이념(널리 인간을 이롭게 한다.)
├ 제정일치: 단군(제사장)+왕검(정치적 지배자)
└ 농경 사회: 풍백(바람), 우사(비), 운사(구름)

┌ 범금8조
▶ **고조선의 사회상**(『한서』 지리지)
• **살인죄**: 사형(생명 존중)
• **상해죄**: 곡물로 보상(농경 사회)
• **절도죄**: 노비가 됨(사유 재산, 계급 사회).
• 남성 중심의 가부장적 가족 제도 성립

단군 조선의 발전과 위만 조선 　청동기 문화를 바탕으로 성립한 우리나라 역사상 최초의 국가

[단군 조선] ┌ B.C. 3세기 부왕·준왕 같은 강력한 왕이 등장(왕위 세습)
　　　　　├ 여러 관직을 둠(상·경·대부·장군·박사 등).　　※상(相): 왕과 함께 국가의 중대사 논의, 지역 집단의 우두머리
　　　　　└ 대외 관계: 요서 지방 경계로 연나라와 대립 → 연나라 장수 진개의 침략(B.C. 3C) 서쪽 영토(요동) 상실

[위만 조선] ┌ 위만: 준왕이 박사로 임명(서쪽 변경을 수비) → B.C. 194년 준왕을 몰아내고 왕이 됨.
　　　　　│　└ 진·한 교체기에 고조선으로 이동
　　　　　├ 위만 조선의 발전: 철기 문화의 본격적 수용
　　　　　│　　　　　　　　└ 중계 무역(한나라-진), 정복 활동(진번·임둔)
　　　　　│　　　　　　　　　　└ 중계 무역의 이익을 둘러싸고 한나라와 대립
　　　　　├ 멸망: 한 무제의 공격 → 지배층의 내분 → B.C. 108년 수도인 왕검성 함락
　　　　　└ 멸망 이후: 한군현 설치(반발↑), 법 조항 60여 조로 증가(풍속 각박)
　　　　　　　　　　└ 한4군(낙랑, 임둔, 진번, 현도)

▶ **한과 고조선의 대립**
• 창해군 설치(B.C. 128): 예국의 남려가 주민을 이끌고 한에 투항
• 섭하 사건(B.C. 109): 한나라 사신 섭하가 고조선 장수 살해 → 위만 조선이 군대를 보내 섭하 살해 → 한 무제의 고조선 공격 계기

3강 | 여러 나라의 성장

기본서 28~37쪽

解法 요람

여러 나라의 성장 기출필수코드 02 ⭐

『삼국지』위서 동이전	부여	고구려	옥저	동예	삼한
위치	만주 송화강	압록강 졸본 산악 지방, 생산력↓	함흥평야	강원도 (원산만)	한강 이남 (진의 성장)
국가	연맹 왕국(5부족) 왕: 지배자 X ⇒ 대표자 O	연맹 왕국	군장 국가: 왕 없음. └ 고구려 압박		마한 54, 변한 12, 진한 12
정치	가(加): 사출도 대사자, 사자	대가(상가, 고추가) 사자, 조의, 선인	읍군·삼로·후		목지국왕 = 삼한왕
경제	반농반목, 말, 주옥, 모피	졸본: 산악 지방 약탈 경제(부경)	토지 비옥 소금, 해산물	방직 기술 발달 단궁, 과하마, 반어피	1. 벼농사 발달 ① 저수지 多 ② 두레 공동 노동 조직 ③ 제천 행사 x 2회 2. 철 – 변한 – 가야
제천 행사	┌ 10月 아닌 제천 행사는 꼭 기억!! 영고(12월) ⇒ 수렵 사회의 전통	동맹(10월) 국동대혈	×	무천(10월)	수릿날(5월) 계절제(10월)
풍습	순장, 흰옷, 형사취수제 4조목의 법: 1책 12법 (절도죄)	서옥제, └ 노동력으로 보상 형사취수제 (취수혼)	민며느리제 └ 물질적 보상 가족 공동묘	족외혼, 책화 ↓ 씨족 사회의 풍습 ∵ 폐쇄적 지형	1. 소도(별읍): 천군, 제정 분리 2. 군장: 신지, 읍차

부여
부여와 고구려는 1세기 무렵에 왕호 사용, 연맹 왕국 단계에서 멸망

- **만주 송화(쑹화)강 유역 중심으로 성장**

  토질은 오곡이 자라기에 적당하지만, 오과는 생산되지 않는다. 그 나라 사람들은 체격이 크고 성질은 굳세고 용감하며, 근엄·후덕하여 다른 나라를 쳐들어가거나 노략질하지 않는다.

- **국왕(중앙)+제가(사출도)** ┌─5부─┐ → 각각 대사자·사자 등 관리를 둠.

  나라에는 왕이 있고, 여섯 가축의 이름을 따서 관직 명을 부르고 있다. 마가·우가·저가·구가·대사·대사자·사자 등이 있다. 부락에는 호민이 있으며, 하호라 불리는 백성은 모두 노복과 같이 여겼다. 여러 가들은 별도로 사출도를 주관하는데, 큰 곳은 수천 가이며 작은 곳은 수백 가였다.

- **정치적 발전: 3C 말 선비족 침략(수도 함락)** → 4C 전연 침략(왕이 포로가 됨.) → 5C 문자왕 때 고구려에 복속
  └ 고구려까지 공격함(고국원왕).

- **고조선과 유사한 4조목의 법률(1책 12법, 투기·간음죄), 형사취수제(유목민 풍습)**

  형벌은 엄하고 각박하여 사람을 죽인 사람은 사형에 처하고 그 집안 사람은 노비로 삼는다. 도둑질을 하면 12배를 변상케 했다. 남녀간에 음란한 짓을 하거나 부인이 투기하면 모두 죽였다. 투기하는 것을 더욱 미워하여 죽이고 나서 그 시체를 나라의 남산 위에 버려서 썩게 한다. 친정집에서 가져가려면 소와 말을 바쳐야 내어준다. 형이 죽으면 형수를 아내로 삼는데, 이는 흉노의 풍습과 같다.

- **왕권 약화** → 흉년 시 왕에게 책임을 물음. 왕을 배출한 부족의 세력은 강함.

  옛 부여의 풍속에는 가뭄이나 장마가 계속되어 오곡이 영글지 않으면, 그 허물을 왕에게 돌려 '왕을 마땅히 바꾸어야 한다'고 하거나 '죽여야 한다'고 하였다.

- 장례: 순장(영혼 불멸), 여름에 얼음으로 시체 부패 방지

> 여름에 사람이 죽으면 모두 얼음을 넣어 장사지내며, 사람을 죽여서 순장을 하는데 많을 때는 백명 가량이나 된다. 장사를 후하게 지내는데, 곽은 사용하나 관은 쓰지 않는다. … 죽은 이에게 제사지낼 때에는 날 것과 익은 것을 함께 쓴다.

- 제천 행사(12월, 영고, 수렵 사회 전통), 은력 사용

> 은력(殷曆) 정월에 지내는 제천 행사는 국중대회로 날마다 마시고 먹고 노래하고 춤추는데, 그 이름을 '영고'라 하였다. 이 때에는 형옥을 판결하고 죄수를 풀어 주었다.

- 의복: 흰옷을 즐겨 입음, 모자를 금과 은으로 장식(지배층)

> 국내에 있을 때의 의복은 흰색을 숭상하여, 흰 베로 만든 큰 소매달린 도포와 바지를 입고 가죽신을 신는다. 외국에 나갈 때에는 비단옷·수놓은 옷·모직옷을 즐겨 입고, 대인(大人)은 그 위에다 여우·삵괭이·원숭이·희거나 검은 담비 가죽으로 만든 갓옷을 입으며, 또 금·은으로 모자를 장식하였다. 통역인이 이야기를 전할 때에는 모두 꿇어 앉아서 손으로 땅을 짚고 가만가만 이야기한다.

- 반농반목, 말·주옥·모피(특산물), 중국에서 옥갑(장례용구) 수입

> 그 나라 사람들은 가축을 잘 기르며, 명마와 주옥, 담비와 원숭이 가죽 및 아름다운 구슬이 산출되는데 구슬의 크기는 대추만하다. 활·화살·칼·창을 병기로 사용하며, 집집마다 자체적으로 갑옷과 무기를 보유하였다. … 왕의 장례에 옥갑을 사용하였다.

- 전쟁 시에도 제천 행사, 우제점복으로 길흉 판단

> 전쟁을 하게 되면 그 때도 하늘에 제사를 지내고, 소를 잡아서 그 발굽을 보아 길흉을 점치는데, 발굽이 갈라지면 흉하고 발굽이 붙으면 길하다고 생각한다. 적군의 침입이 있으면 제가들이 몸소 전투를 하고, 하호는 양식을 져다가 음식을 만들어 준다.

초기 고구려

- 고주몽(동명성왕)이 졸본 지방에서 건국 → 주변 소국 정복, 평야 지대 진출 → 국내성 천도(유리왕)

> 큰 산과 깊은 골짜기가 많고 넓은 들은 없어 산골짜기에 의지하여 살면서 산골의 물을 식수로 한다. 좋은 토지가 없으므로 부지런히 농사를 지어도 식량이 충분하지 못하다. 그들의 습속에 음식은 아껴 먹으나 궁실(宮室)은 잘 지어 치장한다. 거처하는 좌우에 큰 집을 건립하고 귀신에게 제사 지낸다. 또 영성과 사직에도 제사를 지낸다. 그 나라 사람들의 성질은 흉악하고 급하며, 노략질하기를 좋아한다.

- 정치적 발전: 5부족 연맹을 토대로 발전, 한군현인 현도군을 공략(요동 지방 진출)
  └ 계루부, 절노부 등

```
              ┌── 각자 거느리는 관리
      ┌── 대가 ──┤
              └──
```

- 관직 임명(상가·고추가·패자·대로·사자·조의·선인 등)

> 그 나라에는 왕이 있고, 벼슬로는 상가·대로·패자·고추가·주부·우태·승·사자·조의·선인이 있으며, 신분의 높고 낮음에 따라 각각 등급을 두었다. … 관직을 설치할 적에 대로가 있으면 패자를 두지 않고, 패자가 있으면 대로를 두지 않는다. 모든 대가들도 스스로 사자·조의·선인을 두었는데, 그 명단은 모두 왕에게 보고하여야 한다. … 회합할 때의 좌석 차례에선 왕가의 사자·조의·선인과 같은 열에는 앉지 못한다.

- 법률: 중대한 범죄자(사형·가족은 노비), 절도죄(1책 12법), 감옥 X

> 감옥이 없고 범죄자가 있으면 제가들이 모여서 논의하여 사형에 처하고 처자는 노비로 삼는다. 물건을 도둑질한 자는 그 물건의 12배를 물어주게 하고, 소나 말을 죽인 자는 노비로 삼는다.

- 지배층(대가, 소가), 피지배층(하호)

> 그 나라의 대가들은 농사를 짓지 않으므로, 앉아서 먹는 인구[坐食者]가 만여 명이나 되는데, 하호들이 먼 곳에서 양식·고기·소금을 운반해다가 그들에게 공급한다.

- 약탈 경제(부경), 특산물(맥궁)

> 큰 창고는 없고 집집마다 조그만 창고가 있으니, 그 이름을 '부경'이라 한다. … 그곳에서는 좋은 활이 생산되니, 이른바 맥궁이 그것이다.

- 제천 행사(10월, 동맹), 왕과 신하들이 국동대혈에 모여 제사

> 10월에 하늘에 제사 지낸다. 온 나라가 대회를 가지므로 동맹이라 한다. 그 나라의 동쪽에 큰 굴이 있는데 그것을 수혈(隧穴)이라 부른다. 10월에 온 나라에서 크게 모여 수신(隧神)을 맞이하여 나라의 동쪽 위에 모시고 가 제사를 지내는데, 나무로 만든 수신을 신의 좌석에 모신다.

- 장례: 결혼 시 수의를 미리 만듦, 금·은을 함께 매장

> 남녀가 결혼하면 곧 죽어서 입고 갈 수의(壽衣)를 미리 조금씩 만들어 둔다. 장례를 성대하게 지내니, 금·은의 재물을 모두 장례에 소비하며, 돌을 쌓아서 봉분을 만들고 소나무·잣나무를 그 주위에 벌려 심는다.

- 혼인 풍습: 서옥제, 형사취수제(재산 유출 방지)

> 그 풍속은 혼인할 때 구두로 미리 정하고, 여자의 집에서 몸채 뒷편에 작은 별채를 짓는데, 그 집을 '서옥'이라 부른다. 해가 저물 무렵에 신랑이 신부의 집 문밖에 도착하여 자기의 이름을 밝히고 절하면서, 아무쪼록 신부와 더불어 잘 수 있도록 해 달라고 청한다. 이렇게 두 세번 거듭하면 신부의 부모는 그때서야 자도록 허락하고, 돈과 폐백은 곁에 쌓아둔다. 아들을 낳아서 장성하면 아내를 데리고 집으로 돌아간다.

옥저와 동예   정치 체제(군장 국가): 왕 X, 읍군·삼로·후·거수 등이 읍락 지배, 고구려에게 복속

└ 군장 국가 단계에서 소멸

- 옥저 ┬ 어물과 소금 등 해산물이 풍부, 토지 비옥, 창을 잘 다루고 보전(步戰)에 능함.

  고구려 개마대산의 동쪽에 있는데, 큰 바닷가에 접해 산다. 그 지형은 동북 방향은 좁고 서남 방향은 길어서 천 리 정도나 된다. 북쪽은 읍루·부여, 남쪽은 예맥과 맞닿아 있다. 대군왕이 없으며, 읍락에는 각각 대를 잇는 장수(長帥)가 있다. … 토질은 비옥하며, 산을 등지고 바다를 향해 있어 오곡이 잘 자라며 농사짓기에 적합하다. 사람들의 성질은 질박하고 정직하며 군세고 용감하다. 소나 말이 적고, 창을 잘 다루며 보전(步戰)을 잘한다. 음식, 주거, 의복, 예절은 고구려와 흡사하다.

  └ 풍속: 민며느리제(매매혼적 성격, 물질적 배상), 가족 공동묘(가매장 → 뼈를 추려 장례 → 큰 목곽에 안치), 제천 행사 없음.

  여자의 나이가 10살이 되기 전에 혼인을 약속하고, 신랑 집에서는 맞이하여 장성하도록 길러 아내로 삼는다. 성인이 되면 다시 친정으로 돌아가게 한다. 여자의 친정에서는 돈을 요구하는데, 돈을 지불한 후 다시 신랑 집으로 돌아온다.

  큰 나무 관을 만드는데, … 사람이 죽으면 시체는 모두 가매장을 하되, 겨우 형체가 덮일 만큼 묻었다가 가죽과 살이 다 썩은 다음에 뼈만 추려 곽 속에 안치한다. 온 식구를 모두 하나의 곽 속에 넣어 두는데, 죽은 사람의 숫자대로 살아 있을 때와 같은 모습으로 나무로써 모양을 새긴다. 또 질솥에 쌀을 담아서 곽의 문 곁에다 엮어 매단다.

- 동예 ┬ 창을 잘 다룸(보전), 삼베·누에 산출, 단궁·과하마·반어피(특산물)

  길이가 3장이나 되는 창(矛)을 만들어 때로는 여러 사람이 함께 잡고서 사용하기도 하며, 보전(步戰)에 능숙하다. 낙랑의 단궁이 그 지역에서 산출된다. 바다에서는 반어피가 나고, 땅은 기름지고 무늬있는 표범이 많다. 또 과하마가 나온다.

  꺼리는 것이 많아서 병을 앓거나 사람이 죽으면 옛 집을 버리고 곧 다시 새 집을 지어 산다. 삼베가 산출되며 누에를 쳐서 옷감을 만든다. 새벽에 별자리의 움직임을 관찰하여 그 해의 풍흉을 미리 안다. 주옥은 보물로 여기지 않는다.

  ┌─── 씨족 사회의 유풍 ───┐
  ├ 제천 행사(10월, 무천), 책화(다른 씨족 영역 침범 → 노비, 소, 말 등으로 변상), 족외혼

  해마다 10월이면 하늘에 제사를 지내는데, 주야로 술마시며 노래부르고 춤추니 이를 '무천'이라 한다. 또 호랑이를 신으로 여겨 제사지낸다.

  그 나라의 풍속은 산천을 중요시하여 산과 내마다 각기 구분이 있어 함부로 들어가지 않는다. 동성끼리는 결혼하지 않는다. 부락을 함부로 침범하면 벌로 노비와 소·말을 부과하는데, 이를 '책화'라 한다. 사람을 죽인 사람은 죽음으로 그 죄를 갚게 한다. 도둑질하는 사람이 적다.

  └ 꺼리는 것이 많아 사람이 질병으로 죽으면 살던 집을 버리고 다시 새집을 지음.

삼한 ┌ 마한 → 백제
     ├ 변한 → 가야
     └ 진한 → 신라

- 정치 ┬ 여러 개의 소국으로 구성된 연맹체, 목지국의 지배자가 삼한 전체를 대표

  마한은 … (나라마다) 각각 장수(長帥)가 있어서, 세력이 강대한 사람은 스스로 신지(臣智)라 하고, 그 다음은 읍차(邑借)라 하였다. … 변진(弁辰)도 12국으로 되어 있다. 또 여러 작은 별읍(別邑)이 있어서 제각기 거수(渠帥)가 있다. (그중에서) 세력이 큰 사람은 신지(臣智)라 하고, 그 다음에는 험측(險側)이 있고, 다음에는 번예(樊濊)가 있고, 다음에는 살해(殺奚)가 있고, 다음에는 읍차(邑借)가 있다.

  └ 제정 분리: 신지·읍차(정치적 군장), 천군(제사장, 소도라는 신성 지역 다스림.)

  귀신을 믿기 때문에 국읍에 각각 한 사람씩을 세워서 천신의 제사를 주관하게 하는데, 이를 '천군'이라 부른다. … 또 여러 나라에는 각각 별읍이 있으니 그것을 '소도'라 한다. [그곳에] 큰 나무를 세우고 방울과 북을 매달아 놓고 귀신을 섬긴다. [다른 지역에서] 그 지역으로 도망 온 사람은 누구든 돌려보내지 아니하므로 도적질하는 것을 좋아하게 되었다.

- 경제 ┬ 철제 농기구 사용↑, 벼농사 발달
  └ 철의 수출(변한): 철 생산↑, 낙랑·왜 등에 수출, 화폐처럼 사용(덩이쇠)

  (변한) 나라에서 철이 생산되는데 한, 예, 왜인들이 와서 사 간다. 시장에서의 매매는 철로 이루어져 마치 중국에서 돈을 사용하는 것과 같으며, 낙랑과 대방의 두 군에도 공급하였다.

- 제천 행사: 계절제(씨 뿌리는 5월, 추수하는 10월)

  해마다 5월이면 씨뿌리기를 마치고 귀신에게 제사를 지낸다. 떼를 지어 모여서 노래와 춤을 즐기며 술 마시고 노는데 밤낮을 가리지 않는다. 그들의 춤은 수십명이 모두 일어나서 뒤를 따라가며 땅을 밟고 구부렸다 치켜들었다 하면서 손과 발로 서로 장단을 맞추는데, 그 가락과 율동은 (중국의) 탁무와 흡사하다. 10월에 농사일을 마치고 나서도 이렇게 한다.

- 풍속 ┬ 초가지붕의 반움집인 토실이나 귀틀집에 거주
  ├ 옷은 삼베나 명주로 짜서 입음.
  ├ 마한: 소와 말 순장, 주구묘(묘지 주변에 도랑으로 표시), 특산물(긴꼬리닭·큰 밤)
  └ 진한·변한: 새의 깃털을 장례에 사용, 편두의 풍속(돌로 머리 모양을 일정하게 만듦.)
      └ 사망자의 승천을 기원

       ┌ 사람: 부여
순장 ┤ 금·은: 고구려
       └ 소·말: 마한

1장 고대의 정치적 발전

1강 삼국의 정치적 발전

기본서 40~56쪽

解法 요람 | 기출필수코드 03

	고구려	백제	신라
2세기	• 태조왕(1세기 후반) 왕위 세습(계루부), 5부 체제 옥저 정복 • 고국천왕 부자 상속제, 행정적 5부 개편 진대법(국상 을파소) └ 춘대추납	※ 도읍의 변천 1. 한성: 온조왕~개로왕 2. 웅진: 문주왕~성왕 3. 부여: 성왕~의자왕	※ 왕호의 변천 1. 거서간(군장): 박혁거세 2. 차차웅(무당): 남해 3. 이사금(연장자): 유리~흘해 → 3성 교립: 박·석·김 4. 마립간(대군장): 내물~소지 5. 왕: 지증왕 이후
3세기	• 동천왕 ↔ 중국, 위·촉·오 삼국 분열 서안평 공격 ⇨ 실패 관구검(위) 공격 ⇨ 국왕 피난	• 고이왕 6좌평제, 관등·관복 제정 한강 유역 통합	
4세기	• 미천왕 ┌ 313년, 대동강 차지 서안평 점령, 낙랑군 축출 • 고국원왕(사유) 전연의 침입(선비족 모용황) → 국내성 함락 백제(근초고왕) 침공으로 전사 └ But 백제, 평양 차지 X • 소수림왕 중국 전진(순도) → 불교 수용, 태학 설립, 율령 반포	• 근초고왕 부자 상속제, 고흥『서기』 고구려 공격(평양성 전투) 영토 확장(전라도 해안) 가야에 영향력 행사 요서·산동·규슈 진출 • 침류왕 └ 일왕에게 칠지도 하사 불교 수용(마라난타) └ 중국 동진 • 아신왕 광개토 대왕에 굴복, 한강 이북 상실	• 내물왕 김씨 왕위 세습, 마립간(왕호) 낙동강 동쪽의 진한 지역 장악 고구려 도움으로 왜구 격퇴(400) (호우명 그릇) └ 고구려 군대가 신라 영토에 주둔
5세기	• 광개토 대왕 거란·후연·동부여·숙신 격파 한강 이북 진출(백제 공격) 왜구 격퇴, 신라 구원 └ 신라에 영향력 행사, 호우명 그릇 최초 연호: 영락 • 장수왕 평양 천도(427), 남북조와 각각 교류 한성 점령(475), 남한강 진출(죽령~남양만) 흥안령 일대 점령, 거란족 압박 • 문자왕 최대 영토 확보(부여 복속)	• 비유왕 ┌ 장수왕의 남하 정책 견제 나·제 동맹(433~554) • 개로왕(부여경) 한성 함락, 한강 유역 상실, 북위에 보낸 국서 • 문주왕 └ 장수왕 공격 → 전사(475) 웅진(공주) 천도, 왕권 약화 • 동성왕 신라와 결혼 동맹(493), 탐라국 복속 대중국 외교 재개	• 눌지왕 ┌ 433 나·제 동맹, 부자 상속제 불교 전래: 묵호자(고) • 소지왕 ┌ 493 결혼 동맹(나·제 동맹 강화) 중앙 6부·관도 정비(우역 설치) 시장 개설(경주)
6세기	귀족 간의 권력 싸움 ⇨ 왕권 약화(안장왕, 안원왕 암살) 대외적 위기 ┌ 나·제 동맹에 한강 유역 빼앗김 └ 북제와 돌궐의 공세에 직면 * 대대로(토졸): 귀족 연합 정권 └ 귀족 내부에서 3년마다 선출	• 무령왕(사마, 여륭) 22담로 설치(지방 통제) 왕족 파견 중국 남조(양)와 교류(무령왕릉) 일본에 단양이와 고안무 파견 • 성왕 사비 천도(538), 국호: 남부여 중앙 관청 22부, 수도 5부, 지방 5방 일본에 불교 전파(노리사치계, 552) 한강 유역 일시 회복(551) 진흥왕에게 다시 뺏김 관산성 전투에서 전사(554) ┌ 성왕은 사비 천도로 시작해서 한강으로 끝남. └ 법흥왕은 병부로 시작해서 건원으로 끝남.	• 지증왕 신라(국호), 왕(왕호), 우경 실시 지방 주군 제도(군주 파견), 우산국 복속 이사부 동시전 설치 순장 금지(노동력 중시) • 법흥왕 병부 설치(517), 율령 반포(울진 봉평비) 불교 공인 상대등 설치, 금관가야 병합(532) 연호: 건원(536) • 진흥왕 화랑도 개편, 불교 교단 정비(혜량) 황룡사 건립, 전륜성왕, 거칠부『국사』 한강 유역 장악(나·제 동맹 파기) 낙동강 유역 장악(대가야 점령) 단양 적성비, 4개의 순수비 연호(개국, 대창, 홍제)

중국 전진(순도) →

※ 5세기 삼국 항쟁 순서
427 평양 천도
433 나·제 동맹(비-눌)
475 한성 함락, 웅진 천도
493 결혼 동맹(동-소)

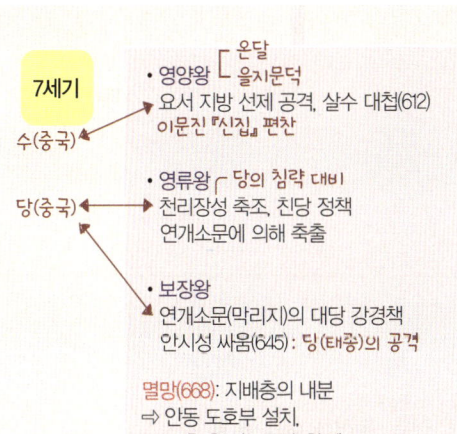

선덕 여왕   진덕 여왕
의자왕의 대야성 공격 → 안시성 싸움 → 나·당 동맹

7세기

수(중국) ←

- 영양왕 ┌ 온달
        └ 을지문덕
  → 요서 지방 선제 공격, 살수 대첩(612)
  이문진 『신집』 편찬

당(중국) ←

- 영류왕 ┌ 당의 침략 대비
  → 천리장성 축조, 친당 정책
  연개소문에 의해 축출

- 보장왕
  → 연개소문(막리지)의 대당 강경책
  안시성 싸움(645): 당(태종)의 공격

  멸망(668): 지배층의 내분
  ⇨ 안동 도호부 설치,
     부흥 운동(오골성, 한성)
     └ 보장왕의 서자 안승+검모잠·고연무

- 무왕
  미륵사 창건, 익산 천도 추진

- 의자왕
  '해동증자', 귀족 세력 숙청
  신라의 대야성 등 40여 성 공략

  멸망(660): 정치 문란·지배층의 향락 ⇨
  나·당 연합군 공격 ⇨ 사비성 함락 ⇨
  웅진 도독부 설치 ⇨ 부흥 운동(인존성,
  주류성) 실패
  └ 왕자 부여풍+
    복신·도침

- 진평왕
  원광(세속 5계, 걸사표), 온달 격퇴
  진종설

- 선덕 여왕
  첨성대, 황룡사 9층 목탑(자장), 분황사

- 진덕 여왕
  집사부와 창부 설치, 나·당 동맹
  └ 국왕 직속 최고 관부

- 태종 무열왕(최초 진골 왕)
  백제 멸망, 집사부 시중 세력 강화

- 문무왕 – 의상, 부석사 창건
  고구려 멸망, 나·당 전쟁
  삼국 통일 완성(676, 대동강~원산만)

고구려의 발전

건국 졸본 지역에서 주몽(동명성왕)이 건국, 유리왕 때 압록강 근처의 국내성으로 천도

1~2세기
┌ 태조왕 ┌ 옥저 복속
│   └ 왕위 독점 세습(계루부 고씨)
└ 고국천왕 ┌ 부족적 전통의 5부를 수도의 행정 구역(5부)으로 개편
          ├ 왕위 계승의 부자 상속제 확립
          └ 을파소를 국상으로 채용, 진대법 시행(빈민 구제, 춘대추납)

3세기 동천왕: 서안평 공격 → 위나라 장수 관구검의 공격 → 환도성 함락
                                              └ 동천왕 피난

4세기
┌ 미천왕: 요동의 서안평, 낙랑군과 대방군 점령 → 대동강 유역 확보
├ 고국원왕: 전연 모용황 침입(국내성 함락), 근초고왕의 공격(평양성에서 전사)
└ 소수림왕: 불교 수용(전진), 율령 반포, 태학 설립, 전진과 수교
           └ 순도   └ 백제 견제

5세기
┌ 광개토 대왕 ┌ 거란(비려) 격파, 후연 공격, 동부여 복속, 숙신 정복 요동·만주 장악
│   ├ 백제 공격: 아신왕 굴복, 한강 이북 영토 차지
│   ├ 신라에 침입한 왜 격퇴(내물왕 요청)
│   │ → 신라에 주둔하며 영향력 행사(호우명 그릇)
│   └ 최초 연호 '영락' 사용
│   └ 거란족 압박
├ 장수왕 ┌ 남·북조와 각각 수교(+상호 견제), 흥안령 일대 초원 장악
│   ├ 남진 정책 추진: 평양 천도(427) 평양 천도 이후 경당 설립
│   └ 백제 공격 ┌ 한성 점령(475), 개로왕(부여경) 살해 → 한강 유역 차지
│   └ 죽령 일대~남양만까지 영토 확대(중원 고구려비)
└ 문자왕: 부여 복속(최대 영토 확보)

6세기
┌ 대내: 귀족 간 권력 다툼(왕위 계승 분쟁) → 왕권 약화
└ 대외 ┌ 북쪽: 북제와 돌궐의 공격
       └ 남쪽: 신라와 백제 연합군 공격으로 한강 유역 빼앗김.
  → 내부 분쟁 수습, 귀족 연합 정권 성립(대대로 선출)
     └ 국정 총괄, 제가 회의에서 선출, 3년 임기

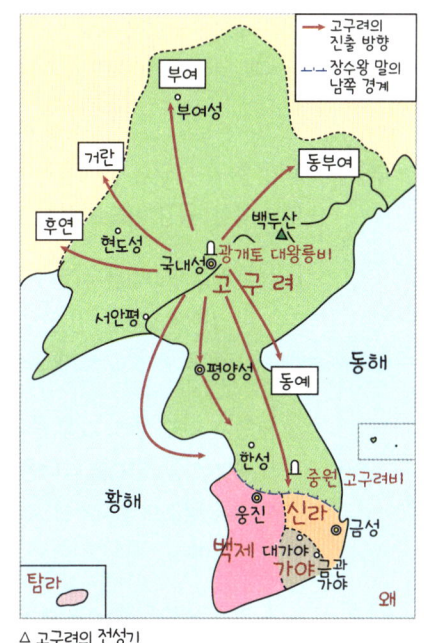

△ 고구려의 전성기

▷ 고구려의 대중국 관계

- 3세기: 동천왕 – 위나라 관구검
- 4세기 ┌ 고국원왕 – 전연(선비족) 모용황
        └ 소수림왕 – 전진 순도(불교)
- 5세기 ┌ 광개토 대왕 – 후연
        └ 장수왕 – 남북조(북위, 남조의 송)
- 7세기 ┌ 영양왕 – 수나라
        └ 영류왕·보장왕 – 당나라

백제의 발전

| 건국 | 하남 위례성에서 온조가 건국(한강 유역 토착 세력+고구려계 유이민 세력) |

　　　　　　　　　　　　　└ 석촌동 돌무지무덤

| 3세기 | 고이왕 ┌ 영토 확장: 한강 유역 완전히 장악(목지국 제압) |

　　　　　　　　└ 체제 정비: 중앙 6좌평제, 관등제 정비, 관복제 도입

| 4세기 |

┌ 근초고왕 ┌ 대내: 왕위 부자 상속제 확립, 『서기』 편찬(고흥)
│　　　　 └ 대외 ┌ 평양성 전투: 고구려 공격(고국원왕 전사) 황해도 진출(평양 차지 ×)
│　　　　　　　　├ 마한 정복: 전라도 해안까지 영토 확보
│　　　　　　　　├ 가야에 영향력 행사
│　　　　　　　　├ 중국의 요서 지방(요서군 설치)과 산동 지방 진출, 일본 규슈 지방 진출, 동진과 외교 관계
│　　　　　　　　└ 일본: 일본 왕에게 칠지도 하사, 아직기 파견(한학 교육)
├ 침류왕: 불교 수용(동진-마라난타)
└ 아신왕: 광개토 대왕에 패배, 한강 이북 상실

| 5세기 |

┌ 비유왕: 신라(눌지왕)와 나·제 동맹 체결(433)
├ 개로왕: 장수왕의 공격 → 한성 함락(한강 유역 상실), 개로왕 전사
│　　　　└ 북위에 국서를 보내 고구려 정벌 요청　　　　└ 부여경
├ 문주왕: 고구려를 피해 웅진으로 천도, 국내 정치 불안정(왕권 약화)
└ 동성왕: 신라(소지왕)와 결혼 동맹 이벌찬 비지의 딸과 혼인
　　　　　└ 중국과 외교 재개(남제), 탐라국 복속

△ 백제의 전성기

| 6세기 |

┌ 무령왕 ┌ 지방 통제: 22담로 설치(왕족 파견)
│　　　　├ 영토 확장: 금강 이북의 영토 회복, 대가야 압박(섬진강 유역 차지)
│　　　　│　　　　└ 대가야 이뇌왕-신라 법흥왕 결혼 동맹
│　　　　└ 대외 ┌ 중국 양나라와 외교 관계 강화(무령왕릉)
│　　　　　　　　└ 일본에 5경박사인 단양이와 고안무 파견
├ 성왕 ┌ 대내 ┌ 사비(부여) 천도(538), 국호(남부여)
│　　　 │　　　 │　└ 대외 진출에 유리　　└ 부여 계승 표방
│　　　 │　　　 ├ 통치 제도 정비: 22부 중앙 관청, 관등제 재정비, 5부(수도)와 5방제(지방)
│　　　 │　　　 └ 불교 진흥: 인도를 다녀온 겸익 우대
│　　　 └ 대외 ┌ 중국 남조의 양나라와 교류 강화, 신라·일본과 친선 관계를 추진
│　　　　　　　├ 일본에 노리사치계(552), 의박사·역박사 등 파견
│　　　　　　　│　└ 불상과 불경을 전해줌, 승려 ×
│　　　　　　　├ 한강 유역 탈환: 신라와 연합하여 고구려 공격, 551년 한강 하류 6군 회복
│　　　　　　　│　　　　　　└ 신라, 한강 상류 10군 차지
│　　　　　　　├ 한강 상실: 553년 신라 진흥왕의 공격으로 한강 하류 유역을 빼앗김.
│　　　　　　　└ 관산성 전투(554): 가야와 연합하여 신라 공격 → 성왕 전사
└ 위덕왕: 관산성 전투 때 태자로서 참전, 위기 수습
　　　　└ 창왕명 석조 사리감(능산리 절터)

▶ 백제의 대중국 관계
- 4세기: 근초고왕·침류왕 – 동진
- 5세기: 개로왕 – 북위, 남조의 송
　　　　└ 동성왕 – 남제
- 6세기: 무령왕·성왕 – 양나라

┌ 대가야: 보국장군 본국왕(남제)
├ 무령왕: 사지절도독 백제군사 영동대장군(양)
└ 무왕: 대방군왕 백제왕(당)

| 7세기 |

┌ 무왕 ┌ 미륵사 건립, 익산 천도 추진
│　　　 └ 일본과의 교류: 일본에 관륵 파견(천문·지리·역법 등 전파)
└ 의자왕 ┌ 귀족 세력 숙청, 유교 사상 강조(해동증자)
　　　　 ├ 신라 공격: 대야성 등 신라 40여 성 함락, 고구려와 함께 당항성 공격
　　　　 │　　└ 성주 김품석과 부인(김춘추 딸) 살해
　　　　 └ 멸망: 의자왕의 실정과 잦은 전쟁 → 나·당 연합군의 침공 → 계백의 황산벌 전투 → 사비성 함락
　　　　　　　　└ 의자왕은 웅진성으로 피신, 결국 항복

642 ┌ 고구려: 연개소문 정변
　　 └ 신라: 선덕 여왕

신라의 발전

| 건국 | ┌ 진한의 사로국에서 출발 → B.C. 57 건국 ※ 강력한 토착 세력 형성: 화백 회의의 영향력 큼, 중앙 집권과 불교 공인 늦어짐.
| | └ 박·석·김의 3성이 교대로 왕위 차지(이사금)

| 4세기 | 내물 마립간 ┌ 김씨 왕위 세습 확립, 마립간(왕호), 낙동강 동쪽의 진한 지역을 거의 차지
| | └ 왜구 격퇴(광개토 대왕의 도움)
└ → 고구려의 정치적 간섭(고구려 군대 주둔), 고구려를 통해 중국 전진에 사신 파견
    └ 호우명 그릇

| 5세기 |

┌ 눌지 마립간: 백제(비유왕)와 나·제 동맹, 고구려군 축출, 왕위 계승의 부자 상속제 확립
│   └ 433
└ 소지 마립간 ┌ 결혼 동맹: 이벌찬 비지의 딸을 백제 동성왕에게 시집보냄.
│   └ 493
└ 중앙 6부의 행정 구역 개편, 관도 정비, 우역 설치, 경주에 시장 개설
    └ 수도와 지방을 연결한 도로

| 6세기 |
'덕업일(신) 망(라)사방'

┌ 지증왕 ┌ 국호와 왕호 제정: 신라(국호), 왕(왕호)
│   ├ 지방 제도 정비: 주군 제도 마련, 이사부를 실직주의 군주로 파견(최초 군주)
│   ├ 순장 금지(노동력 확보), 우경 장려, 동시전(시장 감독 관청)과 동시(시장) 설치
│   └ 이사부를 보내 우산국(울릉도) 복속(512)
│
│   ┌ 건원(신라 법흥왕)
│   ├ 건흥(발해 선왕)
│   └ 건양(을미개혁)
├ 법흥왕 ┌ 병부 설치(517), 율령 반포(520), 관리의 공복 제정, 17관등제 완성, 상대등(국정 총괄) 설치
│   │   └ 531
│   ├ 대가야와 결혼 동맹(522), 울진 봉평비 건립(524), 금관가야 정복(532)
│   │   └ 영토 확장(동북 방면) └ 낙동강 진출
│   ├ 이차돈의 순교 → 불교 공인(527)
│   └ 독자적 연호(건원) 제정(536)
│
└ 진흥왕 ┌ 화랑도 개편, 『국사』 편찬(거칠부), 품주 설치
            │   └ 이사부 건의   └ 재정 → 최고 관청
            ├ 왕권 강화: 전륜성왕, 연호 제정(개국, 대창, 홍제) ※ 전륜성왕 자처 ┌ 신라 진흥왕
            │   └ 발해 문왕
            ├ 불교 진흥: 황룡사 건립, 고구려 승려 혜량을 중심으로 교단 정비
            ├ 한강 유역 차지: 관산성 전투(554), 북한산비 건립(555), 신주(이후 한주)와 당항성 설치
            │   └ 백제에 승리(성왕 전사)   └ 중국과 직접 교역
            ├ 가야 정복: 비화가야(창녕) 합병, 대가야 정복(이사부, 562)
            │   └ 561년 창녕비 건립
            └ 함흥평야까지 진출: 황초령비·마운령비 건립

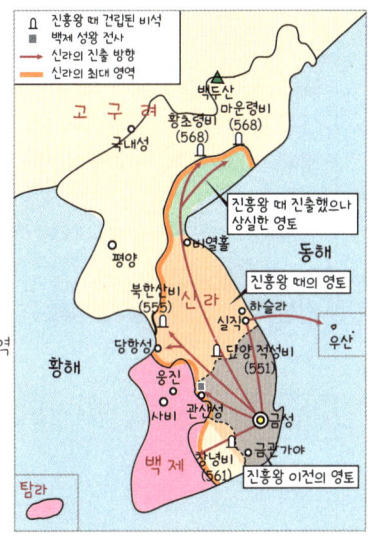

△ 신라의 전성기

| 7세기 |

┌ 진평왕 ┌ 호국 불교(원광의 세속 5계), 진종설 유포
│ 건복   │   └ 왕=부처
│   └ 고구려·백제의 침입 → 원광에게 '걸사표' 짓게 하여 수나라에 보냄.
│   └ 영양왕 때 온달
│
├ 선덕 여왕 ┌ 황룡사 9층 목탑(자장의 건의), 분황사와 분황사 모전 석탑
│ 인평   ├ 첨성대 건립(천체 관측)
│   ├ 대외 위기: 백제 의자왕의 공격(대야성 등 여러 성 뺏김.) → 고구려·당에 김춘추 파견
│   └ 대내 위기: 비담과 염종의 난(지배층의 분열) → 김춘추와 김유신이 진압
│
└ 진덕 여왕 ┌ 나·당 동맹 체결(648, 김춘추의 활약), 당 고종에게 오언태평송 보냄.
  태화   ├ 중국식 제도 도입: 650년부터 당나라 연호 사용   ※ 중국식 관청명·군현명 → 경덕왕
             └ 집사부와 창부 설치
                 └ 품주(진흥왕) → 집사부·창부로 분리

▶ 김춘추의 외교 활동

• 선덕 여왕: 대야성 패배 이후 고구려 보장왕·연개소문에게 군사 요청 → 고구려의 무리한 요구(한강 반환) → 무산

• 진덕 여왕: 당 태종에게 군사 지원을 요청 → 나·당 동맹 체결(648)

주요 금석문

고구려

- 광개토 대왕릉비 — 1부 ┌ 추모왕의 신이한 출생(고구려 건국 이야기) 父(천제), 母(하백의 딸)
  장수왕, 414   └ 대무신왕~광개토 대왕까지의 연혁
  - 2부: 광개토 대왕의 업적(만주 정복, 고구려의 신라 지원 등)
  - 3부: 광개토 대왕릉을 지키는 묘지기 연호와 묘지 관리 지침
  - 고구려의 강력한 국력과 독자적 천하관 형성 등을 알 수 있음.
- 중원(충주) 고구려비 ┌ 충주에 건립(고구려의 남한강 유역 진출)
  장수왕, 한강 점령 후 ├ '고려대왕 상왕공'과 신라 매금의 형제 맹약
                   └ 신라를 '동이'라고 낮춤(고구려의 천하관 반영).

> ▶ 광개토 대왕의 주요 전투
> - 을미년(395): 거란의 3개 부락 격파
> - 병신년(396): 아신왕 격파, 한강 이북 점령
> - 기해년(399): 신라(내물왕)의 구원 요청
> - 경자년(400): 신라 구원 → 왜 격퇴

신라

- 영일 냉수리비 ┌ 지증왕을 사훼부 지도로 갈문왕으로 표현, '사라'라는 명칭 보임.
  지증왕, 503   └ 재산 관련 분쟁 판결
- 울진 봉평 신라비 ┌ 신라의 영역이 동북 방면으로 확대, 울진 지역민들의 반발을 진압
  법흥왕, 524   ├ 법흥왕 때 율령 반포 사실(장육십, 장백 등 형벌을 부과한 내용 기록)
                 └ 법흥왕을 훼부 모즉지 매금왕으로 표현
                        └ 국왕도 특정 부 소속

(금관가야 점령)

- 단양 적성비: 이사부 등이 고구려 영토였던 단양 적성을 정복하고 세운 비석, 한강 상류 진출
                           └ 자신들을 도운 적성의 백성들을 포상·위로

(관산성 전투)

- 북한산비: 한강 하류 진출(조선 후기 김정희의 고증)
  진흥왕, 555
- 창녕비: 비사벌국(비화가야) 점령 후 건립, 신라의 지배 체제 확인(갈문왕·대등·군주·촌주 등)
  진흥왕, 561

(대가야 점령)

- 황초령비·마운령비: 고구려 지역인 함경도 진출
  진흥왕, 568
- 임신서기석: 신라 청년의 유교 경전 학습

백제

사택지적비: 백제 상좌평, 4·6 변려체(높은 한학 수준), 도교 영향, 불당과 탑 건립(불교)
의자왕, 부여에서 발견

부(部) 체제

삼국 시대 초기에 존재한 정치 체제, 고구려 5부·백제 5부·신라 6부

- 독자적인 관등·군사력·제사 체계 지님. but 대외 교섭권은 박탈
              └ 소노부의 종묘와 사직
- 왕은 초월적 권력자가 아닌 유력 부의 장(회의체 주재자, 결정권은 없음.), 이름 앞에 소속 부 밝힘.
                                      └ 영일 냉수리비, 울진 봉평 신라비
- 각 부의 회의체에서 국가 중대사 결정
              └ 고구려 제가 회의, 백제 정사암 회의, 신라 6부 회의(화백 회의)

가야 연맹 · 기출필수코드 04 · 낙동강 하류 변한 지역에서 성장

전기 가야 연맹

- 42년 김수로가 금관가야 건국 → 낙동강 하류에 위치, 철이 많이 생산, 중계 무역 발달
  └ 아유타국의 공주인 허황옥과 혼인했다고 전해짐.   └ 낙랑과 일본 규슈 지방 연결
- 3세기: 김해의 금관가야가 전기 가야 연맹 주도
- 4세기 초: 한 군현 소멸로 중계 무역에 타격 입음.
- 4세기 중엽: 백제 근초고왕의 영향권에 편입됨.
- 4C 말~5C 초: 고구려 군대의 공격으로 거의 몰락
  └ 광개토 대왕

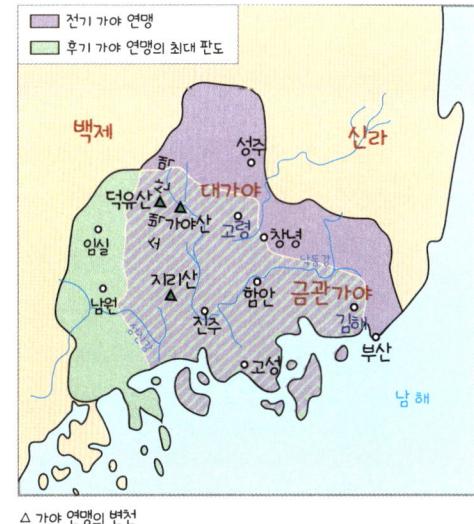

△ 가야 연맹의 변천

후기 가야 연맹

- 5세기 초: 전기 가야 연맹 해체, 내륙 지방인 고령·합천 등은 세력 유지
- 5세기 후반 ┬ 고령의 대가야 중심으로 후기 가야 연맹 성립
  │   └ 시조: 이진아시왕(뇌질주일)
  └ 전성기에는 소백산맥 넘어 섬진강 유역(임실·남원)까지 영역 확장
- 6세기 전반 ┬ 백제 무령왕의 공격으로 전라북도 일부 지역 상실
  └ 522년 신라 법흥왕과 결혼 동맹(대가야 이뇌왕)
- 멸망: 금관가야 멸망(법흥왕, 532) → 백제와 연합, 관산성 전투(진흥왕, 554) → 대가야 멸망(진흥왕, 562)

가야의 문화

- 수준 높은 철기 문화 발달(철 생산↑) → 일본 철기 문화에 영향, 가야 토기(→ 일본 스에키 토기)
- 유적지: 김해 대성동 고분군(덩이쇠·판갑옷), 고령 지산동 고분군(금동관·순장의 흔적) 등 2023년 유네스코 문화유산으로 지정(가야 고분군)

2강 삼국의 대외 관계와 삼국 통일

기본서 57~62쪽

解法 요람

신라의 삼국 통일 기출필수코드 05

수 589 중국 통일   당 618 건국

진평왕	612	살수 대첩	수 양제의 100만 대군 침입 때 을지문덕이 적을 살수에서 대파
		천리장성 축조(당의 침략에 대비) vs 영류왕의 친당 정책(도교 전래) └ 부여성~비사성, 연개소문이 감독(요동 병권 장악)	
선덕 여왕	642	연개소문 정변	연개소문: 반대파 숙청, 독재 정치, 당에 대하여 강경책, 백제 의자왕이 대야성 공격·함락(김품석 살해)
	645	안시성 싸움	당 태종 침입, 60여 일간 저항 ⇒ 고구려의 대대적인 반격으로 당군 격퇴
진덕 여왕	648	나·당 연합군 결성	신라의 대중국 외교 성공(김춘추)
무열왕	660	백제의 멸망	멸망 : 의자왕의 향락 정치로 인한 국가 일체감 상실, 무리한 전쟁 ⇒ 웅진 도독부 당과 신라의 연합 공격 → 김유신, 황산벌 에서 계백의 결사대 격파 → 사비성 함락
			부흥 운동 : 복신과 도침(주류성), 흑치상지(임존성) 등은 왕자 풍을 왕으로 추대하고 200여 성을 회복 ⇒ 나·당 연합군에 의하여 진압
문무왕	663	백강 전투, 계림 도독부	멸망 : 계속된 전쟁, 연개소문 사후 지배층의 권력 쟁탈전 ⇒ 안동 도호부(평양) 나·당 연합군의 평양성 공격→ 보장왕 항복 연남생 vs 남건·남산
	665	취리산 회맹	
	668	고구려의 멸망	부흥 운동 : 보장왕의 서자 안승을 받든 검모잠(한성)과 고연무(오골성) ⇒ 신라의 도움을 받기도 하였으나 실패 └ 674, 안승을 고구려왕(보덕국왕)에 임명
	670	안승, 고구려왕 임명	
	671	소부리주 설치(사비성 탈환)	
	675	매소성 전투	이근행이 이끄는 당의 20만 대군 격파
	676	기벌포 전투	금강 하구의 기벌포에서 당의 수군 섬멸, 평양에 있던 안동 도호부를 요동성으로 축출 ⇒ 삼국 통일 완성(676) 이후 당은 보장왕을 안동 도호부 도독 겸 조선 군왕으로 임명

삼국 통일의 의의와 한계

의의	• 당의 세력을 무력으로 축출 ⇒ 자주적 성격 • 고구려와 백제 문화의 전통을 수용하고 경제력 확충 ⇒ 민족 문화 발전의 토대 마련
한계	외세 이용, 영토상 불완전한 통일(대동강~원산만 이남)

고구려와 수·당의 전쟁 ▶ 중국의 한반도 침략 저지(민족의 방파제 역할)

※ 영양왕 ┌ 온달의 신라 공격(590)
　　　　　├ 요서 지방 선제 공격(598)
　　　　　├ 이문진, 『신집』 편찬(600)
　　　　　└ 살수 대첩(612)

여·수 전쟁 ┬ 배경: 6세기 말, 수나라의 중국 통일 ↔ 고구려는 돌궐·백제·왜와 남북 연합 구축
　　　　　└ 과정: 영양왕 때 요서 선제 공격 → 수나라의 계속된 침략 → 을지문덕의 살수 대첩(612)
　　　　　　　　　　└ 4차례 침입했으나 실패, 지나친 국력 소모로 멸망

여·당 전쟁 ┬ 배경 ┬ 당의 팽창 정책 → 고구려, 당의 침략에 대비(천리장성 축조)
　　　　　│　　└ 연개소문의 집권(642): 영류왕 제거·보장왕 옹립, 대막리지, 대당 강경책 추진
　　　　　│　　　　└ 천리장성 축조 지휘
　　　　　└ 과정: 당 태종의 침입 → 요동성 등 여러 성들 함락 → 안시성 전투(645)에서 물리침.

백제·고구려의 부흥 운동

┌ 백제 ┬ 왕자 부여풍+복신과 도침(주류성)+흑치상지·지수신(임존성)
│　　　│　　　　　　　└ 당나라 투항　└ 끝까지 저항하다 고구려로 망명
│　　　└ 백강 전투(663): 왜의 수군이 백제 부흥군을 지원·실패
└ 고구려 ┬ 안승(보장왕의 서자)+검모잠(한성)·고연무(오골성)
　　　　　├ 안승의 금마저(익산) 이동(670) → 신라 망명, 고구려왕(보덕국)으로 임명
　　　　　│　　　　　　　　　　　　　　　└ 신문왕 때 멸망
　　　　　└ 나·당 전쟁 후 당은 보장왕을 요동 도독에 임명
　　　　　　 → 보장왕, 고구려 유민과 부흥 운동 전개(실패)

▶ 나·당 전쟁의 전개 과정

1. 웅진 도독부(660)·계림 도독부(663)·안동 도호부(668) 설치
2. 안승을 고구려왕으로 임명(670): 고구려 유민 포섭
3. 사비성 탈환 → 소부리주 설치(671): 나·당 전쟁의 시작
4. 매소성 전투(675) → 기벌포 전투(676)

3강 남북국 시대의 정치

기본서 63~73쪽

解法 요람

통일 신라의 정치 상황 기출필수코드 06

중대(전제 왕권 강화) 관료전	하대(왕위 쟁탈전) 녹읍
• 상대등 약화 ⇒ 집사부 시중 강화(왕권↑) • 6두품 세력: 전제 왕권 뒷받침 • 9주 5소경, 9서당 10정, 국학	• 왕권 약화와 지방 통제 약화 • 6두품 세력 배제 ⇒ 반(反) 신라적 경향 • 농민 봉기 ⇒ 호족 세력 성장

	왕	주요 업적
중대	신문왕	① 김흠돌의 모역 사건 계기로 귀족 세력 숙청 ② 중앙 14부 완성, 지방 9주 5소경 체제 완비 ③ 관료전 지급(687), 녹읍 폐지(689) ④ 9서당 10정 편제, 국학 설립
	성덕왕	정전 지급, 당과의 국교 재개
	경덕왕	① 중시의 명칭을 시중으로 격상, 지명을 중국식으로 변경 ② 불국사·석굴암 축조, 국학을 태학(감)으로 개칭 ③ 녹읍 부활
하대	원성왕	독서삼품과 실시
	헌덕왕	김헌창의 난 진압
	흥덕왕	사치금지령, 청해진 설치(장보고)
	진성여왕	① 향가집 『삼대목』 편찬 ② 원종과 애노의 난을 시작으로 농민 항쟁의 전국적 확산, 호족의 성장 ③ 최치원의 『시무 10조』

발해의 발전 기출필수코드 07

1. 고구려 계승 의식
   (1) 정치
   ① 건국 주체 세력과 지배층: 고구려계(고씨, 대씨)
   ② 일본에 보낸 국서
   ㉠ 무왕: "고구려 옛 땅을 수복하고 부여의 유속을 이어받았다."
   ㉡ 문왕: '고려국왕'으로 지칭, 스스로를 천손이라 칭함. 발해와 일본의 관계를 구생(장인-사위) 관계로 비유 → 외교 마찰(일본 반발)
   ③ 발해가 멸망한 뒤 발해 유민이 고려에 대거 망명. 고려 태조는 발해 왕자 대광현을 우대
   (2) 문화: 고구려 문화 계승 - 정혜 공주 묘(굴식 돌방무덤, 모줄임 구조), 온돌 장치, 기와, 불상
2. 주요 국왕의 업적

효소왕 ←	1. 고왕(대조영) (698~719)	• 발해 건국(698): 길림성 돈화시 동모산 • 국호: 진, 연호: 천통 • 당이 발해군왕에 임명
성덕왕 ←	2. 무왕(대무예) (719~737)	• 일본과 수교, 흑수말갈 공격 • 동북방 여러 세력 복속, 북만주 일대 장악 • 당의 등주 공격(장문휴) • 연호: 인안 중경
경덕왕 혜공왕 선덕왕 원성왕	3. 문왕(대흠무) (737~793)	• 상경, 동경 천도, 중앙 통치 체제 정비 • 당과 친선 관계: 당이 발해국왕에 봉함. • 신라와 관계 개선: 상설 교통로 개설 신라도 • 연호: 대흥·보력 • 고려국 표방, 황상이라는 칭호 사용
	5. 성왕(대화여) (793~794)	상경 천도(천도 이후 멸망 때까지 도읍)
헌덕왕 흥덕왕	10. 선왕(대인수) (818~830)	• 행정 구역 개편: 5경 15부 62주 • 대부분의 말갈족 복속, 요동 진출 → 고구려·부여 • 남쪽으로 신라와 접함. 옛 영토를 대부분 • 발해의 전성기: '해동성국' 회복 • 연호: 건흥

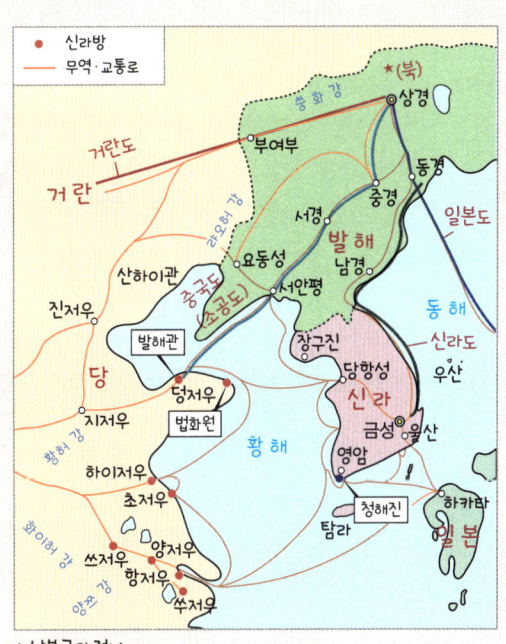

△ 남북국의 정세

※ 발해의 도읍 변천
동모산(길림성 돈화시) → 중경(화룡) → 상경(영안) → 동경(훈춘) → 상경

신라 중대

- 태종 무열왕: 백제 멸망, 집사부 중시 강화
  - └ 최초의 진골 출신 왕, 김유신의 도움 받음.
- 문무왕 ┬ 고구려 멸망, 삼국 통일 완성(대동강~원산만)
  - └ 의상 지원(부석사 창건, 화엄종 개창)
- 신문왕 ┬ 김흠돌의 난 진압 파진찬 흥원·대아찬 진공 등 숙청
  - ├ 14부의 중앙 통치 조직 완성
  - ├ 9주 5소경 체제 정비
  - ├ 9서당(중앙군)·10정(지방군) 설치
  - ├ 국학 설립(유학 교육 기관)
  - ├ 관료전 지급(687)·녹읍 폐지(689)
  - └ 만파식적(왕권 강화), 달구벌(대구) 천도 시도
- 성덕왕 ┬ 정전 지급
  - └ 당과의 관계 회복 대동강 이남의 영토 인정받음.
- 경덕왕 ┬ 중시 → 시중, 국학 → 태학
  - ├ 중앙 관청·관직과 지방 행정 지역의 명칭 → 중국식
  - └ 녹읍 부활, 불국사 중창, 석굴암 건립
- 혜공왕 ┬ 대공의 난, 김지정의 난 등 왕위 쟁탈전
  - │ └ 혜공왕 죽음.
  - └ 성덕 대왕 신종(완성)

(7C, 8C 표시)

신라 하대

- 선덕왕: 혜공왕을 살해하고 왕위에 오름. → 내물왕계
  - └ 상대등 김양상
- 원성왕 ┬ 김주원(무열계) vs 김경신(내물계, 원성왕)
  - ├ 9주 장관 명칭: 총관 → 도독
  - └ 독서삼품과: 유교 경전의 이해 수준을 시험하여 관리 채용
  - └ 유학 보급에 기여
- 헌덕왕: 김헌창의 난(웅주 근거, 국호 장안, 연호 경운)
- 흥덕왕 ┬ 사치 금지령 반포
  - └ 청해진 설치: 장보고를 청해진 대사로 임명, 해적 소탕
- 문성왕: 장보고의 난
- 진성 여왕 ┬ 『삼대목』 편찬(각간 위홍, 승려 대구)
  - │ └ 888
  - ├ 원종과 애노의 난, 적고적의 난
  - │ └ 889   └ 896
  - ├ 최치원 개혁안(시무 10조) 제시 → 실패
  - └ 호족 세력의 등장(반독립적 세력)
- 효공왕: 후삼국 성립 후백제(900), 후고구려(901)
- 경애왕: 포석정에서 견훤에게 살해(927)
- 경순왕: 왕건에게 귀순(935)

(8C 후반, 9C, 10C 표시)

발해의 건국과 발전

(상단 연호 박스)
- 요동도독·조선군왕(보장왕)
- 발해군왕(대조영)
- 발해국왕(문왕)
- 천통(발해 고왕)
- 천수(고려 태조)
- 천개(묘청)

- 고왕(대조영) ┬ 698년 고구려 장군 출신의 대조영이 길림성 돈화시 동모산에서 건국(국호: 진)
  천통   └ 713년 당나라가 대조영을 발해군왕으로 임명
- 무왕(대무예) ┬ 동북방 여러 세력 복속, 북만주 일대 장악
  인안   ├ 727년 일본에 국서 보냄(고구려 계승 밝힘). 돌궐·일본과 친선 → 당·신라 견제
                 └ 732년 당의 산동 지방 공격(장문휴)
- 문왕(대흠무) ┬ 전륜성왕 자처, 황상 칭호 사용   고려국 표방, 유신 단행
  대흥·보력   ├ 잦은 천도: 중경 현덕부 → 상경 용천부(755) → 동경 용원부(785)
                 ├ 당·신라와 친선: 당나라가 문왕을 발해국왕으로 봉함, 신라도 개설
                 └ 일본과 외교 마찰: 국서에 천손임을 과시, 양국을 장인과 사위로 비유
- 성왕(대화여): 수도를 동경 용원부에서 상경 용천부로 옮김.
- 내분의 시기: 4대 대원의~9대 간왕(26년간 6명의 왕)
- 선왕(대인수) ┬ 정치적 안정(왕위 계승 분쟁 종식), 발해의 전성기(해동성국)
  건흥   ├ 대부분의 말갈족 복속, 요동 진출, 신라와 국경 접함.
                │ └ 고구려와 부여 등의 옛 영토를 대부분 회복
                └ 지방 제도: 5경 15부 62주의 지방 행정 제도 완비
- 멸망 ┬ 거란(야율아보기)의 공격으로 상경성 함락(926)
       ├ 부흥 운동 전개: 후발해, 정안국, 대발해국 등
       └ 왕족인 대광현을 비롯한 발해 유민들은 고려(태조)에 망명

▶ 무왕 때 당과의 충돌
1. 당의 흑수말갈 후원(722): 발해 견제
2. 발해의 흑수말갈 공격
3. 일본에 사신 파견(727): 우호 관계 제의
4. 발해의 산동반도 등주 공격(장문휴)
5. 당과 신라(성덕왕)의 연합 공격
   → 당과 신라의 관계 회복(국교 재개), 신라의 영토 정식 승인(패강 이남 영토)

▶ 발해의 대외 관계
- 당 ┬ 대립(무왕) → 친선(문왕 이후)
     └ 빈공과 응시, 발해관(산동성 등주)
- 신라 ┬ 친선(신라도)
       └ 대립(쟁장 사건, 등제 서열 사건)
- 돌궐: 친선(당 견제 목적)   └ 최언위 vs 오광찬
- 일본: 친선(당·신라 견제 목적), 일본도(동경 용원부)

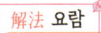

2장 고대의 경제와 사회

실전 Tip
조세 제도는 조선 후기에서 90% 이상이 출제됨.

1강 고대의 경제 정책과 경제 생활

기본서 81~88쪽

解法 요람

조세 제도

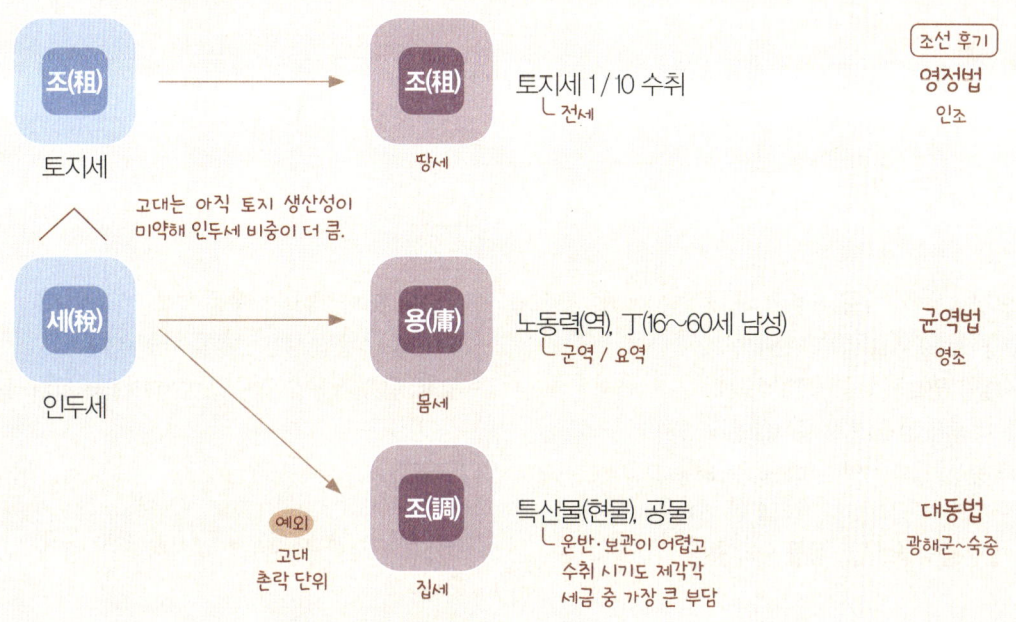

조(租) 토지세 → 조(租) 땅세 ┘전세 | 토지세 1/10 수취 | [조선 후기] 영정법 인조

고대는 아직 토지 생산성이 미약해 인두세 비중이 더 큼.

세(稅) 인두세 → 용(庸) 몸세 ┘군역/요역 | 노동력(역), 丁(16~60세 남성) | 균역법 영조

→ 조(調) 집세 | 특산물(현물), 공물 ┘운반·보관이 어렵고 수취 시기도 제각각 세금 중 가장 큰 부담 | 대동법 광해군~숙종

예외 고대 촌락 단위

고대의 수취 제도

| 조세 | 재산에 따라 호를 구분 |
- 고구려: 호를 3등급으로 구분
- 백제: 매년 풍흉에 따라 차등있게 납부
- 신라: 중국 제도 모방
- 통일 신라: 생산량의 1/10 수취
- 발해: 조·콩·보리 등 수취

| 역 | 노동력 |
- 삼국: 15세 이상 남자 동원
- 통일 신라: 16세 이상 남자 동원
- 발해: 궁궐 등 건축 공사에 농민 동원

| 공물 | 특산물(현물 수취) |
- 삼국: 명주 등 각지의 특산물
- 통일 신라: 촌락 단위로 특산물 거둠.
- 발해: 베·명주·가축 등

※ 재정 관리(신라): 품주(진흥왕) → 조부(진평왕): 공물·부역 담당
　　　　　　　　　　　　　　→ 창부(진덕 여왕): 재정 지출 등

민정 문서(신라 촌락 문서) 1933년 일본 도다이사 쇼소인(정창원)에서 발견

- 작성: 촌주가 변동 사항을 조사하여 3년마다 작성, 촌 단위로 기록(통일 신라는 촌을 단위로 조세 부과)
  └ 중앙에서 파견된 지방관 ×
- 기록: 촌락의 이름과 호구의 수, 토지의 종류와 면적, 말과 소의 수, 뽕나무·잣나무·가래나무 등의 그루 수
  └ 서원경 부근의 4개 촌락
- 특징 ┬ 인구는 연령별, 남녀별로 자세하게 기록(인구 증가·감소·이동 등), 토지 면적의 증가·감소는 기록 ×
  │　└ 노비와 소아의 수까지 파악, 주민의 이름과 구체적인 나이는 기록 ×
  ├ 인구: 남녀별로 나누어서 나이에 따라 6등급으로 구분
  └ 호(戶): 사람의 많고 적음에 따라 9등급으로 나누어 파악
  　　　　└ 상상호~하하호

▶ 민정 문서에 기록된 토지
- 내시령답: 내시령(관료)의 수조지
- 관모(전)답: 관청 경비 충당
- 촌주위답: 촌주에게 지급(연수유답에 포함)
- 연수유(전)답: 민전(농민 소유 토지)

고대의 토지 제도
모든 토지와 백성은 왕의 소유라는 왕토 사상 기반

- 녹읍: 귀족 관료에게 지역 단위로 지급(신라~고려 초)
- 식읍: 왕족·공신 등에게 지급한 토지와 가호(삼국~조선 초) ⟧ 조세 수취 + 노동력 징발

통일 신라

- 신문왕: 문무 관료전 지급, 녹읍 폐지
- 성덕왕: 농민들에게 정전 지급
- 경덕왕: 녹읍 부활

▶ 삼국 시대의 토지 측량 기준
- 고구려 경무법(경작하는 토지 면적)
- 백제 두락제(파종량 기준)
- 신라 결부법(수확량 기준)

고대의 경제 정책

농업

- 깊이같이 보급(철제 농기구 보급, 우경 확대), 휴경법(시비법 발달 ×)
- 고구려: 잡곡(콩·보리) 주로 생산, 벼농사
- 백제: 수리 시설을 만드는 기술 발전(벽골제)
- 신라: 지증왕 때 우경 장려, 순장 금지(노동력 중시)
- 발해 ┬ 밭농사 중심, 일부 지역(노성)에서는 벼농사
  │   └ 책성부(콩으로 만든 된장), 환도(오얏), 낙유(배)
  └ 목축 발달(솔빈부의 말), 동물 사냥 활발

수공업

- 기술이 뛰어난 노비가 물품 생산
  → 이후, 수공업 생산 관청을 따로 설치
- 발해: 금속 가공업, 직물업, 도자기(발해 삼채) 등 발달

상업

신라: 시장 개설(소지왕) → 동시·동시전(지증왕) → 서시·남시(효소왕)

고대의 대외 무역

삼국

- 4C 이후 발달, 공무역 형태
- 고구려: 남북조 및 북방 민족과 무역
- 백제: 남중국 및 왜와 활발하게 무역
- 신라: 고구려·백제 통하여 중국과 무역
  → 6C 이후 당항성을 통하여 중국과 직접 교역

▶ 8C 이후 신라인의 당나라 진출
- 신라방·신라촌: 집단 거주지
- 신라소: 관청
- 신라관: 여관
- 신라원: 절(ex. 법화원)

남북국

- 통일 신라 ┬ 당나라: 8세기 이후 공무역뿐 아니라 사무역도 번성
  │   ├ 일본: 8세기 이후 대일 무역 활발, 일본은 대마도에 신라역어소 설치
  │   │   └ 통역관 양성소
  │   ├ 이슬람: 이슬람 상인이 울산항까지 와서 무역
  │   └ 주요 무역항: 당항성(남양만), 울산항, 청해진 등
  └ 발해 ┬ 중국: 해로와 육로 이용, 주요 수출품(모피·철·인삼 등), 발해관 설치(산둥반도)
       │   └ 대당 무역 비중이 가장 큼. └ 수입품(비단·책) └ 사신 숙소 → 무역 중심지
       ├ 일본: 일본도(동경 용원부)를 통해 교류
       └ 신라: 대체로 소극적, 신라도를 통해 교류
              └ 8C 문왕

▶ 장보고
- 당나라에서 서주무령군 소장(무신)에 임명
- 흥덕왕 때 청해진 대사 임명(완도)
  → 해적 소탕, 해상 무역 장악
- 무역: 회역사(일본), 견당매물사(당) 파견
- 산둥반도에 법화원(절) 건립
- 일본 구법승 엔닌을 도와 줌.
  → 『입당구법순례행기』에 기록
- 장보고의 난(문성왕) → 염장이 암살

고대의 경제 생활

- 귀족: 대토지(식읍·녹읍 등)와 노비 소유, 철제 농기구와 소 등 많은 생산 수단 확보
- 농민: 자기 소유 농지 경작하거나 다른 사람 토지 빌려 경작, 과중한 조세 부담 + 요역과 전쟁 동원
  └ 빌린 값: 수확량 1/2 이상

2강 고대의 사회

고대의 신분 제도

| 귀족 | 부족장 세력이 중앙의 귀족으로 재편성, 정치·경제적 특권 |

고구려

┌ 왕족(계루부 고씨), 왕비족(절노부), 5부 출신의 귀족
└ 제가 회의에 참여, 전쟁 때 스스로 무장하고 적과 싸움.

백제

┌ 왕족(부여씨, 고구려 계통)과 8성 귀족(진·해·사·연·국·협·목·백씨)
└ 정사암 회의(주요 정책 논의), 능숙한 한문 구사, 중국 고전과 역사책 즐겨 읽고 관청 실무에도 밝음.

신라

식읍·녹읍·목장·섬·대토지·노비 소유, 사치스러운 생활(비단·양탄자·유리그릇 등 사용)
└ 금입택(금을 입힌 집), 사절유택(계절마다 놀던 별장)

발해

┌ 왕족인 대씨, 귀족인 고씨 등 고구려계가 다수 차지
└ 당에 유학하여 빈공과에 응시

| 평민 | 대부분 농민, 조세와 특산물 납부, 수시로 노동력 징발당함. |
└ 토목 공사, 전쟁

| 천민 | ┌ 대부분 노비 전쟁 포로·범죄자·빚을 못 갚은 사람 등이 노비가 됨. |
       └ 왕실·귀족·관청에 예속, 재산으로 취급됨.

▶ **삼국 이전의 신분 제도**
- 가(加): 관리·군사력 소유
- 호민: 읍락 사회의 유력자들
- 하호 ┌ 일반 백성, 주로 농업에 종사
       └ 전쟁 시 전사가 될 수 없음.
- 노비: 천민층, 주인에게 예속

신라의 골품 제도   기출필수코드 44 지배층의 신분 제도, 골제(왕족)와 두품제(중앙 귀족)로 구성

┌ 특징 ┌ 정치 활동의 범위 제한: 골품에 따라 관등 승진의 상한선 결정
│   └ 일상 생활까지 규제(가옥의 규모와 장식물, 복색 및 수레의 수 등)
├ 성골: 최고 신분, 왕위 계승, 진덕 여왕을 마지막으로 소멸
│   └ 갈문왕에 봉해질 수 있었음.
├ 진골 ┌ 성골 소멸 이후 국왕 배출, 최초의 진골 출신 왕은 무열왕(김춘추)
│   ├ 최고 관등(1관등)인 이벌찬까지 승진 가능
│   └ 각 부의 장관과 9주의 지방 장관(도독) 등 주요 관직 독점
├ 6두품 ┌ 득난, 6관등인 아찬까지만 승진 가능, 중앙과 지방의 장관에 임명되지 못함.
│   │   └ 5관등 대아찬 이상의 관등이 되어야 중앙 관청의 장관에 임명 가능
│   ├ 중대: 왕권과 결합, 왕권 전제화에 기여
│   └ 하대: 지방 호족과 선종 승려와 연결, 반(反) 신라 세력으로 성장
└ 통일 이후, 3두품 이하는 평민화됨(관직 진출 ✕).
              └ 골품제는 수도 경주에 사는 사람들을 대상으로 했기 때문에
                지방의 촌락민과는 구별됨.

▶ **갈문왕** 무열왕 때 폐지
왕과 일정한 혈연 관계가 있는 인물들
에게 특권적 지위를 누리게 한 제도

→ 6두품 임명 ×, 제도적으로 6두품도 도독·사신에 임명 가능(실제로는 진골 독점)

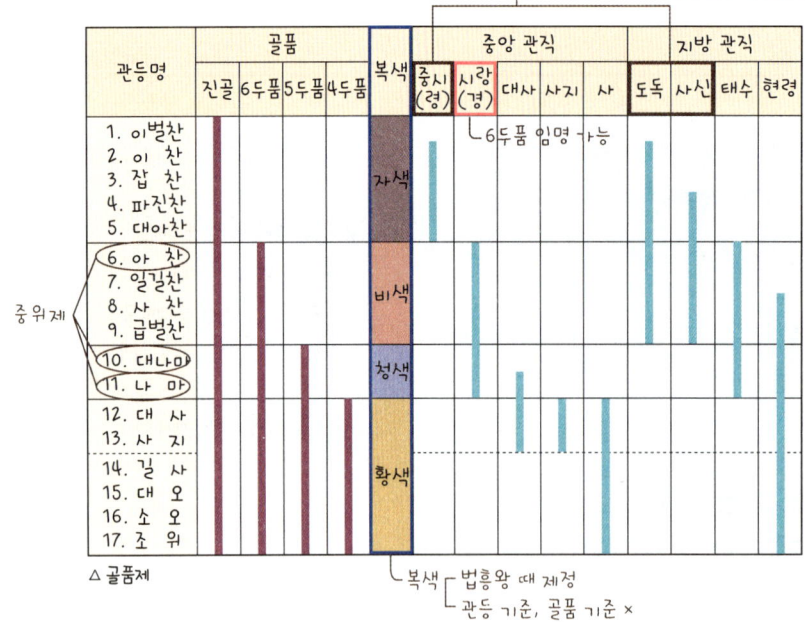

관등명	골품				복색	중앙 관직					지방 관직			
	진골	6두품	5두품	4두품		중시(영)	시랑(경)	대사	사지	사	도독	사신	태수	현령
1. 이벌찬 2. 이 찬 3. 잡 찬 4. 파진찬 5. 대아찬					자색									
6. 아 찬 7. 일길찬 8. 사 찬 9. 급벌찬					비색									
10. 대나마 11. 나 마					청색									
12. 대 사 13. 사 지					황색									
14. 길 사 15. 대 오 16. 소 오 17. 조 위														

중위제
- 6두품 임명 가능
△ 골품제
복색 ┬ 법흥왕 때 제정
└ 관등 기준, 골품 기준 ×

▶ 중위제
관등상의 상한선에 오른 비진골 관료층에게 승진할 수 있는 기회를 열어준 제도(아찬에 4등급, 대나마에 9등급, 나마에 7등급 중위 설치)

고대의 사회 모습

고구려
- 산간 지역에 위치, 식량 부족 → 정복 활동 활발, 씩씩한 사회 기풍
- 법률: 1책 12법, 감옥(뇌옥) ×, 반역자는 화형에 처한 뒤 참수, 전쟁 패배(참수형), 소와 말을 죽인 자는 노비가 됨.
- 혼인 풍습: 형사취수제, 서옥제

백제
- 언어·풍속·의복 등이 고구려와 유사, 상무적 기풍
- 법률 ─ 반역, 살인, 전쟁 패배 → 참수형 ┘ 말타기·활쏘기
  - 뇌물죄, 횡령죄 → 3배 배상 후 종신금고형
  - 도둑질할 경우 귀양을 보내는 동시에 2배 배상, 부인이 간음하면 노비로 삼음.
  ※ 부여·고구려: 12배 배상

신라
- 화백 회의: 6부 회의에서 유래, 상대등(의장), 만장일치제, 왕권 견제
- 화랑도 ─ 씨족 사회의 청소년 집단(원화), 진흥왕(6C) 때 국가적인 조직으로 개편
  - 화랑(국선 중심, 진골)+낭도(평민까지 포함) → 계급 간 갈등 조절·완화
  - 사냥과 전쟁 관련 교육 받음, 명산대천 찾아다니며 심신 연마
  - 미륵 신앙과 연결, 세속 5계(진평왕 때 원광이 만든 행동 규범)
- 신라 중대 ─ 왕권 강화, 화백 회의와 상대등 권한 약화, 집사부 시중의 권한 강화
  - 국왕의 정치적 조언자로서 6두품의 정치적 진출 활발
- 신라 하대 ─ 진골 귀족들 사이의 왕위 쟁탈전, 토지 겸병 가속화(녹읍·농장)
  - 농민 봉기(원종·애노의 난, 적고적의 난), 호족 세력의 성장

▶ 세속 5계
- 사군이충: 충성으로써 임금을 섬긴다.
- 사친이효: 효도로써 어버이를 섬긴다.
- 교우이신: 믿음으로써 벗을 사귄다.
- 임전무퇴: 싸움에 임해서는 물러남이 없다.
- 살생유택: 산 것을 죽임에는 가림이 있다.

발해
- 중앙: 고구려 문화+당나라 문화
- 지방: 고구려나 말갈 사회의 전통적인 생활 모습이 오랫동안 유지

▶ 발해의 여성
- 일부일처제 확립, 부부 합장묘 유행
- 여사: 여성 교사(정혜·정효 공주 묘지에서 언급)
- 부인 여러 명이 의자매를 맺어 남편들을 감시 → 첩을 들이려 하면 다 같이 이를 꾸짖음.

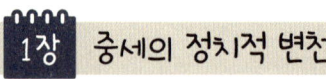

3 막 중세 사회의 발전

※ 전근대 사회의 영토 변천
신라 문무왕: 대동강~원산만
고려 태조: 청천강~영흥만
고려 성종: 압록강 유역의 강동 6주 확보
11세기 천리장성: 압록강~도련포
조선 세종: 압록강~두만강

1장 중세의 정치적 변천

1강 중세 사회의 성립과 고려 전기의 국왕

기본서 120~122쪽

解法 요람

나말 3최 ┬ 최치원: 은둔
├ 최승우: 후백제
└ 최언위: 고려

후삼국 시대와 고려의 민족 재통일

사건	내용
후백제 건국 (900)	• 견훤이 호족, 군사 세력을 토대로 완산주(전주)에서 건국 중국과 외교 관계를 맺고 오월, 거란, 일본 등에 외교 사절 파견 • 신라에 적대적, 농민에 과중한 조세 수취, 호족 포섭 실패
후고구려 건국 (901)	• 궁예가 초적, 호족 세력을 토대로 송악(개성)에서 건국 • 마진(904, 철원 천도(905)], 태봉(911) 등 잦은 국호 변경, 독자적 연호 사용 • 미륵 신앙을 이용해 전제 정치 도모, 광평성(국정 총괄)과 순군부 등 여러 관서 설치, 9관등제 실시
고려 건국 (918)	• 왕건이 궁예를 축출하고 건국, 고구려 계승 의식 신라에 대해 우호적인 입장 • 국호: 고려, 연호: 천수, 송악 천도(919)
발해 멸망 (926)	거란족에 의해 멸망, 발해의 유민 고려로 망명
공산 전투 (927)	후백제의 신라 공격 → 경애왕 살해 → 신라를 돕고자 출병한 왕건은 대구 부근의 공산에서 패배 고려가 후백제에 크게 패함(견훤이 신라를 공격하여 경애왕 죽임). → 고려-신라 친선 관계 강화
고창 전투 (930)	고려가 후백제에 승리하고 이를 계기로 주도권 장악
신라 멸망(병합) (935)	935 견훤, 고려에 투항 신라 경순왕의 고려 투항(경순왕 김부: 고려 최초 사심관)
후백제 멸망 (936)	후백제 지배층의 내분(신검 vs 금강, 왕위 계승 갈등)
고려의 통일 (936) (후삼국 통일의 완성)	선산(일리천) 전투에서 고려가 승리함으로써 후삼국 통일

효공왕 (후백제 건국, 후고구려 건국)

중세 사회의 성립

구분	고대 사회	중세 사회
지배 세력	진골 귀족 중심	호족(문벌 귀족), 6두품 출신
정치 제도	골품제에 기초한 폐쇄적 정치 구조	유교적 이념에 입각한 정치 제도 정비
사회	폐쇄적 사회(골품제)	개방적 사회(과거제)
사상·종교	불교 중심	유교 사상과 불교 문화 공존
문화 발달	수도(경주) 중심의 귀족 문화	귀족 문화와 지방 문화 공존
민족 의식	민족 의식 형성 미약	강렬한 민족 의식 형성

解法 요람

중세 시대사 개관

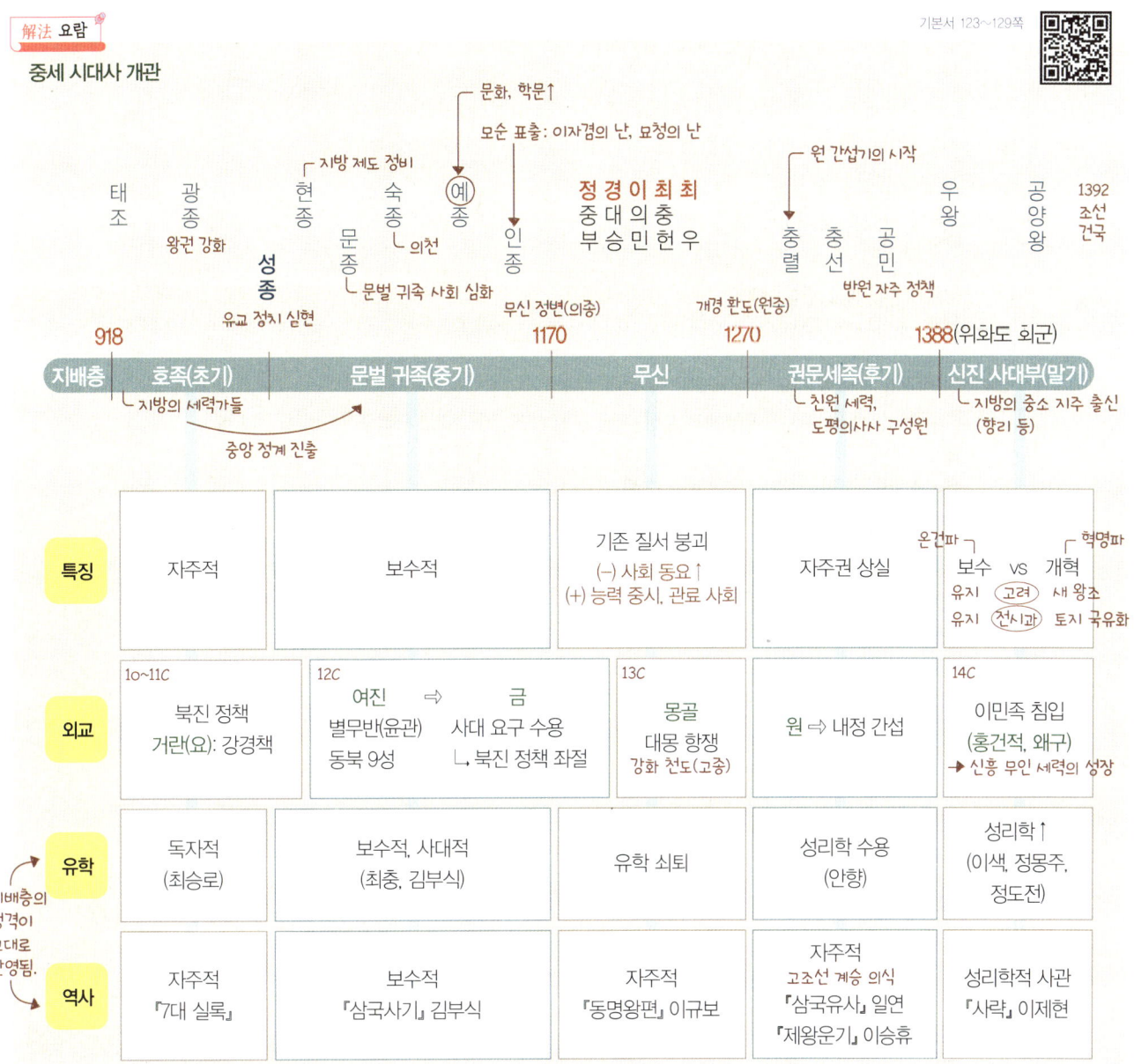

중세 시대사 개관 연표

- 문화, 학문↑
- 모순 표출: 이자겸의 난, 묘청의 난
- 지방 제도 정비
- 원 간섭기의 시작

태조	광종	현종	숙종	예종	정 경 이 최 최	충렬	충선	공민	우왕	공양왕	1392 조선 건국

- 왕권 강화
- 성종 / 유교 정치 실현
- 문종 / 문벌 귀족 사회 심화
- 의천
- 인종
- 무신 정변(의종)
- 개경 환도(원종)
- 반원 자주 정책
- 정 경 이 최 최 / 중 대 의 충 / 부 승 민 헌 우

지배층	호족(초기)	문벌 귀족(중기)	무신	권문세족(후기)	신진 사대부(말기)

- 918
- 1170
- 1270
- 1388(위화도 회군)
- 지방의 세력가들
- 중앙 정계 진출
- 친원 세력, 도평의사사 구성원
- 지방의 중소 지주 출신 (향리 등)

	호족(초기)	문벌 귀족(중기)	무신	권문세족(후기)	신진 사대부(말기)
특징	자주적	보수적	기존 질서 붕괴 (-) 사회 동요↑ (+) 능력 중시, 관료 사회	자주권 상실	온건파 vs 혁명파 보수 vs 개혁 유지 고려 / 새 왕조 유지 전시과 / 토지 국유화
외교	1o~11C 북진 정책 거란(요): 강경책	12C 여진 ⇨ 금 별무반(윤관) / 사대 요구 수용 동북 9성 / └ 북진 정책 좌절	13C 몽골 대몽 항쟁 강화 천도(고종)	원 ⇨ 내정 간섭	14C 이민족 침입 (홍건적, 왜구) → 신흥 무인 세력의 성장
유학	독자적 (최승로)	보수적, 사대적 (최충, 김부식)	유학 쇠퇴	성리학 수용 (안향)	성리학↑ (이색, 정몽주, 정도전)
역사	자주적 『7대 실록』	보수적 『삼국사기』 김부식	자주적 『동명왕편』 이규보	자주적 고조선 계승 의식 『삼국유사』 일연 『제왕운기』 이승휴	성리학적 사관 『사략』 이제현

지배층의 성격이 그대로 반영됨.

고려 전기 왕들의 업적 기출필수코드 08

※ 중앙의 지방 견제
- 신라: 상수리 제도
- 고려: 기인 제도, 사심관 제도
- 조선: 경재소

태조 연호: 천수
- 정략 결혼(각 지역 호족), 사성 정책('왕'씨 성 하사), 공신 책봉, 역분전, 본관제
- 사심관 제도(중앙 고관, 부호장 이하 임명, 출신 지역 통제), 기인 제도(지방 세력가 자제 인질)
  └ 경순왕 김부를 최초의 사심관으로 임명   └ 신라의 상수리 제도 계승
- 정치 제도 정비(태봉 관제 중심＋신라·중국 제도 참고)
- 『정계』·『계백료서』(신하들의 임금에 대한 도리), 훈요 10조(국정 운영 지침)
- 취민유도(세율 1/1o), 흑창(빈민 구제, 진대법 계승)
- 북진 정책(서경 중시, 청천강~영흥만까지 영토 확장), 만부교 사건, 발해 유민 수용(대광현)
  └ 거란이 보낸 낙타 굶겨 죽임.
- 불교 숭상, 연등회와 팔관회 개최 당부

▶ 태조의 훈요 10조
1. 불교 중시
2. 풍수지리 중시
3. 왕위 계승 원칙
4. 대거란 강경책 ┐ 북진 정책
5. 서경 중시 ┘
6. 연등회·팔관회 중시
7. 올바른 내치 방법
8. 차현 이남 등용 X
9. 관리의 녹봉 제정
1o. 역사·경전 공부 중시

혜종
- 혼인 정책의 부작용: 태조가 죽은 후, 호족 출신의 외척들은 왕위 계승을 둘러싸고 다툼 벌임.
- 왕규의 난: 외척인 왕규가 반란을 일으킴, 왕자 요(정종)가 왕규를 제거하고 왕위에 오름.
  └ 서경의 왕식렴과 결탁

정종
- 서경 천도 계획(실패), 광학보(불교 장려), 광군(거란 침입 대비)
  └ 현종 때 주현군으로 개편

광종 ┬ 노비안검법(불법 노비 조사 → 양인 해방), 과거제(쌍기의 건의)
└─ 호족 약화 + 재정 확보 └─ 신·구 세력 교체
├ 칭제 건원(광덕·준풍), 개경(황도)·서경(서도), 공복 제정(자·단·비·녹)
│ └─ 신라 공복(자·비·청·황)
├ 공신 세력 숙청: 대상 준홍·좌승 왕동 등을 모역죄로 숙청
├ 송나라와 수교(선진 문물 수용), 제위보 설치(빈민 구제)
└ 귀법사(균여), 중국에 승려 파견(의통·제관 등)

경종 ── 시정 전시과 시행(관품과 인품 고려)

성종 ┬ 신라계 유학자들이 국정 주도, 최승로의 시무 28조 수용
├ 중앙 관제 정비(2성 6부제), 문무산계제(중앙·지방의 지배층 구분, 지방 지배층 격하), 과거제 정비
│ └─ 문종 때 완성
├ 12목 설치(최승로 건의), 향리 제도 정비, 3경제 마련, 분사 제도 정비
│   └─ 동경 설치 └ 서경에 중앙과 유사한 관청 설치 ┌ 노비안검법(광종)
├ 건원중보(철전, 최초의 화폐)   ├ 노비환천법(성종)
(태조, 흑창) → 의창(빈민 구제), 상평창(물가 조절, 개경·서경·12목), 노비환천법(신분 질서 확립) └ 노비종모법(조선 영조)
├ 교육 조서 반포, 국자감 정비, 지방에 향교 설립 → 경학박사·의학박사 파견, 도서관 건립(비서성·수서원)
│   개경   서경
├ 유교식 의례 수용(환구단·사직 설치)
└ 거란의 1차 침입(소손녕) → 강동 6주 확보(서희)
                └─ 압록강 동쪽

◉ **최승로의 5조 정적평(광종 비판)**

그가 즉위한 해로부터 8년간 정치와 교화가 청백 공평하였고 형벌과 표창을 남용하지 않았습니다. 그러나 쌍기를 등용한 후로부터 문사를 존중하고 대우하는 것이 지나치게 풍후하였습니다.

▶ **고려의 문무산계제**

문산계	중앙 관리(문신+무신)
무산계	향리, 탐라 왕족, 여진 추장, 노병(老兵), 공장(工匠), 악인(樂人)

▶ **연등회와 팔관회**

	연등회	팔관회
	정월 15일 (현종 이후 2월 15일)	11월 15일
	부처, 태조 숭상	토속신, 국제적 행사
	전국	개경과 서경

※ 성종의 시무 28조 수용
 → 지방관 파견, 연등회·팔관회 중단

◉ **최승로의 시무 28조**

7. 태조께서 나라를 통일한 후에 군현에 수령을 두고자 하였으나, 대개 초창기에 일이 번다하여 미처 이 일을 시행할 겨를이 없었습니다. 청컨대 외관(外官, 지방관)을 두소서. → 지방관 파견 건의

9. 관료들로 하여금 조회할 때에는 모두 중국 및 신라의 제도에 의하여 공복을 입도록 하여 지위의 높고 낮음을 분별하도록 하십시오.
   → 중국과 신라의 제도 수용

11. 풍속은 각기 그 토질에 따라 다른 것이므로 모든 것을 반드시 구차하게 중국과 같게 할 필요는 없습니다. → 중국 문화의 주체적 수용

13. 봄에는 연등을 설치하고 겨울에는 팔관을 베풀어 사람을 많이 동원하고 노역이 심하오니, 원컨대 이를 감하여 백성이 힘펴게 하소서.
   → 연등회·팔관회 축소

19. 공신의 등급에 따라 그 자손을 등용하여 업신여김을 받고 원망하는 일이 없도록 하십시오. → 후삼국 통일에 협력한 공신 자손의 처우 개선

20. 불교를 행하는 것은 수신의 근본이며, 유교를 행하는 것은 치국의 근원이니, 수신은 내생을 위한 것이며, 치국은 곧 오늘의 일입니다. 오늘은 지극히 가깝고 내생은 지극히 먼 것인데, 가까움을 버리고 지극히 먼 것을 구함은 또한 잘못이 아니겠습니까? → 유교 이념을 바탕으로 국가 운영

22. 광종이 노비를 안검하니, … 천한 노예들이 주인을 모함하는 일이 이루 헤아릴 수 없이 많았습니다. … 노비와 주인의 송사를 판결할 때는 분명하게 하여 … → 노비안검법 비판

2강 문벌 귀족 사회의 성립과 대외 관계

기본서 135~143쪽

解法 요람

문벌 귀족 사회의 성립 기출필수코드 09

성종 — 문벌 귀족 사회의 성립 건원중보

현종 — 지방 행정 제도 개편: 5도 양계, 4도호부, 8목

덕종 정종 문종

문종 — 문벌 귀족 사회의 심화, 중앙 관제의 완성
이자연: 경원 이씨, 최충: 9재 학당(문헌공도) ⇨ 사학 12도 ↔ 관학 쇠퇴
└ 해동공자, 지공거(과거 주관) 역임
경정 전시과

순종 선종 숙종 의천
└ 현종

숙종 — 의천: 국청사, 천태종 (교선 통합)
화폐 발행: 삼한통보, 해동통보, 활구(은병)   서적포 설치
주전도감   └ 고액 화폐

(고려) 숙종: 삼한통보·활구 등 발행
(조선) 숙종: 상평통보(법화) 전국 유통

예종 — 관학 진흥책: 7재 설치, 양현고
└ 전문 강좌 └ 장학 재단

인종 — 문벌 귀족 사회의 모순 표출
이자겸의 난(1126), 묘청의 서경 천도 운동(1135)
└ 김부식(개경파) 진압

거란 ①1차 강동 6주(서희 담판)
→ 거란과의 교류 약속

강조의 정변
거란 ②2차 개경 함락(양규 활약)
→ 현종 피난(나주)
③3차 귀주 대첩(강감찬)
→ 고려·송·거란의 세력 균형: 평화 유지

여진 별무반(윤관)
└ 여진의 기병에 대응

여진 동북 9성(윤관)
→ 1년 만에 반환

금(여진) 금나라는 거란을 멸망시킨 후, 고려에 사대 요구
(이자겸 수용) ← → 서경파,
└ 정권 유지 목적   금나라 정벌
북진 정책 좌절   주장

고려 중기의 주요 국왕

천추태후 vs 강조 → 거란 2차 침입의 빌미가 됨.
김치양

목종 개정 전시과(관품만 고려, 18등급), 강조의 정변 → 폐위

천리장성 축조(9대 덕종~10대 정종)

현종
─ 거란의 2·3차 침입 격퇴 → 『7대 실록』 편찬, 개경에 나성 축조
─ 지방 제도 정비(경기·5도·양계·4도호부·8목)
└ 연등회·팔관회 부활, 현화사 건립, 초조대장경 조판
└ 현종 부모의 명복 기원

문종
이자연의 딸을 왕비로 삼음.
─ 중앙 경관직 완성, 남경 건설(한양을 남경으로 승격)
─ 경정 전시과(현직 관리, 공음전)
─ 기인선상법(인질 → 노동력 제공)
─ 사학 12도(ex. 최충의 문헌공도)
─ 불교 장려(아들인 의천 출가, 흥왕사 건립)
└ 송과의 국교 재개 현종 때 단절됐다가 다시 회복

▶ **강조**
• 목종의 어머니 천추태후가 김치양과 불륜을 맺고 왕위까지 넘보자, 강조는 정변을 일으켜 김치양 일파를 제거하고 목종을 폐위
• 거란의 2차 침입에 맞서 싸웠으나 포로가 됨. 거란의 귀순 제의를 거부하고 처형당함.

3단 중세 사회의 발전

| 숙종 | ─ 주전도감 설치(해동통보·은병 등 주조) 평양에 기자 사당 건설
| | └ 활구, 우리나라 지형을 본뜬 고액 화폐
| | ─ 불교 장려(의천 후원)
| | └ 국청사·천태종
| | ─ 남경 중시(남경개창도감 설치, 궁궐 건설), 관학 진흥(서적포 설치)
| | └ 한양 명당설(김위제)   └ 책 인쇄·출판
| | ─ 별무반 조직(윤관의 건의, 여진 정벌 목적)

| 예종 | ─ 여진 정벌(윤관, 별무반) → 동북 9성 설치(1년 뒤 반환)
| | ─ 관학 7재, 청연각·보문각(도서관), 양현고(장학 재단), 복원궁(도교 사원)
| | ─ 속현에 감무 파견, 구제도감·혜민국(질병 치료)
| | └ 임시 지방관   cf. 구급도감(고종)

| 인종 | ─ 문벌 귀족 사회의 모순 표출(이자겸의 난, 묘청의 난)
| | 1126   1135
| | ─ 경사 6학 마련, 무과 폐지, 향교 정비(지방 교육 진흥)
| | ─ 김부식이 『삼국사기』 편찬, 최윤의 등이 『상정고금예문』 편찬
| | 1145   └ 최우 때 금속 활자로 간행(1234)

고려의 대외 관계(거란, 여진) 기출필수코드 11

| 거란 | ─ 1차 침입(성종, 993): 소손녕, 80만 대군을 이끌고 침입 → 서희의 외교 담판(강동 6주 획득), 거란과 교류 약속
| (10~11C) | └ 고구려의 옛 땅을 내놓을 것, 송과 교류를 끊을 것 등을 요구   ┌ 고려=고구려의 후계자   └ 이후 고려는 거란의 연호 사용
| | ─ 2차 침입(현종, 1010): 강조의 정변을 빌미로 침입 → 개경 함락, 흥화진에서 양규 저항, 강화 체결
| | └ 초조대장경 조판 시작   └ 현종, 나주 피난
| | ─ 3차 침입(현종, 1018): 소배압, 10만 대군을 이끌고 침입 → 강감찬의 귀주 대첩(1019)
| | ─ 결과 – '고려-송-거란'의 세력 균형 유지 고려는 거란과 외교 관계를 맺고 사신 교환
| | └ 나성(개경, 강감찬의 건의) 건립, 천리장성(압록강~동해안) 축조 ※ 고구려의 천리장성 ┌ 당 침략 대비
| | └ 현종   └ 덕종~정종   └ 부여성~비사성

| 여진 | ─ 숙종 때 윤관의 건의로 별무반 설치(기병 주축, 신기군·신보군·항마군)
| (12C) | ─ 예종 때 여진족을 정벌하고 동북 9성 축조(윤관, 1107)
| | ─ 여진의 계속된 침입으로 9성의 방어가 어렵게 되자 1년 만에 반환
| | ─ 여진족은 1115년 금나라 건국, 거란을 멸망시킨 뒤 고려에 군신 관계 요구
| | └ 인종 때 이자겸이 수용

손자 ┌ 이자연의 딸들: 문종의 왕비
     └ 이자겸의 딸들: 예종·인종의 왕비

이자겸의 난 1126

─ 배경: 왕의 외척인 경원 이씨 이자겸 일파의 권력 독점 → 왕권 위협
                    └ 인종을 즉위시킨 후 예종의 측근 세력 제거
─ 전개: 이자겸은 도참설(십팔자위왕설)을 내세워 인종 독살 시도 → 인종이 이자겸 제거 시도 → 이자겸은 척준경과 반란 일으킴.
      → 척준경의 이자겸 제거 → 정지상의 탄핵으로 척준경도 쫓겨남.
          └ 인종에게 회유됨.
─ 결과: 왕권 실추, 문벌 귀족 사회의 붕괴 촉진

묘청의 서경 천도 운동 `1135` ※ 신채호는 『조선사연구초』에서 '조선 역사상 일천년래 제일대사건'이라고 평가

- 배경 ┌ 이자겸의 난으로 국왕의 권위 하락, 지배 세력의 분열(서경의 신진 세력 vs 개경의 귀족들)
  └ 이자겸 집권 시기, 금나라의 사대 요구를 수용했던 것에 대한 불만 증가
- 묘청 세력: 황제를 칭하고 금나라 정벌을 건의, 서경(평양) 천도 주장 ※ 서경파: 묘청·정지상·윤언이
- 개경 세력: 민생 안정을 내세워 금과 사대 관계 유지 주장 ※ 개경파: 김부식 등
- 인종: 서경 천도는 동의(서경에 대화궁과 팔성당 건립), 그러나 칭제건원·금나라 정벌은 수용 ✕
- 묘청의 난: 서경에서 반란(국호: 대위국, 연호: 천개, 군대: 천견충의군), 김부식이 이끈 관군에 의해 진압
- 결과: 문벌 귀족 사회의 모순 심화, 서경의 지위 하락
  └ 분사 제도 폐지

3강 무신 정변과 몽골의 침입

기본서 144~151쪽

解法 요람

무신 정권기의 정치 변동과 집권 기구 기출필수코드 10

12C 예종
  ┌ 인종: 이자겸의 난, 묘청의 난
  └ 의종: 향락 정치, 국가 재정↓
       무신 정변 발생(1170)

의종 → 명종	명종	명종	명·신·희·강·고종	고종
정중부	**경대승**	**이의민**	**최충헌**	**최우**
		천민	감찰 기구 → 최고 집정부	최우 집에 설치
중방	도방	중방	교정도감	정방 / 서방 숙위 기구
└ 무인들의 합좌 기구	(신변 보호 ⇒ 정치 기구)		(교정별감)	(인사) / (문신)

봉사 10조(개혁안)   강화 천도(대몽 항쟁)
                                    ┌────군사적 기반────┐
                              (도방)(신변 보호)   (삼별초)
동북면 병마사 김보당의 난   팔만대장경
서경 유수 조위총의 난   교종과 갈등↑   상정고금예문
                        지눌의 신앙 결사 운동 후원   (금속 활자로 인쇄, 현존 ✕)
                              이규보 발탁

공주 명학소의 난   전주 관노의 난   김사미·효심의 난   만적의 난(신분 해방 주장)
(=망이·망소이의 난)   운문·초전 중심, 신라 부흥   └ 최충헌의 사노비
→ 향·소·부곡 폐지의 계기

무신 정권기의 정치 변동

무신 정변 발생(1170): 정중부, 이의방 등 무신들이 보현원에서 정변 → 의종 폐위, 명종 옹립
└ 의종의 동생

명종

정중부
- 이의방 등을 제거, 중방을 중심으로 권력 행사
- 김보당의 난, 조위총의 난, 공주 명학소의 난

경대승
- 정중부 제거, 도방 설치(신변 보호, 사병 집단)
- 전주 관노의 난

이의민
- 천민 출신, 무신 정변·김보당의 난·조위총의 난 때 공을 세워 상장군이 됨.
- 중방을 중심으로 집권, 최충헌 형제에게 피살
- 김사미·효심의 난

신종 희종 강종

최충헌
- 봉사(시무) 10조 제시: 토지 겸병 금지, 조세 제도의 개혁 등 주장
- 교정도감 설치: 감찰 기구 → 최고 집정부, 장관인 교정별감은 최씨 가문에서 세습
- 도방 부활: 신변 보호, 정권 안정 → 무신 정권의 군사적 기반
- 왕실·귀족과 연결되어 있던 교종 억압, 지눌의 신앙 결사 운동 후원
  └ 선종 승려
- 이규보 등 문인들 발탁(행정 능력 활용)
- 진강후 책봉, 진주 일대를 식읍으로 받음, 흥녕부 설치
- 만적의 난, 이비와 패좌의 난, 최광수의 난

고종

최우
- 정방 설치: 자신의 집에 설치, 인사권 장악
- 서방 설치: 자신의 집에 설치한 문인들의 숙위 기구(고문 역할)
- 삼별초 조직: 좌별초·우별초·신의군, 공적인 임무를 띤 최씨의 사병 기구
  └ 야별초(도적 체포)에서 비롯됨.
- 대몽 항쟁: 강화 천도, 팔만대장경 조판
  └ 대장도감, 부처의 힘으로 몽골 침략 격퇴 기원
- 이연년의 난

최항
최우의 뒤를 이어서 교정별감이 됨, 대몽 항쟁 추진

최의
어머니가 노비, 실정을 거듭하다 김준과 유경 등에게 살해

김준
천민 출신, 임연 일파에게 살해

원종

임연
대몽 항쟁 추진하다가 병사함.

임유무
임연의 아들, 개경 환도 거부하다 살해 → 무신 정권 붕괴, 1270년 개경 환도(원종)

◉ **최충헌의 봉사 10조(일부)**

적신 이의민은 사납고 잔인하여… 신 등이 일거에 소탕하였습니다. (중략)
- 농민에게 빼앗은 토지를 돌려 줄 것
- 지방관의 곡물 진상을 금할 것
- 승려의 고리대금업을 금할 것
- 함부로 사찰을 건립하는 것을 금할 것

▶ **최충헌**
- 명종 폐위, 신종·희종·강종·고종을 차례로 옹립
- 이규보 등 문인 등용
- 지눌의 신앙 결사 운동 후원

무신 정권기의 사회 동요

※ 경계의 난 (경: 무신 정변(정중부)
 계: 반무신난(김보당))

지배층
- 김보당의 난(1173): 최초의 반무신난, 동북면 병마사 김보당이 의종의 복위를 주장하며 봉기
- 조위총의 난(1174): 서경 유수 조위총이 정중부 정권 타도를 주장하며 봉기, 농민층도 참여
- 교종계 승려들의 난(귀법사, 흥왕사 등)

피지배층
- 망이·망소이의 난(1176): 공주 명학소에서 망이·망소이가 봉기, 향·소·부곡 폐지의 계기(충순현으로 승격)
  └ 봉기 수습 목적
- 전주 관노의 난(1182): 경대승 집권기에 전주의 군인, 관노비, 승려 등이 반란
- 김사미·효심의 난(1193): 경상도의 운문과 초전을 중심으로 봉기, 신라 부흥 연합 세력 형성 (+ 경주, 강릉)
- 만적의 난(1198): 최충헌의 사노비인 만적이 반란 계획, 신분 해방 운동(신분 차별에 저항) 누구나 공경대부가 될 수 있다!!
- 이비와 패좌의 난(1202): 경주 중심, 신라 부흥
- 최광수의 난(1217): 서경(평양) 중심, 고구려 부흥
- 이연년의 난(1237): 담양 중심, 백제 부흥

(최씨 무신 집권기)

귀주 (거란 3차(강감찬)
 몽골 1차(박서))

고려의 대외 관계(몽골, 13세기) 기출필수코드 11 ★

최충헌
- **강동의 역**: 거란족의 일부가 몽골에 쫓겨 고려 침입 → 몽골과 연합, 거란족 섬멸
 (1219) └ 공물 요구

최우
- 1차 침입: 몽골 사신 저고여 피살 → 몽골의 1차 침입, 귀주성에서 박서의 항쟁 → 개경 포위
 (1231) └ 노군·잡류의 활약(지광수, 충주) → 몽골의 요구 수용
- 2차 침입: 몽골의 과도한 조공 요구 → 최우 정권, 강화 천도(대몽 항쟁) → 몽골의 2차 침입
 (1232) → 처인성에서 장수 살리타가 김윤후에게 사살되자 퇴각
- 대몽 항쟁기 ┬ 일반 민중들(백성들, 부곡민, 노비, 초적 등)의 저항
  └ 팔만대장경 조판, 초조대장경·교장·황룡사 9층 목탑 등 소실
   └ 대구 팔공산 부인사 보관
- 개경 환도 ┬ 몽골의 지원을 받은 원종은 개경 환도 단행 → 무신 정권 붕괴, 왕정 복구
 (원종, 1270) └ 태자(충렬왕)를 몽골에 보내 원과 강화 추진
  └ 삼별초의 항쟁(강화도 → 진도 → 제주도)

▶ 몽골의 침입 과정

1차	• 박서(귀주성)의 항쟁 • 지광수(노군·잡류)
1232년	강화 천도
2차	처인성 전투 (김윤후+부곡민)
1234년	금나라 멸망
3차	• 삼남 지방 공격 • 황룡사탑 소실(1238)
4차	전라도까지 남하
5차	충주성 전투 (김윤후+관민+노비)
6차	다인철소 전투

└ 고종은 다인철소의 전공을 인정하여 현으로 승격

▶ 세조 구제 고려의 독자성 유지에 큰 역할!!

쿠빌라이(원 세조)는 당시 세자였던 원종에게 고려의 의관(衣冠)을 비롯한 풍속을 몽골식으로 고치지 않고 원래대로 할 것을 허락하였다.

▶ 삼별초의 항쟁

개경 환도+삼별초 해산 명령
→ 항쟁(배중손), 항몽 정권(승화후 온)
→ 진도(승화후 온과 배중손 전사)
→ 제주도(김통정 지휘)
→ 진압(항파두리성 함락)

● 세조 구제(고종, 1259)
- 첫째, 옷과 머리에 쓰는 관은 고려의 풍속에 따라 바꿀 필요가 없다.
- 둘째, 사신은 오직 원 조정이 보내는 것 이외에 모두 금지한다.
- 셋째, 개경으로 다시 돌이키는 것은 고려 조정에서 시간을 조절할 수 있다.
- 넷째, 압록강 둔전과 군대는 가을에 철수한다.
- 다섯째, 전에 보낸 다루가치는 모두 철수한다.
- 여섯째, 몽골에 자원해 머무른 사람들을 조사하여 돌려보낸다.

● 고려첩장
- 이전 문서에서는 몽고의 연호를 사용했는데, 이번 문서에서는 연호를 사용하지 않았다.
  └ 삼별초가 일본에 외교 문서를 보낸 것을 알 수 있음.
- 이전 문서에서는 몽고의 덕에 귀의하여 군신 관계를 맺었다고 하였는데, 이번 문서에서는 강화로 도읍을 옮긴 지 40년에 가깝지만, 오랑캐의 풍습을 미워하여 진도로 도읍을 옮겼다고 한다.

4강 　고려 후기의 정치 변동

기본서 152~159쪽

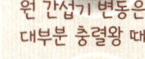 解法 요람

원 간섭기 개혁 정치 　 기출필수코드 12

25대 충렬왕
원 간섭기 변동은 대부분 충렬왕 때

① 도평의사사(도당) 설치: 기능 확대　② 여·원 연합군 일본 원정
③ 성리학 전래(안향), 성균관, 문묘 건립　④ 고조선 계승 의식: 「삼국유사」, 「제왕운기」 편찬
　　　　　　　　　　　└ 일연　　└ 이승휴

27대 충숙왕 ←

26대 충선왕

① 사림원 설치 : 인사 및 왕명 출납 담당　② 소금 전매제(각염법)
③ 수시력 채용 : 원나라 역법서　④ 만권당(연경) 설립: 학문 연구소, 이제현 → 이색 ┌ 정몽주
　　　　　　　　　　　└ 개경 ✕　　　　　　　　　　　　　　　└ 정도전

31대 강릉 대군 (공민왕)
28대 충혜왕
29대 충목왕
→ 30대 충정왕

31대 공민왕

〈반원 정책〉
① 친원파 숙청(기철 등)
② 정동행성 이문소 폐지, 관제 복구, 몽골풍 폐지 원의 연호, 호복·변발 등 폐지
③ 쌍성총관부 회복: 유인우 공격 ⇨ 철령 이북 땅 수복

〈왕권 강화책〉
① 정방 폐지 신진 사대부의 등용을 억제했던 정방 폐지
② 성균관 개편(순수 유학 교육 기관), 과거 제도 정비 ➡ 신진 사대부 발탁
③ 전민변정도감 설치(신돈 등용)

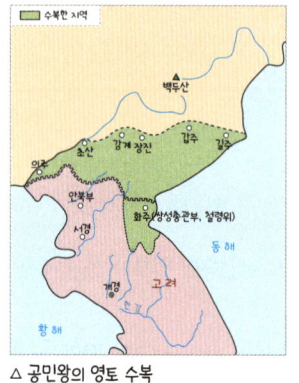

△ 공민왕의 영토 수복

32대 우왕

① 왜구 격퇴(홍산·진포·황산), 위화도 회군　② 「직지심체요절」: 청주 흥덕사
　└ 화통도감(최무선)

 원의 내정 간섭　쌍성총관부 → 원종 즉위 → 동녕부 → 개경 환도 → 삼별초의 항쟁 진압 → 탐라 총관부 → 충렬왕 즉위 → 정동행성
　　　　　　　(1258)　　(1260)　└ (1270) ┘　　　　　　└ (1273) ┘　　(1274)　　(1280)

영토의 상실과 일본 원정

┌ 영토 상실 ┬ 동녕부(자비령 이북), 탐라 총관부(제주도) → **충렬왕** 때 반환
│ 원 직할지 └ **쌍성총관부**(철령 이북): 대몽 항쟁 시기인 고종 때 상실 → **공민왕** 때 무력으로 탈환
└ 일본 원정 ┬ **충렬왕** 때 2차례 일본 원정에 동원(태풍이 불어 실패)
　　　　　　└ 개경에 **정동행성** 설치(일본 원정 준비) → 일본 원정 이후에도 유지, 고려의 내정 간섭

내정 간섭 기구

┌ 인질 제도: 왕족 등을 원나라에 인질로 보냄.
├ 입성책동: 친원 세력들은 원나라의 지방 행정 구역(직속령)에 고려를 편입시키려고 함(모두 실패).
├ 정동행성: 고려의 내정 간섭, 장관(고려 국왕)
├ 심양왕 제도: 원나라는 남만주 심양에 따로 고려왕(=심양왕)을 둠, 고려 국왕 견제
├ 순마소: 반원 인사의 색출과 치안을 담당한 감찰 기구 → 조선 초, 의금부로 개편
├ 만호부: 원나라의 영향을 받은 군사 조직(5만호부)
└ 다루가치: 몽골어로 총독을 의미, 고려에 파견되어 내정 간섭

▶ **관제 개편**

중서문하성 ➡ 첨의부
상서성 ↗
중추원 ➡ 밀직사
이부 ➡ 전리사
병부 ➡ 군부사
호부 ➡ 판도사
형부 ➡ 전법사
예부
공부 ➡ 폐지
어사대 ➡ 감찰사
한림원 ➡ 문한서

▶ **원의 인적·물적 수탈**

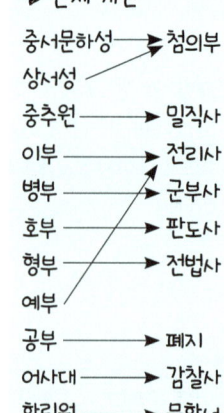

• 공녀 요구(결혼도감)
　→ 조혼, 예서제(데릴사위제) 유행
• 각종 특산물 징발, 응방(매)

원 간섭기 개혁 정치

충렬왕
- 원의 내정 간섭: 고려 관제와 왕실 호칭 격하, 원나라의 일본 원정에 동원
  - └ 황제국 → 제후국
- 도평의사사 설치(최고 정무 기구), 전민변정도감 설치
- 동녕부(서경)와 탐라 총관부(제주) 반환 받음.
- 성리학 전래(안향, 『주자전서』), 국학을 성균관으로 개칭, 섬학전(양현고 보충), 성균관에 문묘 새로 건립
- 『삼국유사』(일연), 『제왕운기』(이승휴) 편찬

충선왕
- 정방의 약화, 사림원 설치(국왕 고문 역할, 왕명 출납), 소금 전매제(각염법 제정)
  - └ 원 간섭기에 설치와 폐지(공민왕 때도 폐지) 반복 └ 국가에서 소금 생산·판매 독점
- 연경에 만권당 설치(학문 연구소, 이제현 등 교류), 수시력 채용

충숙왕
- 찰리변위도감 설치, 사심관 제도 폐지

충혜왕
- 편민조례추변도감 설치, 소은병 제작, 기철 등 친원파의 반발로 폐위

충목왕
- 정치도감(정리도감) 설치

공민왕
- 전반기 개혁 ┬ 친원파 숙청(기철 등), 원나라 연호와 원나라 풍습 폐지
  - └ 호복, 변발
  - └ 관제 복구, 정방·정동행성 이문소 폐지, 쌍성총관부 탈환(유인우)
- 홍건적의 침입 → 2차 침입 때 복주(안동) 피난 → 흥왕사의 변(김용의 난)
- 1368 → 명나라 건국
- 후반기 개혁 ┬ 전민변정도감 설치(신돈 등용)
  - ├ 성균관 개편, 과거제 정비, 신진 사대부 등용
  - ├ 요동 정벌 시도(인당·최영·이성계)
  - └ 자제위 설치(국왕 호위, 인재 양성)
    - └ 홍륜이 공민왕 살해

우왕
- 화통도감 설치(최무선), 왜구 격퇴(홍산·진포·황산·관음포), 『직지심체요절』 편찬
  - └ 1377 └ 청주 흥덕사, 금속 활자로 인쇄
- 명의 철령위 설치 → 요동 정벌 추진 → 이성계의 위화도 회군
  - └ 최영 주도 └ 1388

> ▶ **전민변정도감**
> - 고려 원종 때 처음 설치
> - 충렬왕·공민왕·우왕 때 설치와 폐지를 반복
> - 농장 확대 금지, 양민 보호

> ▶ **흥왕사의 변(1363)**
> 홍건적의 2차 침입 때 복주(안동)로 피난 갔다 돌아온 공민왕은 흥왕사의 행궁에 머묾. 김용 등 부원 세력들이 공민왕을 시해하려다 실패

고려의 대외 관계(홍건적과 왜구) 기출필수코드11

홍건적
- 1차 침입(1359): 홍건적이 침입했으나 격퇴
- 2차 침입(1361): 홍건적의 침입으로 개경 함락, 공민왕의 복주(안동) 피난 → 정세운·최영·이성계 등이 격퇴

왜구
- 왜구의 침입: 공민왕·우왕 때 왜구의 침략 급증, 연해 지방뿐 아니라 내륙까지 침입, 조운선·미곡 등 약탈
- 정부의 대응: 일본 막부와 외교 교섭(효과 없음.), 화포 개발(우왕 때 최무선의 건의로 화통도감 설치)
- 우왕 ┬ 홍산 대첩: 최영이 홍산(부여)에서 왜구 격퇴
  - ├ 진포 대첩: 최무선이 진포에서 왜선 500척을 화통과 화포로 격파
  - ├ 황산 대첩: 이성계가 황산(남원)에서 적장 아기발도 사살, 왜구의 주력 부대 전멸
  - └ 관음포 대첩: 정지가 관음포 앞바다에서 왜선 격침
- 창왕: 박위가 전함 100척을 이끌고 쓰시마 토벌

2장 중세의 경제와 사회

기본서 161~170쪽

1강 중세의 경제 정책과 경제 활동

解法 요람

토지 제도의 기본 개념

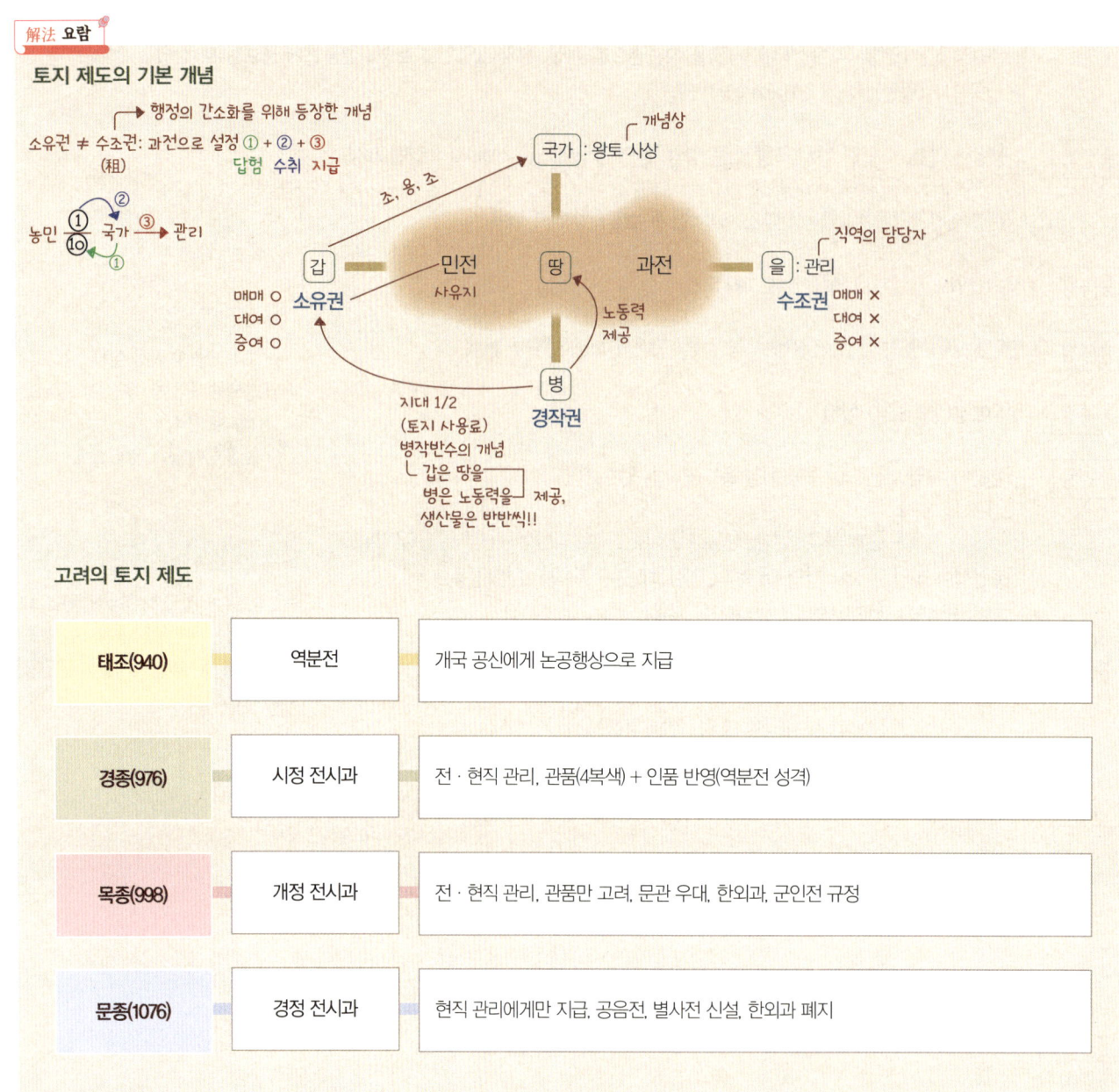

고려의 토지 제도

태조(940)	역분전	개국 공신에게 논공행상으로 지급
경종(976)	시정 전시과	전·현직 관리, 관품(4복색) + 인품 반영(역분전 성격)
목종(998)	개정 전시과	전·현직 관리, 관품만 고려, 문관 우대, 한외과, 군인전 규정
문종(1076)	경정 전시과	현직 관리에게만 지급, 공음전, 별사전 신설, 한외과 폐지

수취 제도와 재정 운영

수취 제도

- 조세 ┬ 비옥한 정도에 따라 3등급으로 구분, 1/10 수취
  │   └ 전품제
  └ 조운 제도 : 지방의 조세를 배를 통해 개경으로 운반
- 공물 : 토산물 → 상공(매년), 별공(수시)
  └ 집집마다 부과
- 역 ┬ 16~59·60세 정도 남자의 노동력 무상 동원
  ├ 군역 : 주현군·주진군 소속, 군인으로 복무
  └ 요역 : 국가 공사 등에 동원

재정 운영

- 재정 지출 : 관리의 녹봉, 국방비(가장 비중 큼), 왕실 경비, 일반 비용
  └ 전·현직 관리에게 1년에 2번 지급
- 호부 : 호적과 양안 작성·관리, 재정 운영 총괄
- 삼사 : 곡식의 출납·회계 관련 업무

※ 관청 운영 경비 : 공해전 지급

▶ 고려의 창(倉)

- 좌창(관리 녹봉)
- 우창(국가 행사 등)
- 상평창(물가 조절)
- 의창(빈민 구제)

전시과 제도 `기출필수코드 42`

- 역분전(태조): 개국 공신에게 논공행상격으로 지급(충성도·인품)
- 특징 ┌ 관리를 18등급으로 나누어 전지와 시지 지급(수조권)
  │   (곡물)   (땔감)
  └ 전국 토지 대상, 죽거나 관직에서 물러날 때 토지 반납

시정 전시과	경종(976)

┌ 전·현직 관리(관품·인품 반영)
├ 관품: 4색 공복 기준(문반·무반·잡업)
├ 인품: 공신 우대(역분전 성격)
└ 다원적 기준, 잠정적

개정 전시과	목종(998)

┌ 전·현직 관리(관품만 고려, 18과)
├ 문관 > 무관 / 현직 > 산관
│   └ 업무 ✕
├ 한외과(전지 17결)
└ 군인전 규정

※ 한외과 : 18과에 포함 ✕

경정 전시과	문종(1076)

┌ 현직 관리만 지급(산관 제외, 18과)
├ 공음전·별사전시·무산계전시 신설
├ 한외과 폐지
└ 무관에 대한 차별 시정

▶ 녹과전
- 개경 환도 이후에 실시(원종, 1271)
- 현직 관료 대상
- 경기 8현 토지의 수조권 분급
  └ 이후 과전법에 영향

토지의 종류 `기출필수코드 42`

공전	경비 충당

┌ 공해전: 중앙·지방의 관청 경비
├ 내장전: 왕실 경비
├ 학전(교육 기관)
└ 둔전(군량미)

사전	개인에게 수조권 지급

┌ 과전: 관리에게 직역의 대가로 지급
├ 공음전: 5품 이상 관리에게 지급(세습)
├ 한인전: 6품 이하 하급 관리 자제 중 관직에 오르지 못한 자에게 지급
├ 군인전: 군역의 대가로 지급(세습)
├ 외역전: 향리의 직역 부담 대가로 지급(세습)
├ 구분전: 하급 관료·군인의 유가족에게 지급
├ 사원전: 사원(절)에 지급
└ 별사전(승려·풍수지리업자), 별정전(악공·공장), 식읍

(세습: 공음전, 군인전, 외역전)

전시과 체제의 붕괴

┌ 과전 세습 多 → 전시과 제도가 원칙대로 운영 ✕, 무신 정변 이후 전시과 체제의 붕괴 가속화
│ └ 귀족들은 권력을 사용하여 관직에서 물러난 뒤에도 과전 반납 ✕
└ 원 간섭기 권문세족들의 농장 확대(토지 탈점, 개간 명목) → 국가 재정의 궁핍 초래
        └ 세금 ✕   └ 사패 사칭

▶ 사패전
- 사패전: 일종의 개간전, 소유권 인정, 세금 면제
- 폐단: 고려 후기, 일부 지배층은 주인이 있는 토지를 황무지라 속여 강제로 빼앗음.

고려 후기, 정부는 전민변정도감을 통해 부당하게 뺏긴 토지를 본래 주인에게 돌려주려 함.

과전법 실시 공양왕, 1391년 제정

┌ 사전 개혁: 권문세족의 토지 몰수, 수조권을 모두 국가에 귀속 → 수조권의 재분배(대상 지역: 경기)
├ 불법적 소유권: 권문세족이 불법적으로 획득한 소유권은 국가나 원 주인에게 돌려줌.
├ 합법적 소유권: 소유권 인정 but 대토지 소유 제한(병작반수 금지)
│   └ 반반!
└ 결과: 신진 사대부의 경제적 기반 마련

귀족과 농민의 생활 모습

- 귀족 ┬ 경제 기반: 상속받은 토지·노비, 과전·녹봉
  └ 생활 모습: 큰 누각을 짓고, 지방에 별장 소유, 외출할 때 말을 타고 시종 거느림, 주점과 다점에 다님.
- 농민: 민전(본인 소유) 경작, 타인의 소유지 빌려 농사, 가내 수공업(집에서 삼베·모시 만듦.)

고려의 농업

| 권농 정책 | 목적: 국가 재정 확보, 농민 생활의 안정 |

- 광종: 개간 장려, 새로 개간한 땅은 세금을 일정 기간 면제
- 성종 ┬ 면재법: 자연재해로 인한 피해 정도에 따라 조세를 적게 받거나 면제해줌.
  ├ 자모상모법: 고리대의 이자를 제한(이자는 원금을 넘지 않음.)
  └ 의창: 전국에 의창 설치, 평상시에 미곡을 저장했다가 흉년에 빈민을 구제

| 농업 기술 발달 |

- 경작지 확대: 황무지 개간 장려, 12세기 이후 저습지와 간척지 개간
  └ 소유권 인정 OR 소작료를 적게 받거나 면제
- 수리 시설과 농기구 정비: 여러 수리 시설을 재정비, 호미와 보습 등 농기구 개량
- 깊이갈이: 소를 이용한 깊이갈이(심경)가 일반화
- 시비법: 녹비법·퇴비법 등 시비법 발달로 휴경지 감소
- 2년 3작 윤작법 보급: 2년 동안 보리·콩·조 등을 돌려 지음(밭농사).
- 이앙법 전래: 고려 말에 이앙법(모내기법)이 남부 지방에 전래됨(논농사).
- 농서 보급: 고려 후기 이암이 중국의 농서인 『농상집요』 소개   충정왕 때 처음 도입, 공민왕 때 간행
- 목화 전래: 공민왕 때 문익점이 원에서 목화씨를 가져와 목화 재배 실시

▶ 시비법

고려 시대에 녹비법(풀을 태우거나 갈아 엎어 비료로 사용)이 등장 → 이후 퇴비법 (녹비+가축의 똥오줌)이 점차 확대

고려의 수공업

| 고려 전기 | 관청 수공업과 소(所) 수공업 중심 |

- 관청 수공업: 공장안에 등록된 기술자들이 중앙·지방의 관청에 소속되어 물품 생산
  └ 장인들의 명단
- 소(所) 수공업: 특수 행정 구역인 소에서 특정 물품을 생산하여 관청에 납부(정부의 공물 확보 목적)
  └ 금, 은, 철, 구리, 실, 각종 옷감, 종이, 먹, 차, 생강 등

| 고려 후기 | 민간 수공업과 사원 수공업 발달 |

- 민간 수공업: 농촌의 가내 수공업 중심, 농민들이 집에서 삼베·모시·명주 등을 만듦.
- 사원 수공업: 사원의 솜씨 좋은 승려·노비가 품질 좋은 제품을 생산
  └ 베·모시·기와·술·소금 등

▶ 소에서 생산되는 물품
- 광공업품(금, 은, 철, 구리)
- 수공업품(실, 옷감, 종이, 먹)
- 특산물(차, 생강)

고려의 상업(+화폐)

고려 전기 도시 중심으로 상업 발달

- 도시 ┌ 시전: 개경에 시전(상설 점포) 설치, 경시서(상행위 감독) 운영
  └ 관영 상점: 개경·서경 등 대도시에서 관영 상점(서적점·약점·주점·다점) 운영
- 지방: 주로 관청 근처에서 시장이 열려 물품 교환
- 사원: 사원 소유의 토지에서 생산된 곡식 판매, 승려·노비가 만든 모시·기와·술·소금 판매

▶ 보의 발달
  학보·광학보·제위보·팔관보 등

일정 기금을 마련한 뒤에 이자를 가지고 공적 사업에 사용, 이후 일부 보들은 그 이자로 고리대업을 함.

고려 후기 도시와 지방에서 상업 활동 더욱 활발해짐.

- 도시: 관청 수공업과 소 수공업 쇠퇴 → 관청은 시전에서 물품 구입
- 지방: 행상의 활동, 조운로를 따라 미곡·생선·소금·도자기 등 판매
- 원의 발달: 육상 교역 확대 → 원(여관)이 상업 중심지로 성장
- 사원: 사원의 상업 활동 활발 고리대업까지 운영

화폐 발행

- 성종: 최초로 철전인 건원중보 제작
- 숙종: 의천의 건의로 주전도감 설치, 삼한통보·해동통보·해동중보와 활구(은병) 제작
  └ 우리나라 지형을 모방하여 만든 고가의 화폐
- 고려 후기: 소은병(충혜왕)·최초의 지폐인 저화(공양왕) 등 발행
- 화폐는 널리 유통되지 못함, 물건을 거래할 때는 여전히 곡식·삼베를 사용

▶ 고려 후기의 화폐
• 소은병, 저화(최초의 지폐) 제작
  └ 충혜왕 └ 공양왕
• 원의 지폐인 보초 유입

고려의 대외 무역
예성강 근처의 벽란도가 무역항으로 번성

경제, 문화상의 이유
고려 ⇌ 송
군사, 정치상의 이유

송나라 고려의 대외 무역에서 가장 큰 비중 차지

- 수입품(약재, 비단, 서적 등 왕실·귀족의 수요품), 수출품(종이, 인삼, 나전 칠기, 화문석 등)
- 교통로: 주로 바닷길 이용(북쪽에 거란·여진 존재)

▶ 송과의 무역 교통로
• 북로: 예성강(벽란도) – 대동강 입구 – 덩저우(산둥반도)
• 남로: 예성강(벽란도) – 흑산도 – 밍저우

거란·여진 공식 무역 장소인 각장에서 교역

- 수입품(모피, 말, 은 등), 수출품(농기구, 식량 등)
- 거란과의 교역은 여진보다 활발하지 않은 편(거란에 대한 강경책)

일본 11세기 후반부터 고려와 교역, 수입품(수은, 황, 감귤, 향료, 말 등), 수출품(식량, 인삼, 서적 등)

서역 고려(Corea)의 이름이 서방 세계에 널리 알려지게 됨.

- 대식국(아라비아)의 상인이 송나라를 통해 고려에 진출, 수은·향료·산호 등을 교역
- 원 간섭기에는 색목인(서역인)들이 들어옴.

원나라 공무역(고려가 예물을 보내면 원나라가 답례)과 사무역이 이루어짐.
  └ 공무역보다 규모가 컸으며 사신을 따라온 수행원·상인 주도

2강 고려의 사회

解法 요람

고려의 사회 구조

귀족
- 왕족, 5품 이상의 고위 관료
- 음서, 공음전의 혜택을 받는 특권층
- 문벌 귀족 ⇨ 권문세족 ⇨ 신진 사대부

중류층
- 지배층의 하부 구조(말단 행정직)
- **잡류**(중앙 관청 말단 서리), **남반**(궁중 실무), **향리**(지방 행정), **군반**(군인), **역리**(역 관리) 등
  └ 기록이나 문서를 관장하는 업무 담당   └ 2군 6위 등 중앙군
- 직역과 지급된 토지 세습

양민
- 일반 농민(백정), 상공업 종사자, 향·소·부곡민 등
- 백정: 주로 농업에 종사, 조세·공납·역의 의무를 짐, 법적으로 과거 응시 가능
- 특수 행정 구역민: 향·소·부곡·역·진·장·처
  세금·노동력 징발 多, 거주 이전 금지, 국학에 입학 ×, 과거 응시 ×, 승려 ×
  └ 일반 농민보다 더 많은 부담

천민
- 대부분 노비, 재산으로 간주, 일천즉천, 천자수모법 적용
- **공노비**(입역 노비, 외거 노비), **사노비**(솔거 노비, 외거 노비)
  └ 국가 기관에 소속   └ 개인 또는 사원 소유
- 과거 응시 ×, 관직 진출 ×, 승려 ×

고려의 신분 제도 기출필수코드 44

귀족 문벌 귀족 → 권문세족 → 신진 사대부
- 왕족을 비롯한 5품 이상의 고위 관료
- 고위 관직 독점, 음서·공음전, 혼인 관계(왕실 or 귀족 가문)
  └ 문벌 귀족(중서문하성·중추원), 권문세족(도평의사사)
- 주로 개경에 거주(부재지주), 죄를 지으면 형벌로써 귀향시킴(귀향형).
  └ 대리인을 지방의 소유지에 보내 토지 관리

▶ 향리 제도의 변천
- 성종: 향리 제도 정비(호장, 부호장)
- 현종: 향리의 수와 공복 정함.
- 문종: 향리 승진 9단계 제정

중류층 말단 행정 업무 담당, 직역 세습, 직역의 대가로 토지(군인전, 외역전 등) 받음.
- 향리 ┌ 지방의 실질적인 지배층, 조세 징수·역역 동원·군대 통솔(일품군) 담당
       └ 신분 상승: 상층 향리는 과거를 통해 고위 관리로 진출 가능, 무신 집권기 이후 '능문능리'라고 표현
- 남반(궁궐의 실무 관리), 서리·잡류(중앙 관청의 말단 행정 담당), 군반(직업 군인, 중앙군), 역리(지방의 역을 관리)

양민
- 농민(백정): 조세·공납·역 의무, 법적으로 과거 응시 가능
- 특수 행정 구역민 ┌ 향·부곡(농업), 소(수공업), 역(육상 교통), 진(수로 교통), 장·처(왕실 토지)
                  └ 일반 군현보다 세금↑, 과거 응시 ×, 국학 입학 ×, 승려 ×, 거주 이전 ×

천민 대다수는 노비
- 노비: 매매·증여·상속 가능(재산), 관직 진출 ×, 승려 ×, 일천즉천(신분 결정), 천자수모법(소유 권한)
- 공노비: 입역 노비(관아, 급료 지급, 60세까지 노동력 제공), 외거 노비(국유지 경작)
- 사노비: 솔거 노비(주인 집에 거주), 외거 노비(주인과 따로 거주)
  └ 신공 납부
  └ 재산 소유 가능(가옥·토지·노비 등)

▶ 양수척(화척, 재인)
- 여진·거란족의 후손으로 추정
- 호적 없음. → 부역 ×, 조세 ×
- 사냥, 유기 제조, 도살업 등 종사

법률과 사회 제도 cf. 조선 (경국대전+대명률)

- 법률 ┌ 71개조 법률(당나라 법 참고) 시행, 대부분 관습법 적용, 행정·사법 명확하게 분리·독립 ✕
  - ├ 형벌: 태·장·도(징역형), 유(멀리 유배 보냄), 사(사형-교수형과 참수형)의 다섯 종류
  - └ 삼원신수법(중죄인은 3인 이상 재판관이 합의), 삼심제(사형죄는 3번 재판), 속죄법 존재
    - └ 재화 납부하여 형벌 면제, 고려는 실형주의가 우선
- 물가 조절 기구(상평창) ┌ 개경, 서경, 12목에 설치
  - └ 곡식의 값이 떨어졌을 때 샀다가, 오를 때 싸게 판매(물가 안정)
- 의료 기구 ┌ 동·서 대비원: 개경에 설치, 환자 진료 및 빈민 구휼 담당 서경에도 대비원 설치
  - ├ 혜민국: 예종 때 설치, 백성들에게 의약품 제공
  - └ 구제도감, 구급도감: 재해나 전염병이 발생했을 때 백성을 구제하는 임시 기구
- 향도 ┌ 농민 공동체 조직, 고려 시대에 널리 확산
  - ├ 전기: 불교 신앙 조직, 불상과 사원 건립 등
  - └ 후기: 농민 공동체, 혼례·장례·마을 제사 등 주도

▶ 향도
- 주로 호장이 지휘
- 매향 활동을 하는 무리
  미륵을 만나 구원받기 위해 향나무를 바닷가에 묻음.

혼인과 여성의 지위

- 혼인 ┌ 일부일처제가 일반적
  - ├ 왕실에서는 친족 간의 혼인 성행(여러 번의 금령에도 후기까지 잔존)
    - └ 충선왕 이후 왕실 족내혼 감소
  - ├ 솔서혼(남귀여가·서류부가)의 풍습: 결혼 후 남자가 처가에서 생활, 처의 부모 봉양
  - └ 고려 후기 공녀를 피하기 위해 조혼 유행, 예서제(데릴사위제)의 풍습도 늘어남.
    - └ 어린 나이에 결혼   └ 어린 신랑을 처가에서 양육
- 여성의 지위 ┌ 많은 부분에서 남성과 동등, 호주 가능 but 관직 진출 제약
  - ├ 재산 균등 상속, 호적 상에 남편과 아내의 노비 소유 구분
  - ├ 아들이 없는 경우 딸이 제사, 상복 제도에서 친가와 외가 거의 유사
  - ├ 태어난 차례대로 호적 기재, 사위가 처가 호적에 입적, 사위·외손자에게 음서 혜택
  - └ 여성의 재가는 비교적 자유로운 편, 자식의 사회적 진출에도 차별 ✕

▶ 가정 내에서 여성의 지위

고려~조선 전기	조선 후기
여성의 지위가 남성과 대등	가부장제 강화 (남성 중심)
처가살이	친영 제도
호적: 자녀 구별 ✕, 출생 순서	아들 중심
제사: 자녀 구별 ✕ (윤회봉사)	장자 봉양의 원칙
재산 상속: 자녀 균분 상속	적장자 중심

장례 및 기타 풍습

- 장례 ┌ 정부는 유교식 장례 보급 but 불교·도교·토속 신앙에 따라 시행
  - └ 화장 유행(불교 영향), 풍수지리설의 영향(묘지 위치)
- 명절: 정월 초하루, 삼짇날, 단오, 유두, 추석 등
  - └ 격구·그네뛰기·씨름

▶ 제사의 종류(고려~조선 전기 실시)
- 윤회봉사: 모든 자식들이 돌아가며 제사를 지냄.
- 분할봉사: 자식들이 제사를 나눠서 지내는 방식
  ex. 장남(아버지 제사), 장녀(어머니 제사), 차남 (할아버지 제사) 등
- 외손봉사: 딸의 자손들이 제사를 지냄.

원 간섭기의 사회 변화

- 권문세족 등장(친원 세력화)
- 몽골풍(변발, 몽골식 복장, 몽골어 등)과 고려양(고려 풍속이 몽골에 전래)
- 원의 공녀 요구 → 조혼 풍속 등장

4 막 근세 사회의 발달

1장 근세 정치 변화와 통치 체제의 정비

1강 근세 사회의 성립과 정치 체제의 확립

기본서 204~212쪽

解法 요람

100년 단위로 정리하는 조선사

15세기 훈구 — 통치 체제: 5국왕

유교 정치 실현, 문화 업적 多

태조	▶	태종	▶	세종	▶	세조	▶	성종
정도전 재상 중심 정치		왕권 강화		모범적 유교 정치		왕권 강화		『경국대전』 완성
도첩제 실시		6조 직계제		의정부 서사제 (재상권↑)		6조 직계제		언론 활동↑(사림 등용)
한양 천도		공신·외척 제거		집현전, 편찬 사업 多		집현전·경연 폐지		홍문관(옥당) 설치
		사간원 독립		민족 문화↑(훈민정음 등)		군제 개편, 불교↑		『동국통감』 『동문선』 등

16세기 사화 — 사화로 시작해서 왜란으로 끝남.

연산군 ┌ 김종직	▶	중종	▶	명종	▶	선조 ┌ 동인 ┌ 북인 - 강경
무오사화(조의제문)		조광조 (현량과, 향약)		을사사화		│ └ 남인 - 온건
갑자사화(폐비 윤씨)		기묘사화(주초위왕)		척신 정치 모순↑		└ 서인
				임꺽정의 난		임진왜란
				을묘왜변		훈련도감 설치

17세기 봉당(사림)

外: 후금 → 청
內: 집권 당

광해군	▶	인조	▶	효종	▶	현종
중립 외교(북인)		친명배금(서인)		북벌론(서인)		기해예송(서인): 신권 강조
전후 복구		정묘·병자호란		어영청 확대(이완)		갑인예송(남인): 왕권 강조
폐모살제						
인조반정						

18세기 탕평 — 국왕에게 권력 집중

숙종	▶	영조	▶	정조
편당적 → 환국		완론 탕평		준론 탕평
경신환국(서인) ┌ 노론		탕평교서(즉위)		규장각 설치, 장용영, 초계문신제
기사환국(남인) └ 소론		이인좌의 난		신해통공
갑술환국(서인)		탕평파 육성		수원 화성 축조
장길산의 난		균역법 실시		만천명월주인옹
백두산정계비		『속대전』 편찬		『대전통편』 편찬

19세기 세도 정치

순조	▶	헌종	▶	철종	▶	고종
안동 김씨		풍양 조씨		안동 김씨		흥선 대원군
홍경래의 난				임술민란		『대전회통』 편찬
공노비 해방				신해허통		
신유박해						

조선의 건국

- 고려 멸망: 우왕 때 요동 정벌 추진(최영) → 위화도 회군(1388) → 창왕 폐위, 공양왕 옹립(1389) → 과전법 시행(1391)
  - └ 명, 철령 이북의 땅 요구 └ 이성계, 최영·우왕 제거 └ 폐가입진
  - → 정몽주 제거 → 고려 멸망
- 조선 건국(1392): 이성계가 공양왕에게 양위를 받아 왕이 됨, 국호 조선(1393)·도읍 한양(1394)

위화도 회군 이후 신진 사대부 세력은 온건파와 급진파로 분화

▶ 온건파 사대부	vs	급진파 사대부
정몽주, 이색		정도전, 조준
고려 유지		고려 부정
전면적 토지 개혁 반대		전면적인 토지 개혁 주장

조선 전기 주요 국왕의 업적 기출필수코드 13 ★

태조
- 국호 제정(조선), 한양 천도(경복궁 건립)
  - └ 고조선 계승 의미
- 도첩제 실시(억불 정책, 승려 수 제한), 천상열차분야지도(천문도)
- 도평의사사 약화(정치만 담당), 의흥삼군부 설치(군사 전반 담당)
- 관찰사 제도 정비, 속현·향·부곡·소 혁파
- 정도전(재상 중심의 정치 주장), 조준(『경제육전』 편찬)
  - └ 요동 정벌 계획 └ 최초의 관찬 법전
- 1차 왕자의 난(1398): 이방원이 이복 동생 방번·방석과 정도전·남은 등 제거
  - └ 태종

▶ 정도전의 저서(『삼봉집』으로 총정리)
- 『불씨잡변』(불교 교리 비판)
- 『조선경국전』(최초의 사찬 법전)
- 『경제문감』(재상 중심의 정치 제도)
- 『고려국사』(편년체 사서)
- 『학자지남도』(최초의 성리학 입문서) 등

정종 개경 천도, 이방원 주도 아래 관제 개편(의정부 설치, 중추원 분할·약화, 사병 혁파)
- └ 1차 왕자의 난 직후 왕이 됨.
- ┌ 군사 → 삼군부(세조 때 오위도총부로 개편)
- └ 왕명 출납 → 승정원

태종
- 왕권 강화: 6조 직계제, 공신·외척 세력 제거, 한양 재천도, 창덕궁 건립
  - └ 민무구·민무질 형제
- 관제 개혁 ┌ 사간원 독립(대신 견제), 승정원(왕명 출납) 설치
  - └ 유향소 폐지: 지방 세력 통제, 중앙 집권 강화
- 대외 정책: 명나라와의 관계 회복, 무역소 설치(여진족과 교역)
- 경제 정책: 양전 사업(20년마다 토지 측량·양안 작성), 호패법, 시전 설치, 저화 발행
- 사회 정책: 신문고 설치(의금부 관리), 서얼차대법·삼가금지법
- 불교 억압: 사원 정리, 사원전 몰수 └ 서얼의 문과 응시 제한 └ 양반 여성들의 재혼을 제한
- 주자소 설치(계미자 제작), 『동국사략』(권근), 혼일강리역대국도지도(이회)

세종
- 정치 ┌ 집현전 육성(학문과 정책 연구, 경연·서연 담당), 사가독서제(유급 휴가 제도)
  - ├ 의정부 서사제(왕권과 신권의 조화), 인재 발굴(황희, 맹사성, 장영실, 설순 등)
    - └ 인사·군사·반역·사형죄는 국왕이 직접 주관 └ 위구르족 출신, 집현전 학사
  - ├ 유교적 의례 장려: 국가 행사를 오례에 따라 거행, 사대부에게 『주자가례』 시행 장려
  - └ 잡색군 편성: 정규군 ✕, 일종의 예비군 ○ → 서리, 잡학인, 신량역천인, 노비 등으로 구성(농민 제외)
- 대외: 여진(4군 6진), 일본(쓰시마섬 정벌, 3포 개항, 계해약조)
  - ┌ 4군(압록강, 최윤덕) └ 이종무 └ 부산포·염포·제포 ※ 쓰시마 정벌 ┌ 창왕, 박위
  - └ 6진(두만강, 김종서) └ 세종, 이종무
- 경제: 공법 실시[전분 6등법(비옥도), 연분 9등법(풍흉)], 조선통보 주조
  - └ 관리~백성까지 18만 명의 찬반 조사, 10년 시범 기간 거친 뒤 실시
- 사회: 형벌 제도 개선(사형죄-3심제 적용), 의창제(빈민 구제), 관비의 출산 휴가↑
- 문화 ┌ 『훈민정음』 반포(1446), 사고(史庫) 정비(실록 보관)
  - ├ 『칠정산』(이순지): 내편(수시력 참고, 서울 기준으로 천체 운동 계산)+외편(이슬람 달력인 회회력 참고)
  - ├ 인쇄술: 밀랍으로 활자 고정시키는 방법 대신 식자판 조립 방법 창안, 활자(갑인자 등) 주조
  - ├ 과학 기술: 천인 장영실 중용, 측우기, 자격루·앙부일구(시계), 혼(천)의·간의(천체 관측)
  - ├ 음악: 세종의 명령으로 박연이 아악(궁중 음악) 정리, 세종이 정간보 창안
  - ├ 불교 정책: 불교 종파를 선·교 양종 각각 18개로 통합 └ 소리의 장단과 높낮이 표현
  - └ 편찬 사업 ┌ 『삼강행실도』(설순), 『향약채취월령』, 『향약집성방』, 『의방유취』(전순의)
    - └ 『농사직설』(정초), 『총통등록』, 『신찬팔도지리지』 등

┌ 세종 말년부터 국왕 업무 대리

문종 | 『고려사』·『고려사절요』(역사서), 『동국병감』(우리나라 역대 전쟁사) 등 편찬

김종서, 편찬에 참여

단종 | 김종서·황보인 등 재상이 실권 장악 → 계유정난(수양 대군)

└ 인사권 장악(황표정사)   └ 김종서 등 제거

※ (이징옥의 난: 단종
    이시애의 난: 세조

수양 대군에게 양위(1455)

세조 ┬ 공신 책봉, 종친 등용

└ 정난공신(계유정난), 좌익공신(세조 즉위)   ※ 사육신의 단종 복위 운동 실패 → 사육신 처형, 단종 유배

├ 6조 직계제 부활, 집현전과 경연 폐지(언관 활동 견제), 유향소 폐지

├ 보법(정군·보인 고정), 5위제(중앙군), 진관 체제(지방군)

├ 북방 안정: 신숙주·남이 등이 여진족 토벌

├ 직전법(현직 관료만, 수신전·휼양전 폐지), 호패법 시행, 팔방통보(유통 X), 인지의·규형(토지 측량 기구)

│   └ 화살 모양의 화폐

└ 『경국대전』 편찬 시작, 불교 진흥(간경도감 설치, 원각사·원각사지 10층 석탑 건립)

└ 호전과 형전만 간행, 성종 때 완성

예종 | 신숙주·한명회 등 중용

성종 ┬ 『경국대전』 반포(통치 체제 완성), 홍문관 설치(학문 연구·정책 토론, 경연 주관)

│   └ 옥당

├ 언론 활동 강화: 김종직 등 사림 세력 등용 → 전랑과 3사 언관직에 배치

│ └ 유교 정치의 실현과 훈구 세력 견제

├ 독서당 설치(사가독서제 계승), 성균관에 존경각(도서관) 건립

├ 유향소 부활, 도첩제 폐지(승려로의 출가 금지)

├ 관수 관급제(국가가 수조권 대행), 요역 기준 확립(토지 8결당 정남 1인 징발)

├ 『국조오례의』, 『동국통감』, 『동국여지승람』, 『동문선』, 『삼국사절요』, 『악학궤범』(성현), 『금양잡록』(강희맹)

└ 창경궁 건설: 성종이 세 명의 대비를 모시기 위해 건립

※ 임진왜란(불탐.) → 광해군(재건축) → 조선 후기(창덕 + 창경 = 동궐)

※ (세종: 국가 행사를 오례에 따라 시행
    성종: 『국조오례의』 편찬

▶ 6조 직계제와 의정부 서사제

・6조 직계제   ・의정부 서사제

        왕   왕
명령 ↙ ↖ 보고   재가 ↙ 의정부 ↖ 건의
    6조   명령 ↙ ↖ 보고
                        6조

태종·세조   세종

※ 성종: 의정부 서사제 아님!
  └ 언론 활동 활성화(사림 등용)

▶ 세조~성종 가계도

7대 세조 ┬ 첫째 의경 세자 ┬ 첫째 월산군
         │ (일찍 죽음.)   └ 둘째 잘산군
         └ 둘째 8대 예종   (이후 9대 성종)

2강 사림의 대두와 붕당의 형성

기본서 222~229쪽

解法 요람

훈구와 사림

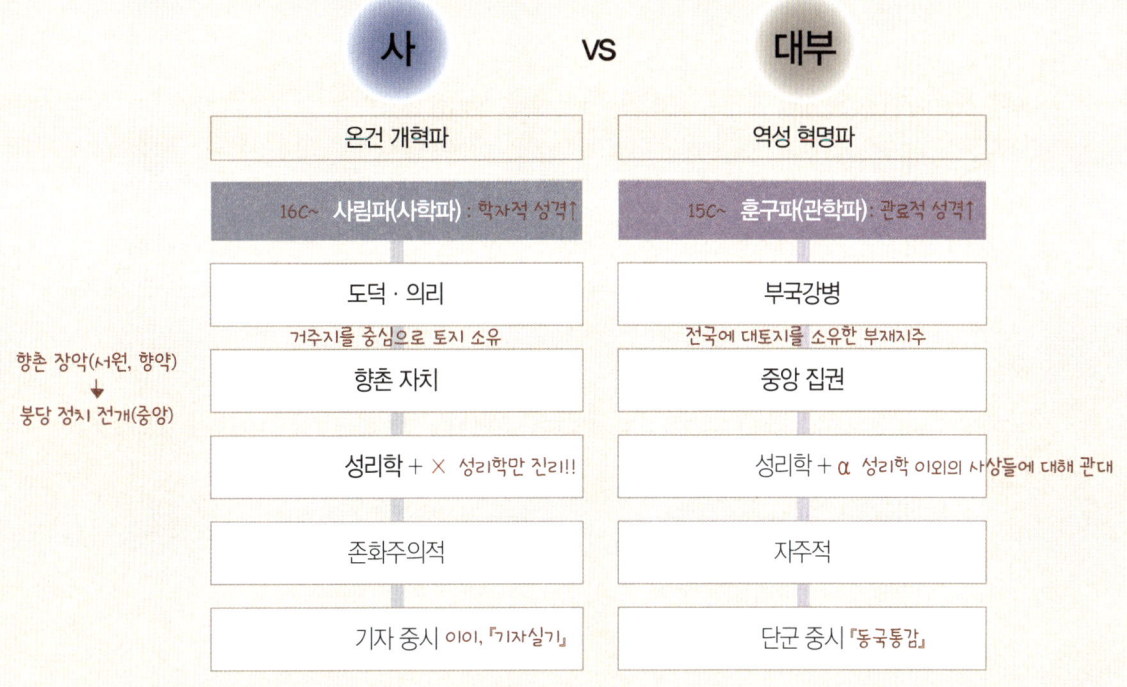

사 VS 대부

온건 개혁파	역성 혁명파
16C~ 사림파(사학파) : 학자적 성격↑	15C~ 훈구파(관학파) · 관료적 성격↑
도덕 · 의리	부국강병
향촌 자치 거주지를 중심으로 토지 소유	중앙 집권 전국에 대토지를 소유한 부재지주
성리학 + X 성리학만 진리!!	성리학 + α 성리학 이외의 사상들에 대해 관대
존화주의적	자주적
기자 중시 이이, 『기자실기』	단군 중시 『동국통감』

향촌 장악(서원, 향약)
↓
붕당 정치 전개(중앙)

16세기 정치 상황(사화) 기출필수코드 14

성종

영남 사림 진출(김종직과 그 문인) vs 훈구 대신(한명회 등)
→ 3사의 언관직과 전랑직 차지, 훈구 세력의 비리 비판

연산군 재정 낭비, 언론 활동 극도로 탄압

훈구 대신과 사림을 모두 누르고 왕권 강화 추진

1506년 중종반정(연산군 폐위)

중종

- 기호 사림 진출(조광조), 백운동 서원 설립(주세붕), 향약 시행
- 삼포왜란 → 비변사 설치 └ 명종 때 이황의 건의로 '소수 서원' 사액
- 군적수포제: 현역 복무 대신 군포 납부(1년에 2필)
- 편찬: 『신증동국여지승람』(인문 지리지), 『이륜행실도』 등

인종 외척: 윤임, 사림에게 우호적 (母: 장경 왕후 윤씨)

↳16C 아픈 조선의 대표

명종 (母: 문정 왕후 윤씨)

- 대내: 척신 정치 모순 증가, 토지 겸병, 방납의 폐단, 임꺽정의 난
- 대외: 을묘왜변 → 비변사 상설 기구화, 제승방략 체제 └ 백정 출신
  전라도 침입
- 불교 진흥: 보우 중용, 승과 부활
- 편찬: 『구황촬요』, 조선방역지도

무오사화 연산군 4년(1498)

- 원인: 조의제문(김종직, 세조 비판) 사건
- 결과: 김일손 등 사림 세력 숙청(cf. 김종직: 부관참시)

갑자사화 연산군 10년(1504)

- 원인 ┌ 훈척 세력의 내부 갈등 연산 지지 vs 나머지
         └ 폐비 윤씨 사사 사건
- 결과: 폐비 사건에 관여한 훈구 세력과 사림들 피해
      → 비판 여론 통제(신언패, 한글 학습 탄압)

기묘사화 중종 14년(1519)

- 원인: 조광조의 급진적인 개혁, 위훈 삭제 사건
- 결과: 조광조를 비롯한 사림 세력 제거(주초위왕 사건)

을사사화 명종 즉위년(1545)

- 원인: 문정 왕후 수렴청정, 윤임(대윤) vs 윤원형(소윤)
         └ 인종 외척   └ 명종 외척
- 결과 ┌ 윤임을 지지하던 사림의 일부가 피해
         └ 문정 왕후와 외척들이 정국 주도

조광조의 개혁 정치

- 유교 정치: 승과·소격서 폐지, 소학 장려, 경연 강화, **현량과** 실시(사림 중용)
    - 언론 활동 활성화, 왕도 정치 강조
- 향촌 사회 안정: 토지 겸병 금지, 수미법 건의(방납의 폐단), **향약 시행**(여씨 향약)
    - 내수사 장리(왕실의 고리대 역할)의 폐지 주장
- 급진적 개혁 ─ 현량과 실시
    - 위훈 삭제 사건(중종반정의 공신 중 자격 없는 자의 공훈 삭제를 주장)
        - 공신 칭호 박탈, 공신이 되어 받은 토지·노비 몰수

학파의 형성

붕당의 성격: 정파적(정치)+학파적(문화)

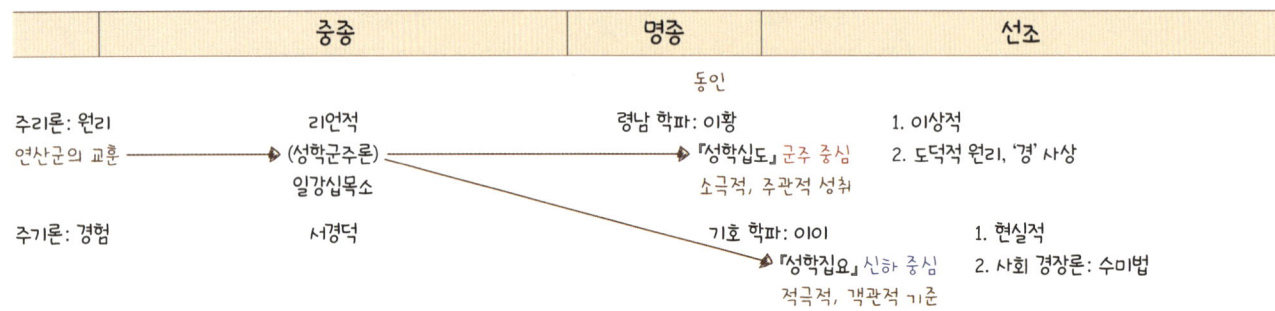

	중종	명종	선조
		동인	
주리론: 원리	리언적	령남 학파: 이황	1. 이상적
연산군의 교훈 →	(성학군주론) →	『성학십도』 군주 중심	2. 도덕적 원리, '경' 사상
	일강십목소	소극적, 주관적 성취	
주기론: 경험	서경덕	기호 학파: 이이	1. 현실적
		『성학집요』 신하 중심	2. 사회 경장론: 수미법
		적극적, 객관적 기준	

붕당의 출현과 붕당 정치의 전개

명종	선조	왜란	광해군	인조반정

〈을사사화〉
內: 척신 정치의 모순↑
토지 겸병↑(농장↑)
방납의 폐단↑
임꺽정의 난
外: 을묘왜변

정철 처벌에 대해 (강경파)
북인
(조식, 서경덕)

동인
김효원
(신진 사림)
└ 적극적 개혁 주장
이조전랑직
(척신 정치 척결)

정여립 모반 사건(기축옥사)
정철 건저의 문제

(온건파)
남인
(이황)

서인
심의겸(기성 사림) ─ 소극적 입장
(이이, 성혼) (명종 때도 관직 생활함.)

의병 → 북인
권력 독점, 서인과 남인 불만↑
▶ 전후 복구(양안, 호적)
▶ 대동법 실시(경기)
▶ 중립 외교
▶ 동의보감 편찬
▶ 폐모살제

서인

남인

서인

소현 세자의 동생(봉림 대군) → 예송 논쟁의 원인

인조반정	인조	호란	효종	현종

청의 사대 요구 ─ 척화론 / 주전론

서인

친명배금
이괄의 난 → 후금
→ 정묘호란(형제)(1627, 후금), 정봉수·이립
→ 청 건국(1636)
김상헌, 윤집 → 사대 요구 ─ 최명길
→ 주전 vs 주화
→ 병자호란(1636, 청) → 삼전도의 굴욕

남인

서인의 정권 유지에 이용
(북)벌론
1. 서인 정권 강화
2. 숭명보은
but 나선 정벌
송시열
어영청

승리 예송 논쟁
서인 1년
기해예송

서인 :『주자가례』9개월

갑인예송

남인 집권
승리
남인 3년
남인 1년 :『주례』·『예기』등

17세기 정치의 전개 기출필수코드 15 ⭐

⊕ 동인과 서인의 분당
김효원이 알성 과거에 장원으로 합격하여 (이조) 전랑의 물망에 올랐으나, 그가 윤원형의 문객이었다 하여 심의겸이 반대하였다. 그 후에 심충겸 (심의겸의 동생)이 장원 급제하여 전랑으로 천거되었으나, 외척이라 하여 효원이 반대하였다.

선조

- 동·서 분당: 심의겸 등 기성 관료(서인) vs 김효원 등 신진 관료(동인)
  - 이이·성혼　이황·조식·서경덕
  - 1584 이이가 죽자, 유성룡 등 동인이 정권 장악
- 동인의 분열: 정여립 모반 사건(기축옥사), 정철의 건저의 사건 → 강경파 북인 vs 온건파 남인
  - 조식·서경덕　이황
- 임진왜란(1592~1598): 왜란 중 훈련도감과 속오군 편성
- 경재소 혁파, 유향소 변질(→ 향청)
- 『성학십도』(이황), 『성학집요』·『기자실기』(이이) 등

▷ 동인의 분열 계기
- 정여립 모반 사건: 정여립이 일부 동인과 역모를 도모하려다 발각 → 정여립 자살, 정철의 주도 아래 사건 조사·처리(다수의 동인 숙청)
- 정철의 건저의 사건: 서인의 정철이 광해군의 세자 책봉을 건의 → 선조의 노여움을 사 유배당함.

광해군 임진왜란 발발하자 세자로 책봉, 분조(分朝)를 이끎.

- 전후 복구: 양안·호적 정비, 사고 정비, 궁궐 정비·건설 창덕궁·창경궁 재건, 경운궁·경덕궁 건설
  - 4대 → 5대
- 대동법 실시(경기도, 선혜의 법) 이원익 건의
- 대외 정책 ┬ 실리적 중립 외교: 명의 원군 요청에 적절히 대처, 후금과 친선
  - 명나라에 강홍립이 이끄는 군대를 파병
  └ 일본: 기유약조(일본과 교류 재개, 부산포만 개항) 제한된 범위의 무역 허용
- 『동의보감』(허준), 『지봉유설』(이수광), 『동국지리지』(한백겸)
- 폐모살제(영창 대군 살해·인목 대비 유폐) → 인조반정(서인 주도) → 광해군 유배·북인 몰락
  - 명분: 중립 외교, 폐모살제

▷ 회퇴변척
북인의 정인홍이 이황·이언적의 문묘 종사를 반대하고, 조식의 문묘 종사를 건의 → 서인·남인과 갈등 심화

인조

- 서인과 남인의 연합(상호 비판적인 공존 체제)
- 친명배금 정책 → 정묘·병자호란 → 청과 군신 관계
- 어영청, 호위청, 총융청, 수어청, 정초군 등 신설
  - 기병 부대, 숙종 때 금위영에 통합
- 영정법 실시, 강원도에 대동법 실시
- 벨테브레 표류 후 귀화(박연)

효종

인조 (소현 세자 → 청나라 볼모, 귀국 후 급사
　　　 봉림 대군 → 소현 세자 사후 왕으로 즉위(효종)

- 1차 북벌 운동(송시열, 송준길 등) → 어영청(이완) 규모 확대
- 나선 정벌: 청의 요청으로 두 차례 조총 부대 파견
- 충청·전라도에 대동법 실시 ┐
- 『시헌력』 채택(아담 샬 저술) ┘ 건의의 달인 김육
- 하멜 표류 → 탈출(『하멜 표류기』)
- 설점수세제 실시, 양척동일법 채택
- 『농가집성』(신속)

▷ 효종의 인재 등용
송시열·송준길 등 서인과 허적·허목 등 일부 남인 중용
→ 김자점 등 친청파 축출

현종

- 기해예송(1차): 효종의 장례 때 자의 대비의 복제 문제 → 서인의 1년설 채택
  - 인조의 계비
- 갑인예송(2차): 효종비의 장례 때 자의 대비의 복제 문제 → 남인의 1년설 채택
- 『동사(東事)』(허목), 『동국통감제강』(홍여하)

▷ 예송 논쟁

서인(송시열 등)	남인(윤휴 등)
왕사동례	왕사부동례
신권 강화	왕권 강화
『주자가례』	『주례』, 『예기』

3강 조선의 대외 관계와 양난의 극복

기본서 230~239쪽

解法 요람

조선의 대외 관계 기출필수코드 17

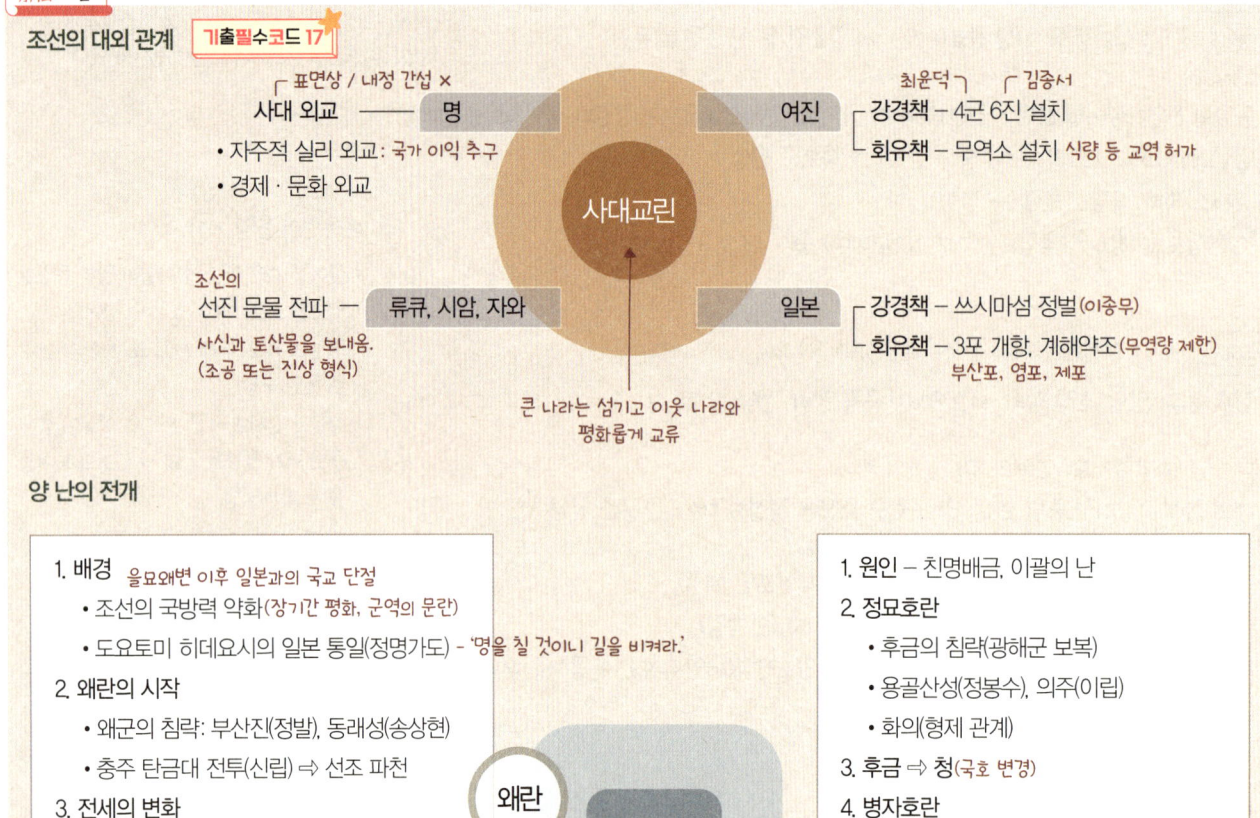

양 난의 전개

┌ 왜란 / 왜란과 호란 / 호란 ┐

1. 배경 을묘왜변 이후 일본과의 국교 단절
   • 조선의 국방력 약화 (장기간 평화, 군역의 문란)
   • 도요토미 히데요시의 일본 통일 (정명가도) - '명을 칠 것이니 길을 비켜라.'
2. 왜란의 시작
   • 왜군의 침략: 부산진(정발), 동래성(송상현)
   • 충주 탄금대 전투(신립) ⇒ 선조 파천
3. 전세의 변화
   • 옥포 해전(최초 승리), 사천 전투(거북선 최초)
   • 한산도 대첩(이순신): 전라도 곡창 지대 방어, 일본의 수륙 병진 작전 차단
   • 진주 대첩(김시민)
   • 평양성 탈환(조·명 연합군) 전세의 전환
   • 행주 대첩(권율) 1O月 선조 일행, 한성으로 돌아옴.
4. 휴전 – 훈련도감과 속오군 설치, 조총 제작
   └ 왜란 중 유성룡의 건의
5. 정유재란 – 칠천량 해전, 명량 대첩, 노량 해전

1. 원인 – 친명배금, 이괄의 난
2. 정묘호란
   • 후금의 침략(광해군 보복)
   • 용골산성(정봉수), 의주(이립)
   • 화의(형제 관계)
3. 후금 ⇨ 청(국호 변경)
4. 병자호란
   • 청의 군신 관계 요구
   • 주전파(김상헌) vs 주화파(최명길)
   • 청 태종의 침입 ⇒ 인조의 남한산성 피난
   • 삼전도의 굴욕, 화의(군신 관계)
     └ 삼전도비 세움.
5. 북벌론 대두 – 서인 주도, 송시열, 어영청
   효종: 1차 북벌론(서인)
   숙종: 2차 북벌론(남인)

명과의 관계(사대)

외교 정책

┌ 태조 ┬ 요동 정벌 계획: 정도전·남은 중심 → 중단(제1차 왕자의 난)
│   ├ 고명 문제: 태조 즉위를 인정하는 고명(임명장) 수여 X
│   ├ 표전 문제: 정도전이 지은 표전을 문제 삼아 명으로 압송 요구
│   └ 종계변무 문제: 『대명회전』에 이성계를 이인임의 아들로 기록
│   └ 고려 후기의 권문세족
├ 태종 ┬ 외교 관계 회복, 서대문 밖에 모화루 건설(→ 모화관)
│   └ 사민 정책(삼남 → 북방), 압록강 이남 지역 개발
└ 세종: 명에 대한 금·은 및 공녀 진상의 면제 요청 → 수락

사절 파견

┌ 자주적 실리 외교 + 공무역(선진 문물 수용)
│   └ 왕권 안정, 국제적 지위 확보
└ 1년에 수차례 정기 사절단(조천사)과 비정기 사절단 파견
  → 태조 때부터 명나라에 1년에 3번 사절단 파견
    (but 명은 3년에 1차례만 파견할 것을 주장)

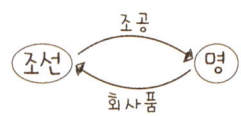

조공
조선 ⟶ 명
회사품

▶ 조선의 중국 사행(使行)
• 조천사(명): 천조(天朝)에 조근(신하가 임금을 보러 옴.)
• 연행사(청): 연경(燕京)에 다녀옴(청나라는 중화 X).

여진 및 동남아시아와의 관계(교린)

강경책
- 세종: 4군(최윤덕)과 6진(김종서) 설치 → 압록강~두만강 국경선 확정
- 세조: 신숙주·남이를 보내 여진족 공격
- 선조: 니탕개의 난을 신립 등이 진압
  └ 여진족 추장

회유책
- 귀순 장려: 여진족에게 관직·토지를 주어 귀순 장려
- 토관 제도: 북방 지역의 토착민을 지방관(토관)으로 임명
- 무역소: 경성·경원에 무역소 설치(여진과 무역)

동남아시아 류큐(오키나와), 태국, 자바 등과 교류
조공·진상의 형식 → 토산물을 바치고, 회사품을 받아감.
                 └ 물소뿔·침향 등   └ 문방구, 서적, 불상 등

일본과의 관계(교린)

강경책
- 우수한 전함 제작, 화약 무기 개발
- 세종 때 왜구의 근거지인 쓰시마섬 정벌(이종무)

회유책
- 조공의 형식
- 대마도주가 수시로 무역 요청 → 세종 때 3포 개항

일본과의 대외 관계
- 세종: 쓰시마 정벌 → 3포 개항 → 계해약조(세견선 50, 세사미두 200)
- 중종: 삼포왜란(비변사 설치) → 임신약조(세견선 25, 세사미두 100) → 사량진왜변
- 명종: 정미약조(국교 재개) → 을묘왜변(국교 단절, 비변사 상설 기구화)
- 선조: 임진왜란(이후 비변사 최고 기구화)
- 광해군: 기유약조(세견선 20, 세사미두 100)로 국교 재개

임진왜란   원인: 국방력 약화(장기간 평화), 일본과 외교 단절, 국론 분열

1592. 4.	왜란 발발	왜군이 부산진 동래성을 침략(부산첨사 정발·동래부사 송상현 패배)
	탄금대 전투	신립이 충주 탄금대에서 패배
	선조의 파천	4월 말, 선조는 서울을 떠나 의주로 피난
1592. 5.	옥포 해전(첫 승리), 사천 해전(거북선 최초 사용)	
1592. 7.	한산도 대첩	학익진법 이용, 왜선 100여 척을 격파
1592. 1o.	진주 대첩	진주목사 김시민과 군민이 왜군과 맞서 싸워 이긴 전투
1593. 1.	평양성 전투	조·명 연합군(유성룡-명나라 이여송), 평양성을 탈환
1593. 2.	행주 대첩	행주산성에서 고립되었던 권율이 왜군과의 격전에서 크게 승리함.
1593. 1o.	선조 일행이 한성으로 돌아옴.	
휴전 기간(1594~1596)	훈련도감 설치, 속오군 편성, 화포 개량 등	
	└ 1596년 휴전 회담 결렬(명-일본)	
1597. 1.	정유재란 발발	일본의 재침입
1597. 7.	칠천량 해전	원균이 이끄는 수군이 대패함(수군 전멸).
	└ 이순신 대신 삼도수군통제사가 됨.	
1597. 9.	직산 전투	왜군은 충청도 직산(천안)까지 북상 → 조·명 연합군의 격퇴
	명량 대첩	이순신이 12척의 함선을 이끌고 330척의 왜선을 명량에서 격파
1598. 11.	노량 해전	철수하는 왜선을 노량 앞바다에서 격파, 이순신은 전사

▶ 의병의 활동
익숙한 지리를 활용한 기습
작전으로 왜군 공격

▶ 곽재우(홍의장군)
• 경상도 지역에서 활약
• 진주 대첩에 참전
• 왜군의 호남 진출 저지

호란

정묘호란 | 후금

- 배경: 인조의 친명배금 정책, 이괄의 난(진압 이후 잔당들이 후금에 투항)
  - └ 인조는 공주까지 피난
- 과정: 광해군의 복수를 명분으로 후금 침략, 용골산성의 정봉수와 의주의 이립 등이 활약
- 결과: 화의 체결(형제 관계)
  - └ 인조는 강화도로 피난

▶ **명나라 모문룡의 제거**
명나라 모문룡의 부대가 평안도 가도에 주둔하여 후금과의 긴장 관계를 조성했으나, 인조 때인 1629년 명나라에서 파견된 원숭환이 모문룡을 체포·제거하였다.

병자호란 | 청

- 배경: 후금 → 청(1636), 조선에 군신 관계 요구
- 국론 분열: 주전파(전쟁, 김상헌) vs 주화파(외교, 최명길)
  - └ 삼학사(윤집·홍익한·오달제)
- 과정: 청 태종, 대군을 이끌고 침입 → 백마산성에서 임경업 활약, 인조의 남한산성 피난 → 인조 항복(삼전도의 굴욕)
- 결과 ┌ 소현 세자·봉림 대군·김상헌·삼학사 등이 인질로 청나라에 끌려감.
  └ 청과 군신 관계 체결 그러나 청을 오랑캐로 인식, 반청 사상(북벌론)의 확산

▶ **심양관**
청나라에서 소현 세자 일행이 거주한 건물, 이곳에서 소현 세자가 포로 쇄환 등 대청 외교 업무를 처리함.

조선 후기의 대외 관계

북벌론 | 서인(패전 책임 회피, 권력 유지)

- 1차 북벌(효종): 송시열, 송준길, 이완
- → 어영청 중심으로 준비, 남한산성 복구 등 성곽 수리
- 효종 사후 북벌 운동 쇠퇴
  - 2차 북벌(숙종): 윤휴 등 남인 주도

나선 정벌 | 효종

- 만주 북부까지 온 러시아와 청의 충돌 → 청의 요청
- 조총 부대 파견: 1차(변급, 1654), 2차(신유, 1658)
  - └ 영고탑(지금의 지린성) 일대

청

- 병자호란 이후 청나라와 표면상 사대 관계, 사신(연행사) 왕래 등 교류 활발
- 북벌: 1차 북벌(효종), 2차 북벌(숙종)
- 북학 운동: 청의 국력 신장과 문화 발전에 따라 청나라 문물의 수용 주장
- 국경 분쟁 ┌ 청이 만주를 본거지로 여겨 성역화 → 국경 지대에서 분쟁 발생
  - ├ 백두산정계비 ┐ 조선과 청의 사신이 백두산 일대를 답사하고 국경 확정
  - │ 숙종, 1712 └ "서쪽으로는 압록강, 동쪽으로는 토문강"
  - └ 간도 귀속 문제(19세기): 토문강의 위치에 대한 해석상의 차이
    - ┌ 청: 두만강
    - └ 조선: 송화강 지류

일본

- 국교 재개: 쓰시마 도주를 통해 조선에 국교 재개 요청(경제적 어려움 타개, 선진 문물 수용)
  - → 전쟁 때 포로로 잡혀간 사람들 데려오기 위해 유정(사명 대사) 파견, 일본과 강화
  - → 기유약조(광해군, 1609): 제한된 범위의 무역(세사미두 100석, 세견선 20척)
- 통신사 ┌ 일본의 사절단 파견 요청(조선의 선진 문물 수용, 에도 막부의 권위 과시)
  - ├ → 1607년~1811년까지 12차례 통신사 파견(정기 사절단 ✕)
  - └ 18세기 후반 일본에서 반한적인 국학 운동 전개 → 1811년을 마지막으로 통신사 파견 중단
- 울릉도와 독도 ┌ 숙종 때 안용복이 일본에 건너가 울릉도와 독도가 우리 영토임을 확인받고 돌아옴.
  - └ 19세기 말 울릉도를 적극적으로 경영(주민 이주 장려, 울릉도에 관리 파견)

▶ **독도의 여러 명칭**
- 한국: 독도(돌섬 → 독섬 → 독도), 우산도(전통적으로 불려오던 명칭), 석도(대한 제국 칙령 제41호에 표기)
- 일본: 마쓰시마(松島) → 다케시마(竹島)

2장 근세의 경제와 사회

1강 근세의 경제

解法 요람

수취 제도 토지 대장(양안)과 인구 대장(호적) 작성 → 조세·역 등 부과

	내용
전세(租)	생산량의 1/10 (1결: 약 미곡 30두) ⇒ 공법(세종) ┬ 연분 9등법(풍흉): 최고 20두~최저 4두 └ 전분 6등법(비옥도): 수등 이척법, 결(結) = 생산량(약 300두), 넓이 X 답험 손실법(비옥도 고려 X)
역(庸)	군역: 양인 개병(정군/보인) ⇒ 보법(세조) ⇒ 대립/방군수포제(군역 문란) ⇒ 군적수포제(세금화) ⇒ 경제 부담 가중(농민의 수 감소, 각종 비리 만연) 인징, 족징, 황구첨정, 백골징포 등 폐단 └ 중종, 1년에 2필 징수
공납(調) └ 현물 납부	상공·별공·진상: 전세보다 큰 부담 방납의 폐단 ⇒ 수미법 주장(조광조, 이이, 유성룡) └ 중앙 각 관청의 서리, 경저리, 일부 상인들이 지방의 공물 납부를 방해하여 이익을 취함. ※ 시기별 농민 부담 ┬ 16C: 방납(공납) ├ 17~18C: 군포 └ 19C: 환곡

토지 제도

	시기	내용
과전법	고려 공양왕	• 전·현직 관리에게 경기 지방에 한해 지급(최고 150결~최하 10결), 병작제는 원칙적으로 금지 • 죽거나 반역을 하면 반환, 수신전·휼양전·공신전은 세습 허용 └ 수신전·휼양전은 오직 과전법에서만 규정
직전법	세조	• 현직 관리에게만 수조권 지급(지급 토지의 부족), 수신전, 휼양전 몰수 • 수조권자(전주)의 과다 수취로 인한 폐해 발생 농민들의 피해 多 └ 재직 기간 동안만으로 한정된 수조권 행사가 원인
관수 관급제	성종	• 직전법하에서 지방 관청에서 그해 생산량을 조사하여 거두고, 관리에게 지급 • 수조권의 대행을 통해 국가의 토지 지배권 강화
현물 녹봉제	16세기 중엽 이후	• 직전법 폐지, 수조권 지급 제도가 소멸되고 관리들은 녹봉만 받게 됨. • 양반 관료의 토지 소유욕 자극, 농장 확산(지주 전호제 강화) └ 매매, 겸병, 개간 등

(국가) 토지 지배권(수조권) 강화↑ vs (양반) 소유권 확대

* 지주 전호제 ┬ 15C: 병작반수 금지 ├ 16C: 지주 전호제 확산 └ 18C 말: 지주 전호제 일반화

국가 재정과 조운 제도

국가 재정
┬ 양안(토지)과 호적(인구) 작성 → 전세·역 부과
└ 종류: 조세(토지세), 공납(현물세), 역(노동력)

▷ **조선의 예산 제도** 세조 때 도입
재정 지출을 먼저 정하고 이에 따라 수입 정함.

조운 제도 지방에서 거둔 조세를 수도로 운반(강·바다)
┬ 조창: 지방의 조세를 임시 보관하는 창고
├ 경창: 조창의 조세는 서울의 경창으로 운반
└ 특징: 잉류 지역 존재 ※ 고려의 잉류 지역(양계)
　　└ 평안도·함경도(군량미·사신 접대), 제주도(자체 경비)

조세(전세) 토지에 부과되는 세금

※ 양전 사업: 국초부터 20년마다 양전 실시→『경국대전』에 법제화

〈과전법 실시~세종, 공법 제정 이전〉
- 조세 수취: 생산량의 1/10 → 약 30두 수취
- 답험 손실법: 매년 농사의 풍흉을 조사하여 전세를 정함.
- 폐단: 토지 비옥도 고려 X, 과잉 부과, 중간 수탈

〈세종 이후 - 공법〉
- 전분 6등법 ┬ 토지를 비옥도에 따라 6등급으로 나눔.
  - 등급에 따라 길이가 다른 자 사용(수등이척법)
    - 효종 때 양척동일법(자의 길이 통일)
  - 결(結)의 실제 면적을 토지 등급마다 다르게 함.
    - 1등전 1결과 6등전 1결의 조세 액수 동일
- 연분 9등법 ┬ 농작의 풍흉을 9등급으로 나눔(상상년~하하년).
  - 지역 단위로 조세 수취(20두~4두)
  - 16세기 이후 4~6두 징수 관례화

공납(調) 집집마다 부과되는 현물세

- 각 지역의 토산물 조사 → 물품과 액수 할당
  - 중앙 관청→각 군현→집집마다
- 유형: 상공(정기적으로 징수), 별공(수시로 거둠.), 진상
  - 지방관이 왕에게 바친 지방의 특산물

변질과 폐단
- 원인 ┬ 현물 징수로 인한 납부의 어려움
  - 생산량 감소 또는 생산지 변화 자기 지역에서 나지 않는 물건을 납부하게 하는 폐단 발생
- 방납: 관청의 서리·경저리(향리)들이 공물 납부를 막은 후 공납 의무를 대행하고 대가 취득
- 인징·족징: 농민 도망 → 이웃이나 친척에게 공물 전가

개혁안
- (대공)수미법 주장: 공납을 쌀로 대신 납부(조광조, 이이, 유성룡)
- 서리망국론(조식): 방납에서 나타나는 서리들의 폐단 지적

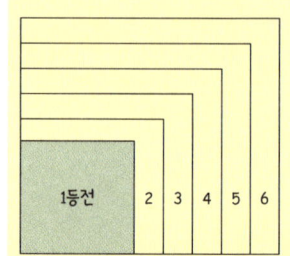

▶ **전분 6등법과 연분 9등법**

△ 전분 6등법(토지 비옥도)

등급		수조액
상	상년	20두
	중년	18두
	하년	16두
중	상년	14두
	중년	12두
	하년	10두
하	상년	8두
	중년	6두
	하년	4두

△ 연분 9등법(풍년과 흉년의 정도)

군역(役) 역(役): 호적에 등재된 정남의 노동력 징발(군역·요역)

- 양인 개병제: 16세 이상 60세 이하의 모든 양인 장정은 군역의 의무 있음.
- 보법 실시: 세조 때 정군과 보인을 고정 정군(일정 기간 복무) + 보인(정군을 경제적으로 지원)
- 변질: 16세기 이후 대립제(돈 받고 다른 사람의 군역을 대신함.), 방군수포 현상(포를 내고 군역 면제) 발생
- 군적 수포제: 중종 때 군역 대상자에게 1년에 2필의 군포 징수

▶ **조선의 요역 제도**
- 백성의 노동력을 무상으로 강제 동원
- 8결작부제(성종): 토지 8결당 한 사람씩 징발
  (요역 일수는 1년에 6일 but 임의 징발 多)

16세기 수취 제도 문란

- 전세: 소작인에게 대신 납부 강요
- 공납: 향리나 상인 등이 공물 대신 납부, 그 이상으로 대가를 챙김(방납).
- 군역: 군포 부담이 커져 군역을 피해 도망치는 사람들이 많아짐. → 남아있는 사람들에게 군포 부담시킴.
- 환곡: 환곡의 이자가 점점 높아짐(환곡이 고리대로 변질). → 국가 재정을 보충하는 수단으로 이용

토지 제도의 변천 _{기출필수코드 42}

과전법 신진 사대부의 경제적 기반 마련

- 규정 ─ 공·사전을 막론하고 1결당 약 30두(생산량의 1/10), 병작제 원칙적으로 금지
  - 경기 지방의 토지 → 최고 150결에서 최하 10결까지 지급(수조권)
  - 죽거나 반역할 시 국가에 반환   *cf.* 전시과: 죽거나 관직에서 물러나면 반환
- 특징 ─ 지급 대상: 전·현직 관리에게 수조권 지급(18과로 구분)
              ┌ 죽은 관리의 자식
  └ 세습 가능 토지: 수신전과 휼양전 등
              └ 죽은 관리의 부인

토지의 종류

세습허용 {
- 과전: 1과(150결)~18과(10결)에 따라 관료들에게 준 토지, 소유권이 아닌 수조권을 지급
- 공신전: 공신에게 지급된 토지, 조선 후기까지 존재
- 수신전: 과전을 받은 관리가 죽었을 때, 재혼하지 않는 부인은 남편의 과전을 세습
- 휼양전: 과전을 받은 관리 부부가 다 죽고 자녀가 어릴 경우, 그 자녀에게 아버지의 과전을 상속하도록 함.
- 궁방전·궁장토: 왕실 소유 토지

면세전 {
- 역둔토: 군대의 비용 충당
- 관둔전: 지방 관청의 운영 경비 보조
- 공해전: 중앙 관청의 경비 조달

▶ **과전법의 변화**

태종 때 과전의 1/3을 경기에서 충청·전라·경상 지역으로 이전(토지 부족) → 세종 때 다시 경기로 돌려놓음(과전 지급 결수 축소, 공해전 축소).

직전법 신진 관료에게 지급할 토지가 부족

- 수신전과 휼양전 몰수 → 현직 관료에게만 수조권 지급
- 관리는 재직 기간 동안만 수조권 행사 가능 → 세금을 과도하게 걷는 경우 多

관수 관급제

- 지방 관청에서 생산량 조사하고 조세를 수취하여 관리에게 나누어 줌.
  관청에서 수조권 대행(관리의 수조권 행사 금지 → 관리는 수조권을 빌미로 농민·토지 지배 ×)
- 국가의 토지 지배권 강화

직전법 폐지 토지 지배 관계에서 수조권 소멸, 소유권만 존재

- 16세기 중엽에 사실상 폐지 → 관리는 오직 녹봉만 받음.
- 토지의 사적 소유와 병작반수제에 입각한 지주제 확산(농장 확대)

양반 지주와 농민의 생활

양반의 생활

- 경제 기반: 과전, 녹봉, 본인 소유의 토지·노비 등
  - └ 현물로 지급, 일종의 상여금
- 토지 경작 방식: 노비를 통해 직접 경작, 소작농을 통해 간접 경작(병작반수, 생산량 절반씩 나눔.)
  - └ 작개지의 수확은 양반 차지, 사경지의 수확은 노비 차지
- 노비 소유: 구매·노비의 자녀 출산 등을 통해 노비의 수 늘림. 노비 = 재산!!
  - └ 노비와 양인과의 혼인 장려

농민의 생활

- 농민의 몰락 ┌ 원인: 지주제 확대, 자연재해, 고리대, 세금 부담 등
  - └ 결과: 농민들은 자기 소유의 토지를 팔고 소작농이 되거나 도적·유망민으로 전락함.
- 정부 대책 ┌ 구황 방법 제시: 『구황촬요』(명종) 등 간행·보급
  - → 도토리·나무껍질 등을 가공하여 먹을 수 있는 방법 제시
  - └ 농민 통제: 호패법, 오가작통법 등을 통해 농민의 유망을 막고 통제를 강화

농업

조선 정부는 재정 확보와 민생 안정을 위해 농업 중시 → 토지 개간 장려, 수리 시설 보수·확충

- 시비법: 시비법 발달에 따라 휴경지 점차 소멸, 매년 농사 가능
- 2년 3작의 윤작법: 밭농사에서 조·보리·콩을 돌려 짓는 농사법이 널리 행해짐.
- 벼농사 ┌ 조선 전기에는 주로 직파법 이용 직접 씨 뿌리고 수확할 때까지 한 장소에서 경작
  - └ 이앙법(모내기법) ┌ 고려 말, 처음 전래 → 조선 전기, 남부 지방을 중심으로 점차 보급
    - └ 정부는 가뭄에 따른 피해 우려 → 이앙법 금지
    - └ 노동력 절감(잡초 제거 작업이 간소해짐.), 단위 면적당 수확량 증가, 벼와 보리의 이모작 가능
      - └ 모내기 이전에 보리 재배 가능
- 가을 갈이의 농사법: 조선 전기에 보급, 빈 농경지를 갈아엎어 지력 회복·병충해 방지
- 목화 재배 ┌ 전래: 고려 공양왕 때 문익점이 원나라에서 목화씨를 가져옴.
  - └ 확대: 조선 전기 목화 재배는 전국으로 확대, 목화로 만든 옷감(무명)을 화폐로 사용

수공업

- 관영 수공업 ┌ 공장안에 등록된 기술자들은 중앙과 지방의 관청에 소속되어 물품 제작
  - └ 장인들 명단
  - └ 쇠퇴: 16세기 이후, 부역제의 해이와 상업 발달에 따라 점차 쇠퇴
- 민영 수공업 ┌ 양반의 사치품·농기구 등 생산·판매
  - └ 농민들은 가내 수공업 형태로 무명·삼베 등 직물 주로 생산
    - └ 목화 재배 확대

상업 농본억상 정책(검소함을 강조하는 유교적 경제관에 따라 상업 억제)

- 화폐 발행: 정부는 저화(태종)·조선통보(세종) 등 화폐 유통 시도, 민간에서는 여전히 쌀·무명을 화폐처럼 사용
- 시전 ┬ 설치: 태종 때 시전을 만들어 상인들에게 대여
  └ 시전 상인: 점포세·상세 납부, 정부에 특정 물품 공급, 대신 특정 상품에 대한 독점 판매권 부여받음.
    └ 명주·종이·어물·모시·삼베·무명을 파는 여섯 점포(육의전)가 가장 번성
- 경시서: 불법적인 상행위 통제, 세조 때 평시서로 개칭
- 장시 ┬ 발생·확대: 15세기 말 전라도에서 발생 → 16세기 중엽 전국으로 확대
  └ 보부상: 장시를 중심으로 돌아다니며, 일용 잡화·농수산물·수공업 제품 등을 판매
    └ 정부에 세금을 내고 허가를 받아 활동

▶ 난전(亂廛) 조선 전기에 발달 ×
시전 상인의 명단(전안)에 등록되지 않거나 허가 받지 않은 물품을 몰래 팔던 시장이나 상행위

대외 무역 주변 국가와의 무역 통제(특히 사무역)

- 명나라 ┬ 사신들이 서로 오고가는 과정에서 공무역과 사무역이 행해짐.
  └ 수출품: 금·은, 인삼, 말, 종이, 도자기 등 / 수입품: 비단, 서적, 약재, 문방구 등
- 여진: 국경 지역의 무역소에서 교역
- 일본: 동래의 왜관을 중심으로 무역, 식량·농기구·옷감 등 수출

시대별 농업 기술의 발달

〈고대〉		〈중세〉		〈근세〉	〈근대 태동기〉

깊이갈이
철제 농기구 보급 / 일반화
우경 확대

목화 재배
전래 (고려 말) → 전국 확대 (함경도 ×)

작물 재배
약초 / 상품 작물(고추·담배·인삼 등)
과수 / 구황 작물(고구마·감자)

시비법
발달 못함. / 녹비법(밭에 자란 풀) ┐ 퇴비법(분뇨+풀·갈대) ┘ → 밑거름 + 덧거름

가을갈이
보급 → 보편화

▶ 외래 작물
- 고추·담배(일)
- 옥수수·호박·고구마(일)
- 감자(청)

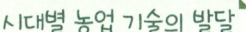
▶ 휴경 기간
- 고대: 장기화 척박한 토지 多
- 중세: 감소
- 근세~: 소멸 연작 상경 가능

밭농사
2년 3작 윤작법 보급 → 널리 행해짐. / 견종법 확대, 그루갈이 성행

논에 물을 대기 위해 수차 등 이용 / 저수지 관리: 제언사·제언절목

이앙법(모내기)
남부 지방 일부에 보급 (고려 말) → 남부 지방 중심으로 확대(보급) → 전국으로 확대(일반화)
└ 벼·보리 이모작 가능   └ 이모작이 널리 행해짐.
15세기까지 주로 직파법 이용   └ 보리 재배 확대

농서
『농상집요』(고려 말) / 『농사직설』, 『금양잡록』 / 『농가집성』, 『색경』, 『산림경제』, 『임원경제지』
중국 농서 / 우리 실정에 맞는 농서

2강 근세의 사회

기본서 253~260쪽

解法 요람

양천제와 반상제

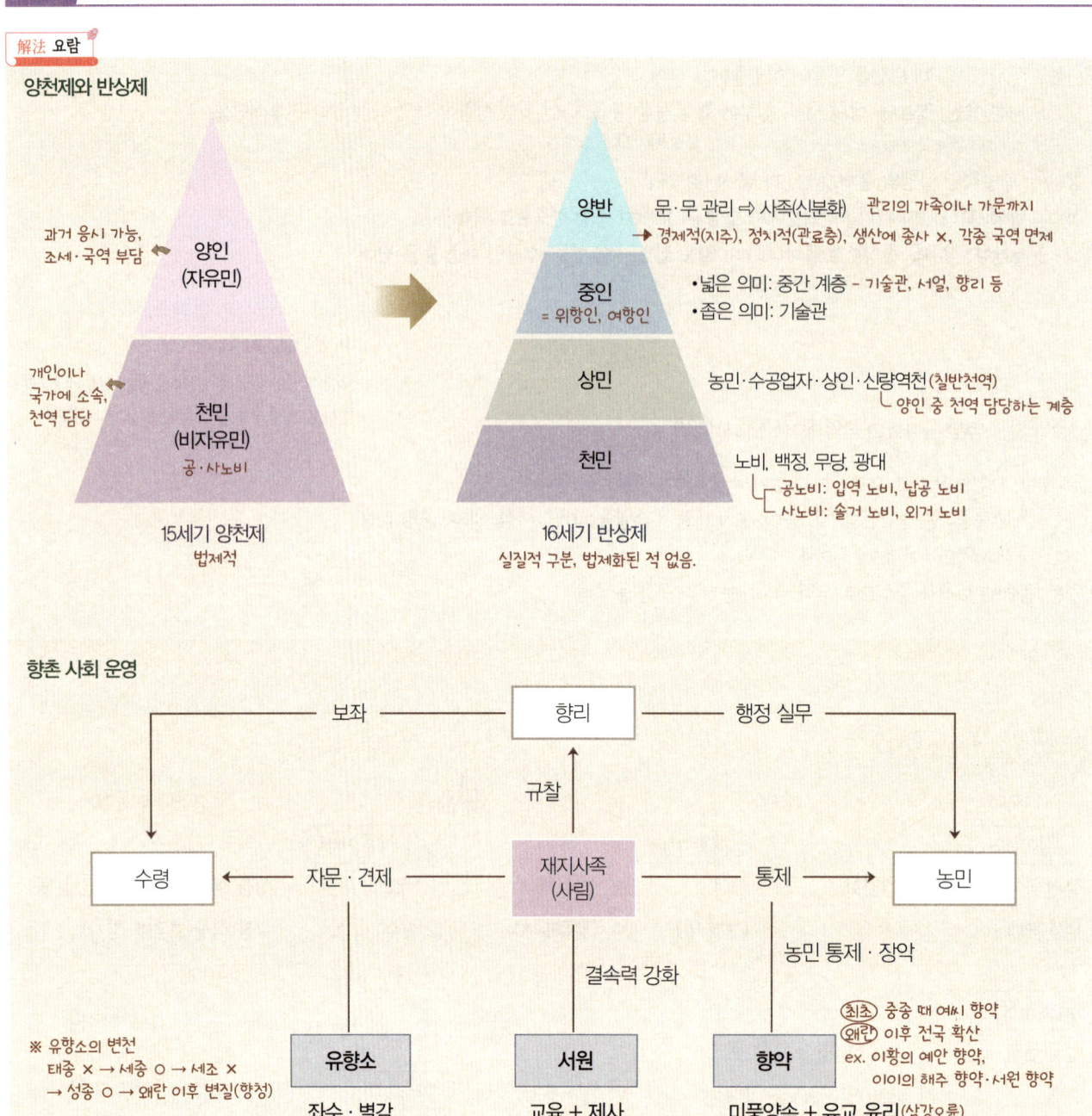

15세기 양천제
법제적

과거 응시 가능,
조세·국역 부담 ← **양인 (자유민)**

개인이나
국가에 소속, ← **천민 (비자유민)**
천역 담당
공·사노비

16세기 반상제
실질적 구분, 법제화된 적 없음.

양반 : 문·무 관리 ⇨ 사족(신분화)　관리의 가족이나 가문까지
　→ 경제적(지주), 정치적(관료층), 생산에 종사 ×, 각종 국역 면제

중인 : ·넓은 의미: 중간 계층 - 기술관, 서얼, 향리 등
= 위항인, 여항인　·좁은 의미: 기술관

상민 : 농민·수공업자·상인·신량역천(칠반천역)
　└ 양인 중 천역 담당하는 계층

천민 : 노비, 백정, 무당, 광대
　├ 공노비: 입역 노비, 납공 노비
　└ 사노비: 솔거 노비, 외거 노비

향촌 사회 운영

향리

보좌 ── 향리 ── 행정 실무

규찰

수령 ← 자문·견제 ── **재지사족 (사림)** ── 통제 → 농민

결속력 강화

농민 통제·장악

※ 유향소의 변천
　태종 × → 세종 ○ → 세조 ×
　→ 성종 ○ → 왜란 이후 변질(향청)

유향소
좌수·별감

서원
교육 + 제사
최초: 중종 때 백운동 서원
　└ 명종 때 소수 서원

향약
미풍양속 + 유교 윤리(삼강오륜)
최초 중종 때 여씨 향약
왜란 이후 전국 확산
ex. 이황의 예안 향약,
이이의 해주 향약·서원 향약

조선의 신분 제도 기출필수코드 44

신분 제도

- 양천 제도 ┌ 양인: 자유민, 조세·공납·역 부담, 과거 응시 자격 ○
  (15세기) └ 천민: 비자유민, 국역 의무 ✕, 개인이나 국가에 소속, 각종 천역 담당
- 반상 제도 ┌ 16세기 이후 반상제 일반화: 지배층인 양반과 피지배층인 상민 구별
  (16세기~) └ 4신분제(양반·중인·상민·천민) 정착, 법제화 ✕

실전 Tip

실제 시험에서는 좁은 의미의 중인(기술관)과 서얼을 구분하는 것이 가장 중요함.

▶ 양반의 특권 유지
- 서리·향리 등 하급 지배층은 중인으로 격하
- 본처 아닌 첩의 자식들은 서얼로 격하·차별

신분 구조

- 양반 ┌ 15세기 관료의 명칭(문반+무반) → 16세기 이후 사족(관리 본인+가족·가문)으로 확대
  └ 주요 관직 차지, 각종 국역 면제, 많은 토지를 소유한 지주층, 현직·예비 관료(생산 종사 ✕)

- 중인 ┌ 직역 세습, 같은 신분끼리 혼인, 전문 기술, 행정 실무(하급 관직 역임) 위항인·여항인
  ├ 기술관: 잡과에 합격한 역관, 의관 등 좁은 의미의 중인
  ├ 서리·향리: 서리(중앙 관청의 하급 관리), 향리(지방 관청 소속, 수령 보좌)
  └ 서얼: 중인과 같은 신분적 대우 받음(중서), 문과 응시 금지 ┌ 서자(母: 양인)
                                              └ 얼자(母: 천민)

- 상민 ┌ 평민·양민으로 불림, 생산에 종사하는 계층, 국가에 세금 납부
  ├ 법적으로 과거 응시 가능
  ├ 농민: 상민의 대부분 차지, 조세·공납·부역 등의 의무
  ├ 수공업자(공장): 대부분 관청에 소속되어 물품 생산
  ├ 상인: 국가의 통제 아래 상업 활동
  └ 신량역천: 양인 중에 천역을 담당하는 계층(칠반천역)

- 천민 ┌ 법제적으로 노비만 천민(천민의 대부분도 노비!)
  ├ 재산으로 취급(매매·상속·증여의 대상), 부모 중 한명이 노비면 자녀도 노비(일천즉천)
  │   └ 주인이 함부로 노비를 죽이거나 처벌하는 것은 법적으로 금지
  ├ 공노비 ┌ 입역 노비: 관청 소속, 무상으로 노동력 제공
  │   └ 납공 노비: 지방에 거주(농사), 매년 50%의 병작료와 신공(몸값) 납부
  └ 사노비 ┌ 솔거 노비: 주인과 같이 살면서 직접 노동력 제공
           └ 외거 노비: 주인과 떨어져 살면서 신공(몸값) 납부, 재산 소유도 가능

- 기타 ┌ 법적으로 양인으로 분류, 노비와 같은 천민 취급받음.
  └ 백정(도살업·유기 제조업·육류 판매업 등에 종사), 무당, 창기, 광대 등
       └ 고려 시대에는 농민층을 칭하는 용어였음.

▶ 조선의 신량역천
- 수군
- 조례(관청의 잡역 담당)
- 나장(형사 업무 담당)
- 일수(지방 고을 잡역)
- 봉수군(봉수 업무)
- 역졸(역에 근무)
- 조졸(조운 업무)

사회 정책과 사회 제도

환곡제 | 백성 구제를 목적으로 곡식 대여
- 의창: 고려의 의창 계승, 춘대추납(봄에 빌려주고 가을에 갚음), 중종 때 폐지
- 상평창 ┌ 본래 물가 조절 기구, 의창 폐지 이후 의창의 업무 담당
         └ 빌려준 곡식의 10%를 이자로 징수, 이자는 점차 고리대로 변질됨.
- 사창제: 지방의 양반 지주들이 자치적으로 운영(각종 재난에 대비, 곡식 대여)
    └ 세종 때 처음 논의 ⟶ 문종~세조 때 확대 ⟶ 성종 때 폐지

> ▶ 환곡
> 농민은 관청에서 곡식을 빌리고 갚을 때 이자(1/10) 냄. → 조선 후기, 환곡은 지방 관청의 재정을 메꾸는 수단으로 이용(사실상 세금)

의료 기구
- 3의사 ┌ 내의원: 국왕을 치료하고 국왕의 약을 만듦.
        ├ 전의감: 의료 행정 담당, 의학 교육·의관 선발 등 담당
        └ 혜민국: 서민 환자의 구제와 약재 판매 담당, 의녀 교육, 세조 때 혜민서로 개칭
- 동·서 대비원 ┌ 고려 제도 계승, 세조 때 동·서 활인서로 개칭
   │계승   └ 서민 환자의 치료와 유랑민의 구휼 담당
- 동·서 활인서: 유랑자의 수용·구휼 담당
- 제생원: 지방민의 구호 및 진료 담당

법률 제도와 법전

법률 제도
- 형법 ┌ 『경국대전』과 대명률 주로 적용
       └ 형벌: 태·장·도·유·사(5종), 반역죄와 강상죄 엄벌(연좌제 적용)
              └ 유교 윤리를 심하게 어긴 죄
- 민법: 지방관이 처리, 토지·노비 등 소유권 분쟁과 산송(16C 이후)이 다수 차지
- 사법 기관 ┌ 의금부: 왕명으로 죄인을 심문
           ├ 사헌부: 언론 활동, 풍속 교정, 관리 규찰과 탄핵 담당
           ├ 형조: 재판 기관, 사법 행정 감독
           ├ 한성부: 수도의 행정과 치안 담당, 전국의 토지·가옥·노비 등에 대한 소송 업무
           ├ 장례원: 공·사노비의 문서 관리 및 노비 소송
           └ 지방 ┌ 관찰사와 수령이 각각 관할 구역 내에서 사법권 행사
                  └ 포도청(죄인의 심문, 도둑 체포, 순찰 활동)
- 재판 불복시 상부 관청에 소송 제기 가능
- 신문고: 태종 때 설치(의금부 관장) → 연산군 때 폐지 → 영조 때 부활(병조 관장)

> ▶ 형벌(태·장·도·유·사)
> • 태형: 볼기를 치는 매질(10~50대)
> • 장형: 곤장형(60~100대)
> • 도형: 징역살며 강제 노동
> • 유형: 유배형(주로 정치범)
> • 사형: 교수형, 참수형

> ▶ 조선 시대 상속의 원칙(경국대전)
> • 부모의 유언·혈연 상속·남녀 균등 상속
> • 가계 계승 중시(제사모시는 사람 우대)
>   17세기 이후 상속 문제에 종법 적용
>   (부계 중심, 장자 중심)

법전
- 『조선경국전』(정도전): 최초의 법전(개인이 편찬)
- 『경제육전』(조준): 최초의 통일된 관찬 성문 법전
- 원(原) 『경국대전』: 6전 체제(이·호·예·병·형·공), 조선 최초의 종합 법전 성종
- 속(續) 『속대전』: 『경국대전』 보완 편찬 영조
- 증(增) 『대전통편』: 『경국대전』과 『속대전』 통합+추가 법령 정조
- 보(補) 『대전회통』: 『대전통편』 이후 법령 보완 ──┐
          『육전조례』: 『대전회통』에 미비된 시행 규례 보완 ┘ 흥선 대원군

향촌 사회의 조직과 운영 `기출필수코드 45`

중앙 ↔ 향촌 ┌ 향: 군현, 지방관 파견
└ 촌: 촌락·마을, 지방관 ✕

사족의 향촌 지배　향안(지방 양반들의 명단), 향회(향안에 등록된 양반들로 구성된 자치 기구) 등
└ 향안에 등록되어야 양반으로 인정

유향소
- 지방의 양반들(유향품관)이 조직, 향촌 자치 기구
　└ 전직 관리, 지역 유지 등
- 수령 보좌·향리 규찰·향촌 사회의 풍속 교정
- 태종 ✕ → 세종 ○ → 세조 ✕ → 성종 ○

경재소
- 중앙 정부가 설치(지방 견제 목적)
- 현직 관리가 연고지의 유향소 통제
- 임진왜란 이후 선조 때 폐지

향약
- 전통적 공동 조직+유교 윤리(삼강오륜)+어려운 일 당하면 서로 돕는 미풍양속
- 중종 때 처음 시행(조광조 주장), 여씨 향약을 한글로 번역(김안국)
- 16세기 후반부터 전국 확산: 이황(예안 향약), 이이(해주·서원 향약)의 노력으로 보급
- 신분과 관계없이 향촌의 백성들을 강제적으로 편성, 임원(도약정·부약정·약정·직월)
- 질서 유지·치안 담당, 성리학적 윤리 확산에 기여
- 사족들은 향약을 통해 농민 통제 및 장악

서원
- 중종 때 풍기 군수 주세붕이 백운동 서원을 최초로 설립
- → 명종 때 이황의 건의로 사액(서적과 토지·노비 등 지급, 면세·면역)받아 소수 서원이 됨.
　　　└ 국가의 공인 받음.
- 이름난 선비나 공신 제사, 학문 연구(사립 교육 기관)
- 유교 윤리 보급, 향촌 교화, 향촌 사림 결집·강화

촌락의 구성과 운영
- 촌락: 향촌을 구성하는 기본 단위
- 운영: 면리제(몇 개의 리를 면으로 묶음.) 실시
- 농민 조직 ┬ 두레: 공동 노동 조직, 농촌 사회의 상호 협력
　　　　　　│　　└ 삼한 시대부터 존재
　　　　　　└ 향도: 신앙적 특징+공동체 조직 → 임진왜란 이후 상두꾼으로 잔존
　　　　　　　　　└ 고대 시대부터 존재, 고려 시대에 전국적으로 분포

▶ **예학과 보학의 발달**
- 배경: 성리학 연구의 심화+유교적 질서 회복
- 예학: 김장생의 『가례집람』 등 각종 예서 편찬
- 보학: 족보(종족의 내력 기록), 가문의 결속 강화
　현존하는 가장 오래된 족보: 안동 권씨 성화보(성종)

1장 근대 태동기의 정치

1강 전근대 제도사

기본서 74~79쪽 / 130~134쪽 / 213~221쪽 / 284~286쪽

전근대 중앙 정치 제도 · 기출필수코드 18 ★

解法 요람

경관직 총정리

구분	주례	백제	신라	발해	고려	원 간섭기	조선
합의 기구		정사암	화백 회의 집사부(진덕 여왕)	정당성	도병마사 식목도감	도평의사사	의정부 비변사
내무 · 문관 인사 · 왕실 사무 · 훈봉	천	내신 (상좌평)	위화부 (진평왕)	좌 사 정 우 사 정 충부	인사 이부	전리사	이조
호구 · 조세 · 어염 · 광산 · 조운	지	내두	조부, 창부	인부	조세·재정 호부	판도사	호조
제사 · 의식 · 학교 · 과거 · 외교	춘	내법	예부, 영객부	의부	의례·과거·문화·외교 예부	전리사	예조
무관 인사 · 국방 · 우역 · 봉수	하	병관, 위사	병부 (법흥왕)	지부	군사 병부	군부사	병조
법률 · 소송 · 노비	추	조정	좌 · 우 이방부	예부	법률 형부	전법사	형조
토목 · 산림 · 도량형 · 파발	동		예작부, 공장부 └ 신문왕	신부	수공업·토목·건축 공부	폐지	공조
감찰			사정부	중정대	어사대	감찰사	사헌부

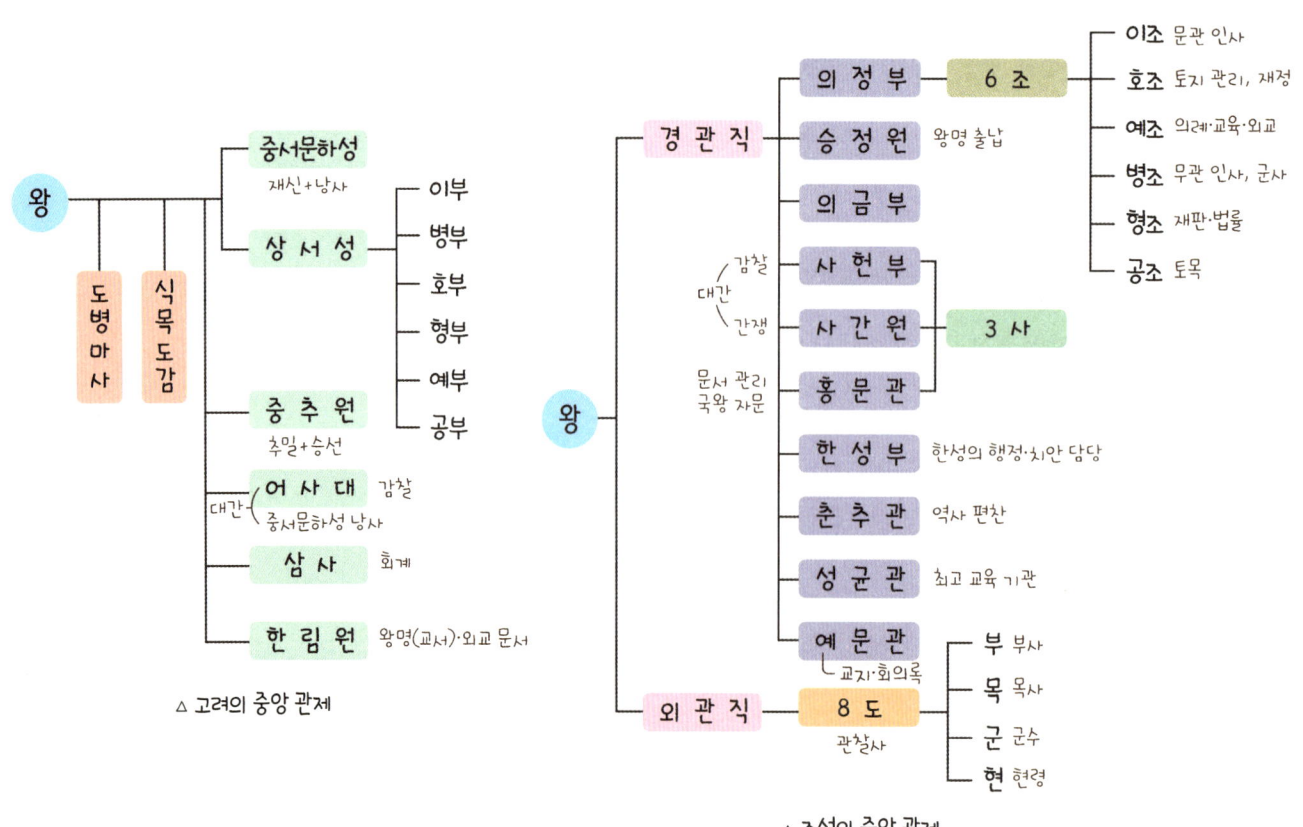

△ 고려의 중앙 관제

△ 조선의 중앙 관제

삼국 시대

특징

- 관직의 높낮이를 나타내는 관등제 성립
- 합좌 제도 ┬ 고구려의 제가 회의: 조의두대형(5관등) 이상 참여, 귀족들이 대대로 선출
  ├ 백제의 정사암 회의: 호암사에 있는 정사암에서 재상 선출 등 국가 중대사 논의
  └ 신라의 화백 회의: 6부의 전통 계승, 만장일치로 결정, 상대등(의장 역할)

고구려

- 관등제: 상가를 비롯한 10여 개 관등, 형(兄)계와 사자(使者)계로 분화
- 관직: 대대로(국사 총괄), 조의두대형(5관등) 이상만이 장군이 될 수 있고 제가 회의에 참여

백제

- 관등제: 16관등(좌평 및 솔 / 덕 / 무명 계열로 구성)
  └ 자색 └ 비색 └ 청색
- 정치 조직 ┬ 6개 부서가 업무 분담, 장관은 좌평(6좌평제)
  └ 성왕 때 22부 정비(내관 12부, 외관 10부) 내관 - 왕실 업무, 외관 - 행정 업무

신라

- 관등제: 법흥왕 때 17관등 완성, 관등제는 골품제와 결합하여 운영(골품에 따라 관등의 상한선 결정)
- 관청 ┬ 국초: 대보(국정을 총괄하는 재상 역할)
  │   └ 고구려·신라
  ├ 법흥왕: 상대등(국사 총괄, 화백 회의 주관) 설치, 병부 설치
  ├ 진흥왕: 품주(국가 재정+국가 기밀) 설치 → 진덕 여왕 때 집사부(국가 기밀)와 창부(재정)로 분화
  └ 진평왕: 위화부(인사), 조부(조세), 예부(의례) 설치

남북국 시대

통일 신라

- 집사부(성) 중심 운영, 집사부 포함한 14개 관청   집사부 제외 13부는 병렬적 관계, 복수 장관제
- 집사부: 국가 기밀 관리, 왕명 출납
  └ 장관인 시중이 행정 총괄

이부 - 위화부: 관리 선발 등 인사 업무
호부 - 창부(재정 관리), 조부(조세 수취)
예부 - 예부(교육·의례), 영객부(외교, 외국 사신 접대)   당
병부 - 병부(무관·군사 업무)
형부 - 좌·우 이방부(법률 업무)
공부 - 공장부(수공업), 예작부(토목·건축), 승부(수레·말 관리), 선부(선박 관리)
어사대 - 사정부(관리 감찰) (발해) 중정대 (고려) 어사대

발해

- 정당성(왕명 집행, 장관은 대내상) ┬ 좌사정: 충부(이부), 인부(호부), 의부(예부) ┐
  │   └ 우사정: 지부(병부), 예부(형부), 신부(공부) ┘ 이원적 운영, 유교 덕목 반영
- 선조성
- 중대성
- 중정대: 감찰 기구
- 주자감: 국립 대학
- 문적원: 궁궐 안의 서적 관리, 외교 문서 등 각종 문서 관리

고려 시대

| 중앙 관제 특징 | 2성 6부제 기반(성종 때 마련, 문종 때 완비), 도병마사와 식목도감은 독자적인 제도 송 영향(중추원·삼사) |

└ 당나라 제도 영향   └ 고대의 귀족 합의제 전통 반영

중서문하성
문하시중
(종1품)

┌ 재신(2품↑): 백관 통솔, 국가 주요 정책 심의·결정
└ 낭사(3품↓): 간쟁·봉박·서경, 정치의 잘못 비판

┌ 도방: 경대승의 사병 기관, 최충헌 때 부활
└ 도당: 도평의사사, 고려 후기 최고 정무 기관

재추 회의

┌ 外 도병마사: 국방 등 대외 문제 담당 → 충렬왕 때 도평의사사(도당)로 개편
└ 內 식목도감: 대내 문제 담당(국내 정치에 관한 법 제정, 각종 시행 규정 등)

중추원
판원사
(종2품)

┌ 추밀(2품↑): 군국기무와 군사 기밀 관장
└ 승선(3품↓): 왕명 출납 담당

상서성
상서령
(종1품, 명예직)

정무 집행 기관 6부를 하위 기관으로 둠.

6부 실제 정무 분담
판○부사 (재신 겸임)
○부상 서 (정3품)

고려의 6부 순서

┌──►

조선의 6조 순서 ↓

(이부) 문관 임명·승진 등 인사 업무   (병부) 무관 임명·승진 등 인사 업무, 군사 관련 사무

(호부) 호구·공부·조세 징수   (형부) 법률·재판·노비 문제

(예부) 의례, 교육, 과거, 외교   (공부) 물품 제작·조달, 건축·토목 관련 사무

(좌사정)   (우사정)
└──────── 발해 ────────┘

▶ 고려와 조선의 품계

고려 ┌ 1~3품 ┌ 정
     │   └ 종 ┌ 상
     └ 4~9품 ┌ 정 └ 하
             └ 종 ┌ 상
                  └ 하

조선 ┌ 1~6품 ┌ 정 ┌ 상
     │   └ 종 └ 하 상
     └ 7~9품 ┌ 정   하
             └ 종

어사대
대간 ┘ └ 낭사

┌ 감찰(주 업무), 정치의 잘잘못 논의
├ 풍속 교정, 백관 규찰·탄핵
└ 간쟁(왕의 잘못 비판)·봉박(잘못된 왕명 거부)·서경(관리 임명과 법령 제정 등에 동의)

삼사 화폐·곡식의 출납에 대한 회계
┌ 고려의 3사: 회계 담당
└ 조선의 3사: 사헌부, 사간원, 홍문관

춘추관 실록과 국사 편찬

한림원 왕명(교서) 기록, 외교 문서 작성, 지공거(과거 시험관)
서연관(경서 강독), 시종관(왕 호종), 서적 편찬 사업

▶ 대간(대성, 성대): 대관(어사대) + 간관(중서문하성의 낭사)

구분	대(臺)	간(諫)	서경: 관리 임명 시 동의권
	감찰	간쟁	↓
고려	어사대	낭사	┌ 고려: 모든 관직
조선	사헌부	사간원	└ 조선: 5품 이하 관리

조선 전기

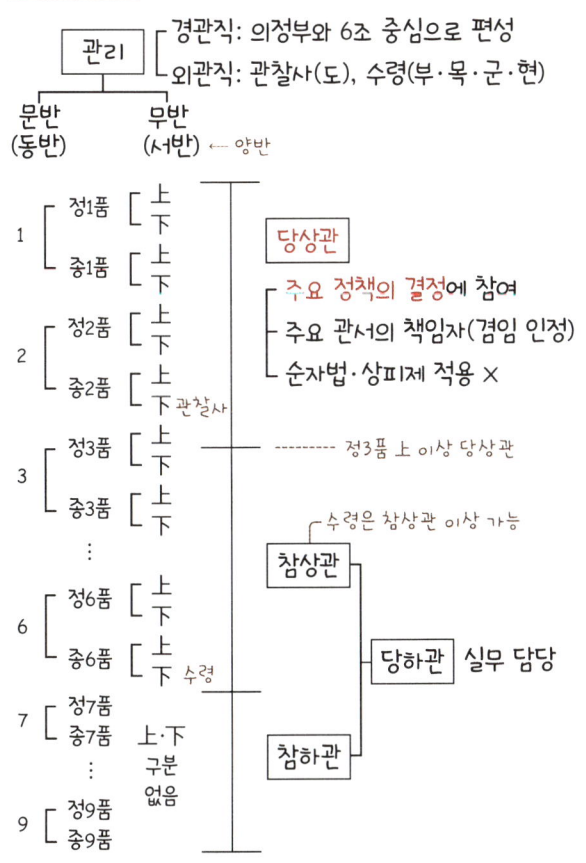

관리
- 경관직: 의정부와 6조 중심으로 편성
- 외관직: 관찰사(도), 수령(부·목·군·현)

문반(동반)   무반(서반) ← 양반

1 정1품 [上 / 下]
   종1품 [上 / 下]

2 정2품 [上 / 下]
   종2품 [上 / 下] 관찰사

3 정3품 [上 / 下]
   종3품 [上 / 下]
   :

6 정6품 [上 / 下]
   종6품 [上 / 下] 수령

7 정7품 / 종7품 上·下 구분 없음
   :

9 정9품 / 종9품

당상관
- 주요 정책의 결정에 참여
- 주요 관서의 책임자(겸임 인정)
- 순자법·상피제 적용 X

-------- 정3품 上 이상 당상관

─ 수령은 참상관 이상 가능
참상관
        당하관 실무 담당
참하관

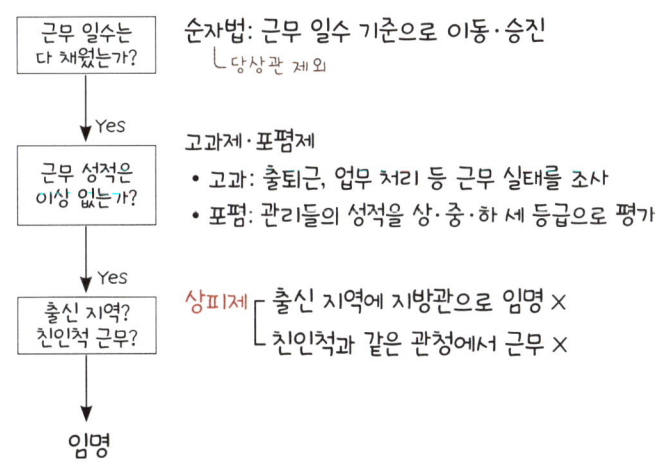

합리적인 인사 행정 제도

근무 일수는 다 채웠는가? → 순자법: 근무 일수 기준으로 이동·승진
                          └ 당상관 제외
↓ Yes

근무 성적은 이상 없는가? → 고과제·포폄제
                          • 고과: 출퇴근, 업무 처리 등 근무 실태를 조사
                          • 포폄: 관리들의 성적을 상·중·하 세 등급으로 평가
↓ Yes

출신 지역? 친인척 근무? → 상피제 ┌ 출신 지역에 지방관으로 임명 X
                                └ 친인척과 같은 관청에서 근무 X
↓

임명

조선의 국왕
- 관념 무제한의 권한 / 실제 인사권·반역자 처리
- 국무 회의 → 중요 정책 결정
  └ 상참: 매일 의정부·6조·3사 고급 관원과 회의

의금부 국왕 직속 특별 사법 기관(주로 대역죄)

승정원 국왕의 비서 기관
- 승지(정3품): 왕명 출납(도승지를 포함한 6승지)
- 주서(정7품): 왕과 신하 간에 오고간 문서와 국왕의 일과 기록
  → 매월 『승정원일기』 편찬
    └ 2001년 유네스코 세계 기록 유산

의정부 중국에는 없는 조선의 독자적인 관청
- 최고 권력 기관, 국왕과 재상의 합의로 국정 운영
- 구성 ┌ 영의정·좌의정·우의정(정1품) → 3정승
      └ 좌찬성·우찬성(종1품) / 좌참찬·우참찬(정2품)

정승
- 의정부 업무를 최종 결정
- 예문관·홍문관 등 주요 관청의 최고 책임자 겸직
- 경연과 서연 주도

▶ 조선의 중앙 관제 개편

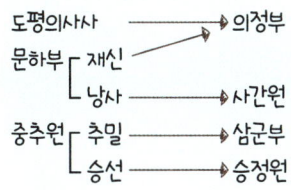

도평의사사 ─────→ 의정부
문하부 ┌ 재신 ──────┘
      └ 낭사 ──────→ 사간원
중추원 ┌ 추밀 ──────→ 삼군부
      └ 승선 ──────→ 승정원

▶ 경연 제도
- 경서 강론, 정치 문제 논의
- 매일 3회씩 실시(조강 - 주강 - 석강)
- 운영: 영의정(책임) + 홍문관(주관)

6조

- 왕명 집행 기관 → 여러 관청 소속·업무 분담
  - ┌ 6조의 장관
- 구성 ┌ 판서(정2품)·참판(종2품)
  └ 정랑(정5품)·좌랑(정6품): 주요 실무 맡음.
- cf. 전랑: 이조와 병조의 정랑과 좌랑(인사권)
  ↓ ┌ 통청권: 3사(청요직) 당하관 추천(영조 때 폐지)
  └→ 자천권: 후임자 추천(정조 때 완전 폐지)

조선의 6조 순서

고려의 6부 순서

이조	호조	예조
문관 인사 공신 책봉 근무 평가	호구·토지 관리 재정·회계 ※ 광산·조운	의례(행사)·외교 교육·과거
병조	형조	공조
무관 인사 군사 ⓦ 호위 ⓖ 국방	재판·법률 범죄 수사·감옥 ※ 노비(장례원)	토목·건축·산림 수공업 ※ 파발

속아문

3사 ┌ 언론 기관(정치 비판, 관리 감찰)
    └ 서경·간쟁·봉박 행사
      └ 5품 이하의 관리 임명 동의권

- 사헌부 — 관리 부정과 비행 감찰·탄핵, 풍속 교정
  └ 대사헌
- 사간원 — 임금에게 간언, 정치의 잘못 비판
- 홍문관 — 문서·서적 관리, 국왕의 자문, 교서 작성, 경연 주관
  └ 대제학
- 춘추관 — 역사 자료 편찬(『시정기』, 『실록』 등), 사관 업무
  └ 실록청
- 예문관 ┌ 임금의 교지 작성(고급 관료)
        └ 국무 회의에 (전임)사관으로 참석(하급 관료)
          → 회의록(사초) 작성(『실록』 편찬의 토대) └ 한림
            ※ 영조 때 한림의 회천권 혁파
- 승문원 — 외교 문서 작성
- 교서관 — 도서의 인쇄·반포
- 성균관 — 고등 교육 기관
- 4학 — 중등 교육 기관   └ 4관(교육·문예 담당)
- 관상감 — 천문·기상 관측
- 내의원 — 국왕을 비롯한 왕족 치료, 국왕의 약 조제
- 전의감 — 의료 행정 담당
- 혜민서 — 서민 환자 구제 및 약재 판매, 의녀 교육
- 활인서 — 서민 환자 치료, 유랑자의 수용과 구휼
- 사역원 — 외국어 교육, 통역·번역 활동
- 소격서 — 도교의 초제 주관
- 도화서 — 그림에 관한 업무

한성부

- 서울의 행정과 치안, 사법 기관의 역할
- 판윤(정2품)   └ 토지·가옥 등에 대한 소송 업무

● 『경국대전』의 각 부서 설명(일부)
- 의정부: 백관을 통솔하고 서정을 고르게 하며 음양을 다스리고 방국을 경륜한다.
- 사헌부: 시정을 논하여 바르게 이끌고, 모든 관원을 살피며, 풍속을 바로잡고, 원통하고 억울한 일을 밝히며, 건방지고 거짓된 행위를 금하는 등의 일을 맡는다.
- 사간원: 임금에게 간언하고, 정사의 잘못을 논박하는 직무를 관장한다.
- 홍문관: 경적(經籍)을 관리하고, 문서를 처리하며, 왕의 자문에 대비한다. 모두 경연(經筵)을 담당한다.

조선 후기

비변사 (비국, 주사)

중종
삼포왜란 ┃ 임시 기구: 지변사재상으로 구성
　　　　　　　 └ 변방 사정에 밝은 고위 관원 중 선출
　　　　　　　↓
명종
을묘왜변 ┃ 상설 기구: 궁궐 밖에 청사 설치
　　　　　　　↓
선조
임진왜란 ┃ 최고 기구 ┬ 군사+외교·재정·인사 등 모든 정무 총괄 ↔ 의정부와 6조 기능 축소
　　　　　　　　　　　 └ 구성원 ┬ 주요 관직자: (1品)전·현직 정승, (2品)5조의 판서와 참판(공조 제외)+홍문관 대제학
　　　　　　　　　　　　　　　　 └ 군사 책임자: 5군영 대장+4유수관(강화·개성·광주·수원)+etc.

◉ 비변사의 폐단
정부는 한갓 헛이름만 지니고 육조는 모두
그 직임을 상실하였습니다. 명칭은 '변방의
방비를 담당하는 것(備邊)'이라고 하면서
과거에 대한 판하(判下)나 비빈(妃嬪) 간택
까지도 모두 여기서 합니다.

의정부·6조 체제 변질

┌ 의정부와 6조 중심의 행정 체계가 유명무실해짐.
└ 의정부와 6조는 비변사에서 결정된 내용을 집행하는 기구로 위상이 하락함.
　　└ 의정부의 3정승은 비변사에서 협의된 내용을 왕에게 전달하는 역할

3사의 변질 ┃ 각 붕당의 이해 관계 대변

전근대 지방 제도　기출필수코드 18

삼국 시대　지방 행정 조직은 군사 조직과 대체로 일치(지방관=군대의 지휘관)

┌ 고구려 ┬ 중앙: 고국천왕 때 부족적인 5부를 행정적인 5부로 개편
│　　　　├ 지방: 전국을 5부(욕살)로 나누고 그 밑에 여러 성(처려근지, 도사)을 둠.
│　　　　│　　　└ 대성(大城)
│　　　　└ 특수 행정 구역: 3경(평양성, 국내성, 한성)
├ 백제 ┬ 중앙: 성왕 때 5부로 편제
│　　　├ 지방: 방군제 시행 → 전국을 5방(방령)으로 나누고 그 밑에 군을 둠.
│　　　└ 특수 행정 구역: 무령왕 때 22담로 설치 → 왕족 파견, 지방 세력 견제
└ 신라 ┬ 중앙: 6부(6개의 부족 → 중앙의 행정 구역 명칭)
　　　　├ 지방: 전국을 5주(군주)로 나누고 그 밑에 군을 둠.
　　　　└ 특수 행정 구역: 2소경(사신)

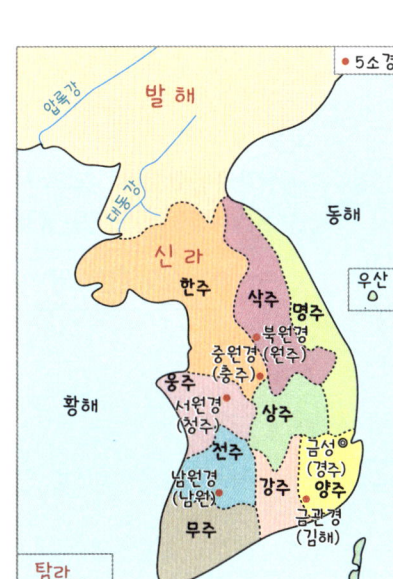

△ 통일 신라의 9주 5소경

(상수리 제도: 지방 귀족 본인(신라)
  기인 제도: 지방 호족 자제(고려)

⓰ 5부
⓫ 5방
⑩ 5주 → 9주
⑭ 15부
⓰ 5도
㉕ 8도

남북국 시대

┌ 통일 신라 ┬ 9주: 군주 → 총관 → 도독(군사 기능 약화, 행정 기능 강화)
│　　　　　　├ 5소경(사신): 군사·행정상 요지에 설치, 수도가 동쪽에 치우쳐 있는 것을 보완
│　　　　　　├ 하부 행정 ┬ 주 아래에 군과 현을 두어 지방관 파견
│　　　　　　│　　　　　├ 촌: 토착 세력인 촌주가 다스림.
│　　　　　　│　　　　　└ 특수 행정 구역: 향·부곡 존재
│　　　　　　└ 지방 견제: 외사정 파견, 상수리 제도(고려의 기인 제도로 계승)
└ 발해 ┬ 5경(전략적 요충지), 15부(지방 행정 중심), 62주
　　　　│　　└ 도독　　　└ 자사　　　└ 현승
　　　　└ 촌락: 말단 행정 구역, 수령(토착 세력)이 다스림.

| 고려 시대 | 이원적 구성, 불완전한 중앙 집권 주현 < 속현(지방관 파견 ×)
└ 5도(일반 행정), 양계(군사 지역)

| 경기 |
┌ 개경의 외곽 지역
└ 현종 때 수도 주변의 현들을 경기로 묶음.

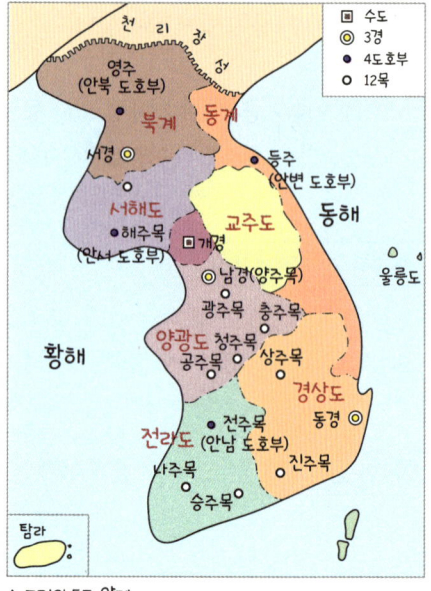
△ 고려의 5도 양계

┌ 서해도, 교주도, 양광도, 전라도, 경상도
| 5도 |
┌ 상설 행정 기관 ×, 도 아래에 주·부·군·현 설치, 안찰사 파견
├ 안찰사 ┌ 임기 6개월, 경관직(지방 상주 ×, 5~6품)
│   └ 업무: 도내 지역 순찰, 형옥·수납·군사·민생·수령 감찰
├ 군현 ┌ 주현: 지방관 파견, 자사(주·군), 현령(현)
│   └ 속현 ┌ 지방관 ×, 주현의 간접적 통제를 받음.
│   └ 예종 때부터 속현에 감무 파견
├ 향리 ┌ 지방관 보좌, 지방 행정 실무 담당(조세 징수 등)
│   ├ 신분 세습, 외역전 지급, 과거 응시 가능(상층 향리)
│   └ 견제: 향리의 관제 격하, 기인 제도 실시
└ 특수 행정 구역: 향, 부곡, 소, 역, 진 등
   └ 주현이 간접적으로 통제

| 양계 |
└ 북계, 동계
┌ 국경 지대에 설치한 군사 행정 구역
└ 병마사 ┌ 안찰사보다 지위 높음, 양계 상주
         └ 군사 업무+지역 내 민정 총괄

▶ 고려의 지방 제도 정비
• 국초: 사심관 제도·본관제 실시
• 성종: 최초로 지방관 파견(12목)
• 현종: 고려 지방 제도의 기본 구조 마련
   (5도와 경기, 양계, 4도호부, 8목)

| 3경 |
┌ 국가의 균형적 발전 도모, 지방 세력 견제, 유수 파견
└ 개경(개성)·서경(평양)·동경(경주)
   └─────── 성종 ───────
   → 개경(개성)·남경(한양)·서경(평양)
      └─────── 문종 ───────

| 4도호부 | 군사적 방어의 중심지(5도: 안서·안남 / 양계: 안북·안변)

▶ 계수관(경·도호부·목)
• 일반 주현과 중앙을 연결
• 인재 추천·범죄자 심문·공문서 발송 등 업무 수행

| 8목 |
┌ 일반 행정의 중심지, 지방관(목사) 파견
└ 8목을 중심으로 5도 편제

조선 시대 — 지방 제도의 일원화, 완전한 중앙 집권

└ 양계, 향·소·부곡 폐지 └ 모든 군현에 수령 파견

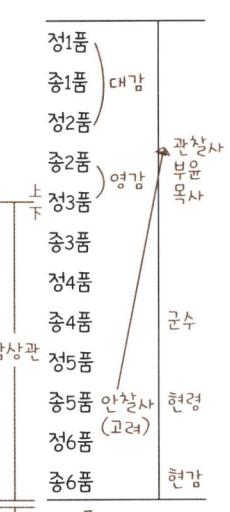

정1품 ┐
종1품 │ 대감
정2품 ┘
종2품 ┐ 영감
정3품 ┘ ↑上 관찰사 부윤 목사
종3품
정4품
종4품 ┐ 군수
정5품 ┘ 참상관
종5품 안찰사(고려) 현령
정6품
종6품 현감
정7품 ┐ 참하관
~ │
종9품 ┘

8도

관찰사
종2품 감사, 방백
- 임기: 1년(평안도·함길도는 2년), 감영 ○
- 행정·감찰·사법권 장악 → 수령을 지휘·감독
- 병마절도사와 수군절도사 겸임(군사권 장악)
- 상피제 적용, 문과 출신자 우대

부·목·군·현 수평적 관계

수령
참상관 이상
- 임기: 5년(1,800일), 조세 징수 담당
- 행정·군사·사법권 행사 → 수령 7사
- 수령에 대한 견제: 상피제, 관찰사, 암행어사

면·리·통

- 조선 전기, 면리제 확립 몇 개의 이(里)를 면으로 묶음.
- 군현 밑에 면·리·통을 둠.
  └ 다섯 집을 1통으로 편제(오가작통제)
- 면장·리정·통주: 수령의 명령 집행, 인구 파악과 부역 징발

▶ 수령 7사

- 농업 장려(농상성)
- 부역 균등(부역균)
- 향리 통제(간활식)
- 호구 확보(호구증)
- 소송 간결(사송간)
- 교육 진흥(학교흥)
- 군정 안정(군정수)

향리

- 지방 행정 실무 처리, 6방 조직(중앙 6조와 유사)
- 군역 의무 X but 유사시 잡색군에 편입
- 제약: 무보수(토지 지급 X), 과거 응시 제한
  └ 소속 관청에서 허락해야 함.

유수부

- 경관직이 다스린 중앙 직할 기구
- 관찰사 통제·지휘 X, 비변사 회의 참여
- 4유수부: 개성(전기) + 강화·광주·수원(후기)
  └ 조선 후기 4개의 유수부 구축

경재소 세종 때 설치 → 성종 이후 훈구 세력이 장악

- 해당 지방 출신 현직 관료가 연고지의 유향소 통제
- 역할 ┌ 유향소와 정부 사이의 연락 기능
       └ 향리 규찰, 인재 천거, 풍속 교화
- 폐단: 15C 말 이후 중앙 고관이 경재소를 이용하여 유향소 장악, 향촌 사회 수탈
- 임진왜란 이후, 선조 때 폐지

유향소 ┌ 태종·세조: 폐지 └ 세종·성종: 복설

- 유향품관들을 중심으로 한 향촌 자치 기구
- 좌수·별감 선출(연로하고 덕망이 높은 자)
- 수령 보좌, 향리 규찰
  → 수령과 향리 견제, 지방 행정에 참여
- 풍속 교정, 향회 소집(여론 수렴), 향규 제정

▶ 유향소의 변천

- 태종: 유향소 폐지
- 세종: 유향소 부활, 경재소 설치
- 세조: 유향소 폐지
- 성종: 유향소 부활
- 선조: 경재소 폐지
- 임진왜란 이후: 유향소 변질(향청)

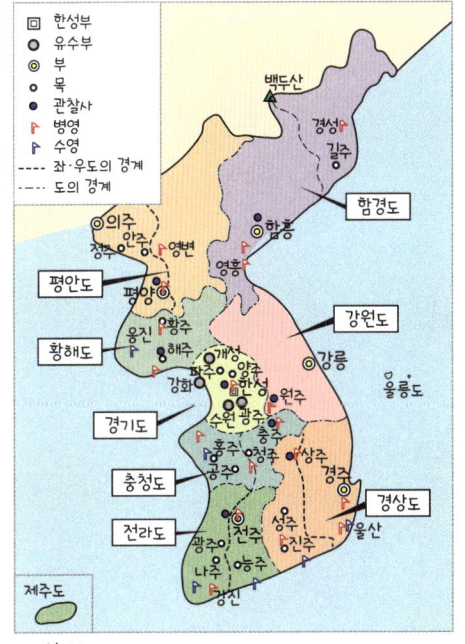

범례

- 回 한성부
- ◎ 유수부
- ◉ 부
- ○ 목
- ● 관찰사
- ⚑ 병영
- ⚐ 수영
- ---- 좌·우도의 경계
- ─── 도의 경계

백두산, 경성, 길주, 함경도, 의주, 정주, 안주, 영변, 영흥, 함흥, 평안도, 평양, 황주, 옹진, 해주, 강원도, 황해도, 개성, 강화, 양주, 춘천, 원주, 강릉, 울릉도, 경기도, 수원, 광주, 충주, 충청도, 공주, 청주, 상주, 영주, 안동, 전라도, 전주, 성주, 진주, 경상도, 광주, 나주, 능주, 울산, 순천

제주도

△ 조선의 8도

▶ 고려와 조선의 지방 제도

고려	지방 제도	조선
이원적(행정/군사)	행정 구역	일원적(8도)
불완전 (속현 존재)	중앙 집권화	완전 (모든 군현에 수령 파견)
○	향·소·부곡	×

▶ 고려와 조선의 향리

고려	구분	조선
강함.	권한	약함(아전으로 격하).
○(외역전)	보수	×
○(일품군)	군사 지휘권	×
중앙 관리로 진출	과거	과거 응시 제한
공통점: 중간 계층, 신분 세습, 지방 행정 실무 담당		

5강 근대 태동기의 변화

전근대 군사 제도 기출필수코드 19

고대 삼국 시대: 군사 조직과 지방 행정 조직이 대부분 일치   주민 통치 = 군사적 지배

고구려

중앙에서 파견된 지방 장관인 욕살·처려근지 등이 군대 지휘, 각 지방의 성(城)을 중심으로 군대 편성

백제

- 중앙: 중앙의 각 부에 500명의 군대를 둠.
- 지방: 5방에 파견된 방령은 700~1,200명의 군대 통솔

신라

- 중앙군: 서당(일종의 직업 군인)
- 지방군: 6정(停)[중앙+5주], 군주 지휘

➡ **삼국 통일** ➡

- 중앙군: 9서당(신라인+고구려인+백제인+말갈인)
- 지방군: 10정(9주에 1정씩, 한산주에 2정!)

 6정: 통일 이전 신라 지방군
 10정: 통일 이후 신라 지방군
 10위: 발해 중앙군

발해

- 중앙군: 10위(왕궁과 수도의 경비)
- 지방군: 지방 행정 조직에 따라 지방군 편성, 국경 요충지에도 따로 부대 편성
   지방관이 지휘

고려 시대

중앙군 1령: 1,000명   ※ 장군들의 합좌 기관 (중방: 상장군+대장군(2군 6위) / 장군방: 장군(각 령의 부대장))

- 2군: 국왕의 친위 부대(현종 때 설치), 응양군(1령), 용호군(2령)
- 6위 (42령) ┌ 좌우위·신호위·흥위위(궁성 수비와 국경 방어)
            └ 금오위(경찰 업무)·천우위(국가 행사 의식 담당)·감문위(궁성 수비)
- 대부분 직업 군인, 군적에 올라 군인전 지급, 직역 세습

지방군 16세 이상의 농민 장정으로 편성

- 주현군 ┌ 일반 주현에 주둔, 지방관 지휘, 지역 방어·각종 노역에 동원
        └ 정용군(기병)·보승군(보병), 일품군(노동 부대, 향리가 지휘)
- 주진군 ┌ 북방 국경 지대인 양계의 주·진에 설치
        ├ 상비군(좌군, 우군, 초군)
        └ 둔전을 경작하면서 국경 수비

특수군

- 광군: 정종 때 편성, 거란 침입 대비
- 별무반: 숙종 때 조직, 여진 정벌 목적, 신기군(기병)·신보군(보병)·항마군(승병)으로 구성
- 도방: 무신 집권기 경대승이 설치한 사병 집단, 최충헌 때 부활
- 야별초: 최우 집권기 설치, 도적 체포(치안 유지·야간 경비), 이후 삼별초로 발전
- 삼별초: 최우 집권기 설치, 공적 임무를 맡은 최씨 정권의 사병, 좌별초·우별초·신의군으로 구성

조선 전기

군역 제도
원칙: 양인개병제(16세 이상 60세 이하 모든 양인 남성)

- 편성 ┬ 정군: 현역 복무 ─────────── 보법(세조): 정군과 보인 고정
  │   └ 보인: 식량·의복 등 경비 부담   (보인 2丁 = 1보)
  └ 면제 대상: 현직 관료, 학생(성균관·향교), 향리 등   노비는 원칙적으로는 군역 의무 없음.
    cf. 종친과 외척, 공신이나 고급 관료 자제는 특수군에 편입

▶ 중앙군의 편성
- 정군: 서울과 국경 요충지에서 교대로 근무
- 갑사: 무예 시험을 거쳐 선발된 직업 군인
- 특수병: 왕족·공신·고관 자제들이 주로 소속

중앙군

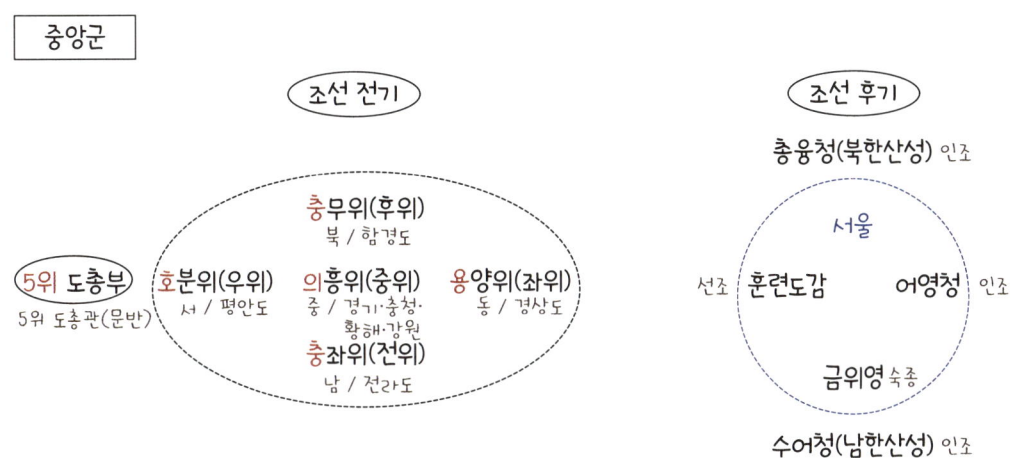

조선 전기

5위 도총부
5위 도총관(문반)

충무위(후위)
북 / 함경도

호분위(우위)   의흥위(중위)   용양위(좌위)
서 / 평안도   중 / 경기·충청·   동 / 경상도
             황해·강원
        충좌위(전위)
        남 / 전라도

조선 후기

총융청(북한산성) 인조

서울

선조 훈련도감   어영청 인조

금위영 숙종

수어청(남한산성) 인조

지방군

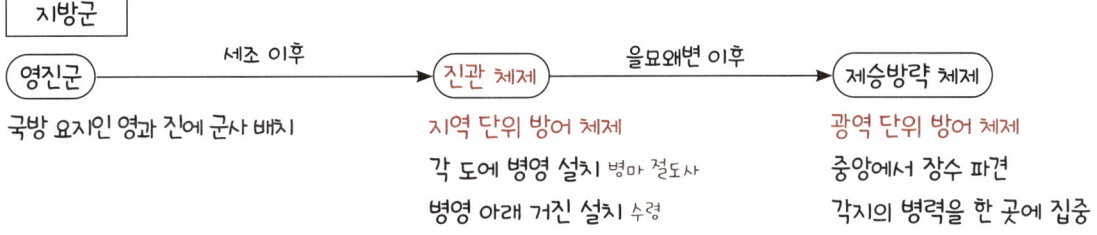

영진군 ──세조 이후──→ 진관 체제 ──을묘왜변 이후──→ 제승방략 체제

국방 요지인 영과 진에 군사 배치

진관 체제
지역 단위 방어 체제
각 도에 병영 설치 병마 절도사
병영 아래 거진 설치 수령

제승방략 체제
광역 단위 방어 체제
중앙에서 장수 파견
각지의 병력을 한 곳에 집중

▶ 잡색군(세종)
- 일종의 예비군(지역 수비 보완, 유사시 대비)
- 서리, 신량역천인, 공·사노비, 잡학인 등 소속(농민 제외)

교통과 통신

- 봉수제 ┬ 군사적인 위급 사태 알림, 전국에 약 620여 개의 봉수대 설치
  병조 └ 낮에는 연기, 밤에는 횃불로 연락 취함.
- 파발제 ┬ 봉수제를 보완하기 위해 임진왜란 때 편성
  공조 └ 말을 사용(기발), 사람의 도보(보발)
- 역원제 ┬ 지방에 내려가는 관리에게 말과 숙소 제공
  병조 └ 역(驛, 공문서 전달, 공물 운송, 주요 도로에 설치), 원(院, 공공 여관)

조선 후기

중앙군 | 국내외 정세에 따라 임기응변식으로 5군영 설치, 서인의 군사적 기반

임진왜란 中	후금(청)과의 항쟁 과정	경신환국 이후
선조	**인조~효종**	**숙종**

훈련도감
- 임진왜란 중 설치(척계광의 『기효신서』 영향)
- 구성: 삼수병(포수·사수·살수)
- 급료 지급용으로 삼수미세 거둠(1결당 2.2두).
  → but 급료 지급이 힘들어지자
     상업 활동도 허용(조선 후기 난전의 성장)

어영청
- 어영군 → 어영청
- 북벌의 본영으로 확대(효종)

총융청 서울 북쪽(북한산성) 방어(인조)

수어청 서울 남쪽(남한산성) 방어(인조)

금위영 병조판서 김석주의 건의
- 정초군 + 훈련별대
- 국왕 호위
- 수도 방어

▶ 척계광의 『기효신서』
- 삼수기법 소개 → 훈련도감
- 속오법 소개 → 속오군
- 『무예도보통지』에 영향

지방군 | 속오군 체제

진관 체제 ──을묘왜변──> 제승방략 체제 ──임진왜란 때 효과 ✕──> 속오군 체제 + 왜란 이후 진관 복구
                                                      └유성용 건의

- 지역 단위 방어 체제
- 작은 전투 유리
  but 큰 규모 전투 취약

- 광역 단위 방어 체제
- 각 지역의 군사를 한 곳에 집중
  → 한 사람의 지휘(중앙에서 장수 파견)

위로는 양반에서 아래로는 노비까지
→ 양반의 기피로, 상민·노비들만 남게 됨(천예군).

관리 등용 제도 [기출필수코드 19]

고려 시대

과거 제도
- 식년시(원칙, 3년마다), 실제로는 격년시(2년마다) 유행
- 응시 자격 ┬ 법적: 양인 이상 응시 가능(부곡민·노비·승려 등은 자격 없음.)
            └ 실제: 문과는 주로 귀족과 향리의 자제들이 응시, 농민은 주로 잡과에 응시
- 종류 ┬ 제술과: 문학적 재능과 정책 시험, 명경과보다 중시
       ├ 명경과: 유교 경전에 대한 이해 능력
       ├ 잡과: 법률·회계·산수·의약·점복·지리업 등 기술학, 기술관 선발
       └ 승과: 교종시, 선종시
- 절차 ┬ 향시(1차): 개경·서경·지방에서 실시
       ├ 국자감시(2차): 향시 합격자·국자감생 등이 시험(합격자: 진사)
       └ 예부시(3차): 동당(감)시, 지공거가 선발(합격자: 홍패)
                          └ 출제 위원
- 과거 삼층법 ┬ 공민왕 때 실시, 향시(초시) → 회시(복시, 예부) → 전시(국왕의 친임, 최종 시험)
              └ 왕권 강화, 좌주–문생 관계 단절

▶ 고려의 무과(시행 ✕)
예종~인종 때 잠깐 실시되었으나 곧 폐지
→ 공양왕 때 설치 but 시행 못함.

▶ 좌주와 문생
과거를 통해 지공거(좌주)와 합격생(문생) 사이에 강한 유대 관계 형성
→ 사회·정치적으로 폐단 多

음서 제도
- 종류: 일반 음서(5품↑), 공신 자손에 대한 음서, 왕실의 먼 후대 자손에 대한 음서
- 범위 ┬ 공신과 종실의 자손 외에 5품 이상 관료의 아들, 손자 등
       └ 연령은 18세 이상으로 규정 but 10세 미만의 경우 多(대략 15세 전후로 관직 취임)
- 특징: 대부분 음서를 거쳐 5품 이상의 고위직에 진출, 공음전과 함께 귀족 특권 유지와 세습에 기여

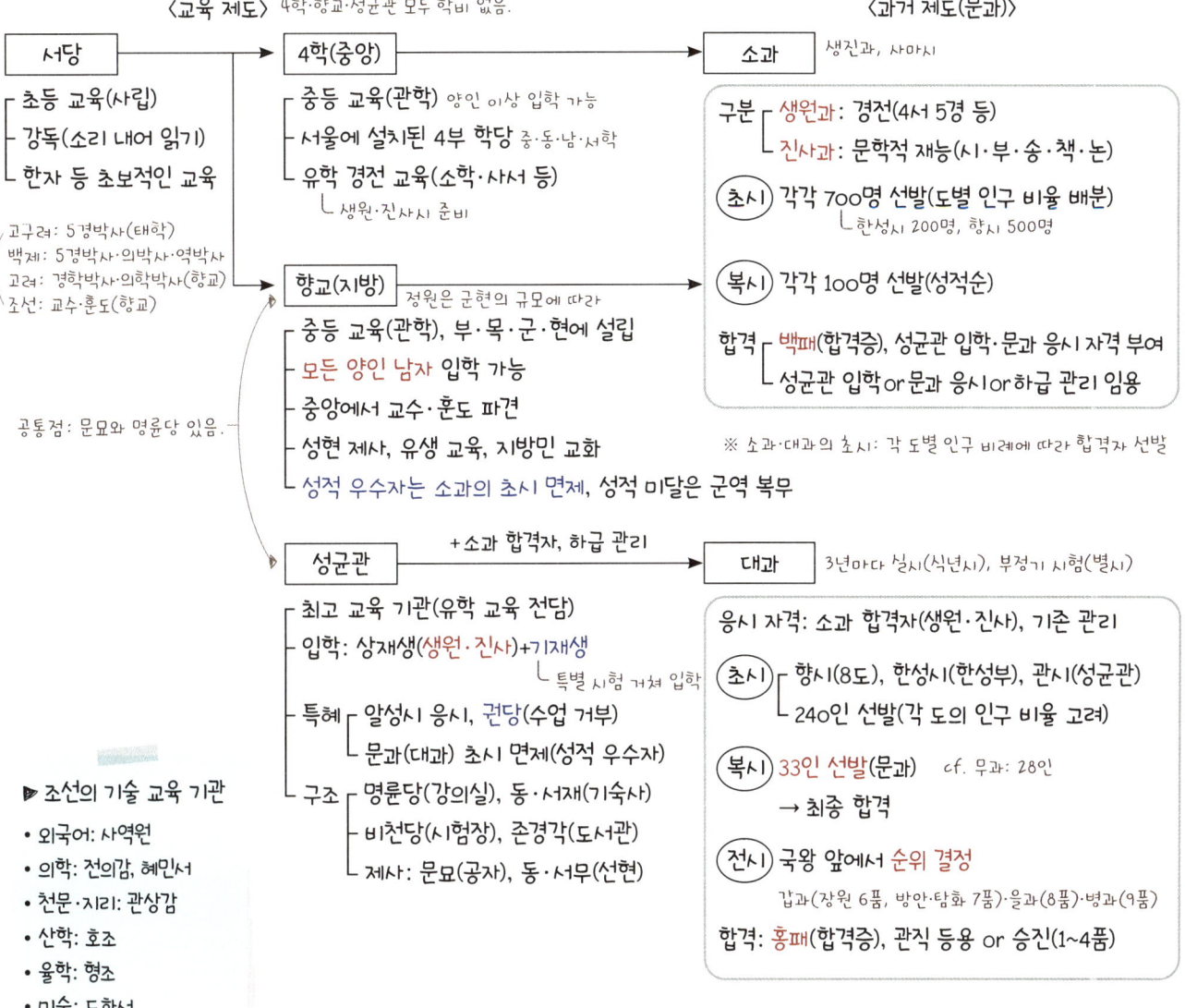

조선 시대 조선 교육의 목표: 유능한 관리 양성 → 교육 제도는 과거 제도와 연계

〈교육 제도〉 4학·향교·성균관 모두 학비 없음.
〈과거 제도(문과)〉

서당
- 초등 교육(사립)
- 강독(소리 내어 읽기)
- 한자 등 초보적인 교육

고구려: 5경박사(태학)
백제: 5경박사·의박사·역박사
고려: 경학박사·의학박사(향교)
조선: 교수·훈도(향교)

공통점: 문묘와 명륜당 있음.

4학(중앙)
- 중등 교육(관학) 양인 이상 입학 가능
- 서울에 설치된 4부 학당 중·동·남·서학
- 유학 경전 교육(소학·사서 등)
  └ 생원·진사시 준비

향교(지방) 정원은 군현의 규모에 따라
- 중등 교육(관학), 부·목·군·현에 설립
- 모든 양인 남자 입학 가능
- 중앙에서 교수·훈도 파견
- 성현 제사, 유생 교육, 지방민 교화
- 성적 우수자는 소과의 초시 면제, 성적 미달은 군역 복무

성균관 +소과 합격자, 하급 관리
- 최고 교육 기관(유학 교육 전담)
- 입학: 상재생(생원·진사)+기재생
  └ 특별 시험 거쳐 입학
- 특혜 ┬ 알성시 응시, 권당(수업 거부)
       └ 문과(대과) 초시 면제(성적 우수자)
- 구조 ┬ 명륜당(강의실), 동·서재(기숙사)
       ├ 비천당(시험장), 존경각(도서관)
       └ 제사: 문묘(공자), 동·서무(선현)

▶ 조선의 기술 교육 기관
- 외국어: 사역원
- 의학: 전의감, 혜민서
- 천문·지리: 관상감
- 산학: 호조
- 율학: 형조
- 미술: 도화서

소과 생진과, 사마시
- 구분 ┬ 생원과: 경전(4서 5경 등)
       └ 진사과: 문학적 재능(시·부·송·책·논)
- 초시 각각 700명 선발(도별 인구 비율 배분)
  └ 한성시 200명, 향시 500명
- 복시 각각 100명 선발(성적순)
- 합격 ┬ 백패(합격증), 성균관 입학·문과 응시 자격 부여
       └ 성균관 입학or문과 응시or하급 관리 임용

※ 소과·대과의 초시: 각 도별 인구 비례에 따라 합격자 선발

대과 3년마다 실시(식년시), 부정기 시험(별시)
- 응시 자격: 소과 합격자(생원·진사), 기존 관리
- 초시 ┬ 향시(8도), 한성시(한성부), 관시(성균관)
       └ 240인 선발(각 도의 인구 비율 고려)
- 복시 33인 선발(문과)   cf. 무과: 28인
  → 최종 합격
- 전시 국왕 앞에서 순위 결정
  갑과(장원 6품, 방안·탐화 7품)·을과(8품)·병과(9품)
- 합격: 홍패(합격증), 관직 등용 or 승진(1~4품)

과거 제도
- 응시 자격: 양인 이상 but 탐관오리의 자제, 재가녀의 아들과 손자, 서얼은 문과 응시 제한
- 문과 ┬ 식년시(3년)와 별시(부정기 시험), 소과와 대과
       └ 초시(각 도의 인구 비례) → 복시(성적순) → 전시(순위 결정)
                                                  └ 대과만!!
- 무과 ┬ 식년시(3년)와 별시(부정기 시험)로 구성
       └ 초시(각 도의 인구 비례) → 복시(병조, 성적순, 28인 선발) → 전시, 합격자(홍패)
- 잡과 ┬ 식년시(3년), 2단계 시험(전시 ✕)
       └ 초시(해당 관청), 복시(해당 관청+예조), 합격자(백패)
              └ 합격자는 해당 관청에서 최고 정3품 당하관까지 승진 가능

▶ 별시(부정기 시험)
- 증광시(국가 경사)
- 알성시(성균관 배알)
- 백일장(시골 유생 학업 권장)

기타 관리 임용법
- 취재: 간단한 시험, 하급 관리로 진출 가능
- 천거: 기존 관리 대상, 고위 관리의 추천   ex. 현량과(조광조), 유성룡의 이순신 천거
- 음서: 2품 이상 관리의 자손 대상, 고위 관리로 승진하기 어려움.
  ※ 고려의 음서: 5품 이상 관리의 자손(승진 제한 거의 없음.)

5단계 근대 태동기의 변화

2강 | 붕당 정치의 변질과 탕평 정치

기본서 287~293쪽

解法 요람

붕당 정치의 변질 기출필수코드16

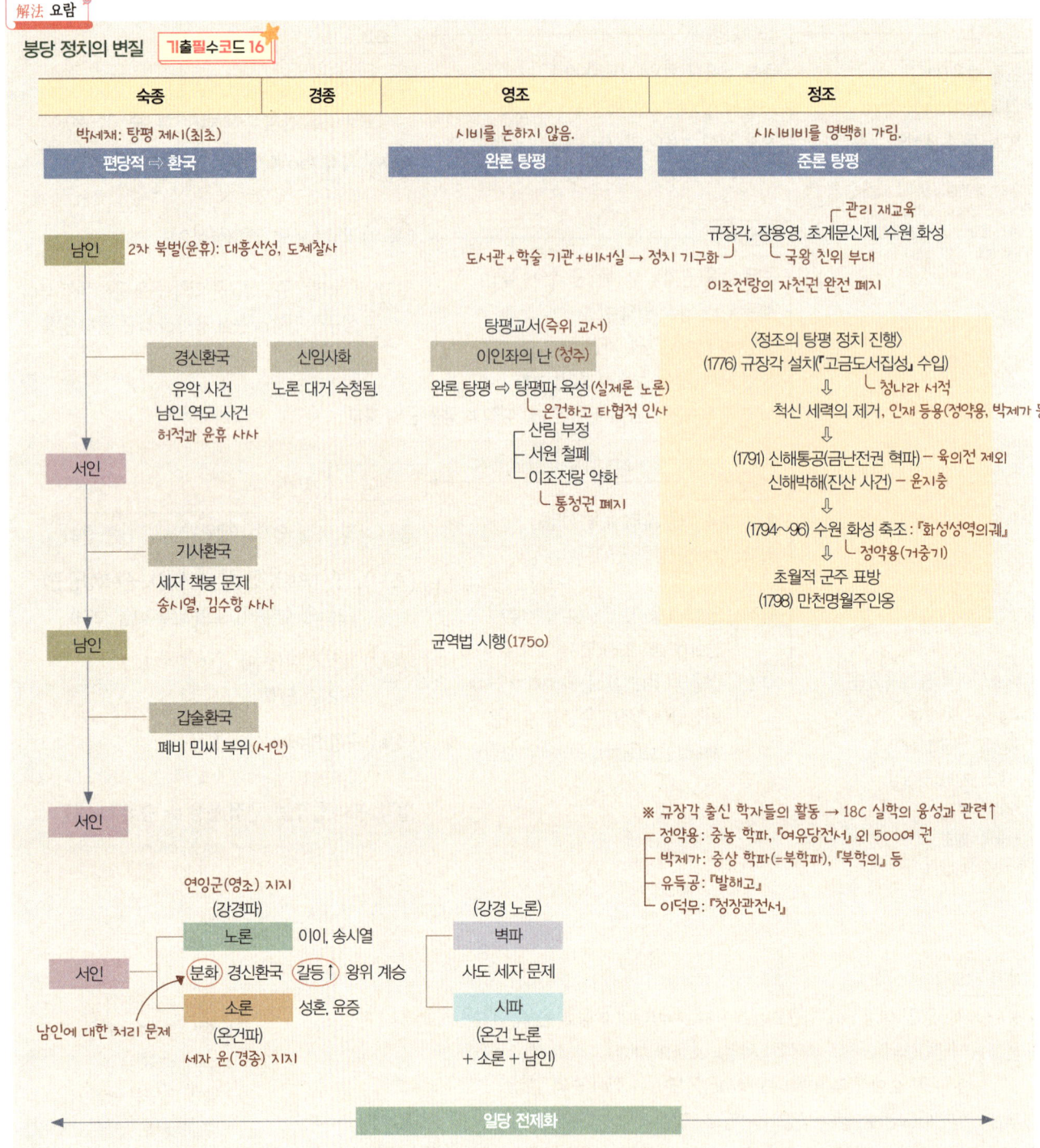

숙종	경종	영조	정조
박세채: 탕평 제시(최초)		시비를 논하지 않음.	시시비비를 명백히 가림.
편당적 ⇨ 환국		**완론 탕평**	**준론 탕평**

남인 — 2차 북벌(윤휴): 대흥산성, 도체찰사

도서관+학술 기관+비서실 → 정치 기구화

관리 재교육
규장각, 장용영, 초계문신제, 수원 화성 — 국왕 친위 부대
이조전랑의 자천권 완전 폐지

탕평교서(즉위 교서)

경신환국
유악 사건
남인 역모 사건
허적과 윤휴 사사

신임사화
노론 대거 숙청됨.

이인좌의 난 (청주)
완론 탕평 ⇨ 탕평파 육성(실제론 노론)
ㄴ 온건하고 타협적 인사
ㄱ 산림 부정
ㅏ 서원 철폐
ㅏ 이조전랑 약화
ㄴ 통청권 폐지

〈정조의 탕평 정치 진행〉
(1776) 규장각 설치(『고금도서집성』 수입)
⇩ ㄴ청나라 서적
척신 세력의 제거, 인재 등용(정약용, 박제가 등)
⇩
(1791) 신해통공(금난전권 혁파) - 육의전 제외
신해박해(진산 사건) - 윤지충
⇩
(1794~96) 수원 화성 축조: 『화성성역의궤』
⇩ ㄴ정약용(거중기)
초월적 군주 표방
(1798) 만천명월주인옹

서인

기사환국
세자 책봉 문제
송시열, 김수항 사사

남인

균역법 시행(1750)

갑술환국
폐비 민씨 복위(서인)

서인

※ 규장각 출신 학자들의 활동 → 18C 실학의 융성과 관련↑
ㄱ 정약용: 중농 학파, 『여유당전서』 외 500여 권
ㅏ 박제가: 중상 학파(=북학파), 『북학의』 등
ㅏ 유득공: 『발해고』
ㄴ 이덕무: 『청장관전서』

연잉군(영조) 지지
(강경파)

노론 이이, 송시열	
(분화) 경신환국 (갈등↑) 왕위 계승	
소론 성혼, 윤증	

(강경 노론)
벽파
사도 세자 문제

시파
(온건 노론 + 소론 + 남인)

서인 — 남인에 대한 처리 문제
(온건파)
세자 윤(경종) 지지

일당 전제화

▶ **붕당 정치 변질 배경**
• 정치: 숙종의 편당적 운영(환국)
• 경제: 상품 화폐 경제 발달로 지배층 사이에서 상업적 이익 독점 경향↑
• 사회: 신분제 동요로 사족 중심의 향촌 지배가 어려워짐.

▶ **서인의 분열 원인**
• 경신환국 이후 남인에 대한 처벌
→ 강경파(노론) vs 온건파(소론)
• 회니시비: 송시열(회덕)과 윤증(이산)의 불화
→ 송시열 지지(노론) vs 윤증 지지(소론)

▶ **탕평론**
• "무편무당 왕도탕탕 무당무편 왕도평평" (『상서』 황극설 中) → 정치가 치우침이 없고 지극히 공정하여 올바른 지경에 이른 것
• 숙종 때 처음 제기(박세채) but 영·정조 대에 본격적으로 구현

붕당 정치의 변질

$$\underset{허적·윤휴 死}{서인\ (기)해 \to 남인\ (갑)인 \to 서인\ (경)신} \to \underset{송시열 死}{남인\ (기)사} \to \underset{민씨 복위}{서인\ (갑)술}$$

숙종

- 초기 ┬ 갑인예송(현종) 이후 남인 정권 수립 → 2차 북벌 추진
  └ 대동법 경상도 시행(1677), 상평통보 법화 채택(1678)

- 경신환국 ── 유악 사건 + 남인 역모 사건
  1680
  → 남인 추방(허적, 윤휴 등 사사), 서인 정권 수립 일당 전제 정치 시작
  → 서인 분열 ┬ 노론(이이 계승) : 송시열 중심, 강경파
                     └ 소론(성혼 계승) : 윤증 중심, 온건파

- 기사환국 ── 희빈 장씨가 낳은 왕자 윤의 세자 책봉 문제
  1689 └ 남인과 연결   └ 경종
  → 반대하던 서인 몰락(송시열, 김수항 등 처형), 남인 재집권
  → 인현 왕후 민씨 폐위, 희빈 장씨가 왕비로 책봉

- 갑술환국 ── 폐비 민씨 복위 운동(노론) → 남인 정권이 서인 탄압
  1694
  → 폐비 사건을 후회하던 숙종은 오히려 남인 숙청
  → 남인 몰락, 서인 재집권

- 장길산의 난 ── 광대 출신 장길산이 황해도 구월산에서 승려 세력과 함께 봉기
  1697

- 무고의 옥 ── 희빈 장씨의 저주 사건 발각(희빈 장씨 사약받음.)
  1701 → 세자의 지위를 놓고 노론과 소론의 갈등 심화
          └ 경종   └ 폐세자 주장

- 후기 ── 삼남 지방에 대한 양전 사업 완료
  └ 대동법 전국 실시(1708), 백두산정계비 건립(1712)
               └ 청-조선 간의 국경 확정

▶ 숙종 때의 2차 북벌(남인 주도)
- 도체찰사 재설치, 개성 부근에 대흥산성 축조
- 한번에 18,000명의 무과 합격자 선발

▶ 남인 역모 사건(삼복의 변)
허적의 서자 허견이 중친인 3복(복창군, 복선군, 복평군)과 결탁하여 역모를 도모했다고 함.

▶ 숙종의 대내외 정책
- 창덕궁 대보단 설치(명나라 신종 제사)
- 이순신 사당(현충), 강감찬 사당 건립(의주)
- 안용복 사건(일본에게 울릉도가 우리 영토임을 확인받음.)

경종

- 노론·소론 대립: 노론의 주장에 따라 연잉군(영조)을 세제(世弟)로 책봉
- 신임사화 ┬ 신축옥사(1721): 대리청정 문제로 소론이 노론의 4대신 탄핵·유배
  └ 임인사화(1722): 경종 시해 음모론(목호룡의 고변)을 빌미로 노론 대거 숙청
                    └ 소론 강경파, 노론이 경종을 제거하려 한다고 고발

"신축·임인 이래로 조정에서 노론, 소론, 남인의 삼색이 날이 갈수록 사이가 더 나빠져 …"

영조의 탕평 정치

| 완론 탕평 | 당파의 시비를 가리지 않고 어느 당파든 온건하고 타협적인 인물 등용 |

- 즉위 초 탕평교서 발표(정국의 혼란 수습 시도), 성균관 앞에 탕평비 건립, 이인좌의 난(청주)
- 붕당을 없애자는 논리에 동조하는 탕평파 중심으로 정국 운영
  └ 영조는 탕평파를 외척으로 삼음.
- 산림의 존재 인정 X, 붕당의 본거지인 서원 대폭 정리
- 이조전랑 권한 약화: 통청권(청요직 당하관 추천권), 자천권(후임자 추천권) 혁파
  └ 정조 때 완전히 폐지

| 한계 | 강력한 왕권으로 붕당 간의 다툼을 일시적으로 억제 |

- 나주 괘서 사건: 소론인 윤지 등이 나라를 비방하는 글을 게시(민심 동요 목적)
- 임오화변: 영조가 사도 세자를 뒤주에 갇혀 죽게 함.
  └→ 정계 분화 ┌ 시파(사도 세자 동정, 훗날 정조 지지, 일부 노론+남인+소론)
              └ 벽파(사도 세자의 죽음 찬성, 영조 지지, 노론 강경파)

◉ 영조의 탕평교서

붕당의 폐해가 요즈음보다 심각한 적이 없었다. 처음에는 예절 문제로 분쟁이 일어나더니, 이제는 한쪽이 다른 쪽을 역적으로 몰아붙이고 있다. …

◉ 탕평비의 비문

두루 사귀되 편당을 짓지 않는 것이 군자의 공정한 마음이요, 편당을 짓고 두루 사귀지 않는 것은 소인의 사사로운 마음이다.

▶ 이인좌의 난(1728)
- 경종 사망에 의혹, 영조의 정통성 부정
- 이인좌가 소론·남인 세력을 모아 청주에서 반란 일으킴.

영조의 정책

- 균역법 시행: 군역 부담을 완화하기 위해 군포를 1필로 줄임.
- 군영 정비: 훈련도감, 금위영, 어영청이 도성을 나누어 수도 방위 → 수성윤음 반포
- 사회 ┌ 가혹한 형벌 폐지, 사형수에 대한 삼심제 엄격하게 시행
      ├ 신문고 부활, 궁 밖에 자주 나가 민의 살핌(상언, 격쟁).
      │   └ 호포제 시행을 위해 창경궁 홍화문에 나가 백성들에게 의견을 물음.
      ├ 청계천을 준설하여 도시를 재정비함.
      ├ 노비종모법: 노비의 신분은 어머니의 신분을 따르도록 함.
      └ 기로과: 60세 이상 노인 대상의 과거 시험, 영조 때 처음 실시

▶ 영조의 청계천 준설 사업
- 청계천의 범람을 막고, 홍수에 대비
- 약 60일 동안 21만여 명의 인원 동원
  (일자리 창출+인구 증가)

◉ 영조 대왕 시책문

적전(籍田)을 가는 쟁기를 잡으시니 근본을 중시하는 거동이 아름답고, 혹독한 형벌을 없애라는 명을 내리시니 살리기를 좋아하는 덕이 성대하였다. … 정포(丁布)를 고루 줄이신 은혜로 말하면 …

▶ 영조의 편찬 사업
- 『속대전』(법전)
- 『속오례의』(의례서)
- 『속병장도설』(병법서)
- 동국여지도(모눈으로 선 구획)
- 『동국문헌비고』(백과사전)

◉ 어제문업(영조의 주요 업적 정리)

팔순 동안 내가 한 일을 만약 나 자신에게 묻는다면
첫째는 탕평책인데, 스스로 '탕평'이란 두 글자가 부끄럽다.
둘째는 균역법인데, 그 효과가 승려에게까지 미쳤다.
셋째는 청계천 준설인데, 만세에 이어질 업적이다.
넷째는 옛 정치의 뜻을 회복하여 여종의 공역을 없앴다.
다섯째 서얼들을 청요직에 등용하니 유자광 이후 처음이다.
여섯째 예전 법전을 개정해 『속대전』을 편찬했다.

정조의 탕평 정치

준론 탕평 | 각 붕당의 주장이 옳은지 그른지를 명백히 가리는 적극적인 탕평책

- 영조 때부터 세력을 키워온 척신(홍봉한·김귀주 등)과 환관 세력 제거
- 소론과 남인 계열 중용, 능력 있는 인재 등용(정책 뒷받침)

▷ 규장각
- 왕실 도서관 + 문한(글짓기) + 비서실 + 과거 시험 주관
- 내(규장)각: 창덕궁 후원에 설치
  └→ 『내각일력』(규장각 일지)
- 외(규장)각: 강화도에 설치(→ 병인양요 때 약탈)

정조의 정책

- 왕권 강화
  - 규장각: 창덕궁에 설치, 『고금도서집성』 수집, 서얼들을 검서관으로 발탁 박제가·유득공·이덕무
  - 장용영: 친위 부대, 국왕이 병권 장악
  - 초계문신제: 신진 인물이나 중·하급 당하관 관리 중 유능한 인사를 규장각에서 재교육
    └ 정조가 스승의 입장에서 신하 양성
  - 군주도통론(국왕 = 성리학의 적통 계승·초월적 군주, 만천명월주인옹), 산림무용론(산림의 정치적 폐단 지적)
  - 수령의 권한 강화: 수령이 군현 단위의 향약을 직접 주관(지방 사족의 향촌 지배 억제)
  - 화성(수원) 건설 ┬ 사도 세자의 묘를 수원으로 옮기고 화성 축조 → 종합 도시로 계획(정조의 정치적 이상 반영)
                  └ 정치·경제·군사적 기능 부여, 정약용이 거중기를 만들어 화성 건설에 사용
- 경제
  - 신해통공: 육의전 제외한 시전 상인의 금난전권 폐지
  - 공장안 폐지: 장인세만 부담하고 자유롭게 제품 생산(민영 수공업 발전)
  - 제언절목: 저수지 관리 방법 등 규정
- 사회
  - 노비추쇄법(도망 노비 체포) 폐지, 『자휼전칙』 전국에 반포
    └ 구걸하는 아이들 구제 목적
  - 천주교 박해: 추조 적발 사건(→ 정조는 천주교를 사교로 규정), 신해박해(→ 정조, 척사학교 발표)
    └ 천주교 집회(이승훈 등)가 발각됨.   └ 윤지충이 제사 대신 천주교 의식에 따라 모친상 치룸.
- 문화
  - 문체반정: 신문체를 배격하고 순정고문으로 환원(노론 견제 의도)
    └ 박지원의 『열하일기』, 홍대용의 『의산문답』 등
  - 계지술사: 전통 문화 + 중국·서양의 과학 기술
  - 왕명에 따라 『해동농서』(서호수) 편찬

▷ 신해박해(진산 사건)
천주교 신자이자 남인인 윤지충이 모친상 때 조상의 신주를 없앰.
→ 윤지충은 사형, 남인은 공격받음.

▷ 수원 화성
- 정문: 장안문(북문)
- 장용영의 외영 설치
- 대유둔전: 국영 농장(경비 충당)
- 공격과 방어를 겸한 성곽 시설(옹성, 공심돈 등)
- 주요 건물을 벽돌로 축조(북학파 실학 사상 반영)
- 주교사 설치, 한강에 배다리 건설
- 현륭원 능행(시흥환어행렬도)
- 거중기 사용, 부역 대신 임금 노동
- 4유수부 중 하나로 격상(정조)
- 유네스코 세계 문화유산 등재(1997)

▷ 정조의 편찬 사업
- 『대전통편』(법전)
- 『탁지지』(호조의 사례 정리)
- 『춘관통고』(예서 집대성)
- 『추관지』(형률 관련 법령집)
- 『동문휘고』(외교 문서 정리)
- 『규장전운』(음운서)
- 『증보(정)문헌비고』(『동국문헌비고』 증보)
- 『일성록』(국왕의 동정과 국정 기록)
- 『오륜행실도』(『삼강행실도』와 『이륜행실도』 통합)
- 『무예도보통지』(무예 훈련 교범서)

3강 세도 정치와 조선 후기 대외 관계

기본서 294~297쪽

解法 요람

세도 정치의 전개

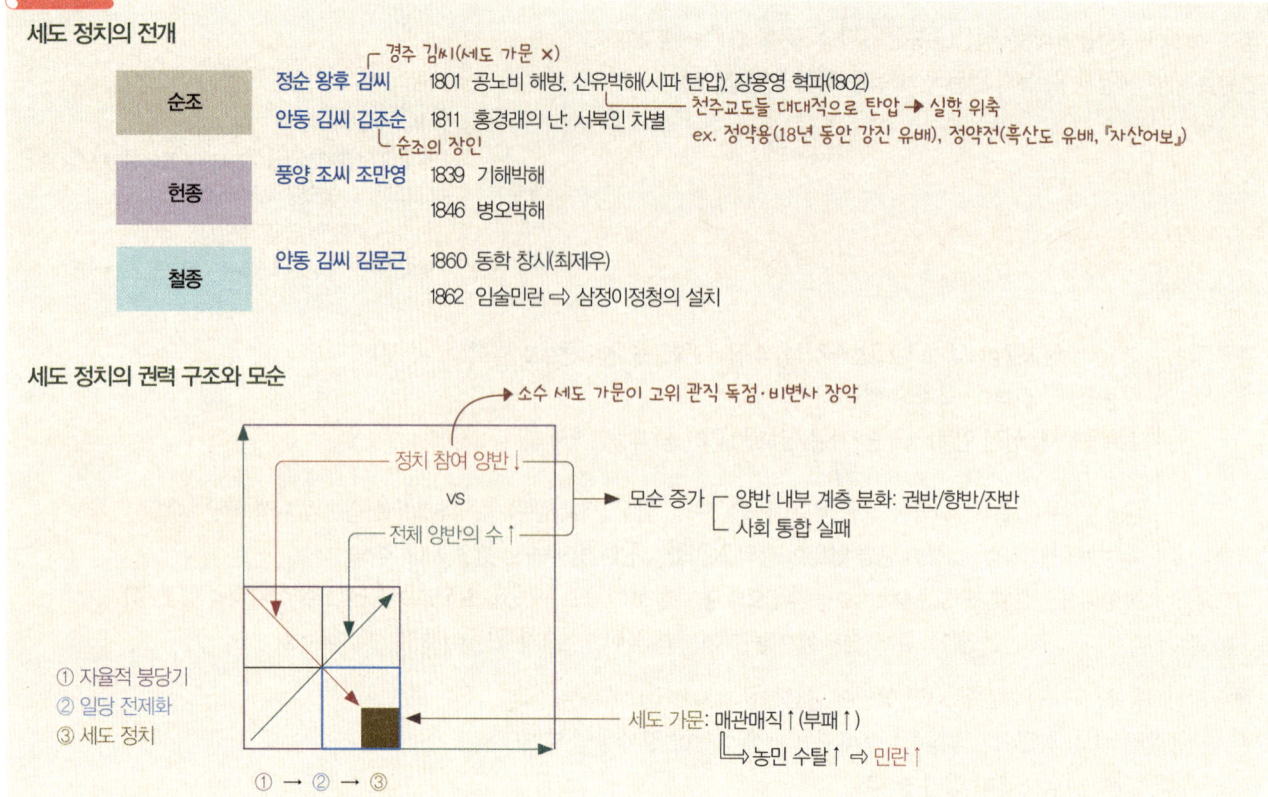

경주 김씨(세도 가문 X)

| 순조 | 정순 왕후 김씨 | 1801 | 공노비 해방, 신유박해(시파 탄압), 장용영 혁파(1802) |
| | 안동 김씨 김조순 | 1811 | 홍경래의 난: 서북인 차별 |

순조의 장인

천주교도들 대대적으로 탄압 ➡ 실학 위축
ex. 정약용(18년 동안 강진 유배), 정약전(흑산도 유배, 『자산어보』)

| 헌종 | 풍양 조씨 조만영 | 1839 | 기해박해 |
| | | 1846 | 병오박해 |

| 철종 | 안동 김씨 김문근 | 1860 | 동학 창시(최제우) |
| | | 1862 | 임술민란 ⇨ 삼정이정청의 설치 |

세도 정치의 권력 구조와 모순

→ 소수 세도 가문이 고위 관직 독점·비변사 장악

정치 참여 양반↓
vs
전체 양반의 수↑

→ 모순 증가 ┌ 양반 내부 계층 분화: 권반/향반/잔반
　　　　　　└ 사회 통합 실패

① 자율적 붕당기
② 일당 전제화
③ 세도 정치

세도 가문: 매관매직↑(부패↑)
└ 농민 수탈↑ ⇨ 민란↑

① → ② → ③

세도 정치의 전개

순조

- 11세에 즉위, 영조의 계비 정순 왕후가 수렴청정 실시(1800~1805)
  - 일부 공노비를 제외한 중앙 관서의 공노비 6만 6천여 명 해방
  - 신유박해 → 정조 때 중용된 남인 및 시파 계열을 정계에서 제거
  - 장용영 혁파: 군권을 훈련도감으로 되돌림, 장용영의 병력은 5군영에 소속
- 김조순(순조의 장인)을 비롯한 안동 김씨 가문이 정치적 실권 장악(1805~1834)
  - 『만기요람』 편찬(재정과 군정의 내역을 정리)
  - 홍경래의 난: 농민·상인·광산 노동자 합세, 청천강 이북 지역 거의 장악
  - 효명 세자가 대리청정하다가 급사

헌종 8세에 즉위, 조만영을 중심으로 한 풍양 조씨가 득세

- 기해박해: 프랑스 신부와 수십 명의 신도 처형, 『척사윤음』 발표 (척사학교: 정조 / 척사윤음: 헌종)
- 병오박해: 프랑스 군함이 와서 기해박해의 책임을 묻자 김대건 신부 처형

철종 김문근을 중심으로 한 안동 김씨 세력이 정치권력 장악

- 신해허통: 서얼의 청요직 진출 허용 cf. 중인의 통청 운동 → 실패
- 동학: 경주 출신의 몰락 양반인 최제우 창도
- 임술 농민 봉기: 진주에서 시작되어 전국으로 확산 → 삼정이정청 설치(박규수 건의)
  - 민란의 수습을 위해 안핵사 파견

세도 정치의 폐단

정치 문란으로 탐관오리의 수탈 → 삼정의 문란 극심, 농민 봉기 발발

▶ **신유박해(1801)**
- 정약용 → 강진 유배(『여유당전서』외 500여 권 저술)
- 정약전 → 흑산도 유배(『자산어보』)
- 이승훈·주문모·정약종 → 처형
- 황사영 → '황사영 백서' 사건

▶ **효명 세자**(순조 子, 헌종 父)
- 박규수 등과 교우
- 동궐도 제작

▶ **철종(강화도령)** 영조의 혈통
사도 세자와 후궁 사이에서 태어난 은언군의 손자이다. 강화도에서 농사를 짓고 살다가 헌종이 후사없이 죽자, 갑자기 왕이 되었다.

2장 근대 태동기의 경제와 사회

1강 근대 태동기의 경제
기본서 299~313쪽

解法 요람

조선 후기 수취 제도 [기출필수코드 41] 모든 세금이 토지로 집중

| 전세(租) | (영정법) 4두/1결(풍흉에 관계없이), 농민 부담 증가 → 무명잡세 증가, 부자 감세 |
| | └ 토지세 고정 |

역(庸)	(균역법) 1년 2필 ⇨ 1년 1필(절충안, 감포론) ┌→ 균역청에서 수취
	+ 결작, 선무군관포, 선박세·어장세·염세, 양전 실시(은결 색출)
	└ 토지 1결당 미곡 2두

공납(調)	(대동법) 납부 방식: 토산물 ⇨ 쌀, 삼베, 목면, 동전 - 조세의 금납화 → 화폐 유통 촉진
	부과 기준: 가호 ⇨ 토지(12두/1결) 공납의 전세화, 양반 지주들의 반발 초래
	└→ 전국 시행까지 100년(광해군~숙종)
	물품 납부
	선혜정 ◀———— 공인 ———→ 상공업
	설치 공가 지급 등장 발달

조선 후기 농업의 변화 [기출필수코드 43]

농업 기술의 변화	경영 방식의 변화	농민의 계층 분화

이앙법
(모내기법)

⇒ 광작
1인 농민의 경작지 확대

┌ 임노동자(빈농): 머슴, 광산·포구의 품팔이, 난전
│ ⇒ 타 산업 종사자
└ 경영형 부농, 서민 지주

(장점) ┌ 생산력 × 4배 이상 증가
       └ 노동력 × $\frac{1}{4}$ 이하로 감소

(단점) 가뭄 취약
       ⇒ 정부 금지 vs 농민 저수지 축조

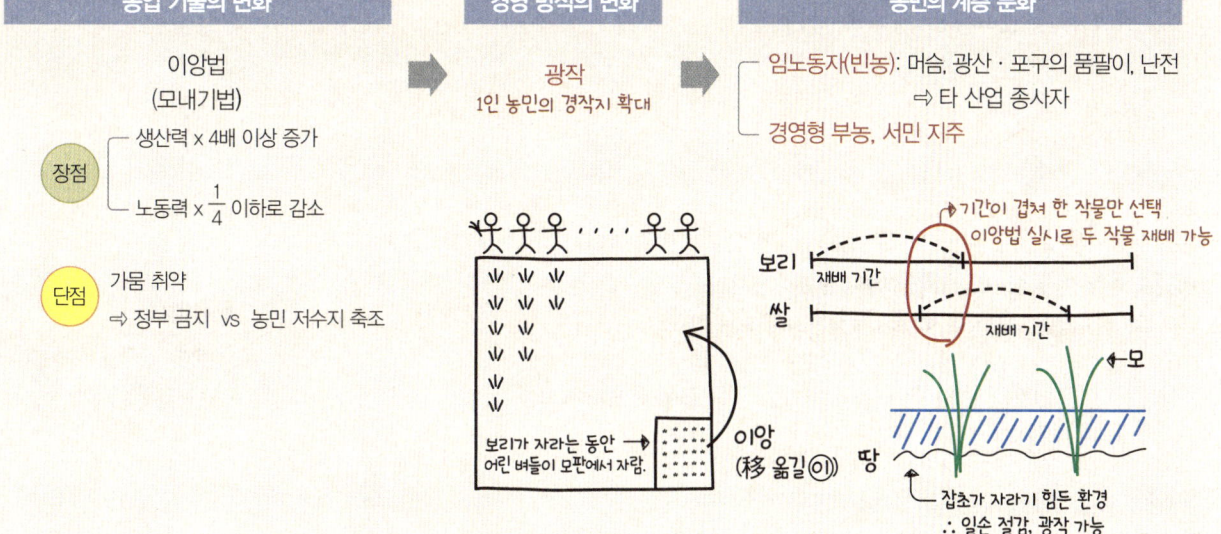

조선 후기 수취 체제

영정법 전세의 정액화

┌ 15C 말부터 최저 세율인 4~6두를 징세하는 것이 관례화 연분 9등법의 유명무실화
├ 인조(1635) 때 실시, 풍흉에 관계없이 토지 1결당 미곡 4~6두의 전세를 납부
└ 결과: 전세 비율↓ but 소작농에겐 해당 ×, 각종 부가세(농민 부담 증가)

▶ 양척동일법(효종)

토지를 측량하는 자를 통일 → 1등전
1결을 기준으로 삼아 수확량 계산

대동법 공납의 전세화

- 배경: 방납의 폐해가 극심하여 농민들의 토지 이탈↑, 정부의 재정 상태 악화
- 내용 ┌ 집집마다 부과하던 공납을 토지의 결수에 따라 쌀, 삼베나 무명, 동전으로 징수
  └ 토지 1결마다 12두 납부
- 과정: 광해군(경기도) → 인조(강원도) → 효종(충청·전라도) → 숙종(경상·황해도)
  └이원익·한백겸   └조익   └김육   └허적, 함경·평안도 제외한 전국 실시
- 운영: 선혜청(상납미 관리), 공인에게 공가를 미리 지급하고 필요한 물품 납부
- 결과: 공납의 금납화·전세화, 상품 화폐 경제 발달(공인의 활약), 교환 경제 활성화(장시의 확대)
- 한계 ┌ 상납미↑·유치미↓ : 지방 관청의 재정 악화(농민 수탈 다시 강화)   (상납미(중앙 선혜청으로 보냄.)
      └ 현물 징수(진상·별공) 여전히 존재: 수시로 토산물 징수   유치미(지방 관청 경비로 사용))

균역법 군역의 평준화(양반-결작)

- 배경: 5군영 성립(수포군 증가) → 징수 기관 통일 X(이중 삼중으로 군포 납부)
  └군역 대신 포 납부
- 실시: 균역청 설치, 군포를 2필에서 1필로 줄임.
  └절충론이자 감포론
- 재정 보충 ┌ 지주에게 결작(1결당 2두) 추가로 부담
          ├ 일부 양인 상류층에게 선무군관포(군포 1필) 부담
          └ 양전 실시(은결 색출), 어장세·선박세·염세 등을 국고로 전환
            └본래 왕실에서 거두던 잡세
- 결과 ┌ 농민 부담 일시적으로 감소, 지주 부담 증가
      └ 이후 지주는 오히려 소작농에게 결작을 전가

▶ 양역변통론
- 대변통론(양역 부담자 수 확대)
  ┌ 호포론: 호(戶)를 기준으로 군포 징수
  ├ 구전론: 신분 구별 없이 군포 징수
  └ 결포론: 토지에 군포 부과(→ 결작)
- 소변통론(군역 부담 감소)
  ┌ 감포론: 군포액 감소(→ 채택)
  └ 군영 축소론: 군사비 지출 감소

삼정의 문란

전정 토지에서 거두어들이는 세금 행정

- 배경: 숙종 이후로 양전 사업 제대로 실시 X, 18세기 말 이후 과세지 감소(면세지·탈세지↑)
- 비총제: 올해 거둘 전세의 총액을 미리 결정
- 도결: 19세기 각종 세금들을 토지에 부과하여 거두는 방식
  └수취 과정에서 관리들의 비리 만연
- 전정의 문란: 관리들은 황무지에 세금을 매기고, 각종 잡세를 토지에 부과
  └본래 규정된 양보다 몇 배 많은 세금 부과(농민 부담↑)

▶ 총액제
지역별로 총액을 정해 수취하는 부세 제도(공동 부과·공동 납부)

군정 정남에게 군포를 징수하는 조세 행정

- 배경: 군포 액수의 증가+신분제의 동요로 양반 증가·양인 감소
- 군총제: 정부는 군포 총액을 미리 결정 → 고을 단위로 배정
  └어린아이에게 군포 부과
- 군정의 문란: 지방관의 과도한 징수, 백골징포·황구첨정·족징과 인징 등 폐단
  └죽은 자에게 군포 부과 └친척·이웃에게 대신 부과

환곡 흉년·춘궁기에 국가에서 곡물을 빈민들에게 빌려주는 제도

- 환곡의 부세화: 16세기 명종 때 환곡 이자의 10%를 재정으로 사용
  → 17~18세기에는 환곡의 이자 수입이 주요 재정원이 됨.
- 환총제: 공동납제인 총액제가 환곡에도 적용
- 환곡의 문란 ┌ 정부는 환곡 액수를 늘리거나 강제로 대여하는 등의 편법을 자행
            └ 환곡의 분배·수납 과정에서 수령·향리에 의한 농간 多, 19세기 민란의 원인

▶ 환곡의 문란
- 늑대: 강제로 환곡 대여
- 허류: 장부에 허위 기재
- 분석: 겨나 쭉정을 섞어 대출
- 반백: 대여시 아전들이 절반 떼어먹음.

조선 후기의 대외 무역

청 ─┬─ 공무역: 국경 지대 중심, 개시 형성(경원, 회령, 중강)
　　├─ 사무역: 의주의 만상 중심, 후시 형성(중강, 책문) ─────┐
　　├─ 수출품: 은, 종이, 무명, 인삼 등　　　　　　　　　　　├─ 개성의 송상(청-일 중계 무역)
　　└─ 수입품: 비단, 약재, 문방구 등　　　　　　　　　　　　│

일본 ─┬─ 17C 이후 정상화: 왜관 개시, 후시(동래의 내상)를 통한 대일 무역 활발 ─┘
　　　├─ 수출품: 인삼, 쌀, 무명 등
　　　└─ 수입품: 은, 구리, 황, 후추 등

농업

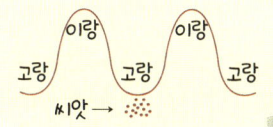

▶ 견종법(고랑에서 재배)

─ 이앙법(모내기법)의 확대: 벼와 보리의 이모작 확대 → 단위 면적당 생산량 증가
　　　　　└─ 보리 재배 확대(보리 농사는 소작료 수취 대상 x)
─ 광작의 등장: 잡초 제거하는 노동력 감소 → 경작지의 규모 확대(광작)
─ 견종법: 밭고랑에 곡식 심는 농사 방법이 보급 농작물이 추위에 잘 견딤, 노동력 절감 효과
─ 그루갈이: 보리와 콩을 1년에 2번 재배하는 농사 방법이 유행
─ 상품 작물 재배: 쌀·인삼·담배·채소 등을 재배하여 장시에 판매, 쌀이 가장 많이 거래됨.
─ 구황 작물 재배: 고구마·감자 등이 널리 보급되어 재배
　　　　※ 고구마는 영조 때 일본에 갔던 조엄이 가져옴, 감자는 순조 때 청나라에서 도입
─ 수리 시설의 정비 ─┬─ 현종 때 제언사 설치(수리 시설 관리), 정조 때 제언절목 반포
　　　　　　　　　└─ 18세기 말 저수지 숫자가 약 6천 개로 확대됨.
─ 지주 전호제의 확대: 18세기 말 지주 전호제가 일반화됨.

▶ 조선 후기 지대의 변화

타조법	도조법
정률 지대	정액 지대
1/2(병작 반수)	약 1/3
전세(지주 부담)	전세(전호 부담)
지주의 간섭 多	자유로운 농업 경영

수공업

─ 배경: 도시 인구 급증, 대동법 시행 이후 제품 수요 크게 증가
─ 관영 수공업 쇠퇴 ─┬─ 납포장 증가: 수공업자들은 장인세만 납부하면 자유롭게 제품 생산 가능
　　　　　　　　　└─ 공장안 폐지: 정조 때 장인 등록제(공장안) 폐지 국가는 장인을 일당 노동자로 고용하여 물품 제조하게 함.
─ 민영 수공업 발달 ─┬─ 선대제 발달: 민간 수공업자들은 상인에게 자금과 원료를 미리 받아 제품을 생산(상업 자본에 예속)
　　　　　　　　　└─ 독립 수공업: 18세기 후반, 일부 수공업자들은 독자적으로 제품 생산·판매 민간 수공업자의 작업장인 점(店)이 발달

광업

─ 15세기: 정부의 광산 독점 경영 → 농민들을 부역에 동원하여 광물을 채취하게 함.
　　　　└─ 개인이 광산을 경영·채굴하는 것을 금지
─ 16세기: 부역제의 해이 → 농민의 부역 동원 거부
─ 17세기: 설점수세제 → 광산 경영을 민간에게 맡기고 정부는 세금을 거둠.
　　　　└─ 조선 후기, 민영 수공업의 발달로 원료인 광물의 수요도 급증 + 청과의 무역 성행(결제 수단인 은이 많이 필요)
─ 18세기 ─┬─ 덕대제: 경영 전문가인 덕대가 상인 물주에게 자금을 받아 광산 경영
　　　　　└─ 잠채의 성행: 금광·은광을 몰래 채굴하는 잠채 성행

▶ 설점수세제(효종)

정부가 점소(店所) 설치, 민간 운영
→ 정부는 별장을 파견하여 세금 징수

▶ 조선 후기의 광산 경영

물주(상인)
↓ 자본
덕대(경영 전문가)
↓ 고용
혈주(채굴업자)·제련업자 등
(분업에 기초한 협업)

화폐 유통

- 조선 전기: 저화(태종), 조선통보(세종) 등 주조(유통 부진)
- 인조: 팔분체 조선통보(곧 중단), 상평통보 최초 주조(개성 중심으로 유통 시도)
- 효종: 상평통보 주조·유통 시도(김육의 건의)
- 숙종: 상평통보를 법화로 채택, 전국적 유통
- 18C 후반 이후: 세금·소작료를 동전으로 납부, 환·어음 등 신용 화폐 점차 보급

▶ 전황
지주·대상인들이 화폐를 재산 축적에 이용, 투기의 대상, 제대로 유통 ✕ (물가 하락, 농민 피해↑)
→ 대안 ┌ 폐전론(이익)
       └ 용전론(박지원)

조선 후기의 상업

관허 상인

- 시전 상인 ┌ 특정 품목을 독점 판매, 국가가 필요로 하는 물품 납부
          ├ 난전이 확대되자 금난전권을 획득하여 사상의 활동 억압
          │   └ 사상의 행위를 금지할 수 있는 권한(상품 압수 등)
          └ 18C 이후 육의전을 제외하고 금난전권 철폐(신해통공)
- 공인: 대동법 시행으로 등장, 국가 수요품 조달
- 보부상: 보상(봇짐)+부상(등짐), 대개 장시를 거점으로 활동, 보부상단 조직

자유 상인(사상)   난전

- 전안에 등록되지 않은 무허가 상인, 종루·이현·칠패 등에서 상행위를 함.
  └ 국가가 물건의 판매를 허락한 상인의 명단
- 도고: 독점적 도매 상인, 공인이나 사상들이 대규모 상거래를 통해 도고로 성장
- 객주·여각: 포구에서 상품을 위탁·매매, 금융·창고·숙박업에도 종사
- 지역별 사상 ┌ 경강 상인: 한강을 근거지로 서남해안에서 활동, 운송·판매 장악, 선박 건조·생산
            │   └ 선상(船商)   └ 미곡·소금·어물
            ├ 송상: 개성 상인, 인삼을 재배·판매, 전국에 송방 설치, 청·일본 간 중계 무역 참여
            ├ 만상: 의주 상인, 대청 무역에 참여
            ├ 유상: 평양 상인
            └ 내상: 동래(부산) 상인, 대일본 무역에 참여

▶ 훈련도감 군인의 상업 활동
국가 재정상 충분한 급료를 주기 힘든 상황에서 훈련도감 군인의 상업 활동 허용함. 봉급으로 받은 면포를 팔거나 수공업 제품 판매

장시

- 15C 말 전라도에서 등장 → 16C 전국 확대 → 18C 중엽 전국 1,000여 개 개설
- 인근 장시와 연계, 지역적 시장권 형성   송파장(광주), 강경장(은진), 원산장(덕원)
- 보부상: 장시를 돌아다니며 물건 판매, 장시를 하나의 유통망으로 연계
  └ 관허 상인, 보부상단(조합) 조직

포구 상업   포구: 해상 교통로에 위치, 배를 댈 수 있는 시설을 갖춤.

- 본래 세곡 운송의 중심지 → 18세기 이후 새로운 상업 중심지로 성장   상품 운반에 편리
- 강경·원산 등 포구에서 어염·미곡 등이 대규모로 거래
- 포구를 거점으로 선상, 객주·여각 등이 활발하게 상거래를 함.

2강 근대 태동기의 사회

解法 요람

신분제의 동요로 인한 향촌의 변화 기출필수코드 45

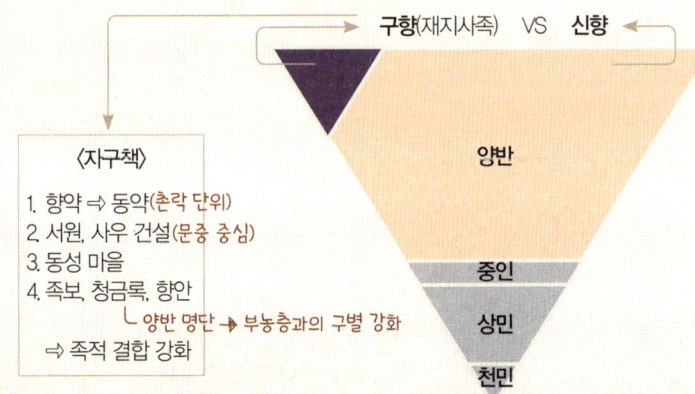

구향(재지사족) VS **신향**

⇒ 향전(향촌 사회 주도권 쟁탈전)

⇒ 신향 승리 + 관권: 수령 + 향리
　　　　　　　└ 관권 강화(견제 세력 부재)

향회 장악: 변질
부세 자문 기구로 전락
⇒ 농민 수탈↑
⇒ 농민 몰락
⇒ 민란(19C 홍경래의 난, 임술민란 등)

〈자구책〉
1. 향약 ⇒ 동약(촌락 단위)
2. 서원, 사우 건설(문중 중심)
3. 동성 마을
4. 족보, 청금록, 향안
　└ 양반 명단 → 부농층과의 구별 강화
⇒ 족적 결합 강화

양반
중인
상민
천민

홍경래의 난과 임술 농민 봉기

홍경래의 난(1811, 순조)		임술 농민 봉기(1862, 철종)
1. **서북인에 대한 차별**(지역적 특수성)		1. **삼정의 문란**, 탐관오리(백낙신)의 탐학
└ 관서인 = 서토인 = 평안도인		└ 경상 우병사
＋	VS	2. **진주 민란**(백건당의 난): 진주성 점령(유계춘)
세도 정치의 모순(시대적 보편성)		⇒ 전국적 확대(임술민란)
2. **가산**에서 난을 일으켜 **청천강 이북** 거의 장악		3. **삼정이정청** 설치: 안핵사 박규수 건의
(평안도 전체 X, 평양 점령 X) 전국으로 확산 X		└ 삼정 문란에 대한 대책 강구

신분제의 동요

양반 │ 일당 전제화 → 양반 계층 분화(권반, 향반, 잔반)

서얼
- 왜란 후 납속과 공명첩 등 이용, 관직 진출
- 영·정조 때 집단 상소 → 청요직 진출 허용 요청
- 정조 때 규장각 검서관 등용(유득공, 이덕무, 박제가, 서이수)
- 신해허통: 철종 때 서얼의 청요직 진출 완전 허용

중인
- 역관: 청과의 외교 업무 담당, 서학 등 외래 문화 수용에 적극적
　└ 역관을 비롯한 중인층은 이후 개화 사상 성립에 영향
- 통청 운동: 1850년대에 청요직 허통을 요구하는 연합 상소 운동 전개 → 실패
- 문학 활동: 시사를 조직하여 활발한 문예 활동 전개(위항 문학)

노비
- 신분 상승: 군공·납속 등을 통해 신분 상승, 도망 노비 증가
　└ 정부의 대응: 입역 노비 → 납공 노비, 노비의 도망 방지(노비 부담 감소, 추쇄)
- 노비 정책의 변화
　- 영조: 노비종모법(어머니가 양인이면 자식도 양인), 노비공감법(노비 부담 절반 감소)
　- 정조: 노비추쇄법(공권력으로 도망 노비 찾아줌.) 폐지
　- 순조: 중앙 관청의 공노비 66,000여 명 해방
　- 근대: 1886년 노비 세습제 폐지, 1894년 1차 갑오개혁 때 공·사 노비제 폐지

조선의 가족 제도

조선 전기	조선 후기
┌ 남귀여가혼(남자가 여자 집에서 생활) ├ 자녀 균등 상속 │ └ 대를 잇는 자식은 상속 재산 1/5 가산 └ 윤회봉사(제사 공동 분담) 　※ 외손봉사: 아들 없는 경우, 　　　　　　딸이 제사 승계하여 외손이 제사	┌ 친영 제도 정착 ├ 장자 중심의 상속제 ├ 자손·아들 없는 집안 → 양자 입양 │ └ 무후(無後)　　　　└ 외손봉사 거부(이성불양의 관념 확산) └ 개인을 친족 집단의 일원으로 인식 　 → 동성 마을 형성, 부계 위주 족보 편찬

▷ 조선의 혼인 풍습
- 일부일처제(but 축첩 가능)
- 처와 첩에 대한 차별 엄격
  (서얼: 문과 응시 X, 제사·상속 차별)

향촌 사회의 변동

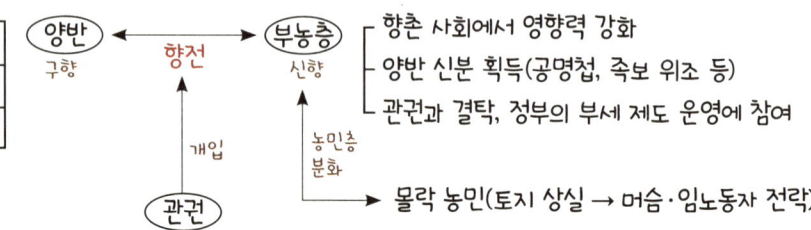

　양반의 권위·향촌 지배 약화
족보 작성, 동성 마을, 상민과 통혼 금지
　문중을 중심으로 서원·사우 남설
청금록·향안 작성, 촌락 단위의 동약 실시 ┘
　　　→ 족적 결합 강화, 선택과 집중

양반　←　향전　→　부농층
구향　　　　　　　신향

　　　개입　↑　↑ 농민층 분화
　　　　관권

┌ 향촌 사회에서 영향력 강화
├ 양반 신분 획득(공명첩, 족보 위조 등)
└ 관권과 결탁, 정부의 부세 제도 운영에 참여

→ 몰락 농민(토지 상실 → 머슴·임노동자 전락)

┌ 수령 중심으로 관권 강화(향리 역할↑) → 수령·향리의 수탈 강화
└ 향회 → 수령의 부세 자문 기구로 변질

천주교 전래

┌ 학문으로 전래: 17세기 중국을 방문한 조선 사신들이 소개(서학)
└ 신앙으로 수용: 18세기 후반 일부 남인 학자들이 천주교를 신앙으로 믿기 시작함.

천주교 탄압

┌ 정부의 탄압: 천주교의 교세 확장, 평등 의식, 제사 의식 거부(성리학적 질서 부정)
├ 정조 ┌ 안정복: 성리학 입장에서 천주교 비판(『천학고』와 『천학문답』 등 저술)
│　　　├ 추조 적발 사건: 이승훈 등이 김범우의 집에서 천주교 집회를 가지다 적발
│　　　│　1785　　　　→ 천주교를 사교로 규정, 천주교 서적 수입 금지
│　　　└ 신해박해: 윤지충이 모친상 때 천주교 의식에 따라 장례 치름(진산 사건).
│　　　　 1791　　　　→ 윤지충 등 사형, 정조가 「척사학교」 발표 but 대대적 탄압 X
├ 순조 ┌ 신유박해: 정순 왕후(영조의 계비)의 남인 탄압
│　　　│　1801　　　 → 이승훈·이가환·정약종 등 남인 학자 사형, 정약용·정약전 등 유배
│　　　└ 황사영 백서 사건: 신유박해가 일어나자 천주교도인 황사영이 프랑스 선교사에게 편지(군대 요청) 보내려다 발각
│　　　　 1801　　　　　　　　　　└ 조선에서의 신앙과 포교의 자유를 보장받으려는 목적
└ 헌종 ┌ 기해박해: 프랑스 신부와 수십 명의 신도 처형 → 헌종의 「척사윤음」 발표
　　　　│　1839
　　　　└ 병오박해: 프랑스 군함이 나타나 기해박해의 책임을 묻자, 김대건 신부 처형
　　　　　 1846

동학의 확산

- 성립: 경주 지방의 몰락 양반 최제우가 창도(1860)
- 특징: 유·불·선 3교의 장점+천주교의 일부 교리+샤머니즘의 부적과 주술
  └ "궁궁을을"이란 쓴 부적을 태워 마심.
- 사상: 평등주의, 인내천(사람=하늘), 후천개벽, 보국안민, 제폭구민
  └ 새로운 세상
- 탄압: 1864년 최제우 처형(혹세무민의 죄)
- 교세 확장: 2대 교주 최시형이 교리 정리(『동경대전』·『용담유사』), 교단 조직 정비(포접제)
- 1905년 3대 교주 손병희가 천도교로 개칭 └ 한문   └ 한글

▶ 조선 후기 예언 사상의 유행

- 비기·도참설 널리 확산
- 정감록(왕조 교체 예언) 유행
- 무격신앙과 미륵신앙 확산

농민의 항거

- 배경 ┬ 사회 불안 심화: 삼정 문란+탐관오리 수탈+신분제 동요+이양선(서양 배) 출몰
  └ 농민의 대응 강화: 벽서·괘서 등 소극적 저항에서 벗어나 농민 봉기 등 적극적으로 대항
- 홍경래의 난 ┬ 배경: 서북민(평안도)에 대한 차별, 평안도민의 상공업 활동 억압(서울 특권 상인 보호)
  순조, 1811   └ 전개 ┬ 몰락 양반 홍경래의 지휘, 몰락 농민·중소 상인·광산 노동자들이 합세
            └ 가산에서 난을 일으킴. → 청천강 이북 지역 장악 → 5개월 만에 평정
- 임술민란 ┬ 배경: 삼정의 문란
  철종, 1862 ├ 진주 민란(백건당의 난): 경상 우병사 백낙신의 탐학으로 유계춘(향임)의 지휘 아래 봉기 → 전국으로 확산
          └ 정부의 대응: 삼정의 문란 시정 → 암행어사·안핵사 등 파견, 삼정이정청 설치
                      └ 박규수   └ 제대로 시행되지 못함.

▶ 순무사

반란(홍경래의 난 등)이나 전쟁이 일어났을 때, 군사 업무와 민심 수습 등을 담당한 임시 관직이다.

전근대 반란 총정리

통일 신라

- 신문왕: 김흠돌의 난
- 혜공왕: 대공의 난, 96각간의 난, 김지정의 난
- 헌덕왕: 김헌창의 난
- 문성왕: 장보고의 난
- 진성 여왕: 원종과 애노의 난, 적고적의 난

고려

- 혜종: 왕규의 난
- 목종: 강조의 정변
- 인종: 이자겸의 난, 묘청의 난
- 의종: 무신 정변(정중부·이의방·이고 등)
- 명종 ┬ 정중부: 김보당의 난, 조위총의 난, 공주 명학소의 난(망이·망소이)
      └ 이의민: 김사미·효심의 난(운문·초전-신라)
- 신종(최충헌): 만적의 난, 이비와 패좌의 난(경주-신라)
- 고종(최우): 이연년의 난(담양-백제)
- 원종: 삼별초의 항쟁(강화도 → 진도 → 제주도)
        └ 배중손   └ 김통정

조선

- 태조: 1차 왕자의 난
- 정종: 2차 왕자의 난
- 단종: 계유정난(수양 대군)
- 세조: 이시애의 난
- 명종: 임꺽정의 난(황해도·경기)
- 선조: 정여립 모반 사건
- 인조: 이괄의 난
- 숙종: 장길산의 난(황해도 구월산)
- 영조: 이인좌의 난(청주)
- 순조: 홍경래의 난(청천강 이북)
- 철종: 임술 농민 봉기

1장 전근대 불교

解法 요람

기본서 96~117쪽 / 180~201쪽 / 261~281쪽 / 325~351쪽

원효 vs 의상

6두품 출신

 원효   **VS**   의상 – 문무왕 자문

진골 출신

┌ 당나라 유학, 지엄에게 배움.

『화엄경소』
1. 불교 이해의 기준 마련
　『금강삼매경론』, 『대승기신론소』

1. 화엄 사상 정립(전제 왕권 뒷받침)
　『화엄일승법계도』 일즉다 다즉일(一卽多 多卽一)
　　　　　　만물은 서로 조화하고 포용

2. 일심 사상 → 종파 간 대립을 조화

일심 ⇒ 화쟁 사상
해골물 일화   일체유심조   『십문화쟁론』
　　　　　 └ 모든 것은 마음이 지어내는 것

2. 부석사 건립 문무왕
　(많은 제자 양성)

3. 불교의 대중화
　아미타 신앙(정토종) 보급
　대중 교화: 소성거사, 무애가

3. 아미타 신앙 + 관음 신앙
　 (내세) 　　(현세)

의천 vs 지눌

교선 일치의 시작(형식, 교단)

선교 통합의 완성(내용, 교리)

 의천   **VS**   지눌

　┌ 교장도감: 교장 편찬(교종계 사상 정리)
1. 흥왕사: 화엄종 중심으로 교종 통합

2. 국청사: 천태종 중심으로 선종까지 통합(해동 천태종 창시)
　　(교관겸수, 내외겸전)
　　이론+실천 → 교종 중심으로 선종 통합

　　　　　　　　　　　　　　┌ 보다 대중적인 신앙 결사 → 지방민 호응 多
　┌ 요세 만덕사: 백련 결사(보현도량), 법화 신앙, 정토 신앙
1. 송광사: 수선사 결사(신앙 결사) – 독경, 선 수행, 노동 → 불교계 타락 비판,
　　　　　　　　　　　　　　　　　　　　　　　　승려 본연의 자세 강조
　　　⇩ ┌ 무신 정권 후원(최충헌)

2. 조계종 확립(돈오점수, 정혜쌍수)
　　　┌ 단번에 깨닫고 꾸준한 수행으로 깨달음 확인
　　└ 혜심 유불 일치설: 성리학 수용에 기여

고대 ▶

고대의 불교 정책

삼국

- 배경: 중앙 집권 체제 강화 + 지방 세력 통합 왕실 주도(왕권 강화 도모)
- 성격: 왕실·귀족 불교, 호국 불교, 현세 구복적 성격
- 고구려: 수용(전진의 순도) → 공인(소수림왕)
- 백제 ─ 수용(동진의 마라난타) → 공인(침류왕)
  └ 발전: 율종의 성행(성왕 때 겸익의 활약), 미륵사 건립(무왕)
- 신라 ─ 수용(고구려의 묵호자 or 아도) → 바로 공인 ✕
  ├ 공인: 법흥왕, 이차돈의 순교(백률사 석당)
  └ 발전 ─ 호국 불교, 불교식 왕호 사용, 왕즉불(王卽佛) 사상(왕권 강화)
          └ 왕=부처, 신라 왕실=부처의 집안, 신라=불국토
        ├ 진흥왕: 스스로 전륜성왕 자처, 황룡사 건립, 고구려 승려 혜량을 중용
                └ 불교 교단 정비
        ├ 진평왕: 진종설 유포(왕과 왕비, 왕자는 석가모니 가족의 환생)
        └ 선덕 여왕: 분황사·분황사 모전 석탑·황룡사 9층 목탑 등 건립, 자장을 대국통으로 임명

통일 신라   불교의 이해 기준 확립, 불교의 대중화

- 중대 ─ 교종 유행(5교) ─ 불교 경전과 교리 중시
              ├ 왕·귀족의 지원, 중앙 집권화에 기여
              └ 조형 미술 발달(탑·불상)
        └ 정토종: 죽은 뒤 아미타불이 출현할 정토에 다시 태어나길 기원
- 하대 ─ 선종 유행(9산) ─ 좌선·참선 중시, 형식과 권위 부정(불립문자, 이심전심)
              ├ 지방 호족·6두품 지지, 고려 개창의 사상적 기반
              └ 승탑·탑비 유행
                └ 선종 승려의 사리 보관
        └ 밀교: 민간 사회에서 유행, 현실 구복적 성격, 질병 치료 등 소원을 빎.

교종: 경전의 이해 ↘
선종: 실천 수행 → 깨달음

발해

- 고구려 불교 계승, 왕실과 귀족 중심으로 유행
    └ 수도였던 상경에서 10여 개의 절터 발견
- 문왕(전륜성왕 이념 수용)

▶ 교종 5교
- 열반종(보덕, 경복사)
- 계율종(자장, 통도사)
- 화엄종(의상, 부석사)
- 법성종(원효, 분황사)
- 법상종(진표, 금산사)

▶ 9산 선문
- 가지산파(도의, 보림사)
    └ 고려 일연
- 봉림산파(현욱, 봉림사)
- 성주산파(무염, 성주사)
- 실상산파(홍척, 실상사)
- 사자산파(도윤, 흥녕사)
- 희양산파(도헌, 봉암사)
- 동리산파(혜철, 태안사)
- 사굴산파(범일, 굴산사)
- 수미산파(이엄, 광조사)

고대의 승려 `기출필수코드 46`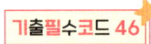

고구려

- 보덕: 열반종 창시, 백제에 전파
- 혜자: 일본 쇼토쿠 태자의 스승이 됨.
- 혜관: 영류왕 때 일본에 삼론종 전파

백제

겸익: 인도에서 『율장』을 가지고 돌아옴.

신라

- 혜량: 고구려 출신, 진흥왕 때 신라로 망명, 승통이 되어 불교 교단 정비
- 원광: 걸사표 작성하여 수나라에 보냄(진평왕 요청), 세속 5계 만듦.
- 자장: 당나라 유학, 계율종 개창(계율 중시), 선덕 여왕 때 대국통에 임명·황룡사 9층 목탑의 건립 건의
  └ 진골 출신, 통도사 건립
- 원측: 당나라 유학(현장의 제자), 유식학(법상종)의 대가

※ 삼보 사찰
 ┌ 통도사(불보 사찰, 금강계단 불사리탑)
 ├ 해인사(법보 사찰, 대장경)
 └ 송광사(승보 사찰, 큰 스님들 다수 배출)

통일 신라

- 원효 ┌ 당나라로 가던 중 해골에 고인 물을 마신 후 깨달음을 얻음.
  ├ 일심 사상: 모든 것은 한 마음에서 나옴. → 화쟁의 논리를 펼침(종파 간의 사상적 대립 완화).
  ├ 불교의 대중화: 아미타 신앙을 직접 전도, 스스로 소성거사라고 칭하고 무애가를 부르며 대중 교화
  │ └ 극락에 가기를 기원
  └ 저서: 『대승기신론소』, 『금강삼매경론』, 『십문화쟁론』(일심 사상), 『화엄경소』
     ┌ 진골 출신 └ 불교 이해 기준 확립 ┘   └ 분황사에서 저술

  원효: 아미타
  의상: 아미타＋관음

- 의상 ┌ 당나라 유학, 화엄종 교조인 지엄에게 화엄학을 배우고 귀국
  ├ 경북 영주에 부석사 건립(문무왕) → 해동 화엄종 개창
  ├ 화엄 사상 정립: 『화엄일승법계도』 저술, 원융 사상(우주 만물은 서로 조화·포용, 일즉다 다즉일)
  ├ 불교의 대중화: 아미타 신앙(내세 기원)과 관음 신앙(현세의 고난 구제받길 기원) 이끎.
  ├ 백성을 위해 문무왕의 도성 정비 공사 반대
  └ 교단을 형성하여 많은 제자 양성

  법성종(교종): 원효 개창
  법상종(교종): 진표 개창

- 진표: 백제 유민 출신, 김제 금산사 중심으로 활동, 점찰법회 개최(불교 대중화), 법상종과 미륵 신앙 전파
- 혜초: 『왕오천축국전』(인도·중앙아시아 여러 나라의 지리, 풍속, 산물을 기록한 기행문) 저술
  └ 현재 프랑스 국립 도서관에 보관

▶ 공유 논쟁

유식파	중관파
心(긍정론)	空(부정론)
법상종	화엄종
금산사(진표)점찰법회	부석사(의상)
현화사(고려 현종)	흥왕사(고려 문종)
└ 인주 이씨(= 경원 이씨)	└ 고려 왕실의 원찰, 의천
이자연, 이자겸 지지	

※ 원효, 화쟁의 논리 → 공유 논쟁 해결
 └ 교종 내부 대립(유식파 VS 중관파) 해결, 교선 통합 ×

※ 의천 ┌ 교종: 화엄종 중심 법상종 통합
      └ 선종: 천태종 개창, 선종까지 통합
         └ 국청사(숙종)

고려 시대

고려의 불교 정책

- 태조: 훈요 10조에서 불교 숭상 강조(연등회·팔관회 개최 강조)
- 광종
  - 승과 제도 실시(승계)
  - 교종 통합: 균여 후원, 귀법사 창건, 화엄종 중심으로 법상종 흡수
  - 선종 통합: 중국에서 법안종 수입, 법안종 중심으로 선종 통합
  - 중국에 제관과 의통 파견(천태학)
- 성종: 연등회·팔관회 일시 폐지
- 현종: 초조대장경 조판, 연등회·팔관회 부활, 현화사 건립
  └ 법상종, 경원 이씨의 지원
- 문종
  - 흥왕사 건립 화엄종, 왕실 중심
  - 교·선 통합(의천) ┌ 화엄종 중심으로 교종 통합(흥왕사)
                    └ 해동 천태종 창시, 교종 입장에서 선종 통합(국청사)
- 무신 집권기: 무신 정변 이후 교종 위축, 최씨 무신 정권의 선종 지원
  └ 문벌 귀족과 깊은 관계에 있던 교종은 무신 정권에 반발

▶ 연등회(전국)
- 국초 정월 15일, 현종 이후 2월 15일 개최
- 부처 공양+태조 숭상
  └ 태조 사당인 봉은사에 참배

▶ 팔관회(개경·서경)
- 매년 11월 15일에 열림.
- 천령(옥황상제), 명산대천과 용신 등 토속 신에게 제사지냄.
- 국제적인 행사(송나라·여진 등 외국 사신과 상인 방문)

고려의 승려 기출필수코드 46

- 광종
  - 균여 ┌ 화엄 북악파, 귀법사 중심으로 교종 통합 노력(성상융회)
         │   └ 화엄종 중심으로 법상종 흡수
         └ 보살의 실천행 강조, 「보현십원가」
                      └ 향가를 통한 대중 교화
  - 의통: 중국 천태종의 13대(혹은 16대) 교조
  - 제관: 『천태사교의』(천태종 교리 정리) 저술
- 종~숙종
  - 의천 ┌ 원효의 화쟁 사상 계승, 균여의 화엄학 비판(실천적인 면 다소 부족)
         ├ 교관겸수(이론과 실천), 내외겸전(내적 수행과 외적 이론 공부)
         ├ 불교 통합: 화엄종 중심 교종 통합(흥왕사), 천태종 중심의 선종 통합(국청사), 해동 천태종 창시
         └ 『신편제종교장총록』 편찬, 교장(속장경) 간행, 화폐 사용 건의
- 무신 정권 시기
  - 지눌 ┌ 수선사 결사 운동 ┌ 불교계의 타락상 비판, 독경·선 수행·노동 중시
         │   └ 순천 송광사 └ 최씨 무신 정권의 후원 → 조계종 확립
         ├ 정혜쌍수(선과 교학을 함께 수행), 돈오점수(깨달음 얻은 후에도 꾸준히 수행)
         └ 불교 통합: 선종을 중심으로 교종 포용 → 교·선 통합 완성
                      └ 선을 근본으로, 교를 수단으로 삼아 선교 일치 사상 정립
  - 요세 ┌ 백련결사 제창: 강진 만덕사 중심으로 활동, 지방민의 적극 호응 보현도량 개설
         ├ 천태종 승려, 이론보다는 종교적 실천 강조, 법화 신앙 강조(자신의 행동을 참회)
         └ 정토 신앙(염불을 통해 극락왕생 기원) 적극 수용
  - 혜심: 유불 일치설 주장 → 성리학 수용의 사상적 토대 마련
  - 고려 후기: 불교는 고려 왕실과 원나라의 후원을 받아 세속화, 결사 운동의 변질·위축 → 신진 사대부의 비판↑
             └ 막대한 토지·노비 소유, 고리대업과 상업을 통해 부 축적↓↓
- 공민왕
  - 보우: 공민왕의 왕사(스승), 임제종 도입, 9산 선문의 통합 주장
         └ 한양(남경) 천도 주장

▶ 의천
- 문종의 넷째 아들
- 송나라 유학(화엄학과 천태학 공부)

▶ 지눌
무신 집권기 불교의 세속화를 비판하면서 불교 본연의 정신을 확립하자는 결사 운동을 주도하여 수선사를 결성함.

대장경의 간행 호국 불교의 전통, 인쇄술의 발달

- 대장경: 불교 경전들을 체계적으로 정리, 경·율·논의 삼장으로 구성

- 초조대장경 ┬ 현종 때 거란의 침입을 받자 부처의 힘으로 이를 극복하기 위해 간행
  ├ 보관(개경 흥왕사 → 대구 부인사)
  └ 몽골 2차 침입 때 소실(일부 현존)

- 재조대장경 ┬ 강화도 천도 이후 대장도감을 설치하고 대장경 다시 조판 최우 집권기(고종)에 간행
  팔만대장경   └ 진주에 분사도감 설치
  └ 합천 해인사 장경판전에 보관(유네스코 세계 문화유산)
        └ 조선 초기에 건립   └ 제작의 정밀성 + 글씨의 아름다움

- 교장 ┬ 의천의 주도:『신편제종교장총록』작성, 흥왕사에 교장도감 설치하고 교장 간행
      │   └ 송·요·일본 등 각국의 불교 서적을 모아 만든 목록, 이 목록을 토대로 4,700여 권의 서적을 간행
      └ 불교 경전의 주석서(논·소·초) 모아 교장 편찬, 불교 사상과 교리 정리

▶ 불교 관련 기록들
- 경: 부처의 설법 ─┐
- 율: 지켜야 할 계율 ─┼→ 대장경
- 론: 경과 율에 대한 해석 ─┘
- 소: 경과 론에 대한 해설 ─┐→ 교장
- 초: 소에 대한 해설 ─┘

조선 시대

불교

- 태조: 도첩제 시행(승려의 출가 제한)

- 태종: 사원 대폭 정리, 사원의 토지와 노비 몰수(국가 재정 확충)

- 세종 ┬ 불교 교단 정리(선종 18개, 교종 18개씩 36개의 절만 인정)
      └ 내불당 설치,『월인천강지곡』(부처의 교화 칭송)·『석보상절』(석가모니 일대기) 등 간행
            └ 경복궁 안에 있는 왕실 사찰

- 세조: 간경도감 설치(불교 경전을 한글로 번역), 원각사와 원각사 10층 석탑 건립,『월인석보』간행
                                                      └ 석가모니 일대기(한글)

- 성종: 도첩제 폐지(출가 금지)

- 중종: 승과 폐지(조광조의 건의)

- 명종: 문정 왕후의 지원으로 일시적으로 불교 중흥(보우 중용, 승과 제도 부활)

- 16C 후반: 임진왜란 때 승병 활약(이후 불교의 위상↑)
            └ 서산대사, 사명대사 등

2장 전근대 유학(+ 성리학, 실학)

조선의 성리학자(이황·이이)

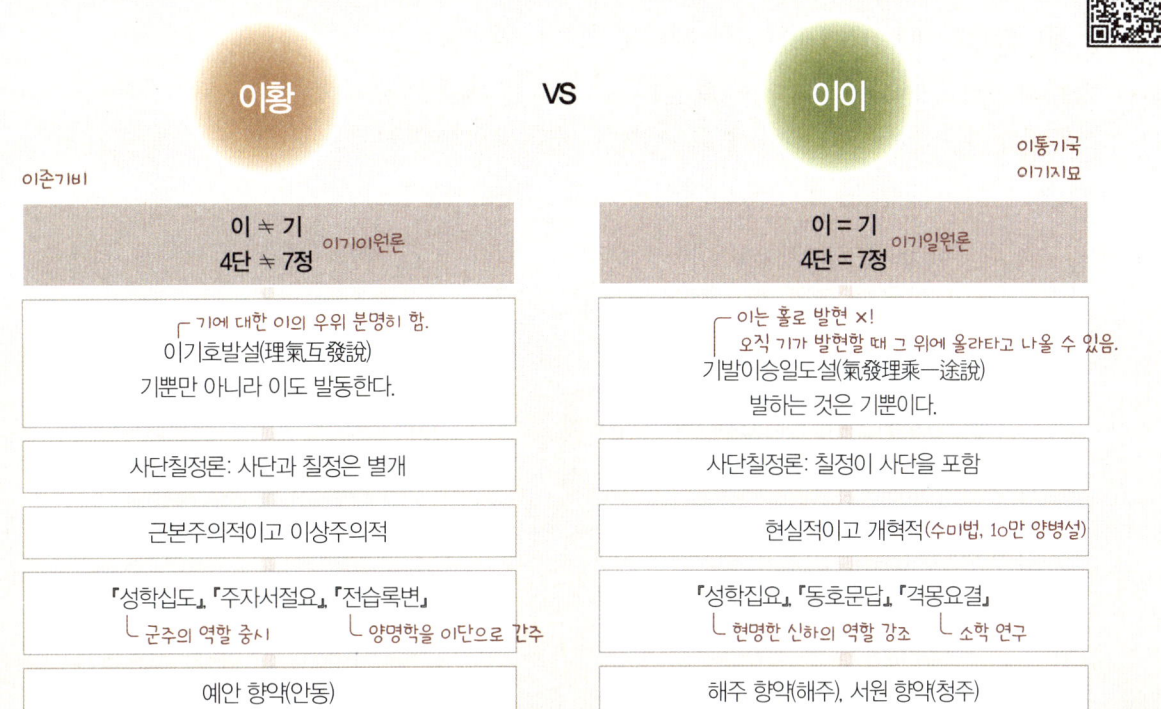

이황 VS **이이**

이촌기비

이통기국
이기지묘

이 ≠ 기 4단 ≠ 7정 이기이원론	이 = 기 4단 = 7정 이기일원론
┌ 기에 대한 이의 우위 분명히 함. 이기호발설(理氣互發說) 기뿐만 아니라 이도 발동한다.	┌ 이는 홀로 발현 X! └ 오직 기가 발현할 때 그 위에 올라타고 나올 수 있음. 기발이승일도설(氣發理乘一途說) 발하는 것은 기뿐이다.
사단칠정론: 사단과 칠정은 별개	사단칠정론: 칠정이 사단을 포함
근본주의적이고 이상주의적	현실적이고 개혁적(수미법, 10만 양병설)
『성학십도』『주자서절요』『전습록변』 └ 군주의 역할 중시 └ 양명학을 이단으로 간주	『성학집요』『동호문답』『격몽요결』 └ 현명한 신하의 역할 강조 └ 소학 연구
예안 향약(안동)	해주 향약(해주), 서원 향약(청주)

실학의 발달

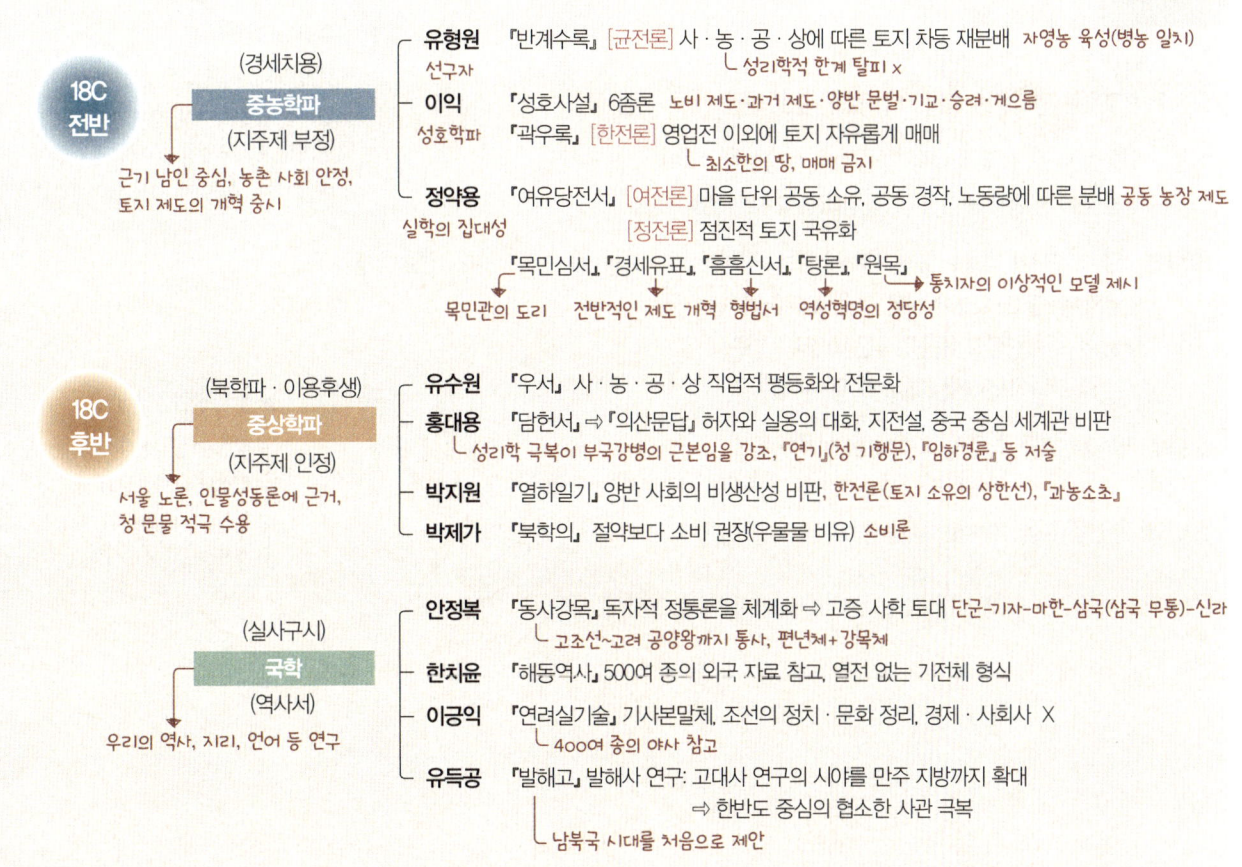

18C 전반

(경세치용)
중농학파
(지주제 부정)

근기 남인 중심, 농촌 사회 안정,
토지 제도의 개혁 중시

- **유형원** 『반계수록』 [균전론] 사·농·공·상에 따른 토지 차등 재분배 자영농 육성(병농 일치)
  선구자 └ 성리학적 한계 탈피 x
- **이익** 『성호사설』 6종론 노비 제도·과거 제도·양반 문벌·기교·승려·게으름
  성호학파 『곽우록』 [한전론] 영업전 이외에 토지 자유롭게 매매
  └ 최소한의 땅, 매매 금지
- **정약용** 『여유당전서』 [여전론] 마을 단위 공동 소유, 공동 경작, 노동량에 따른 분배 공동 농장 제도
  실학의 집대성 [정전론] 점진적 토지 국유화

  『목민심서』『경세유표』『흠흠신서』『탕론』『원목』 ─── 통치자의 이상적인 모델 제시
  목민관의 도리 전반적인 제도 개혁 형법서 역성혁명의 정당성

18C 후반

(북학파·이용후생)
중상학파
(지주제 인정)

서울 노론, 인물성동론에 근거,
청 문물 적극 수용

- **유수원** 『우서』 사·농·공·상 직업적 평등화와 전문화
- **홍대용** 『담헌서』⇒『의산문답』 허자와 실옹의 대화, 지전설, 중국 중심 세계관 비판
  └ 성리학 극복이 부국강병의 근본임을 강조, 『연기』(청 기행문), 『임하경륜』 등 저술
- **박지원** 『열하일기』 양반 사회의 비생산성 비판, 한전론(토지 소유의 상한선), 『과농소초』
- **박제가** 『북학의』 절약보다 소비 권장(우물물 비유) 소비론

(실사구시)
국학
(역사서)

우리의 역사, 지리, 언어 등 연구

- **안정복** 『동사강목』 독자적 정통론을 체계화 ⇒ 고증 사학 토대 단군-기자-마한-삼국(삼국 무통)-신라
  └ 고조선~고려 공양왕까지 통사, 편년체+강목체
- **한치윤** 『해동역사』 500여 종의 외국 자료 참고, 열전 없는 기전체 형식
- **이긍익** 『연려실기술』 기사본말체, 조선의 정치·문화 정리, 경제·사회사 X
  └ 400여 종의 야사 참고
- **유득공** 『발해고』 발해사 연구: 고대사 연구의 시야를 만주 지방까지 확대
  ⇒ 한반도 중심의 협소한 사관 극복
  └ 남북국 시대를 처음으로 제안

고대

고대의 교육

- 고구려 ┌ 태학: 소수림왕 때 설치, 유교 경전·역사서 교육, 중앙 귀족 자제들 대상
        └ 5경 박사가 교육
        └ 경당: 평양 천도 이후 지방에 설치, 사립 교육 기관, 한학과 무술 교육
- 백제 ┌ 5경박사와 의박사, 역박사 등이 유학·기술학 교육 ㅡ교육 기관에 대한 기록 ×
      └ 한학의 발달: 북위에 보낸 외교 문서(개로왕), 사택지적 비문(4·6 변려체) 등
- 통일 이전 신라: 원광의 세속 5계(충·효·신 강조), 임신서기석(유교 경전의 학습 강조)
                         └ 화랑으로 보이는 두 청년이 유교 경전 공부
- 통일 신라 ┌ 국학 ┌ 신문왕 때 설립된 유학 교육 기관
          │   ├ 하급 귀족(입학 대상), 박사·조교 등이 가르침.
          │   └ 변천: 태학(감)으로 개칭(경덕왕)
          └ 독서삼품과 ┌ 원성왕 때 설치
                      ├ 유교 경전의 이해 수준 시험 → 관리 등용
                      └ 골품 제도의 한계로 실패 But 유학 보급에 기여
- 발해 ┌ 주자감(최고 국립 교육 기관), 문적원(국립 도서관, 도서와 문서 관장)
      ├ 6부의 명칭: 유교 덕목인 충·인·의·지·예·신
      └ 당나라 과거 시험인 빈공과 응시 → 신라인과 경쟁

신라의 주요 6두품 유학자

- 강수 ┌ 외교 문서 작성에 능숙, 「답설인귀서」 등
      └ 무열왕과 문무왕의 통일 사업 도움, 불교 비판
- 설총 ┌ 원효의 아들, 이두 집대성(한문 교육 대중화에 기여)
      └ 신문왕에게 화왕계(풍왕서) 올림(유교적 도덕 정치 강조).
- 최치원 ┌ 당에 건너가 빈공과 급제, 「토황소격문」 작성, 진성 여왕에게 시무 10여조 건의(수용 ×)
        ├ 유학자 + 불교·도교에 대한 높은 이해(난랑비 서문)
        └ 저서 ┌ 『계원필경』(문집), 4산 비명 → 현존
              └ 『제왕연대력』(역사서) 등 → 현존 ×
- 최승우: 당에서 귀국 후 견훤(후백제)의 신하가 됨.
                └ 고려 태조에게 보내는 외교 문서 작성(대견훤기고려왕서)
- 최언위: 왕건을 도와 고려에서 벼슬함.

※ 김대문(중대, 진골): 『계림잡전』, 『고승전』, 『화랑세기』, 『한산기』 등 저술

▶ 강수의 외교 문서
- 「답설인귀서」: 설인귀가 신라의 대당 공격을 비난하는 글을 보내자 이에 대해 답신
- 「청방인문표」: 무열왕의 아들 김인문이 당나라에 갔다가 감금되자, 그를 풀어달라고 청함.

▶ 최치원의 4산 비명
- 쌍계사 진감선사비 ┐ 진감선사·
- 성주사 낭혜화상비 ┤ 낭혜화상·
- 봉암사 지증대사비 ┘ 지증대사의 업적 기록
- 숭복사비 숭복사의 창건 내력 기록

고려 시대

고려 유학의 발달

┌ 전기 ┬ 자주적, 주체적 성격
│   ├ 태조: 최언위, 최응 등 6두품 계통 유학자 활약
│   ├ 광종: 과거 제도 실시(쌍기)하여 관리 선발 → 신·구 세력의 교체
│   └ 성종: 최승로의 시무 28조(유교 사상=치국의 근본) 수용 → 유교 정치 사상의 정립
│
├ 중기 ┬ 보수적·귀족적(시문 중시) 성격, 불교와의 공존 추구(불교 배척 ×)
│   ├ 문종: 최충(해동공자) → 퇴직 후 9재 학당 세움.
│   ├ 숙종: 평양에 기자 사당 건립
│   └ 인종: 김부식(고려 중기의 대표적인 유학자) → 『삼국사기』 편찬
│
├ 무신 정권: 유학 한동안 위축, 이규보·진화 등 능문능리(能文能吏)의 정계 진출
│   └ 문벌 귀족의 몰락   └ 학문+행정 실무
│
└ 후기 ┬ 충렬왕: 안향이 원에서 『주자전서』 가져옴. → 성리학 처음으로 소개
      ├ 충선왕: 원에 만권당 설치, 이제현이 원의 학자들과 교류
      │   └ 귀국 후 이색 등에게 영향
      ├ 공민왕: 이색은 성균관 대사성이 되어 정몽주·정도전·권근 등을 가르침.
      └ 신진 사대부 ┬ 성리학 수용, 일상 생활과 관계되는 실천적·윤리적 기능 강조
                   └ 불교의 폐단과 권문세족의 부정부패 비판

▶ 성리학 송나라 주희가 집대성
• 인간의 심성과 우주의 원리 문제 탐구
• 선종 불교의 철학적 사유 체계 접목
• 사서(대학·논어·맹자·중용) 중시

고려의 교육 기관

[교육 기관]

성종 ┬ 교육 장려 조서 반포, 국자감 정비
     └ 지방: 향교(향학) 설립, 12목에 경학박사·의학박사 파견

[관학 진흥책] 사학 융성에 따른 정부 대응

┌ 숙종: 국자감에 서적포(서적 간행) 설치
│
├ 예종 ┬ 국자감의 명칭을 국학으로 변경(이설: 충렬왕), 국학 7재 개설
│   └ 양현고(장학 재단), 청연각·보문각(도서관·학문 연구)
│
├ 인종 ┬ 국자감 정비: 경사 6학 제도(7재 중 무학재 폐지) 서적소(서적 강독)
│   └ 지방 교육 강화: 각 주현에 향교(향학) 설치
│
├ 충렬왕 ┬ 국학을 성균관으로 개칭, 문묘를 새로 건립
│   └ 섬학전(양현고 보충)   └ 공자 사당
│
└ 공민왕: 성균관을 순수 유학 교육 기관으로 개편

▶ 사학(私學)의 발달
• 최충의 문헌공도(9재 학당)가 시초
  → 이후 사학 12도로 확대
• 지공거 출신이 9경과 3사를 교육
  └ 과거 시험 출제 위원

▶ 국자감
• 신분별 입학, 기술 교육 실시
• 유학부 ┬ 국자학(유교 경전), 태학(정치·역사), 사문학(문학)
        └ 각각 순서대로 3품·5품·7품 이상 관리 자손 입학
• 기술학부 ┬ 8품 이하 관리 자손과 평민 자제 입학
          └ 율학(법률), 서학(서예·그림), 산학(수학)

조선 전기

성리학의 분화

- 관학파 ── 정도전·권근 등, 패도 정치 인정
  → 훈구파
  ── 사장 중시, 주례 강조, 단군 중시
          └ 국가의 통치 이념
  ── 성리학 이외의 사상에 관대, 문물 제도 정비에 기여

- 사학파 ── 고려 말 온건 개혁파에서 비롯, 왕도 정치 강조
  → 사림파
  ── 경학 중시, 기자 중시(존화주의적 역사관)
  ── 성리학 이외의 사상 배척

※ 성리학 입문서
  ┌ 정도전: 『학자지남도』
  ├ 권근: 『입학도설』
  └ 이이: 『격몽요결』

▶ 성학군주론
- 이언적 ┌ 성학군주론 본격적으로 거론
        └ 중종에게 『일강십목소』 올림.
- 이황 ┌ 『성학십도』를 선조에게 올림.
        └ 군주 스스로 성학 따를 것을 권유
- 이이 ┌ 『성학집요』를 선조에게 올림.
        └ 현명한 신하가 군주의 기질을 적극 변화

성리학의 발달 `기출필수코드 48` 16세기 성리학의 독자적 발전(사림)

조선 성리학의 선구자

- 서경덕 ┌ 일평생 처사, 이와 기를 일원론적으로 파악(기일원론의 선구자), 이보다는 기를 중심으로 세계를 이해
         │ └ 벼슬하지 않음.
         └ 우주를 무한하고 영원한 기로 바라보는 태허설 제기, 불교와 노장 사상에 대해 개방적인 태도

- 조식: 처사, 경과 의를 근본으로 하는 실천적 성리학풍 강조, 절의 중시, 노장 사상에 포용적, 「서리망국론」(선조)

- 이언적: 기보다는 이를 중심으로 이론 전개, 성학군주론(「일강십목소」)
          └ 이언적의 철학을 발전시켜 주리론 수립

이황 동방의 주자(일본), 유성룡 등에게 이어져 영남학파 형성

- 인간의 심성 중시(도덕적 행위 근거), 근본적이며 이상주의적, 일본 성리학 발전에 큰 영향

- 이존기비 ┌ 이는 원리적 개념으로 존귀한 것
           └ 기는 현상적 개념으로 비천한 것 ──▶ 이기이원론(서로 의존적 but 섞일 수 없음.)
           ↓
- 이기호발 ┌ 사단은 이의 발현
           └ 칠정은 기의 발현 ──▶ 기에 대한 이의 우위

- 『성학십도』(성리학 요체를 10개 그림으로 정리), 『주자서절요』(일본에 전해짐.), 『전습록변』(양명학 비판)

이이 구도장원공(별명), 어머니(신사임당) 사후 출가 경험, 김장생 등에게 이어져 기호학파 형성

- 기의 역할 강조, 현실적이며 개혁적, 사회적 개혁 방안(변법경장) 제시   16세기 중반 이후 사회 혼란(사화 등) 반영

- 이통기국 ┌ 이는 사물이 두루 통하는 보편성 ──▶ ┌ 일원론적 이기이원론(이와 기는 하나로 연결)
           └ 기는 사물의 성질을 제한하는 특수성   └ 이기지묘론(이와 기는 현실적으로 분리 X)
           ↓
- 기발이승일도 ┌ 이는 홀로 발현하지 못함.
               └ 기가 발현 → 이가 올라탐. ──▶ 발하는 것은 오직 기뿐이다.

- 『성학집요』(왕도 정치 규범 체계화), 『동호문답』·『만언봉사』(수취 제도 등 다양한 개혁안 제시), 『격몽요결』(성리학 입문서)

- 『기자실기』(기자의 행적 정리, 단군〈기자〉, 시무 6조계(10만 양병설 주장)

▶ 사단 칠정 논쟁
이황: 사단은 이가 발현, 칠정은 기가 발현
기대승: 사단과 칠정은 분리할 수 없음.
이황: 사단은 이가 발하여 기가 따른 것,
      칠정은 기가 발하여 이가 편승한 것
이이: 기대승 지지, 이는 발현 X,
      기가 발현하면 이가 올라탐.

▶ 이(理)와 기(氣)

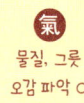

(이)존기비   理   vs   氣   이통기국
정통 성리학 입장   원리   물질, 그릇   보편 특수
둘로 나누면   오감 파악 X   오감 파악 O
하나는 진짜(존귀) 형이상학   형이하학
다른 건 가짜(비천)

조선 후기

성리학의 절대화 경향

- 절대화 ┬ 송시열 등 서인(노론) 중심, 성리학적 질서를 절대적 가치로 내세움. *성리학 이외의 사상·학문 배척*
  - └ 숭명반청 운동: 대보단과 만동묘(숙종, 명나라 신종과 의종 제사)
    - └ *청에 대한 문화적 우월성(중화주의)*

- 비판 ┬ 6경·제자백가 등 초기 유학에서 사회 개혁 방안을 모색 *주자 성리학에서 벗어나 유교 경전 재해석*
  - ├ 윤휴: 유교 경전에 대한 독자적 해석, 사문난적
  - ├ 박세당: 『사변록』(주자와 송시열 비판), 사문난적
  - └ 정약용: 실증적 태도로 유교 경전 접근(주자가 아닌 공자의 본 뜻 찾으려고 노력)

▶ 문묘 종사 18현(배향 순서)

설총·최치원 → 안향 → 정몽주 → 김굉필·정여창·조광조·이언적·이황 →
　고려 현종　고려 충숙왕　중종　　　　　　　　　광해군

이이·성혼·김장생 → 송시열·송준길·박세채 → 김인후 → 조헌·김집
　숙종　　　　　　영조　　　　　　　　정조　　고종

회퇴변척(광해군): 정인홍의 이황·이언적 문묘 종사 반대(대신 조식 종사) → 무산

호락논쟁　노론 내부의 논쟁

　　　　　　　　　　　　　　인물성동이 논쟁

　다름 ┌──── '인간과 사물의 본성을 어떻게 볼 것인가' ────┐ 같음
　　　　↓　　　　　　　　　　　　　　　　　　　　　　　　　↓
　　　[호론]　　　　　　　　　　　　　　　　　　　　[낙론]

- 충청도 노론 중심(권상하·한원진 등)
- 인물성이론(인간과 사물의 본성은 다르다.)
- 기의 차별성 강조, 사람과 짐승을 구별
- 화이론과 연결 → 위정척사 사상으로 계승

- 서울 노론 중심(이간·김창협 등)
- 인물성동론(인간과 사물의 본성은 같다.)
- 이의 보편성 강조
- 북학 운동(북학론)으로 발전 → 개화사상으로 계승
  - └ *청나라 문물 수용 주장*

양명학

- 전래: 16세기 중반 중종 때 조선에 소개됨. → 이후 양명학은 학계에서 이단으로 취급
  - └ *이황의 양명학 비판(『전습록변』)*
- 주요 이론: 심즉리(마음=이치), 치양지(타고난 천리 실현 → 사물을 바로 잡음.), 지행합일(실천 강조)
  - └ *인간은 선천적 지식(양지)을 가지고 태어남.*　└ *앎=행함!!*
- 18세기 정제두가 양명학을 체계적으로 연구, 강화학파 성립
  - ├ 일반민을 도덕 실천의 주체로 상정, 양반 신분제 폐지 주장
  - └ 『존언』, 『만물일체설』 등 저술
- 근대 이후: 박은식, 정인보 등이 양명학을 계승하여 국학 운동을 전개

▶ 성리학과 양명학

성리학	양명학
성즉리	심즉리
性 = 理	心 = 理
이치: 후천적 학습	이치 X → '양지'(선천적)
선지후행	지행합일
학습 중요	실천 중시
행동은 따라움.	앎 = 행함.

실학의 대두와 확산

- 이수광: 『지봉유설』 저술, 『천주실의』 소개
  - 유교·유럽·회교·불교 문명권의 지리, 풍속, 물산 등 소개
- 한백겸 ┌ 대동법 실시 건의, 토지 개혁론(토지 소유의 지나친 편중 비판)
  - 문헌 고증에 입각한 연구 지향, 『동국지리지』 저술
- 김육: 대동법 확대, 시헌력 채용, 상평통보 주조 등을 건의
  - 건의의 달인

중농학파 · 기출필수코드 49 ★ 경기(근기) 남인 중심, 향촌 사회 안정을 위한 각종 개혁 추구 → 토지 제도 개혁 중시(지주제 부정)

유형원 · 저서: 『반계수록』

- 균전론 주장: 토지를 신분에 따라 차등 있게 재분배, 이를 바탕으로 조세·군역 부과
- 조세 제도 개편: 결부법 대신 경무법 실시(『동국여지지』)
- 자영농 중심으로 군사·교육 제도 정비 → 병농일치의 군사 제도, 사농일치의 교육 제도 주장

이익 · 저서: 『성호사설』, 『곽우록』

- 한전론 주장: 매 호마다 영업전 지급, 영업전(최소한의 땅) 매매 금지   ※ (이익의 한전론: 토지 소유의 하한선) → 토지 소유의 균등 추구
  박지원의 한전론: 토지 소유의 상한선
- 6좀론(여섯 가지 적폐): 노비제, 과거제, 양반 문벌, 기교, 승려, 게으름
- 제한된 관직을 둘러싼 갈등이 붕당의 폐해로 이어진다고 주장
- 성호학파 형성: 안정복, 이가환, 이중환 등 제자들 양성   이익은 경기도 광주에서 평생 학문을 연마하며 많은 제자 양성

정약용 · 실학 집대성

- 이익 등 남인의 학풍 계승(토지 제도 개혁)+중상학파의 사상까지 흡수(상공업·과학 기술)   거중기·배다리 설계
- 토지 개혁론 ┌ 여전론: 토지를 마을 단위로 공동 소유·공동 경작, 노동량에 따른 분배
  - 정전제: 국가가 장기적으로 토지 매입 → 농민들에게 분배(자영농 육성)
- 저술 ┌ 목민심서: 지방 제도 개혁, 목민관인 수령이 지켜야 할 기본 자세 정리
  - 경세유표: 국가 체제 전반에 걸친 개혁의 기본 방향 제시
  - 흠흠신서: 형법서, 범죄가 발생했을 때 지방 수령들이 참고함.
  - 탕론: 역성 혁명의 정당성 옹호
  - 원목: 통치자의 이상적인 모델 제시
  - 기예론 ┌ 인간이 다른 동물보다 뛰어난 것은 기술 때문이라고 주장
    - 많은 기계를 제작·설계(화성 건설을 위해 거중기 설계), 이용감 설치 주장
- 유배형: 1801년 신유박해(순조) 때 체포되어 전라도 강진으로 유배됨(강진에서 저술 활동에 전념).

▶ 정약용의 기예론
  기술의 발달이 인간 생활을 풍요롭게 한다고 확신

농사를 짓는 기술이 정교하면 차지한 땅이 적어도 생산량이 많으며, 그 힘을 적게 들여도 곡식이 알차게 영근다고 하였다. 따라서, 밭을 일구고 씨 뿌리는 일 등을 편리하게 하면, 노력을 적게 들여도 얻는 것이 많다고 하였다.

중상학파 기출필수코드 49 서울 노론 중심, 청나라 문물 수용(인물성동론 근거) → 부국강병·이용후생 주장

유수원 | 소론

- 양반들도 생산 활동에 종사할 것 강조 → 사·농·공·상의 직업 평등과 전문화(『우서』)
- 무리한 토지 개혁보다 농업의 상업적 경영과 기술 혁신 강조
- 상인 간의 합자를 통한 경영 규모 확대

홍대용 | 노론

- 연행사를 따라 청에 다녀온 경험을 토대로 『임하경륜』, 『의산문답』, 『연기』 등의 저술 남김.
- 『임하경륜』: 성인 남성에게 2결의 토지 분배, 병농 일치의 군대 조직 제안
- 『의산문답』: 실옹과 허자의 문답 형식의 글, 고정 관념을 상대주의 논법으로 비판
- 세계관: 지전설 수용, 무한우주론 주장, 중국 중심 세계관 비판
- 천체의 운행을 측정하는 혼천의 제작

박지원 | 노론

- 양반의 허위 의식과 비생산성 신랄하게 비판(「양반전」·「호질」 등)
- 연행사로 청에 방문 → 귀국 후 『열하일기』 저술(청 문물 소개)
- 청과의 통상 강화, 수레와 선박의 이용, 화폐 유통의 필요성 강조
- 한전론 주장: 토지 소유의 상한선 설정(토지 소유 제한), 토지 소유의 불균형 해소
- 『과농소초』: 영농 방법의 혁신, 상업적 농업 장려, 농기구의 개량, 한전론 등 주장

박제가

- 서얼 출신, 규장각 검서관(정조)
- 채제공의 수행원으로 청에 다녀옴. → 『북학의』 저술(절약보다 소비 권장, 우물물 비유)
- 청과의 통상 강화, 수레나 선박의 이용을 늘릴 것 등을 주장
- 『무예도보통지』 편찬, 정약용과 함께 종두법 연구

3장 기타 신앙 기출필수코드 47

도교 "道可道非常道 名可名非常名"

┌ 전파: 삼국 시대 전래, 산천 숭배+신선 사상 → 불로장생·현세구복 추구
├ 고대 ┬ 고구려 ┬ 을지문덕의 오언시(수나라 우중문에게 보낸 시, 노장 사상 반영)
│   │   ├ 영류왕 때 도사(道士)와 도덕경이 공식 전래
│   │   └ 보장왕 때 연개소문이 도교를 적극 장려(불교 억압 목적)
│   ├ 백제 ┬ 백제 금동 대향로(도교의 이상 세계 표현), 사택지적비(백제 귀족인 사택지적이 인생무상 탄식)
│   │   └ 산수무늬 벽돌, 무령왕릉 지석(매지권-토지신에게 토지 구매)
│   └ 신라: 화랑도(산천 순례하며 몸과 마음 수련), 월지(신선 사상의 흔적)
├ 고려 ┬ 국가 주도 아래 도교 행사 자주 개최, 초제(하늘에 제사, 소격전) 성행, 예종 때 복원궁 건립
│   │   └ 팔관회(도교+불교+민간 신앙, 국제적 교류의 장소)
│   └ 한계: 일관된 체계와 교단 조직 성립 안 됨, 민간 신앙 형태로 유지
└ 조선 ┬ 15세기: 소격서 설치(초제 주관), 원구단(세조 때 설치하여 제천 행사 거행)
       └ 16세기: 중종 때 조광조의 건의로 소격서 폐지, 제천 행사 중단

유가	vs	도가
공자, 맹자		노자, 장자
인위		무위
(교육)		자연

풍수지리설

┌ 고대 ┬ 신라 하대에 도선 등 선종 승려들에 의해 보급 고려 시대에 크게 유행
│   ├ 산세나 지형이 인간의 길흉화복에 영향을 끼친다는 사상 → 도읍, 주택, 묘지 등 위치 선정에 영향
│   └ 경주에서 벗어나 다른 지방의 중요성을 자각하는 계기가 됨.
├ 고려 ┬ 미래를 예언하는 도참 사상과 결합하여 크게 유행
│   ├ 서경 길지설: 서경 천도·북진 정책의 이론적 근거, 묘청의 서경 천도 운동에도 영향 미침.
│   ├ 한양 명당설 ┬ 남경으로 승격(문종), 남경개창도감 설치(숙종), 한양 천도 주장(공민왕·우왕)
│   │   │   └ 김위제의 건의, 남경에 궁궐 건축
│   │   └ 조선 건국 이후, 수도 결정에 영향
└ 조선: 한양 천도 반영, 양반 사대부의 묘지 선정 문제(산송 문제)

▶ 토착 신앙
• 고려: 동명왕(고구려 시조 주몽)과 유화(주몽의 어머니) 숭배, 국왕은 용의 혈통으로 신성시(죽은 뒤 국왕은 신으로 숭배), 각 지역의 산과 강에 제사를 지냄.
• 조선: 단군 제사(세종 때 평양에 단군 사당 건립) 등

▶ 도선
• 선종 승려
• 풍수지리설의 대가
• 개성·평양·한양이 국가의 중심지가 될 것을 예언
• 고려 국왕들의 존숭을 받음.
  ┬ 현종: 대선사
  ├ 숙종: 왕사
  └ 인종: 선각국사

4장　역사서　[기출필수코드 50] ⭐

고대

- 고구려: 『유기』 100권 편찬 → 영양왕 때 이문진이 『유기』를 간추려 『신집』 5권을 편찬(600)
- 백제: 4세기 근초고왕 때 박사 고흥이 『서기』 편찬
- 신라: 6세기 진흥왕 때 거칠부가 『국사』 편찬(545)
- 통일 신라
  - 김대문 ┌ 『계림잡전』(설화집), 『한산기』(한산 지방의 지리지)
  　　　　 └ 『고승전』(불교 고승들의 전기), 『화랑세기』(화랑들의 전기)
  - 최치원: 『제왕연대력』(신라 역대 왕의 업적 정리)

고려 시대

『삼국사기』(인종, 김부식)
- 현존 최고(最古)의 역사서
- 기전체(본기·열전·지·표)
- 유교적 합리주의 사관
- 신이한 기록 ✕ (고조선)
  └ But 고구려·신라의 건국 신화 기록
- 신라 계승 의식 반영
  └ But 삼국 모두 '우리'로 서술
- 객관적 서술, 주관적 서술 제한

"… 우리나라 사실에 대해서는 도리어 그 처음과 끝을 까마득히 알지 못하니 매우 한탄스러운 일입니다. … 옛 기록에는 문자가 거칠고 잘못되고 사적이 빠져 없어진 것이 많으므로 … 일관된 역사를 완성하여 만대에 물려주어, 해와 별처럼 밝게 해야 하겠다."라고 하셨습니다.

▶ 고려 전기 역사서
- 고구려 계승 의식 표방
- 『7대 실록』(태종~목종)
  └ 현종 때 편찬 시작
- 『구삼국사』(관찬 사서)

▶ 역사 서술 방식
- 기전체: 본기(황제), 열전(인물), 세가(제후), 지(제도·문물), 연표
- 편년체: 시간 순으로 서술
- 기사본말체: 사건의 발단과 결과 서술
- 강목체: 강(대주제) - 목(소주제)

> 김부식의 『삼국사기』에 동명왕의 신이한 사적이 생략되었다고 평가

『동명왕편』(명종, 이규보)
- 동명왕의 건국 신화
- 영웅 서사시(5언시)
- 고구려 계승 의식 반영
- 『동국이상국집』에 수록

동명왕의 사적은 변화·신이하여 여러 사람들의 눈을 현혹시킬 일이 아니요, 실로 창국하신 신이한 자취인 것이다.

> 처음 간행된 시기는 1281년으로 추정(논란 있음.)

『삼국유사』(충렬왕, 일연)
- 불교+민간 설화+전래 기록
- 고조선 계승 의식(단군 신화 수록)
  └ 단군을 민족 시조로 인식
- 우리 고유 문화·전통 중시
- 왕력·기이·흥법 등 9편목 구성
- 향가 14수 수록
- 삼국 中 신라 계승 강조

대체로 성인은 예악으로써 나라를 일으키고, 인의로써 가르침을 베푸는데, 괴이하고 신비한 것은 말하지 않는 것이다. 그러나 … 삼국의 시조가 모두 신비스러운 데서 탄생하였다는 것이 무엇이 괴이하랴. 이것이 기이(신이)로써 이 책의 앞머리를 삼은 까닭이다.

『제왕운기』(충렬왕, 이승휴)
- 중국사와 한국사 병행 서술
  └ 7언시　└ 5언시
- 한국사를 단군부터 서술
  └ 고조선 계승 의식, 단군 = 민족 시조
- 발해를 우리 역사로 기록(최초)
- 우리 역사를 중국과 대등하게 파악

중국은 반고로부터 금(金)까지이고, 우리는 단군으로부터 본조(本朝)까지이온데, … 요하 동쪽에 별천지가 있으니, 중국과 확연히 구분되도다. … 중국인들이 우리더러 소중화라 하네.

무신 정권

『해동고승전』: 삼국 시대 이래 승려 30여 명의 전기 수록
　고종, 각훈

원 간섭기

- 『본조편년강목』(충숙왕)
  └ 최초의 강목체 역사서
- 이제현: 『사략』(태조~숙종의 업적 정리, 성리학적 사관)
  └ 사찬(업적 평가)만 현존

조선 시대

15세기 왕조의 정통성에 대한 명분을 내세우기 위해 국가적 차원에서 편찬

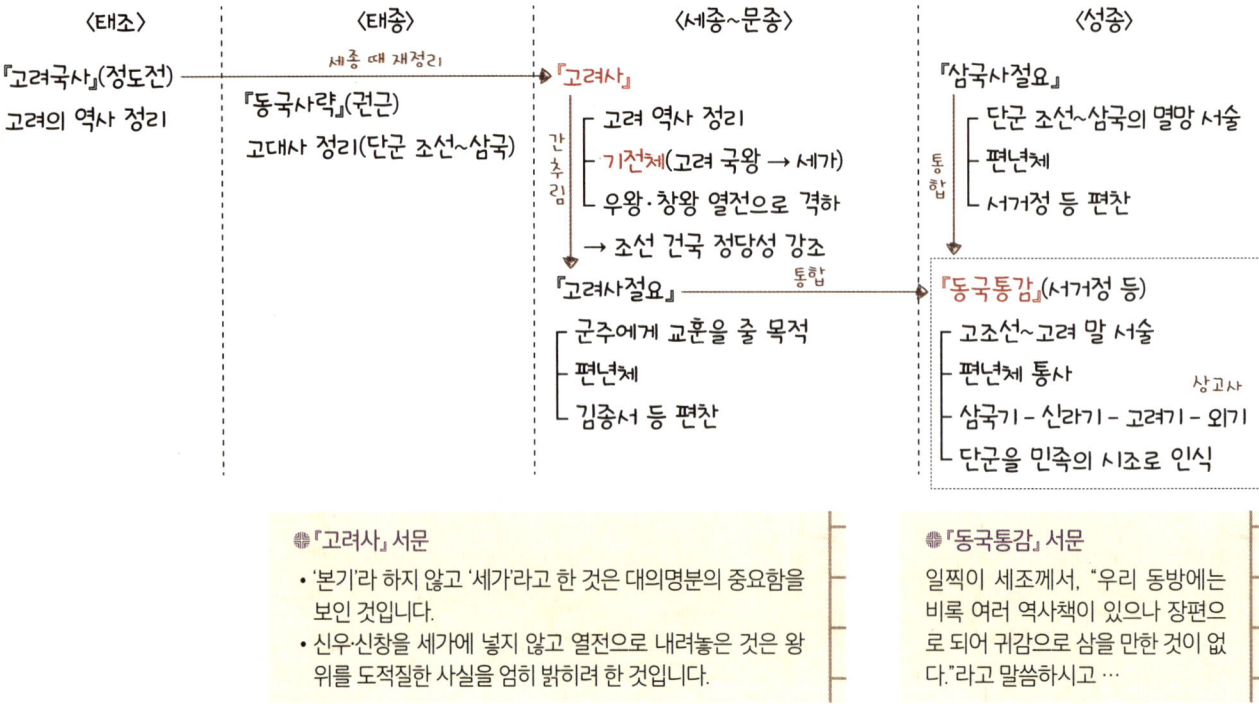

〈태조〉

『고려국사』(정도전)
고려의 역사 정리

세종 때 재정리 →

〈태종〉

『동국사략』(권근)
고대사 정리(단군 조선~삼국)

〈세종~문종〉

『고려사』
┌ 고려 역사 정리
├ 기전체(고려 국왕 → 세가)
└ 우왕·창왕 열전으로 격하
  → 조선 건국 정당성 강조

『고려사절요』 통합
┌ 군주에게 교훈을 줄 목적
├ 편년체
└ 김종서 등 편찬

간추림

〈성종〉

『삼국사절요』
┌ 단군 조선~삼국의 멸망 서술
├ 편년체
└ 서거정 등 편찬

통합

『동국통감』(서거정 등)
┌ 고조선~고려 말 서술
├ 편년체 통사   상고사
├ 삼국기 - 신라기 - 고려기 - 외기
└ 단군을 민족의 시조로 인식

⊕『고려사』 서문
• '본기'라 하지 않고 '세가'라고 한 것은 대의명분의 중요함을 보인 것입니다.
• 신우·신창을 세가에 넣지 않고 열전으로 내려놓은 것은 왕위를 도적질한 사실을 엄히 밝히려 한 것입니다.

⊕『동국통감』 서문
일찍이 세조께서, "우리 동방에는 비록 여러 역사책이 있으나 장편으로 되어 귀감으로 삼을 만한 것이 없다."라고 말씀하시고 …

16세기 사림의 존화주의적 역사 의식 반영(중국 중심 세계관) → 기자 조선 중요시

┌ 『기자실기』(이이): 존화주의 사서, 기자의 행적 정리, 기자를 공자와 같은 성인으로 추앙 기자 > 단군
│   └ 선조
├ 『동국사략』(박상): 단군 조선~고려 말까지 정리, 온건파 사대부 칭송
└ 『동몽선습』(박세무): 초등 역사 교재, 삼강오륜 설명, 중국과 우리나라의 역사 간략히 서술
    └ 중종

⊕『기자실기』
기자께서 우리 조선에 들어와서 그 백성을 후하게 양육하고 힘써 가르쳐 주어 머리를 틀어 얹는 오랑캐의 풍속을 변화시켜, 문화가 융성하였던 제나라와 노나라 같은 나라로 만들어 주셨다.

17세기

현종

┌ 허목 『동사(東事)』: 단군~고대의 역사 정리, 북벌 운동과 붕당 정치 비판
└ 홍여하 『동국통감제강』: 『동국통감』 재정리, 편년체 역사서(+강목체), 삼한 정통론 주장(최초)
    └ 기자-마한-신라

⊕『동사강목』의 삼국 인식
삼국사에서 신라를 으뜸으로 한 것은 신라가 가장 먼저 건국되었고, 뒤에 고구려와 백제를 통합하였으며, 고려는 신라를 계승하였으므로 편찬한 것이 모두 신라의 남은 문적(文籍)을 근거로 하였기 때문이다.

⊕『발해고』 서문
부여씨가 망하고 고씨(고구려)가 망한 다음, 김씨(신라)가 남방을 차지하고 대씨(발해)가 북방을 차지하고는 발해라 하였으니, 이것을 남북국이라 한다. 당연히 남북국을 다룬 역사책이 있어야 하는데, 고려가 편찬하지 않은 것은 잘못이다.

※ 독자적 정통론의 계승·발전

| 18세기 |

홍여하『동국통감제강』 → 홍만종『동국역대총목』 → 이익 → 안정복『동사강목』
임상덕『동사회강』

숙종

• 홍만종『동국역대총목』
  - 단군~조선까지의 역사를 간단히 서술
  - 단군 정통론 강조(단군-기자-마한-신라)
    └ 이익과 안정복에게 영향

• 임상덕『동사회강』
  통일 신라와 고려만 정통으로 간주(삼국=무통)
                      └ 안정복의『동사강목』에 영향

• 이익 숙종~영조 때 활동
                        ┌ 운수 ┌ 도덕
  - 역사를 움직이는 힘은 '시세-행·불행-시비' 순 도덕 중심 사관 비판
  - '중국도 대지 중 한 조각의 땅'에 불과 중국 중심 세계관 탈피

• 이종휘『동사(東史)』 영·정조 무렵으로 추정
  - 단군~고려 서술, 최초로 기전체 형식 완전히 갖춘 역사서
  - 고구려의 전통 강조, 발해를 고구려의 후예로 인정
    └ 만주가 우리의 영토임을 강조하여 만주 수복을 지향

정조

• 안정복『동사강목』 cf.『열조통기』(조선 왕조사 정리)
  - 고조선~고려 공양왕까지의 통사, 편년체+강목체
  - 독자적 정통론 체계화: 단군-기자-마한-삼국(무통)-신라
  - 성리학적 명분론에 입각, 실증적 역사 연구 집대성
  - 발해를 외국(말갈) 역사로 기록

• 유득공『발해고』 발해사를 우리나라 역사로 체계화할 목적으로 저술
  - 남북국 시대 처음으로 제안(신라&발해)
  - → 발해를 신라와 대등한 국가로 인정
  - 우리 역사의 범위 확장(한반도+만주)

• 한치윤『해동역사』 연대 미상
  - 500여 종의 다양한 외국 자료(중국·일본 등) 인용
  - 기전체 사서(세기·지·고로 구성, 열전은 없음.)
  - 민족사 인식의 폭을 넓히는 데 이바지

• 이긍익『연려실기술』 18세기 후반
  - 400여 종의 야사(野史) 참고, 기사본말체
  - 조선 시대의 정치와 문화를 객관적 입장에서 서술
- -
• 김정희「금석과안록」: 북한산비가 진흥왕 순수비임을 고증
              19세기, 순조

| 통치 기록 |

- 등록: 관청별 업무 일지
- 시정기: 춘추관에서 등록을 모아 정기적으로 편찬
- 승정원일기 ┌ 승정원의 주서가 왕명 출납 등 국정 운영 상황과 국왕의 일과를 매일 기록
            └ 임진왜란·이괄의 난 등으로 인조 이전의 기록은 소실
- 사초: 예문관의 사관(한림)들이 작성한 회의록, 실록 편찬의 기본 자료
- 국조보감: 역대 국왕의 업적들을 실록에서 뽑아 편찬, 편년체, 세조 때 처음 편찬
- 조보: 조정의 소식·관료의 인사 발령을 알려준 신문

| 조선왕조실록 | 참고 자료: 사초, 시정기, 비변사등록, 일성록, 조보, 개인 문집

- 편찬 ┌『태조실록』~『철종실록』까지 역대 왕의 실록 편찬
      ├ 춘추관에 실록청 설치 → 사초, 시정기 등의 자료를 모아 편년체로 간행
      └ 3단계의 고증 절차(초초 → 중초 → 정초), 편찬 후 사초를 물에 씻어 비밀 유지(세초)

- 보관 ┌ 4대 사고(춘추관·성주·전주·충주) ──임진왜란으로 전주 사고본만 남음.── → 5대 사고(춘추관·오대산·적상산·정족산·태백산)
      └ 포쇄 ┌ 책에 바람을 쐬어 습기 제거(부식 및 충해 방지) → 오랫동안 보존
            └ 3년에 한번 전임 사관 파견, 일정한 규제에 따라 시행

| 의궤 | 국내본 의궤에 한하여 유네스코 세계 기록 유산에 등재(2007)

- 국가·왕실에서 거행한 주요 행사를 기록과 그림으로 남긴 책
- 행사가 끝난 후 의궤청을 설치하여 등록·반차도 등을 모아 간행
                              └ 예행 연습용 배치도
- 어람용 1부 별도 제작(청·녹색 비단 표지), 현존 의궤는 모두 조선 후기에 제작
    └ 국왕이 보는 책
- 대부분 필사본으로 제작(사료적 가치↑)
    └『화성성역의궤』는 예외(활판 인쇄)

▶ 주요 의궤
• 가례도감의궤: 조선 시대 왕과 왕세자의 혼례 의식 기록, 1627년 소현 세자의 의궤부터 1906년 순종의 의궤까지 현존함.
• 원행을묘정리의궤: 1795년 정조의 화성 행차 과정을 기록
• 화성성역의궤: 정조 때 편찬 명령·순조 때 간행, 화성 축조와 관련된 사실 기록

5장 전근대 과학 기술의 발달 기출필수코드 52

천문학 천문 현상은 농업과 관련↑, 하늘의 변화는 왕의 통치를 평가하는 것으로 인식
└ 왕의 권위를 하늘과 연결

고대
- 고구려: 정밀한 천문도 제작, 고분 벽화의 별자리 그림 등
- 백제: 역박사(역법 전문 학자) 존재
- 신라
  - 선덕 여왕: 현존 최고(最古) 천문대인 첨성대 건립
  - 경덕왕: 천문박사 1명과 누각박사 6명 둠.

고려 사천대(서운관): 천문·역법을 맡은 관청 → 첨성대(개경)에서 관측 업무 담당

조선 전기
- 서운관(천문 관장)의 최고 책임자는 재상이 담당
- 천문도: 태조 때 천상열차분야지도(고구려 천문도 바탕) 제작 하늘을 여러 구역으로 나누고 별자리 표시
- 혼의: 천체의 운행과 위치를 측정하는 천문 관측 기구
- 간의: 경복궁 경회루 북쪽에 간의대(천문대) 만들고 간의(천문 기구)로 천체 관측

조선 후기
- 이수광: 『지봉유설』에서 일식·월식 등 소개
- 김석문
  - 처음으로 지구가 1년에 366회씩 자전한다고 주장
  - 『역학도해』 저술(지전설 주장)
- 이익: 지구가 둥글다면 어느 나라든 세계의 중앙이 될 수 있다고 주장
- 홍대용: 지전설과 무한우주론(지구가 우주의 중심이 아님.) 주장
- 최한기
  - 『지구전요』 저술, 지구의 자전과 공전 함께 주장
  - 『명남루총서』(뉴턴의 만류인력설 등 서양의 과학 소개)

역법

- 고대
  - 문무왕: 당의 새 역법인 인덕력 수용
  - 신라 하대: 당나라 선명력 수용(고려 초기까지 사용)
- 고려: 충선왕 때 원의 수시력 채용, 공민왕 때 명의 대통력 수용
- 세종: 정인지·정초 등이 칠정산 제작(최초로 서울을 기준으로 천체 운동 계산)
  - 내편: 원의 수시력 바탕, 서울을 기준으로 삼아 작성
  - 외편: 아라비아의 회회력을 번역·해설
- 효종: 청의 시헌력 채용(김육 건의, 태음력+태양력)
- 정조: 천세력 제작(1777년부터 100여 년간의 역을 미리 계산·기록)

▶ 역법 총정리
- 선명력(당): 통일 신라~고려 전기
- 수시력(원): 고려 후기(충선왕)
- 칠정산: 조선 전기(세종)
- 시헌력(청): 조선 후기(효종)

수학

- 고대: 토목 공사나 궁궐·사찰 등을 건립할 때 수학적 지식을 활용
- 조선 후기
  - 『기하원본』(마테오 리치, 유클리드의 『기하학서』 번역)
  - 『주해수용』(홍대용, 우리나라·중국·서양의 수학 연구)

인쇄술

고대
- 통일 신라 때 인쇄술과 제지술 발달(불경의 대량 인쇄)
- 『무구정광대다라니경』: 불국사 3층 석탑에서 발견, 세계에서 가장 오래된 목판 인쇄물
- 제지술 발달: 품질 뛰어난 종이를 만들어 각종 불경에 사용

고려
- 목판 인쇄술 더욱 발달, 후기에 활판 인쇄술(금속 활자 인쇄술) 발명
    - 한 종류의 책을 다량 인쇄하는데 적합 / 여러 종류의 책을 소량 인쇄하는데 유리
- 『상정고금예문』: 최우가 강화도에서 금속 활자로 인쇄, 현존하지 않음.
    - 1234
- 『직지심체요절』┌ 청주 흥덕사에서 간행(우왕), 현존 세계 최고(最古) 금속 활자본
    - 1377 └ 개항 이후 프랑스로 반출(현재 프랑스 국립 도서관에 보관)
- 서적원 설치(공양왕): 주자와 인쇄 담당

조선
- 태종 ┌ 주자소 설치, 구리로 계미자 주조
       └ 조지소 설치: 종이를 전문적으로 대량 생산, 수많은 서적들 간행 이후 조지서로 개칭(세종 or 세조)
- 세종 ┌ 갑인자(구리)·경자자 등 주조
       └ 식자판을 조립하는 방법 창안(인쇄 능률↑)
            └ 이전에는 밀랍으로 활자 고정

각종 기술의 발달

고대
- 고구려: 일찍부터 제련 기술 발달(풍부한 철광석)
- 백제: 칠지도(제철 기술), 백제 금동 대향로(금속 공예 기술)
- 신라: 금세공 기술 발달(신라 고분에서 출토된 금관들)

고려
- 화약 기술: 중국으로부터 화약 제조법 터득(최무선) → 화통도감 설치(우왕), 배에 화포 설치
    - 화약·화포 제작
- 조선 기술: 대형 선박 제작(해상 무역·조세 운반), 누전선(왜구 격퇴)

조선 전기
- 시간 측정: 자격루(장영실 제작, 물시계, 자동 시보 장치 갖춤.), 앙부일구(해시계)
    - 경복궁 경회루 남쪽 부근에 보루각 설치
- 강우량 측정: 측우기(세계 최초 제작, 전국 각지의 강우량 측정), 수표(청계천 수심 측정)
- 토지 측량: 세조 때 인지의와 규형 제작
    - 원근(遠近) / 고저(高低)
- 화약 무기: 군기감에서 주로 제작, 태종 때 최해산을 관리로 채용
    - 최무선의 아들
- 대포: 사정거리 4~5배 증가(최대 1,000보)
- 화차: 수레 위에 신기전이라는 화살 설치, 일종의 로켓포, 전국에 배치됨.
- 조선술: 거북선(태종), 비거도선 제작(수군 전투력 향상)
    - 작고 빠른 전투선

조선 후기
- 서양 문물 수용 ┌ 17세기 중국을 다녀온 사신에 의해 전해짐.
                 └ 곤여만국전도, 화포, 천리경, 자명종 등
- 벨테브레(인조)·하멜(효종) 등 서양인 표류 → 서양식 대포(홍이포) 제작 기술 알려줌.

6장 한글 창제와 각종 서적 편찬 [기출필수코드 51]

한글 창제

┌ 배경: 한자 사용의 불편함, 통치 이념 전달의 필요성 대두
├ 훈민정음 ┬ 정음청 설치, 세종이 직접 한글 28자 제작 → 반포(1446)
│   └ 발음 기관의 모양을 본뜸, 누구나 쉽게 배우고 쓸 수 있음.
├ 한글 서적의 편찬 ┬ 세종: 『용비어천가』(조선의 창업 과정 찬양), 『월인천강지곡』(부처님 찬가), 『석보상절』(석가모니 일대기 찬술)
│   ├ 세조: 『월인석보』 편찬(『월인천강지곡』+『석보상절』)
│   └ 중종: 『훈몽자회』(한글로 음과 뜻을 단 한자 학습서)   한글 자음 명칭 부여(기역, 니은 …)
└ 의의: 일반 백성을 위한 문자 창안 → 민족 문화의 기반을 다짐.
         cf. 지배층의 반발(최만리)

▶ 운서의 편찬
• 한자 발음 표기
• 『동국정운』 등
   세종

⊕ 세종의 훈민정음 창제
세종이 직접 한글을 만들었음을 알리는 최초의 공식 기록
이달에 국왕이 친히 언문 28자를 지었는데, 그 글자는 옛 글자를 모방하였고, 초성·중성·종성으로 조합해야 한 음절이 이루어졌다. 무릇 문자로 기록한 것과 말로만 전해지는 것을 모두 쓸 수 있으며, 글자는 비록 쉽고 간단하지만 무궁무진한 표현이 가능하니, 이를 '훈민정음'이라고 한다.
                                        - 『세종실록』

조선 후기의 언어 연구

┌ 조선 후기에 훈민정음의 기원, 글자 모습 및 음운에 관한 다양한 연구가 진행됨.
├ 훈민정음 연구: 『훈민정음운해』(신경준), 『언문지』(유희) 등
│   └ 영조
├ 음운서: 이서구와 이덕무가 엮은 『규장전운』(사성에 따라 글자를 나누어 설명) 등
└ 어휘 수집: 『대동운부군옥』(권문해), 『고금석림』(이의봉, 우리 방언+해외 언어), 『아언각비』(정약용) 등
             └ 어휘 백과사전   └ 단어의 바른 사용법과 예시

윤리·의례서

┌ 15C ┬ 『삼강행실도』(세종), 『효행록』(세종), 『오륜록』(세조)
│   │   └ 설순, 충신·효자·열녀 등 행적을 그림으로 그리고 설명을 붙인 책
│   └ 『국조오례의』(성종, 국가 행사에 필요한 5례 정비)
└ 16C: 『소학』과 『주자가례』의 보급(사림 주도), 『이륜행실도』(중종), 『동몽수지』
                                                              └ 송나라 주자가 지은 아동용 윤리서

▶ 5례(국가)와 4례(민간)
• 5례: 길례(제사)·가례(관례·혼례)·빈례(사신 접대)·군례(군사 의식)·흉례(상례)
• 4례: 관례·혼례·상례·제례

병서

┌ 진도: 정도전이 제작한 작전도
├ 『총통등록』: 세종 때 화약 무기의 제작과 사용법 정리
├ 『역대병요』: 세종 때 수양 대군, 이석형 등이 편찬에 참여, 동양 전쟁사 정리
├ 『동국병감』: 문종 때 김종서의 주도하에 고조선에서 고려 말까지의 전쟁사 정리
└ 『병장도설』: 조선 전기에 편찬, 군사 훈련 지침서로 사용

지도

조선 전기
- **혼일강리역대국도지도** — **태종** 때 이회가 제작, 권근이 발문을 씀, 현존하는 동양에서 가장 오래된 세계 지도
  - 원나라 세계 지도 + 우리나라·일본 지도
    - 팔도도(이회)
  - 유럽·아프리카·중국 O, 아메리카 X
- 팔도도(태종): 이회가 제작한 전국 지도
- 팔도도(세종): 정척이 제작
- 동국지도(세조): 양성지, 정척 등이 만든 과학적 실측 지도
- 조선방역지도(명종): 만주·대마도까지 표기, 조선 초기의 영토 의식 반영 현존하는 우리나라 지도 중 가장 오래됨.

조선 후기
- 서양 지도 전래: 17세기 명나라에서 마테오 리치의 곤여만국전도가 전해짐.
- 동국지도(영조, 정상기): **최초로 100리척 사용**
- 동국여지도(영조, 신경준): 왕명으로 편찬, 모눈으로 선을 구획한 채색 지도
- 청구도·동여도(김정호): 여러 관찬 지도 집대성, 경선·위선 표시
- **대동여지도(철종, 김정호): 10리마다 눈금 표시, 목판으로 인쇄, 22개의 첩으로 구성(휴대 편리)**

지리서

축소 편찬

조선 전기
- 『신찬팔도지리지』(세종) → 『세종실록지리지』(단종): 울릉도(무릉도)·독도(우산도) 등 기록
- 『팔도지리지』(성종) → 『동국여지승람』(성종) → 『신증동국여지승람』(중종)
  - 팔도총도 수록(울릉도·독도)

조선 후기
- 『동국지리지』(한백겸): 고대 지명 새롭게 고증(고구려 발상지가 만주 지방임을 증명)
- 『아방강역고』(정약용): 고대사 영역을 새롭게 고증(백제의 첫 도읍지가 지금의 서울이라고 기술)
- 『택리지』(이중환): 각 지방의 자연환경, 인물, 풍속, 인심의 특색 등을 자세히 조사·기록

견문록

- 『해동제국기』(성종): 세종 때 일본에 다녀온 신숙주가 성종의 명령에 따라 편찬한 견문록, 일본의 지형·국정 등 기록
- 『표해록』(성종): 최부가 명나라에서 표류했던 경험을 기록

백과사전의 편찬

- 『대동운부군옥』(권문해, 선조): 어휘 백과사전, 지리·역사·인물 등의 옛말 총정리
- 『지봉유설』(이수광, 광해군): 천문·지리 등을 분야별로 나누어 서술, 『천주실의』 소개, 우리 문화 수준이 중국과 대등함을 강조
- 『성호사설』(이익, 영조): 천지·만물·경사·인사·시문의 5개 부분 서술, 중국 중심의 세계관 탈피, 도덕 중심 역사관 비판
- 『동국문헌비고』(영조): 왕명으로 편찬, **최초의 관찬 한국학 백과사전**
- 『청장관전서』(이덕무, 정조): 경·사·문예로부터 경제·풍속·초목까지 광범위하게 정리
- 『임원경제지』(서유구, 19세기): 농촌 생활 백과사전, 사대부가 전원 생활 할 때 알아야 될 정보 정리
- 『오주연문장전산고』(이규경, 19세기): 사상·역사·농업·상공업·지리 등 1,417항목으로 분류하여 정리
  - 이덕무의 손자

▶ 서유구(서호수 아들)
- 조선의 농학과 박물학 집대성
- 둔전론: 국영 농장 경영 제안
  → 정조의 대유둔전에 영향받음.

의서

고대 고대 국가들은 중국과의 교류를 통해 의학적 지식을 주고 받음.

고려
- 태의감에서 의학 교육 실시, 의과 시행
- 대장도감에서 『향약구급방』 처음 간행(각종 질병 처방과 국산 약재 180여 종 소개)
  └ 우리나라에서 가장 오래된 의학 서적

조선 전기
- 태조: 의약 서적인 『향약제생집성방』 편찬
- 세종 ┌ 『향약채취월령』(유효통, 노중례 등): 왕명으로 간행, 수백 종의 국산 약재 소개
  ├ 『향약집성방』(유효통): 우리 풍토에 맞는 약재와 치료 방법 정리
  └ 『의방유취』(전순의): 왕명으로 편찬, 동양 최대의 의학 백과사전

조선 후기
- 광해군: 『동의보감』(허준, 우리나라의 전통 한의학을 체계적으로 정리)
- 인조: 『침구경험방』(허임, 침술법 정리)
- 효종: 왕명으로 『벽온신방』 편찬(전염병 치료 목적)
- 정조: 『마과회통』(정약용, 홍역(마진) 연구), 정약용은 박제가와 함께 종두법 연구
- 고종: 『동의수세보원』[이제마, 사상 의학 확립(태양인·태음인·소양인·소음인)]

> ▶ 중요 의서 총정리
> - 『향약구급방』(고려)
> - 『향약채취월령』·『향약집성방』·『의방유취』(세종)
> - 『동의보감』(허준, 광해군)
> - 『마과회통』(정약용, 정조)
> - 『동의수세보원』(이제마, 고종)

농서

조선 전기

『농서집요』(태종 때 편찬, 『농상집요』의 주요 내용을 뽑아 번역)
- 『농사직설』 ┌ 세종 때 정초 등이 편찬, 중국의 농법·농서 + 조선 농민들의 실제 경험담
  └ 우리의 전통적인 농사법을 정리한 최초의 농서
- 『금양잡록』: 성종 때 강희맹 저술, 금양(시흥)을 중심으로 경기 지방의 농사법 정리 벼슬에서 물러난 후 직접 농사지으면서 저술
- 『양화소록』: 강희안 저술, 꽃과 나무의 재배 방법 등을 정리한 원예 서적

조선 후기

- 『농가집성』(신속): 효종, 수전 농법(논에 물을 채우고 벼 재배) 소개, 이앙법 보급에 기여 곡물 재배 기술 설명
  └ 신속의 『농가집성』 = 『농사직설』 + 『금양잡록』 + 『사시찬요초』 + 『구황촬요』 등
- 『색경』(박세당)·『산림경제』(홍만선): 노동력 줄이고 소득을 올릴 수 있는 새로운 농사법 소개
  └ 채소, 과일, 화초의 재배법과 목축, 양잠 기술 등
- 『해동농서』(서호수): 정조 때 왕명으로 편찬, 우리 고유의 농학 + 중국 농업 기술 수용
- 『임원경제지』(서유구): 농촌 생활 백과사전
- 『자산어보』(정약전): 어류학 서적, 흑산도 근해의 155종 해산물에 대해 기록
  └ 신유박해로 흑산도에서 귀양살이

7장 전근대 예술(+ 건축) 기출필수코드 53

고대의 고분

고구려

- **돌무지무덤(초기)**
  - 초기에 돌을 정밀하게 쌓아 올린 돌무지무덤 만듦.
  - 장군총 : 잘 다듬은 화강암을 계단식으로 7층 가량 쌓아 올림.
- **굴식 돌방무덤(후기)**
  - 돌로 방을 만들고, 그 위에 흙을 덮어 봉분을 만듦.
  - 벽과 천장에 그림을 그릴 수 있는 구조
  - 무용총(수렵도), 각저총(씨름도), 쌍영총(두 개의 팔각 기둥)
    └ 서역 영향

신라

- **통일 이전 돌무지덧널무덤**
  - 시신을 넣은 나무 관 위에 돌을 쌓고 흙으로 덮음.
  - 주로 신라에서 만듦, 단장의 형태, 도굴 어려움(부장품 多).
    └ 시신 한 명만 매장   └ 무덤 들어가는 통로 ×
  - 천마총(천마도), 호우총(호우명 그릇), 황남대총 등
    └ 벽화 ×, 말 배가리개에 그린 그림
- **통일 이후**
  - 화장(불교 영향)과 규모가 작은 굴식 돌방무덤 유행
    └ 조선 시대 왕릉에 영향 미침.
  - 김유신묘 : 봉토 주위에 둘레돌을 두르고 12지신상 조각
    └ 12지(쥐, 소 등)
  - 경덕왕릉, 괘릉(문인상·무인상)
    └ 원성왕 무덤으로 추정

백제

- **한성 도읍**
  - 계단식 돌무지무덤(석촌동 고분 등) 만듦.
  - 백제 건국 주두 세력이 고구려 계통임을 확인
- **웅진 도읍**
  - 벽돌무덤 ┬ 무령왕릉 ┬ 중국 남조(양) 영향, 벽화 ×
  - │ └ 지석 발견(도교), 목관(일본산 금송)
  - └ 송산리 6호분 : 벽화 ○, 중국 남조(양) 영향
  - 굴식 돌방무덤 : 송산리 1~5호분, 거대한 규모
- **사비 도읍**
  - 굴식 돌방무덤 : 규모가 작고 세련됨, 능산리 고분 등

가야

- 금관가야 : 김해 대성동 고분(다량의 덩이쇠, 판갑옷)
- 대가야 : 고령 지산동 고분(금동관)

발해

- 정혜공주 묘 ┬ 굴식 돌방무덤, 모줄임 천장 구조(고구려 영향)
  │ └ 묘지와 돌사자상 등 출토
  문왕의 딸 │ └ 죽은 자의 일생을 기록
- 정효공주 묘 : 벽돌무덤(당나라 영향), 평행고임 구조(천장), 묘지

건축과 공예

건축

- **고대**
  - 고구려 ┬ 초기 산성 : 오녀산성(졸본성의 방어용 산성으로 추정), 환도성(국내성의 방어용 산성)
    - ├ 안학궁 : 장수왕, 평양, 가장 규모가 큰 궁궐로 추정
    - └ 장안성 : 평원왕, 평양, 4개의 성곽[내성(궁궐), 북성(후방 방위), 중성(행정 기구), 외성(민가)]
  - 백제 : 부여 관북리 유적지(부여 사비 시대의 궁궐터로 추정), 무왕 때 미륵사 등 건립
    └ 유네스코 세계 문화유산
  - 신라 ┬ 진흥왕 : 황룡사 건립
    - └ 통일 이후 ┬ 불국사(불국토의 이상을 조화와 균형 감각으로 표현), 석굴암(화강암으로 만든 인공 석굴)
      - │ └ 재상 김대성이 현생의 부모를 위해 불국사를, 전생의 부모를 위해 석굴사(석굴암)를 건립, 경덕왕~혜공왕
      - └ 안압지 : 연못과 인공 섬·구릉·건물 등이 조화
  - 발해 : 상경성터 ┬ 상경 용천부(영안)에서 발견, 당나라 장안성을 본떠 만듦.
    - └ 외성을 두르고 그 안에 내성을 쌓음, 주작대로, 온돌 장치
      └ 고구려 영향

북성(배후)
내성(궁궐)
중성(행정)
외성(민가)
△ 고구려 장안성

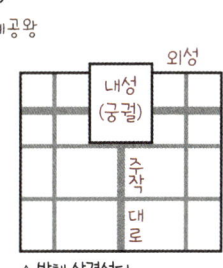
△ 발해 상경성터

7장 전근대 예술(+ 건축)

- **고려**
  - 궁궐과 사원 중심
  - 주심포식 건물 ─ 전기에 주로 유행, 13세기 이후에 지은 일부 건물이 현존
    - 안동 봉정사 극락전: 현존하는 가장 오래된 목조 건축물, 배흘림기둥, 맞배지붕
      - 공민왕 때 중창했다는 상량문 발견
    - 영주 부석사 무량수전: 고려 후기 대표적인 목조 건축물, 배흘림기둥, 팔작지붕
    - 예산 수덕사 대웅전: 충렬왕 때 건립, 맞배지붕, 백제의 목조 건축 양식 계승
  - 다포식 건물 ─ 고려 후기에 등장, 원의 영향을 받은 건축물, 조선 시대 건축에 큰 영향 미침.
    - 황해도 성불사 응진전, 함경북도 석왕사 응진전 등
      - 맞배지붕

△ 맞배지붕

삼각 / 사다리꼴
△ 우진각지붕

△ 팔작지붕(맞배+우진각)

벽
△ 주심포 양식

벽
△ 다포 양식

△ 민흘림   △ 배흘림

- **조선 시대**   광해군 때 경운궁·경덕궁(영조 때 경희궁으로 이름 바꿈.) 건설
  - 15세기 ┌ 궁궐: 경복궁(임진왜란 때 소실), 창덕궁(유네스코 세계 문화유산), 창경궁
  - ├ 성문: 숭례문(조선 도성의 정문), 개성의 남대문·평양의 보통문(고려와 조선의 과도기적 형태)
  - └ 불교 건축: 무위사 극락전, 해인사 장경판전(팔만대장경 보관)
  - 16세기: 서원 건축 활발(사찰의 가람 배치+주택 양식) → 옥산 서원(경주), 도산 서원(안동) 등
  - 17세기 ┌ 불교의 지위 향상·양반 지주층의 경제적 성장 반영
  - └ 규모가 큰 다층의 사원 건축: 금산사 미륵전, 화엄사 각황전, 법주사 팔상전
    - 내부가 하나로 통하는 구조   우리나라 유일의 목조 5층탑
  - 18세기 ┌ 부농과 상인의 지원 → 장식성이 강한 사원 건축(논산 쌍계사, 부안 개암사, 안성 석남사)
  - └ 수원 화성: 정조 때의 문화적 역량 집약, 성곽 시설(방어+공격)
  - 19세기: 국왕의 권위 높이기 위해 경복궁 중건(근정전, 경회루)

▶ 주요 서원
- 소수 서원(영주, 안향)
- 병산 서원(안동, 류성룡)
- 도산 서원(안동, 이황)
- 옥산 서원(경주, 이언적)
- 숭양 서원(개성, 정몽주)
- 예림 서원(밀양, 김종직)
- 덕천 서원(조식, 합천)
- 자운 서원(파주, 이이)

▶ 창왕명 석조 사리감
- 부여 능산리 절터 발견
- 위덕왕(창왕)의 누이가 사리 공양

[탑] 부처의 사리나 불상·불경을 보관

- **고대** ┌ 고구려: 주로 목탑 건립(현존 ×)
  - ├ 백제: 미륵사지 석탑(목탑의 형태가 많이 남아 있음.), 정림사지 5층 석탑(미륵사지 석탑을 계승)
    - 금제 사리 봉안기 발견: 무왕의 왕비(사택적덕의 딸)의 사찰 건립 기록
  - ├ 신라 ┌ 선덕 여왕: 분황사 모전 석탑(돌을 벽돌 모양으로 가공), 황룡사 9층 목탑(자장 건의)
    - ├ 중대: 감은사지 3층 석탑, 불국사 3층 석탑(석가탑), 다보탑(화려), 화엄사 4사자 3층 석탑
      - 통일 신라의 전형적인 석탑 양식(이중 기단+3층 석탑)
    - └ 하대: 진전사지 3층 석탑(기단과 탑신에 불상 조각), 쌍봉사 철감선사 승탑(팔각 원당형)
  - └ 발해: 대부분 벽돌로 쌓은 전탑, 탑 아래에 무덤 조성(영광탑)

- **고려** ┌ 다각 다층탑 多(중국 영향), 석탑의 몸체를 받치는 받침 보편화
  - ├ 전기 ┌ 개성 불일사 5층 석탑(고구려 양식), 부여 무량사 5층 석탑(백제 양식), 개성 현화사 7층 석탑(신라 양식+고려)
    - └ 월정사 8각 9층 석탑(송), 고달사지 승탑(신라 하대의 팔각 원당형 승탑 계승)
  - └ 후기: 경천사 10층 석탑(원) → 원각사지 10층 석탑(조선 세조)에 영향
    - 대리석으로 제작

불상

- **고대**
  - 삼국 시대에는 미륵보살 반가상 많이 제작
  - 고구려: 금동 연가 7년명 여래 입상(중국 북조 양식+고구려의 독창성)
  - 백제: 서산 용현리 마애여래 삼존상(백제의 미소)
  - 신라: 경주 배리 석불 입상(통일 이전에 제작, 신라의 미소), 석굴암 본존불(균형 잡힌 모습, 사실적인 조각)
  - 발해 ┬ 상경과 동경의 절터: 고구려 양식을 계승한 불상 발견
         └ 동경에서 이불병좌상 발견: 두 명의 부처가 나란히 앉아 있음.

- **고려**
  - 고려 초기에 광주 춘궁리 철불 등 대형 철불 많이 제작
  - 거대한 불상 ┬ 커다란 석불 제작(조형미 부족), 사람들이 많이 다니는 길목에 위치, 소박한 지방 문화 반영
              └ 논산 관촉사 석조 미륵보살 입상, 안동 이천동 석불 등
  - 신라 양식 계승: 부석사 소조 아미타여래 좌상 등

공예

- **고대**
  - 불교의 융성과 금속 기술의 발달에 따라 이에 영향을 받은 공예품 다수 제작
  - 백제: 백제 금동 대향로 등
  - 통일 신라: 상원사 동종(현존하는 가장 오래된 종, 성덕왕), 성덕 대왕 신종(에밀레종), 만불산(경덕왕)
    └ 경덕왕이 아버지 성덕왕의 극락왕생을 빌기 위해 만듦(혜공왕 때 완성).

- **고려**
  - 순수 비색 청자: 비취색, 중국인들의 극찬(서긍의 『고려도경』)
    (11C)
  - 상감 청자 ┬ 독창적 기법인 상감법 개발(그릇 표면을 파내고 백·흑토로 메워 무늬 만듦.)
    (12C~13C) └ 전라도 강진과 부안이 생산지로 유명
  - 원으로부터 북방 가마 기술이 도입되면서 점차 쇠퇴

- **조선 전기**
  - 분청사기 ┬ 고려 말 등장, 조선 전기까지 유행, 16세기부터 생산이 점차 감소
           └ 청자에 흰 흙을 칠한 도자기, 안정된 그릇 모양과 소박한 무늬가 특징
  - 백자: 16세기부터 유행, 백색 유약을 입혀 구운 도자기, 깨끗하고 담백(순백의 고상함.), 선비의 취향
  - 목공예, 돗자리 공예, 화각 공예, 자개 공예 등

- **조선 후기**
  - 백자가 민간에까지 널리 사용
  - 청화 백자: 흰 바탕에 푸른 색깔로 그림을 그려 넣음, 청화·철화·진사 등 다양한 안료 사용
  - 주로 서민들은 옹기 사용, 화각 공예·목공예 등이 유행

전근대 탑 총정리

전근대 건축 총정리

	불교 건축	궁궐·관아·성문 건축

삼국 시대

 미륵사(복원)
금제 사리 봉안기 발견
→ 논란
(선화 공주/사택적덕 딸)

황룡사(복원)

 안학궁(복원)

 궁남지

남북국 시대

사바세계(대웅전+석가탑과 다보탑)
극락세계(극락전)
연화장세계(비로전)

불국사

안압지

상경성(지도)

주작대로(당 영향),
온돌(고구려 영향)

고려 전기

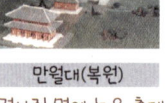 만월대(복원)

경사진 면에 높은 축대,
건물을 계단식으로 배치

고려 후기

팔작지붕
주심포 양식
 부석사 무량수전

맞배지붕
주심포 양식
봉정사 극락전

맞배지붕
주심포 양식
수덕사 대웅전

맞배지붕
다포 양식
 성불사 응진전

조선 전기

15세기
맞배지붕
주심포 양식
 무위사 극락전

전·후면 창의 위치와 크기가
각각 다름(통풍·방습 목적).
해인사 장경판전

동궐

태종 / 성종
창덕궁(돈화문) / 창경궁(명정전)

개성 남대문 / 평양 보통문

고려 건축 → 조선 건축으로
발전해가는 과도기적 형태

16세기
서원 건축(불교 가람 배치+풍수지리+유교 건축)

옥산 서원 / 도산 서원 / 병산 서원

조선 후기

17세기
 화엄사 각황전
 법주사 팔상전
 금산사 미륵전

규모가 큰 다층의 사원 건축, 내부가 하나로 통하는 구조
→ 불교의 사회적 지위 향상과 양반 지주층의 경제적 성장 반영

18세기
 논산 쌍계사
 부안 개암사

장식성 강한 사원 건축
→ 부농과 상인의 지원

 수원 화성

19세기

경복궁 근정전 / 경복궁 경회루

회화와 서예

그림

- **고대**
  - 고구려: 무용총, 각저총 등 고분 벽화
  - 백제: 송산리 6호분의 사신도, 능산리 고분군의 사신도 → 온화한 아름다움
  - 신라: 천마도(말의 배가리개에 그린 그림, 천마총), 화가 솔거 활동

- **고려**
  - 전기: 도화원에 소속된 화원의 그림, 문인화
  - 후기
    - 문인화 유행, 공민왕의 '천산대렵도'
      - 사군자(매난국죽)
      - 원나라 화풍의 영향 받음.
    - 불화: 왕실과 권문세족의 요구에 따라 많이 제작, 혜허의 '관음보살도(=양류관음도)'

- **조선 시대**
  - 15세기 ─ 도화서 화원과 선비들이 주로 활동, 우리의 독자적인 화풍 개발
    - └ 중국 화풍 수용, 일본 미술에 많은 영향을 줌.
    - 안견: 도화서 화원, '몽유도원도'(안평 대군이 꿈속에서 본 무릉도원을 그린 작품)
    - 강희안: 문인 화가, '고사관수도'(무념무상에 빠진 인물의 내면 세계 표현)
  - 16세기 ─ 문인화 유행(선비의 정신 세계를 사군자로 표현)
    - 이상좌: 노비 출신의 화원, '송하보월도'(소나무의 강인한 생명력 표현)
    - 이암: 꽃·새·강아지·고양이 등을 주로 그림, '화조묘구도'·'모견도'
    - 신사임당: 섬세하고 정교한 화법으로 꽃·나비·풀·벌레 등을 잘 그림, '초충도'
    - 조선 중기의 3절: 황집중(포도), 이정(대나무), 어몽룡(매화)
  - 18세기 ─ 진경산수화 ─ 중국 남종과 북종 화법 고루 수용, 우리 자연을 사실적으로 표현
    - 정선: 영조 때 진경산수화 화법 터득, '인왕제색도'·'금강전도' 등
    - 풍속화 ─ 18세기 생활상과 사람들의 일상적인 모습 생동감 있게 표현
      - 김홍도 ─ 도화서 화원 출신, 화성 행차와 관련된 행렬도·의궤 등을 그림.
        - 산수화·기록화·신선도 등 많이 그림, 풍속화로 유명
        - 인물의 특징을 소탈하고 익살스럽게 묘사, '무동도'·'씨름도' 등
      - 신윤복 ─ 도화서 화원 출신
        - 양반의 풍류와 부녀자들 모습, 남녀의 애정 행각 등을 섬세하고 세련되게 표현, '단오풍정' 등
    - 강세황: 서양화 기법인 원근법 반영하여 사물을 실감나게 표현, '영통골 입구도'(서양 수채화+동양화)
    - 기타: 심사정(정교하고 세련된 필치로 산수화·풍속화 등 그림.), 윤두서('자화상')
  - 19세기 ─ 동궐도, 서궐도: 서양화 기법인 부감법 사용(위에서 비스듬히 내려다보는 듯한 기법)
    - 문인화 유행: 김정희의 '세한도' 등 문인화 부활, 복고적 화풍 유행
      - └ 헌종 때 제작
    - 장승업: 19세기 후반에 활동, 화원 출신, '군마도'·'삼인문년도' 등
  - 민화: 조선 후기 유행, 민중의 미적 감각 표현(소박한 우리 정서 반영)

서예

- 신라: 김생(질박하고 굳센 신라의 독자적인 서체 완성) 등 유명
- 고려 ┌ 전기: 구양순체가 주류, 유신·탄연·최우 등 유명
  - └ 후기: 송설체(원나라 서예가인 조맹부의 글씨체) 유행, 이암 등 유명
- 조선 전기: 안평 대군(송설체+본인의 개성), 한호(양희지체+본인의 예술성)
- 조선 후기: 이광사의 동국진체(단아한 글씨체), 김정희의 추사체(고금의 필법 두루 연구, 굳센 기운과 다양한 조형성)

▶ 한호(=한석봉)
- 명나라에 보내는 외교 문서 작성
- 한호가 쓴 천자문 널리 보급
  일반인들도 석봉체 따라 씀.

전근대 회화 총정리

〈고대〉

안악 3호분

각저총 씨름도

천마도

정효 공주 묘 벽화

〈고려〉

천산대렵도

부석사 조사당 벽화

〈조선 전기(15C)〉

몽유도원도(안견)

고사관수도(강희안)

〈조선 전기(16C)〉

초충도(신사임당)

송하보월도(이상좌)

수월관음보살도

묵포도도(황집중)

묵죽도(이정)

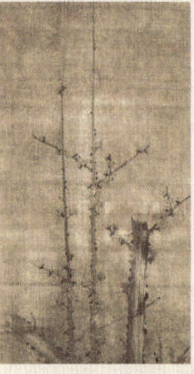
월매도(어몽룡)

모견도(이암)

화조묘구도(이암)

양류관음도(혜허)

〈조선 후기(18C)〉

영통골 입구도(강세황)

인왕제색도(정선)

금강전도(정선)

〈조선 후기(19C)〉

세한도(김정희)

씨름도(김홍도)

무동도(김홍도)

단오풍정(신윤복)

자화상(윤두서)

호작도(민화)

문학

- **고대**
  - 향가 ─ 주로 승려나 화랑에 의해 지어짐.
    - 향가집 『삼대목』(신라 하대 진성 여왕, 각간 위홍과 승려 대구)
    - 현재는 『삼국유사』의 14수와 『균여전』의 11수만 전해짐.
  - 설화: 일반 서민들 사이에서 구전(ex. 설씨녀 이야기, 효녀 지은 이야기)
  - 발해: 양태사(문왕 때 일본에 사신으로 파견, 「밤에 다듬이 소리를 들으며」)

- **고려**
  - 전기: 향가(균여의 보현십원가 11수)와 한문학 유행
  - 후기 ─ 패관 문학 유행: 민간에 구전되는 이야기를 일부 고쳐 한문으로 기록
    - 가전체 문학: 물건 등을 의인화한 문학 작품
    - 경기체가: 향가 형식 계승, 신진 사대부의 생활 모습 다룸.
    - 장가(속요): 민중 사이에서 유행, 서민의 감정을 자유분방하게 표현

- **조선 전기**
  - 15세기 ─ 『동문선』─ 성종 때 서거정·노사신 등이 편찬
    - 삼국 시대~조선 초기의 시·부·사·문을 정리
    - 악장: 국가 행사 때 음악에 맞춰 부르던 가사, 「용비어천가」·「월인천강지곡」 등
    - 시조: 김종서·남이(패기), 길재·성삼문(충절)
    - 설화 문학(패관 문학) ─ 일정한 격식 ×, 보고 들은 이야기 기록
      - 서거정의 『필원잡기』, 성현의 『용재총화』 등
    - 소설: 설화 작품+허구적인 요소, 김시습의 『금오신화』(세조 때 저술, 최초의 소설)
  - 16세기 ─ 가사 문학: 정철의 「사미인곡」(선조에 대한 충절)·「관동별곡」(금강산을 포함한 관동8경 예찬)
    - 설화 문학(패관 문학): 사회 비판적인 성격 강화, 어숙권의 『패관잡기』, 『전우치전』(작자 미상)
    - 문학의 저변 확대 ─ 여성이나 서얼 출신의 문인들 등장
      - 여류 문인: 신사임당(시, 글씨, 그림), 허난설헌(한시), 황진이(시조) 등
        - └ 이이의 어머니   └ 허균의 누나

- **조선 후기**
  - 한글 소설: 『홍길동전』(허균, 사회 비판, 이상 사회의 건설 묘사), 『춘향전』(신분 차별의 비합리성 묘사) 등
  - 사설시조: 격식에 구애 없이 서민의 감정을 표현, 현실에 대한 비판
  - 한문학: 정약용의 「애절양」(한시), 박지원의 『양반전』·『허생전』·『호질』 등(한문 소설)
  - 위항 문학: 중인(위항인)들은 시사를 결성하고 문학 활동 전개
  - 야담 잡기류: 『어우야담』(유몽인) 등

▷ **중인들의 저술**
- 『규사』: 작자 미상, 서얼의 역사와 차별 대우 철폐 주장
- 『연조귀감』: 이진흥, 향리의 기원·형성 등을 정리, 향리의 뿌리는 양반과 같음을 주장
- 『호산외기』: 조희룡, 위항인들의 전기를 모은 책
- 『이향견문록』: 유재건, 중인층 인물의 행적 기록
- 위항인들의 시집: 『풍요삼선』, 『소대풍요』, 『청구영언』, 『해동가요』, 『해동유주』 등
  - └ 김천택   └ 김수장

음악

- 고대: 왕산악(고구려, 거문고), 백결 선생(신라, 방아 타령), 우륵(가야금)
- 고려 ┬ 아악: 송에서 수입된 대성악이 궁중 음악으로 발전
  - └ 향악(속악): 우리 고유의 음악+당나라 음악(동동, 한림별곡, 대동강, 오관산 등)
- 조선 전기 ┬ 백성 교화 수단, 국가의 각종 의례와 밀접한 관계
  - ├ 세종: 세종이 여민락과 정간보 만듦, 아악을 체계적으로 정리, 박연 활동
    - └ 악기 제작·개량
  - └ 성종: 성현의 『악학궤범』 편찬(음악 총정리)
- 조선 후기 ┬ 음악의 향유층이 확대됨, 감정을 솔직하게 표현하는 경향 강화
  - ├ 양반은 가곡과 시조를, 서민은 민요를 애창
  - └ 광대나 기생이 판소리, 잡가 등을 창작·발전

▶ 우륵(대가야 출신)

신라 진흥왕 때 투항 → 진흥왕은 우륵을 국원(충주)에 살게 하고, 계고 등을 보내 그의 연주를 배우게 함.

▶ 조선 후기 문화의 새 경향
- 판소리: 왕실~서민의 폭넓은 호응, 19세기 신재효가 판소리 6마당 정리
- 탈놀이: 향촌에서 마을 굿의 일부로서 공연되어 유행, 민중 오락으로 정착
- 산대놀이: 산대라는 무대에서 공연되던 가면극이 민중 오락으로 정착, 도시 상인과 중간층 지원

8장 고대 국가의 문화 교류

解法 요람

고대 문화의 일본 전파

백제		일본 고대 아스카 문화 형성에 가장 크게 기여
고구려	혜 자	쇼토쿠 태자의 스승
	혜 관	일본에 삼론종 전파
	담 징	종이·먹 제조 기술, 호류사 금당 벽화
	└ 7세기 초	
신라		조선술, 축제술(한인의 연못)

고대 문화의 일본 전파

| 삼국의 문화 | 일본의 아스카 문화에 영향 |

- 백제 ┬ 4세기: 아직기(일본 태자의 스승), 왕인(천자문, 논어 전파)
  - ├ 무령왕: 5경박사 단양이와 고안무가 일본에 유학 전래
  - ├ 성왕: 노리사치계(불교와 불상 전파)
  - └ 무왕: 관륵(천문, 지리 등의 서적 전파)
- 고구려 ┬ 영양왕: 혜자(쇼토쿠 태자의 스승), 담징(호류사 벽화)
  - ├ 영류왕: 혜관(삼론종 전파, 삼론종의 시조가 됨.)
  - └ 수산리 고분(→ 다카마쓰 고분)
- 신라: 조선술·축제술(한인의 연못)
- 가야: 토기 제작 기술(가야 토기 → 스에키 토기 문화)

| 통일 신라 | 하쿠호 문화에 영향, 심상이 일본에 화엄 사상 전파 |

고대의 문화 교류

| 삼국 시대 |

- 고구려: 북방 민족, 서역 등과 교류
  - (쌍영총, 아프라시아브 궁전 벽화)
- 백제: 주로 남중국, 왜와 교류
- 신라: 고분에서 서역산 물품 출토
  - (황남대총 유리병, 계림로 보검)

| 남북국 시대 |

- 통일 신라 ┬ 도당 유학생(최치원 등)
  - └ 이슬람과의 교류: 괘릉 무인상
- 발해 ┬ 양태사 등이 일본에 사신으로 파견
  - └ 장경선명력, 불경 등을 일본에 전파

유네스코에서 지정한 문화유산 총정리

유네스코 세계 유산 　기출필수코드 54

- 석굴암과 불국사(1995) ┌ 석굴암: 360개의 석굴 짜맞추어 석굴 조성, 판석과 긴 돌을 결합하여 돔 천정 축조
　통일 신라 경덕왕　　└ 불국사: 사바세계(대웅전과 석가탑·다보탑), 극락세계(극락전), 연화장세계(비로전)를 표현한 사찰
- 해인사 장경판전(1995) ┌ 팔만대장경 보관, 조선 초의 전통적인 목조 건축 양식
　　　　　　　　　　　└ 통풍의 원활·방습의 효과·실내 적정 온도의 유지를 위해 전·후면 창호의 위치와 크기를 다르게 함.
- 종묘(1995): 조선 역대 왕과 왕비의 신주를 모신 사당, 정전(매년 춘하추동과 섣달)과 영녕전(춘추와 섣달)에서 제사
- 창덕궁(1997): 조선 태종 때 건립, 임진왜란 이후 조선의 법궁 역할 (p.123 참고)
- 수원 화성(1997): 정조 때 건축(정약용 참여), 평산성 형태(벌판과 산을 이어 건축), 군사적 방어 기능+상업적 기능 (p. 83 참고)
- 고인돌 유적(2000): 청동기 시대의 무덤 양식(고창·화순·강화)
- 경주 역사 유적 지구(2000) ┌ 남산 지구(배리 석불 입상, 나정, 포석정), 월성 지구(월성, 계림, 첨성대)
　　　　　　　　　　　　　└ 대릉원 지구(천마총), 황룡사 지구(황룡사지, 분황사), 산성 지구(명활산성)
- 제주 화산섬과 용암 동굴(2007): 한국 최초의 세계 자연 유산 지구
- 조선 왕릉(2009): 조선 시대 왕과 왕비의 무덤 44기 중 40기 등재(연산군·광해군 제외)
- 한국의 역사 마을(2010): 안동 하회 마을(병산 서원, 『징비록』보관), 경주 양동 마을(옥산 서원, 원의 법전인 『지정조격』발견)
- 남한산성(2014): 계획적으로 추진된 산성 도시, 17세기 병자호란 당시 인조 피난
- 백제 역사 유적 지구(2015): 공주시(공산성, 송산리 고분군), 익산시(왕궁리 유적, 미륵사지), 부여시(능산리 고분군, 정림사지)
- 산사, 한국의 산지 승원(2018): 한국의 산지형 불교 사찰의 유형을 대표하는 7개의 사찰(통도사·부석사 등)
- 한국의 서원(2019): 조선 시대의 사립 교육 기관, 소수 서원·옥산 서원·도산 서원 등 총 9개 서원이 등재됨.
- 한국의 갯벌(2021): 수천 종의 생물이 살아가는 보고로 인정받음, 서천 갯벌·신안 갯벌 등 4개의 갯벌이 등재됨.
- 가야 고분군(2023): 가야를 대표하는 7개의 고분군, 동아시아 고대 문명의 다양성을 보여줌.
- 반구천의 암각화(2025): '울주 대곡리 반구대 암각화', '울주 천전리 명문과 암각화'

유네스코 세계 기록 유산 　기출필수코드 54

- 『훈민정음 해례본』(1997): 훈민정음에 대한 해설서, 현재 간송 미술관에 보관
- 『조선왕조실록』(1997): 태조~철종, 편년체로 기록
- 『직지심체요절』(2001): 고려 우왕 때 청주 흥덕사에서 간행된 금속 활자 인쇄물(현존 最古), 현재 프랑스 국립 박물관에 보관 중
- 『승정원일기』(2001): 승정원에서 기록, 실록 편찬 때 기본 자료로 이용, 세계 최대의 연대 기록물
- 조선왕조의궤(2007): 왕실의 주요 행사 등을 그림으로 기록, 임진왜란 이후의 것만 현존, 국내본 의궤만 등록(외규장각 의궤 ✕)
- 고려 대장경판 및 제경판(2007) ┌ 고려 대장경판(몽골 침입 당시 제작)+제경판(해인사에서 추가로 제작한 경판)
　　　　　　　　　　　　　　　└ 경전의 권수·설명·위치·배경·번역자 이름·나라 이름까지 기재
- 『동의보감』(2009): 광해군 때 허준이 편찬한 의학 백과사전(전통 한의학 체계적으로 정리)
- 『일성록』(2011): 영조(세손 이산의 「존현각일기」에서 비롯)~1910년까지의 국정 전반을 기록한 국왕의 일기
- 5·18 민주화 운동 기록물(2011): 광주 민주화 운동의 발발과 진압, 이후의 진상규명과 보상 등의 과정을 광범위하게 수록
- 『난중일기』(2013): 이순신이 임진왜란 중 군중에서 직접 쓴 친필 일기(임진왜란 발발~노량 해전)
- 새마을 운동 기록물(2013): 1970~1979년까지 전개된 새마을 운동에 관한 기록물
- KBS 특별 생방송 '이산가족을 찾습니다' 기록물(2015): 1983년 6월 30일 밤 10시 15분부터 11월 14일 새벽 4시까지의 방송 기록물
- 한국의 유교책판(2015): 조선 시대 향촌에서 '공론'에 의해 제작되어 간행·보관·전승되어 온 유교책판
- 조선 왕실 어보와 어책(2017): 왕·왕비 책봉 등에 만든 의례용 인장과 책, 왕실의 정통성과 지속성 상징
- 조선 통신사에 관한 기록(2017): 1607년~1811년까지 일본에 12차례 파견한 외교 사절의 외교·여정·문화 교류에 관한 기록물
- 국채 보상 운동 기록물(2017): 1907년에 일어난 국채 보상 운동의 과정을 보여 주는 기록물
- 4·19 혁명 기록물(2023): 1960년에 일어난 학생 주도의 민주화 운동에 대한 기록물, 1960년대 세계 학생 운동에 영향 미침.
- 동학 농민 혁명 기록물(2023): 1894년 동학 농민 운동과 관련된 기록물, 백성들이 주체가 되어 자유·평등 등 보편적 가치를 지향
- 산림녹화 기록물(2025): 정부와 민간에서 산림녹화를 추진하는 과정에서 남긴 각종 기록물
- 제주 4·3 기록물(2025): 제주 4·3 사건에 대한 기록물, 당시 이해 당사자들이 경험한 기록까지 포함

유네스코 인류 무형 문화유산 　기출필수코드 54

종묘 제례 및 종묘 제례악(2001) / 판소리(2003) / 강릉 단오제(2005) / 강강술래(2009) / 남사당놀이(2009) / 영산재(2009) / 처용무(2009) / 제주 칠머리당 영등굿(2009) / 가곡(2010) / 대목장(2010) / 매사냥술(2010) / 줄타기(2011) / 택견(2011) / 한산 모시 짜기(2011) / 아리랑(2012) / 김장 문화(2013) / 농악(2014) / 줄다리기(2015) / 제주 해녀 문화(2016) / 씨름(2018) / 연등회, 한국의 등축제(2020) / 한국의 탈춤(2022) / 한국의 장 담그기 문화(2024)

조선 시대 한양 도성 총정리

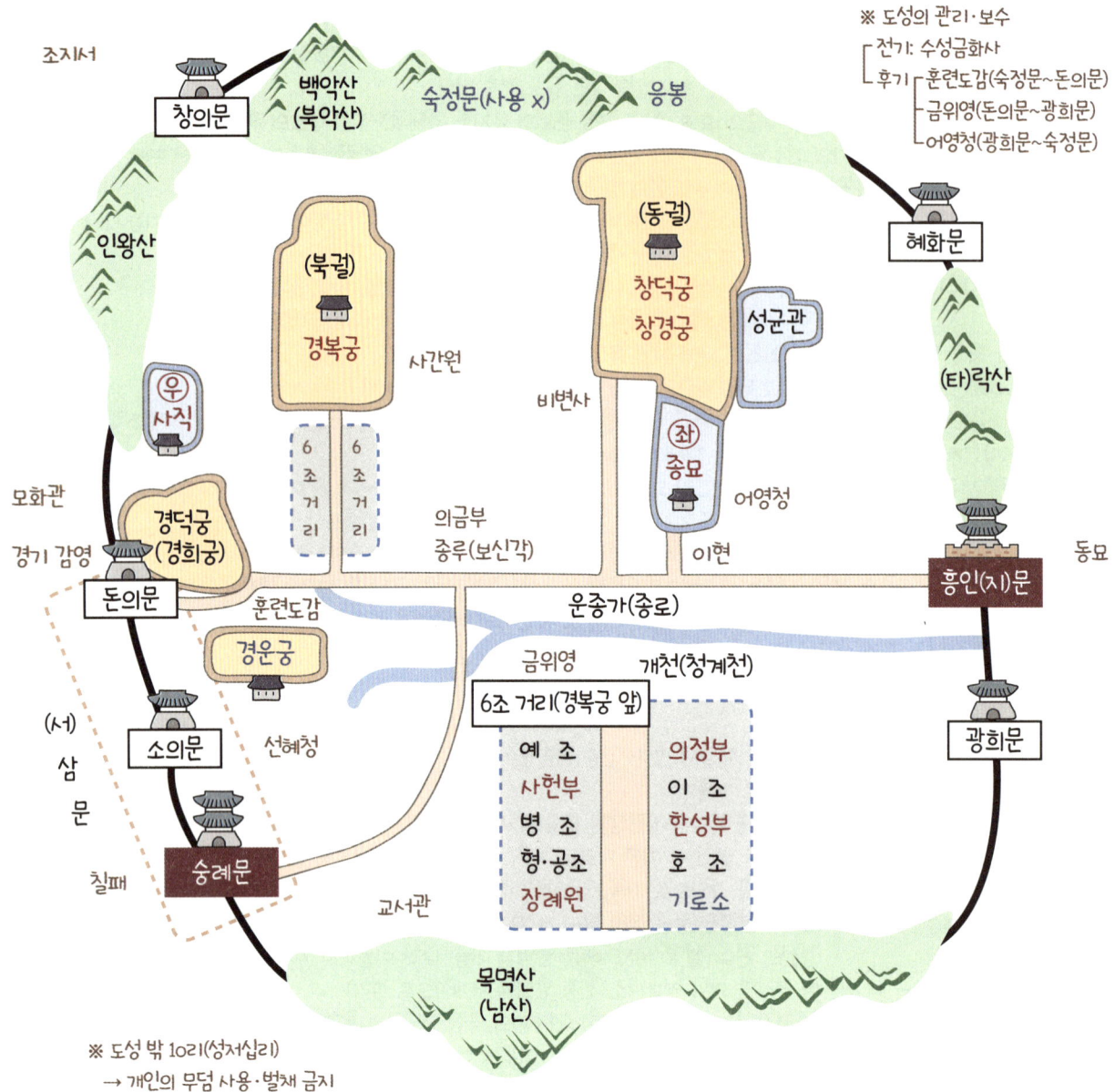

※ 도성의 관리·보수
- 전기: 수성금화사
- 후기 ┌ 훈련도감(숙정문~돈의문)
  ├ 금위영(돈의문~광희문)
  └ 어영청(광희문~숙정문)

※ 도성 밖 10리(성저십리)
→ 개인의 무덤 사용·벌채 금지

▶ 한양 도성의 4대문(인·의·예·지 순서)

• 흥인(지)문 ┌ 방어 취약 → 입구에 반원형 옹성 설치
  ├ 2층 문루+중층 우진각지붕, 종 설치
  └ 주변: 동묘(관우 사당)

• 돈의문 ┌ 태조~세종 시기 2차례 재건축 → '새문(신문)'으로 불림.
  └ 1층 문루+단층 우진각지붕

• 숭례문 ┌ 도성의 정문 → 주로 국왕·중국 사신 출입
  ├ 2층 문루+중층 우진각지붕, 종 설치
  └ 주변: 칠패(난전)를 비롯한 번화가

• 숙정문: 실제 사용 X, 기우제 등 의식용으로 사용

▶ 한양 도성의 4소문

• 소의문 ┌ 돈의문·숭례문과 함께 도성 3문 중 하나
  └ 사형장 위치, 천주교 박해(약현성당)

• 광희문: 일반인 장례 행렬 출입

• 창의문 ┌ 군사적 요충지(북한산성과 연결)
  └ 조지서 위치, 실록 편찬 후 세초 장소

• 혜화문: 여진족(야인) 출입, 한양의 북쪽 출입구 역할

※ 도성의 시간 알림

• 인경(저녁): 28회 타종 / 파루(새벽): 33회 타종

• 보루각(궁궐)에서 시간 측정
  → 종루·숭례문·흥인문에 전달하여 시간 알림.

• 궁궐문: 도성문보다 늦게 열리고 도성문보다 일찍 닫음.

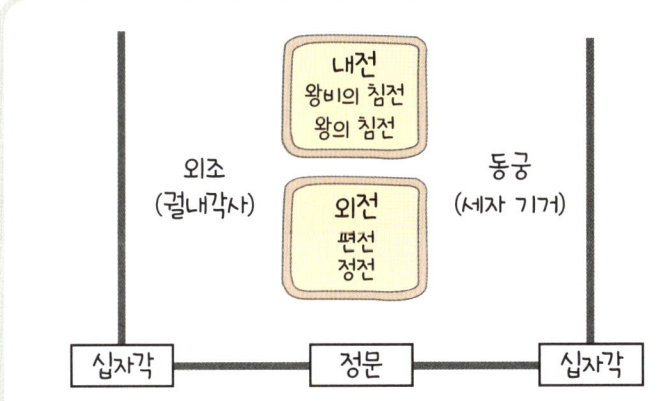

〈 궁궐 건축의 기본 개념 〉
- 전조후침: 남쪽에 외전 / 북쪽에 내전
- 좌묘우사: 동쪽에 종묘 / 서쪽에 사직

〈 조선의 양궐 체제 〉
- 법궁(Main)과 이궁(Sub)을 항시 유지
- 전기: 경복궁(법궁) / 창덕궁·창경궁(이궁)
- 후기: 창덕궁·창경궁(법궁) / 경덕궁(이궁)

〈 후원(금원): 궁중 휴식 공간 / 과거 시험·군사 훈련·국왕의 친경 장소 〉

[경복궁 후원]

일제 강점기 때 조선 총독 관저로 이용
→ 광복 후 대통령 관저로 이용
　　경무대(이승만) → 청와대(박정희~)

[창덕궁·창경궁 후원]
- 부용정 일대: 규장각(주합루·열고관 등)
- 존덕정:「만천명월주인옹자서」현판
- 대보단(숙종) → 선원전(일제 강점기)

※ 건청궁(경복궁): 고종 때 건립, 최초로 전등 사용(1887), 을미사변 발생(옥호루)

간의대(경회루 북쪽)

〈 경회루(경복궁) 〉

연회 장소

보루각·흠경각(경회루 남쪽)

〈 내전: 왕과 왕비의 생활 공간 〉
- 중(궁)전: 왕비 침소, 내명부 관리
  └ 교태전(경복궁) / 대조전(창덕궁)
- 대전: 국왕 침소, 대신과 독대 장소
  └ 강녕전(경복궁) / 희정당(창덕궁)

※ 선원전: 임금의 초상(어진) 봉안
　→ 주로 법궁(정궁)에 설치(경희궁 ✕)

〈 동궁(춘궁) 〉

세자·세자빈 기거
세자시강원(서연 담당)
세자익위사(세자 호위)

※ 수정전(경복궁): 집현전 자리, 군국기무처로 이용

〈 궐내각사 〉

승정원·홍문관·춘추관
예문관·승문원·규장각
내의원·사옹원·상의원
(의료)　(음식)　(옷)

〈 외전: 왕과 신하의 정무 공간 〉
- 편전: 업무 공간(상참·윤대·차대)
  └ 사정전(경복궁) / 선정전(창덕궁)
- 정전: 의례 공간(앞마당: 조정)
  └ 근정전(경복궁) / 인정전(창덕궁)

※ 창경궁
　무고의 옥(장희빈), 임오화변(사도 세자) 장소
　일제 강점기 때 창경원으로 격하(동물원·식물원)

정문(O화문)

광화문(경복궁) / 돈화문(창덕궁) / 홍화문(창경궁) / 흥화문(경덕궁) / 인화문(경운궁)

▶ 경운궁(덕수궁) – 대한 제국의 징궁
- 월산 대군 사저 → 궁궐(광해군) → 대한 제국 정궁
- 정문: 인화문 → 대안문(대한문)
- 정무 공간: 중화전(정전)·준명전(편전)
- 석조전: 르네상스 양식, 제1차 미·소 공동 위원회 회의 장소

▶ 경덕궁(경희궁) – 일제 강점기 수난의 궁궐
- 광해군 때 건설 → 인조 이후 조선의 이궁(서궐)
- 순종 이후 궁궐 주변이 일본인 거주 지역으로 지정
　→ 궐 내에 통감부 중학교가 설립되면서 급속도로 훼손
- 흥화문(정문): 박문사(이토 히로부미 추모 사찰)로 매각

1장 외세의 침략적 접근과 개항

1강 흥선 대원군의 개혁 정책
기본서 354~358쪽

解法 요람

1860년대 정치 상황 기출필수코드 21

세도 정치기	흥선 대원군 집권기	민씨 정권
1800 순조 즉위	**1863** 고종 즉위	**1873** 대원군 하야 고종 친정

	문제점	개혁 정책
대내	1. 왕권 약화	1. 전제 왕권 강화 ┌(정치) 의정부, (군사) 삼군부 + 『육전조례』 ┐ 물가 폭등 ① 세도 가문 척결 ② 비변사 축소·폐지 ③ 『대전회통』 편찬 ④ 경복궁 중건(당백전 남발) ※ 조선 법전: 『경국대전』(성종) ➡ 『속대전』(영조) ➡ 『대전통편』(정조) ➡ 『대전회통』(고종)
	2. 민생 파탄 (삼정의 문란)	2. 민생 안정(국가 재정 확보) ① 삼정의 문란 시정 ┌ 전정: 양전 실시, 토지 겸병 금지 ├ 군정: 호포법(양반에게도 군포 징수) 군포 부담: 丁 ➡ 戶 └ 환곡: 민간 주도의 사창제로 개혁 ② 서원 철폐 – 양반의 반발 가장 큼. 만동묘도 철폐
대외	열강의 침략적 접근	3. 통상 수교 거부 정책

① 이양선 출몰: 위기감 고조
② 러, 연해주 획득 ➡ 조선, 러시아와 국경 맞닿게 됨.

흥선 대원군의 통상 수교 거부 정책 기출필수코드 21

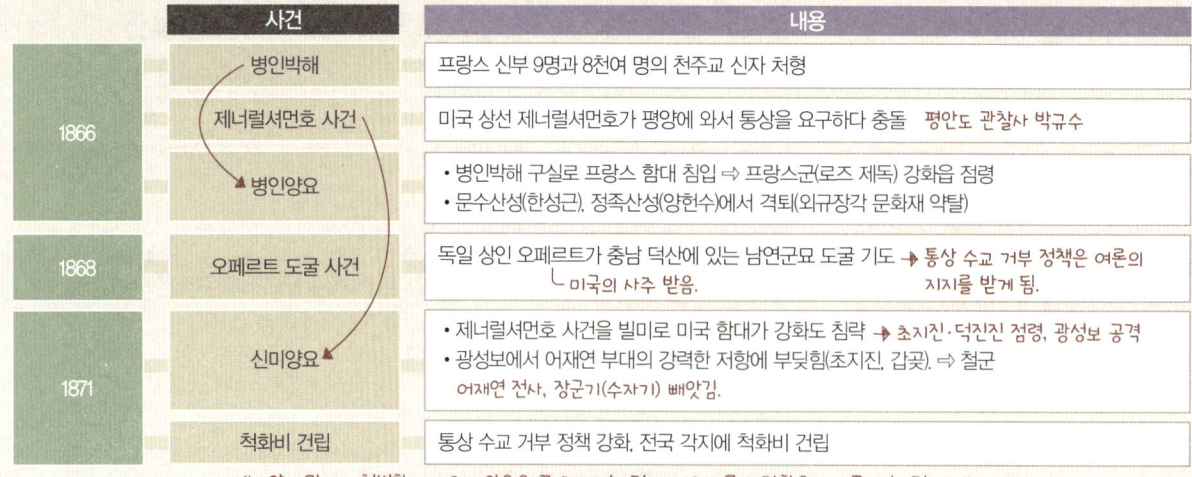

	사건	내용
1866	병인박해	프랑스 신부 9명과 8천여 명의 천주교 신자 처형
	제너럴셔먼호 사건	미국 상선 제너럴셔먼호가 평양에 와서 통상을 요구하다 충돌 평안도 관찰사 박규수
	병인양요	• 병인박해 구실로 프랑스 함대 침입 ⇨ 프랑스군(로즈 제독) 강화읍 점령 • 문수산성(한성근), 정족산성(양헌수)에서 격퇴(외규장각 문화재 약탈)
1868	오페르트 도굴 사건	독일 상인 오페르트가 충남 덕산에 있는 남연군묘 도굴 기도 ➡ 통상 수교 거부 정책은 여론의 └ 미국의 사주 받음. 지지를 받게 됨.
1871	신미양요	• 제너럴셔먼호 사건을 빌미로 미국 함대가 강화도 침략 ➡ 초지진·덕진진 점령, 광성보 공격 • 광성보에서 어재연 부대의 강력한 저항에 부딪힘(초지진, 갑곶). ⇨ 철군 어재연 전사, 장군기(수자기) 빼앗김.
	척화비 건립	통상 수교 거부 정책 강화, 전국 각지에 척화비 건립

"서양 오랑캐가 침범함에 싸우지 않음은 곧 화의하는 것이요, 화의를 주장함은 나라를 파는 것이다."

⚫ 호포제 실시

나라 제도로서 인정(人丁)에 대한 세를 신포라 하였는데, 충신과 공신의 자손에게는 모두 신포가 면제되어 있었다. 대원군은 이를 수정하고자 동포라는 법을 제정하였다. — 박제형, 『근세조선정감』

⚫ 서원 철폐

대원군이 크게 노하여 말하기를 "진실로 백성에게 해되는 것이 있으면 비록 공자가 다시 살아난다 하더라도 나는 용서하지 않겠다. 하물며 서원은 우리나라 선유를 제사하는 곳인데 지금에는 도둑의 소굴로 됨에 있어서랴." 하였다. — 박제형, 『근세조선정감』

흥선 대원군 집권기 정치 상황

+ **1863** 고종 즉위, 흥선 대원군 집권

+ **1864** 최제우 처형, 서원 철폐(~1871)
  └ 만동묘 등 폐쇄

+ **1865** 비변사 축소·폐지   『대전회통』 반포
  → 의정부·삼군부 부활
  경복궁 중건(~1868)

+ **1866** 1월 병인박해
  7월 제너럴셔먼호 사건
  9월 병인양요 외규장각 약탈

+ **1867** 사창제 실시   『육전조례』 반포
  └ 운영 주체: 관청(수령·향리) → 민간   └ 관청의 시행 규정

+ **1868** 오페르트 도굴 사건

+ **1871** 호포법 실시(양반에게도 군포 징수)
  6월 신미양요 눈물의 방탄복 부대

+ **1873** 고종 친정 선언, 흥선 대원군 하야

> ▶ **경복궁 중건(1865~1868)**
> • 원납전 강제 징수, 당백전 남발
>   → 경제적 혼란(물가 폭등)
> • 통행세 징수, 결두전(토지 특별세) 부과
> • 양반 묘지림 벌목 → 양반 반발↑
> • 백성 공사장 징발 → 백성 불만↑

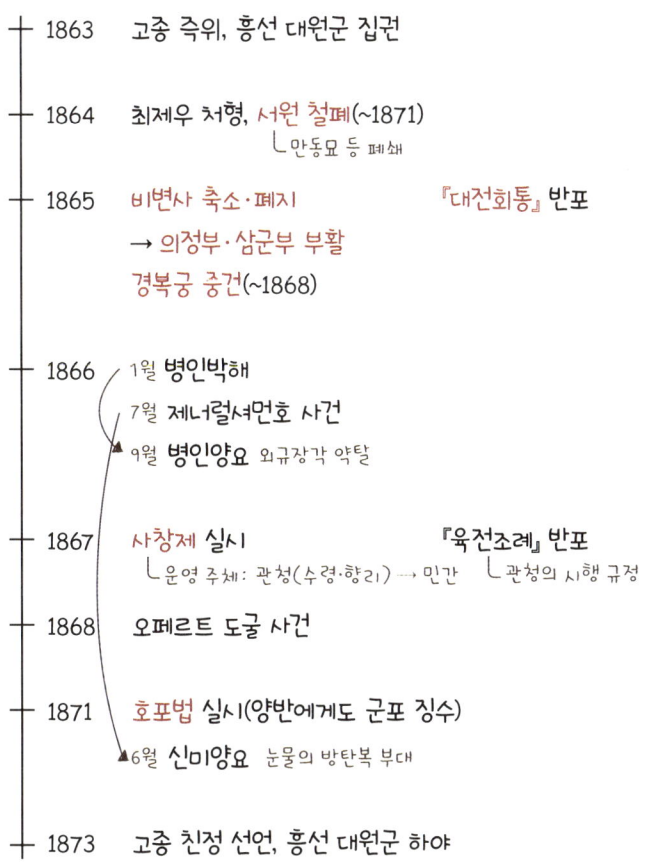

통상 수교 거부 정책
국방력 강화: 삼수병 강화, 서양 화포 기술 도입, 강화도의 병력 증가

병인박해 1866. 1.
- 러시아의 남하에 위기 의식↑ → 프랑스 교섭 시도
- 천주교 금지하라는 여론 확산, 유생들 반발↑
→ 프랑스 선교사 9명과 신자 8천여 명 처형

병인양요 1866. 9.
- 발발: 프랑스, 병인박해를 구실 삼아 극동함대를 파견
  └ 정부의 대응: 순무영 설치, 한강 연안 수비 강화
- 과정: 프랑스군, 한강 봉쇄·강화부 점령
  → 문수산성(한성근)·정족산성(양헌수) 전투
- 결과 ┬ 프랑스군 퇴각
  └ 외규장각의 문화재 약탈
      └ 의궤, 왕실 서적, 보물

제너럴셔먼호 사건 1866. 7.
미국 상선 제너럴셔먼호의 통상 요구(대동강, 평양 근처)
→ 평안도 관찰사 박규수는 이를 거부하고 격퇴

오페르트 도굴 사건 1868
미국의 사주를 받은 독일 상인 오페르트 등이
남연군(흥선 대원군 아버지) 묘 도굴 시도

신미양요 1871
- 발발: 미국, 제너럴셔먼호 사건을 구실로 통상 요구
- 과정: 미국, 군함을 보내 강화도 공격
  → 초지진·덕진진 점령, 광성보 전투(어재연 전사)
- 결과 ┬ 미군, 소득 없이 철수(어재연 수자기 탈취)
  └ 척화비 전국 각지에 건립
      └ 척화비 내용은 병인양요 때 지음.

2강 개항과 불평등 조약 체결

기본서 359~363쪽

解法 요람

1870년대 정치 상황

┌──────────────────────────────── 부패한 민씨 척족 세력들(민겸호, 민승호 등)

흥선 대원군 집권기	민씨 정권

1863	1873	1875	1876
고종 즉위	대원군 하야 고종 친정	운요호 사건	개항 조·일 수호 조규

강화도 조약과 부속 조약 체결 │기출필수코드 22★│

강화도 조약 (조·일 수호 조규)	배경	운요호 사건(1875)		제1관 청의 간섭 배제 제4관 3개 항구 개항 부산(76), 원산(80), 인천(83) 제7관 해안 측량권 ┐ 불평등 조약 제10관 영사 재판권 ┘
	성격	최초의 근대적 조약, 불평등 조약		

구분	주요 내용	1880년대 이후 변화
조·일 수호 조규 부록 (1876. 8.)	• 개항장에서의 일본 화폐의 유통 허용 • 거류지 무역: 동서남북 10리로 제한	1882년 임오군란 이후 • 일·수호 조규 속약(1882, 거류지 50리 확대) • 청 상민 수륙 무역 장정(1882, 내지 통상 허용) ⇨ 청·일 상인 치열한 경쟁 • 주요 열강: 최혜국 대우 내세워 내지 통상
조·일 무역 규칙 (1876. 8.)	• 무관세 규정(관세 자주권 박탈) • 양곡의 무제한 유출 규정(방곡령 선포권 박탈)	1883년 통상 장정 개정 • 관세 자주권 일부 회복 • 방곡령 선포권 회복(1개월 전 미리 통보) • 일본에 최혜국 대우 규정(불평등 조약)

1870~1880년대 조약 체결

┼ 1873		흥선 대원군 하야, 고종의 친정(민씨 척족 세력 정권 장악)
┼ 1875	운요호 사건	일본 군함 운요호가 강화도에 접근, 조선 측의 포격 유도 → 일본은 군함을 보내 무력으로 조선에 개항 요구
┼ 1876 2월	강화도 조약	┌ 최초의 근대적 조약, 불평등 조약 └ 청의 간섭 배제, 3개 항구 개항, 연해 측량권 요구, 치외 법권 인정 　　　　　　　└ 부산 외 두 곳을 개항
8월	조·일 무역 규칙	무관세·무항세, 양곡의 무제한 유출(방곡령 선포권 박탈) ┐
8월	수호 조규 부록	┌ 개항장에서 일본 화폐 유통 허용 └ 개항장에서 일본인 거류지 설정 → 동서남북 10리 ┘
		└ 일본의 경제적 침략 발판 마련
1880 2차 수신사		
┼ 1882 4월	조·미 수호 통상 조약	┌ 『조선책략』 유포에 영향, 청나라(이홍장) 알선 ├ 서양과의 최초 조약, 보빙사 파견(1883, 민영익) └ 치외 법권 인정, 최혜국 대우 규정(최초), 관세 부과(최초), 거중 조정 　　　　　　　　　　　　　└ 양국 간 우호 협력
6월	임오군란 → 청의 내정 간섭 심화	
7월	수호 조규 속약	제물포 조약의 부속 협약, 거류지 50리 확대(2년 뒤 100리) └ 임오군란 이후 일본에 배상금 지급
3차 수신사		
8월	조·청 상민 수륙 무역 장정	청이 조선의 종주국임을 명시, 청 상인의 내지 통상 허용
┼ 1883	개정 조·일 통상 장정	관세 자주권 일부와 방곡령 선포권 회복, 일본에게 최혜국 대우 규정 　　　　　　└ 1개월 전에 미리 통보　　└ 균점의 예
	조·영 수호 통상 조약	아편 문제로 지연, 최혜국 대우 규정, 관세·내지 통상권
┼ 1884	조·러 수호 통상 조약	청·일의 반대로 지연, 러시아와 직접 수교, 치외 법권, 관세
┼ 1886	조·불 수호 통상 조약	천주교 전래 문제로 지연, 천주교 신앙과 선교 자유 허용, 치외 법권

3강 위정척사와 개화

기본서 364~368쪽

解法 요람

위정척사 운동

1860년대	병인양요	척화주전	이항로, 기정진	통상 반대 운동
1870년대	운요호 사건 강화도 조약	왜양일체	최익현	개항 반대 운동
1880년대	『조선책략』 개화 정책 추진	영남 만인소	이만손, 홍재학	개화 정책 반대
1890년대	명성 황후 시해 단발령	을미의병	유인석, 이소응	항일 의병 운동

개화파의 형성과 분화

통상 개화론(초기 개화파): 박규수, 오경석, 유홍기(대치)	

↓ 임오군란

온건 개화파(사대당, 수구당)	급진 개화파(개화당, 독립당)
• 김홍집, 어윤중, 김윤식 • 친청, 청의 양무운동 모방, **동도서기론** • 민씨 정권에 참여, 갑오개혁 주도	• 김옥균, 박영효, 홍영식, 서광범, 서재필 • 반청 친일, 일본의 메이지 유신 모방, **입헌 군주제** • **갑신정변**의 주체가 됨.

1880년대 정치 상황

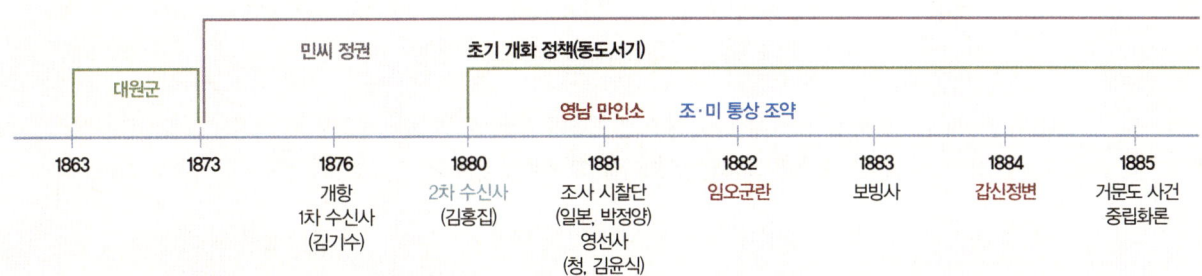

대원군 / 민씨 정권 / 초기 개화 정책(동도서기)

영남 만인소 / 조·미 통상 조약

1863	1873	1876	1880	1881	1882	1883	1884	1885
		개항 1차 수신사 (김기수)	2차 수신사 (김홍집)	조사 시찰단 (일본, 박정양) 영선사 (청, 김윤식)	임오군란	보빙사	갑신정변	거문도 사건 중립화론

위정척사 운동 ▶ 성리학적 질서 수호, 서양과 일본 세력 배척

1860년대
- 배경: 서양 열강의 통상 요구(병인양요 등)
- 통상 반대 운동: 이항로, 기정진 등 척화 주전론 주장 → 흥선 대원군의 통상 수교 거부 정책 지지

1870년대
- 배경: 운요호 사건 계기로 일본과 통상을 위한 협상 진행
- 개항 반대 운동: 최익현, 왜양일체론을 내세워 5불가소 올림. → 일본과의 수교·통상 반대

1880년대
- 배경: 『조선책략』의 유포, 정부의 개화 정책 추진
  └ 2차 수신사(김홍집)
- 개화 정책 반대 운동: 이만손(영남 만인소), 홍재학(만언 척사소)

1890년대 이후
- 배경: 을미사변(명성 황후 시해), 단발령(을미개혁)
- 유인석, 이소응 등 유생들의 주도로 항일 의병 운동 전개

▶ 1880년대 위정척사 운동

『조선책략』에 따라 연미론이 확산되어 정부가 미국과 통상 조약을 체결하려 하자, 위정척사 운동이 절정에 이르렀다. 전국의 유생들은 정부가 황쭌셴의 『조선책략』에 따라 서양과 통교하려 한다고 여겨 이를 반대하는 상소를 올렸다.

개화당의 형성과 분화

(박규수(임술민란 때 안핵사로 파견·제너럴셔먼호 사건 때 평안 감사, 강화도 조약 체결 주도)
오경석(역관·외국 문물 소개), 유대치(의관, 통상과 개화 주장, 김옥균·박영효에게 영향)

개화 사상의 선구: 박규수·오경석·유대치 등, 통상 개화론 주장, 개화파 형성에 영향

└── 임오군란 이후 분화(청에 대한 입장 차이)

온건 개화파(사대당·수구당)

김홍집·김윤식·어윤중 등
친청: 청의 양무운동 모방, 동도서기론 주장
민씨 정권에 적극 협력, 갑오개혁 주도

급진 개화파(개화당·독립당)

김옥균·박영효·홍영식·서광범·서재필 등
반청 친일: 일본 메이지유신 모방, 입헌 군주제 추구
갑신정변의 주도 세력

◉『조선책략』, 황쭌셴(황준헌)

오늘날 조선의 책략은 러시아를 막는 일보다 더 급한 것이 없을 것이다. 러시아를 막는 책략은 어떠한가? 중국과 친하고(親中國), 일본과 맺고(結日本), 미국과 이어짐(聯美邦)으로써 자강을 도모할 따름이다.

개화 정책의 추진

| 1876 | 1차 수신사(일) | 근대 문물 시찰, 김기수가 『일동기유』 저술 |

└ 근대 문물 소개

| 1880 | 2차 수신사(일) | 5개월간 머물며 근대 문물 시찰, 황쭌셴의 『조선책략』 국내 유포(김홍집) |

└ 조·미 수호 통상 조약 체결에 영향

| 통리기무아문 설치 | 개화 정책의 중심 기구, 12사를 두어 외교·군사 등 실무 담당 |

└ 근대적 행정 기구

| 1881 | 군사 제도 개혁 |

┌ 신식 군대인 별기군 창설(일본인 교관 초빙) → 근대적 군사 훈련
└ 구식 군대 축소: 5군영 → 2영(장어영과 무위영)

| 조사 시찰단(일) |
박정양·어윤중·유길준 등

비밀리에 파견(개화에 대한 부정적 여론 의식), 일본의 정부 기관·각종 산업 시설 시찰
→ 귀국 후 보고서 제출(개화 정책 추진 뒷받침)

| 영선사(청) |

김윤식 등을 청나라 톈진에 파견, 근대식 무기 제조·군사 훈련 등을 배워옴.
→ 1년 만에 귀국, 서울에 기기창(무기 제조) 설치(1883)

| 1882 | 임오군란 |

| 3차 수신사(일) | 제물포 조약 체결 직후, 일본에 박영효·김옥균 등 파견(임오군란에 대한 사죄사 형식) |

└ 고종에게 신문 발행 건의 → 박문국(1883), 한성순보(1883~1884)

| 1883 | 보빙사(미) | 민영익(전권 대사)·홍영식·유길준 등을 미국에 파견(최초의 구미 사절단) |

└ 최초의 국비 유학생(1881, 일본), 최초의 미국 유학생, 『서유견문』(1895)

| 1884 | 우정총국 설치, 갑신정변 |

└ 부상당한 민영익을 알렌이 치료

| 1885 | 광혜원(→ 제중원) 설립 |

└ 알렌의 요청

4강　임오군란과 갑신정변

解法 요람

임오군란　기출필수코드 23

※ 대원군의 재집권 (임오군란(1882)
일본의 경복궁 점령 직후(1894)

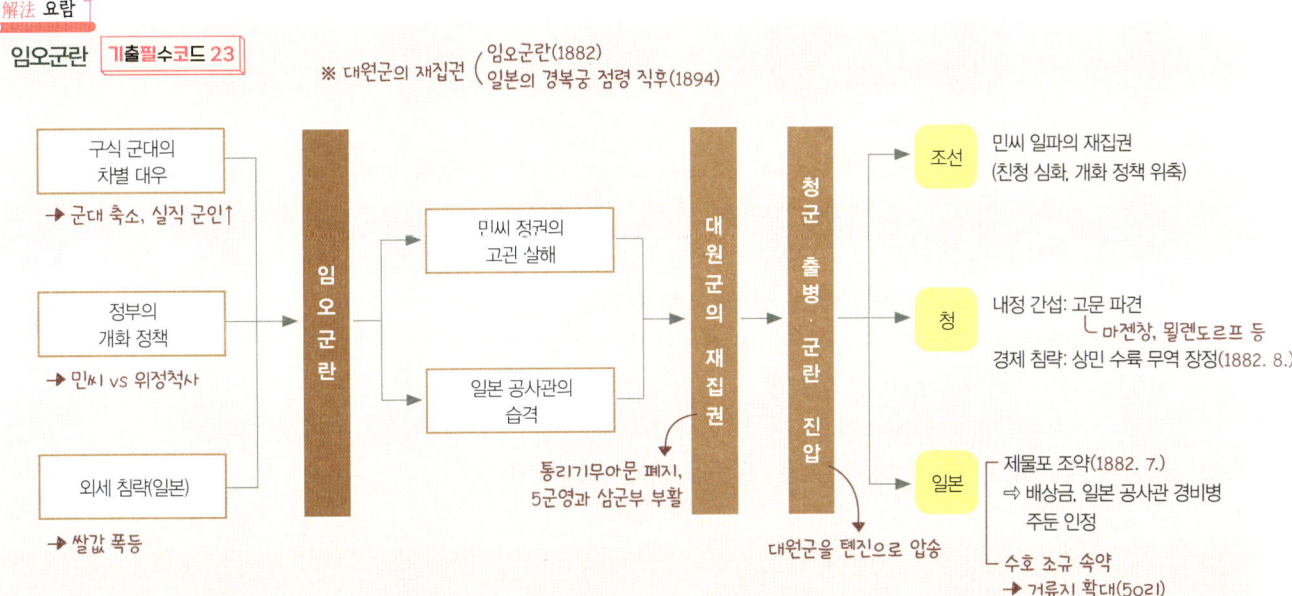

```
구식 군대의 차별 대우
→ 군대 축소, 실직 군인↑

정부의 개화 정책
→ 민씨 vs 위정척사

외세 침략(일본)
→ 쌀값 폭등
```
→ 임오군란 → 민씨 정권의 고관 살해 / 일본 공사관의 습격 → 대원군의 재집권 → 청군 출병·군란 진압

통리기무아문 폐지, 5군영과 삼군부 부활
대원군을 톈진으로 압송

- 조선 : 민씨 일파의 재집권 (친청 심화, 개화 정책 위축)
- 청 : 내정 간섭: 고문 파견 └ 마젠창, 묄렌도르프 등 / 경제 침략: 상민 수륙 무역 장정(1882. 8.)
- 일본 : ┌ 제물포 조약(1882. 7.) ⇒ 배상금, 일본 공사관 경비병 주둔 인정
　　　　└ 수호 조규 속약 → 거류지 확대(50리)

갑신정변　기출필수코드 23

배경	민씨 정권의 개화 세력 탄압, 청·프 전쟁으로 청군의 일부 철수
전개	우정국 개국 축하연 계기로 정변 단행 ⇒ 개화당 정부 수립(14개조 정강) ⇒ 청 개입으로 실패(3일 천하, 김옥균·박영효는 일본 망명)
결과	청의 내정 간섭 강화, 개화 운동의 흐름 약화, 한성 조약과 톈진 조약 체결 ┌ 조-일, 일본에 배상금 지불 └ 청-일, 양국 군대 동시 철수, 파병시 사전 통보
의의	최초로 입헌 군주제와 봉건적 신분제 타파 추구 ⇒ 근대화 운동의 선구　갑오개혁에 일부 반영
한계	위로부터의 개혁, 민중의 지지 ×, 외세 의존적(일본)

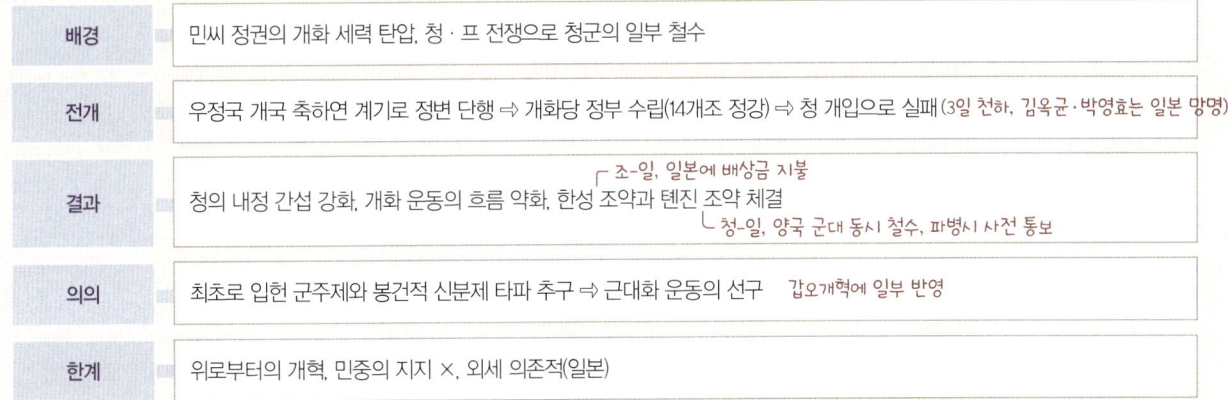

◉ 조·청 상민 수륙 무역 장정(1882)

전문: "속방을 우대하는 뜻에서 나온 만큼 다른 각국과 일체 균점하는 예와 같지 않다."
1. 청의 상무위원 파견(조선 국왕과 대등)
2. 청 상인에 대한 영사 재판권(청 상무위원이 심의·판결)
4. 양화진과 한성에 행잔(상점·창고·여관 등) 개설, 양국 상민은 상무위원과 지방관이 발행하는 호조(여행권)를 받으면 내지에서 상품 구매 가능(→ 내지 통상 규정)

◉ 제물포 조약(1882) 임오군란

3. 피해 입은 일본인에게 배상금(5만원)
4. 공사관 피해에 대한 배상금(50만원)
5. 일본 공사관 경비 주둔(비용은 조선 부담)

◉ 한성 조약(1884) 갑신정변

1. 국서를 보내 일본에 사의 표명
2. 배상금 지급(11만원)
4. 일본 공사관 신축 비용 지원

임오군란 1882

배경

- 정치: 민씨 정권과 위정척사 세력 사이의 갈등 심화
- 경제: 세금 증가(개화 정책 추진 → 정부의 지출 증가), 쌀값 상승(일본으로 곡식 유출↑)

전개

- 원인: 군대 축소, 별기군 창설 → 구식 군인들의 불만 多
- 도봉소 사건: 선혜청 창고인 도봉소에서 구식 군인들에게 월급 지급 → 13개월 동안 월급 밀린 상황+지급된 1달치 급료의 상태 불량
  - └ 겨와 모래 섞임.
  - → 군인들 분노 폭발, 선혜청 책임자 민겸호의 집 공격
- 확산: 서울의 하층민까지 가담, 민겸호 등 고위 관리와 별기군의 일본인 교관 살해, 일본 공사관 습격
- 대원군 재집권: 고종은 대원군에게 사태의 수습 맡김. 중전 민씨는 장호원(경기도 이천)으로 피신
  - → 대원군은 통리기무아문·별기군 폐지, 5군영·삼군부 복구
- 진압: 청나라의 군대 파견(김윤식의 요청) → 청은 대원군을 청(텐진)으로 압송
  - └ 군란의 책임자

결과

- 민씨 정권의 재집권: 친청 정책 강화, 개화 정책 후퇴
- 청의 내정 간섭 강화 ┌ 청나라 군대의 서울 주둔, 외국인 고문 파견(마젠창, 묄렌도르프 등)
  - └ 조·청 상민 수륙 무역 장정(치외 법권, 내지 통상권 규정)
- 일본 ┌ 제물포 조약: 배상금 지불, 최초로 일본 군대 주둔 허용(공사관 경비)
  - └ 조·일 수호 조규 속약: 개항장을 기준으로 통상 지역 확대(일본 상인의 내륙 진출)
- 3차 수신사로 박영효와 김옥균을 일본에 파견(사죄의 의미) └ 거류지 50리로 확대(2년 후 100리)

갑신정변 1884

- 배경: 민씨 정권의 개화 세력 탄압, 청군의 일부 철수(청·프 전쟁), 일본의 군사 지원 약속
  - └ 김옥균의 차관 도입(일) 실패 └ 청, 베트남을 둘러싸고 프랑스와 전쟁
- 전개: 우정국 개국 축하연 계기로 정변 단행 → 개화당 정부 수립(14개조 정강) → 청 개입(실패)
- 결과: 청의 내정 간섭 강화, 개화의 흐름 한동안 단절
  - ├ 한성 조약(조·일): 일본은 도리어 사죄와 배상 요구 → 배상금 지불, 공사관 신축 비용 부담
    - 1884 └ 고종은 일본의 정변 개입에 항의
  - └ 텐진 조약(청·일): 청·일 군대 공동 철수, 양국은 조선에 대한 동등한 파병권 확보
    - 1885, 청·일은 조선에 파병시 사전 통보 약속(1차 동학 농민 운동 때 일본 군대의 파병 초래)

갑신정변 이후의 정세 · 열강의 각축 심화: 거문도 사건, 중립화론

- 조선 정부 ┌ 청나라 견제: 러시아에 접근(조·러 통상 조약, 조·러 육로 통상 조약)
  - │ └ 1884
  - └ 근대화 정책: 제중원(1885, 의료 시설), 육영 공원(1886, 교육 기관), 연무 공원(1888, 신식 군사 훈련) 등
- 거문도 사건: 영국이 거문도 불법 점령(러시아의 남하 견제)
  - 1885~1887 └ 해밀턴 항
- 한반도 중립화론 ┌ 부들러: 조선 정부가 독자적으로 영세 중립국을 선언할 것을 제안(스위스식) "해양 세력인 일본과 대륙 세력인 청 사이의 충돌을 방지"
  - │ └ 독일 영사
  - └ 유길준: 강대국(열강)이 보장하는 한반도의 중립론을 구상(벨기에식) "우리나라가 아시아의 중립국이 된다면 러시아를 방어하는 큰 기틀이 될 것이고, 또한 아시아의 대국들이 서로 보존하는 정략이 될 것이다."

◉ 갑신정변 14개조 정강
1. 청에 대한 사대 관계 폐지 ┌ 흥선 대원군 송환
   └ 조공의 허례 폐지
2. 문벌을 폐지하고 능력에 따라 관리 임명(신분제 폐지)
3. 지조법 개혁(토지 개혁이 아닌 조세 개혁)
4. 내시부 폐지(왕권 약화)
5. 부정한 관리와 탐관오리 처벌
6. 환곡제 폐지
7. 규장각 폐지
8. 근대적 경찰 제도(순사) 도입
9. 혜상공국 혁파(독점 상업 폐지)
10. 죄인들을 재조사하여 석방
11. 군사 제도 개혁
12. 국가 재정의 일원화(호조 관할)
13. 입헌 군주제에 입각한 내각제 수립 대신과 참찬은 의정부에서 회의
14. 6조 외에 불필요한 관청 폐지(조직 개편)

2장 구국 민족 운동의 전개

1강 동학 농민 운동의 전개

기본서 377~381쪽

解法 요람

동학 농민 운동의 전개 기출필수코드 24

內: 탐관오리의 횡포   外: 외세의 경제 수탈(일본)

동학 ━━━━━━━━━━━━━➤ **농민 운동**

① 삼례 집회(1892)
② 복합 상소(1893)
→ 교조 신원 운동
"최제우 처형 억울해!!"

③ 보은 집회 : 정치적 집회 시작
(1893)

농민 운동
1894

1기 | 1月 | 고부 민란   조병갑, 사발통문
→ 정부의 탄압(안핵사 이용태)

2기 | 3月 | 1차 봉기 (무장·백산 봉기), 격문, 4대 강령
제폭구민(반봉건) ⇨ 갑오개혁
보국안민(반외세) ⇨ 의병 항쟁

4月 | 황토현 전투 ⇨ 장성 황룡촌 전투 ⇨ 전주성 점령
청군과 일본군 국내 상륙

3기 | 5月 | 전주 화약 ┬ 폐정 개혁안 ┬ 신분제 폐지
│   └ 토지 제도
└ 집강소 설치 농민 자치 기구(전라도 53군)

6月 | 교정청 설치 ⇨ 경복궁 점령(일) ⇨ 청·일 전쟁
⇨ 1차 갑오개혁: 군국기무처, 자주적

4기 | 9月 | 2차 봉기 척왜(반외세), 삼례 ➡ 논산(북접+남접) ➡ 공주 점령 시도

11月 | 우금치 전투 ⇨ 2차 갑오개혁: 홍범 14조(12월)
→ 패배, 이후 전봉준·손화중 등 농민군 지도부 체포

	1차 봉기	2차 봉기
성격	반봉건적	반외세적
교단	남접 중심	남·북접 연합
지도자	전봉준 손화중	전봉준 손병희

❀ 무장 봉기 창의문(1894. 3.)

우리는 초야에서 사는 백성이지만, 임금의 땅에서 먹고 임금이 준 옷을 입고 있으므로 나라의 위태로움을 좌시할 수 없다. 이에 8도가 한마음으로 수많은 백성과 의논하여 오늘 이 의로운 깃발을 들어 나라를 바로잡고 백성을 편안하게 만들 것을 죽음으로써 맹세를 하였다.

❀ 보국안민 창의문(전봉준, 1894. 3.)

우리가 의(義)를 늘어 여기에 이르렀음이 그 본의가 결코 다른 데 있지 아니하고, 상생을 도탄에서 긴지고 국가를 빈석 위에 두자 함이라. 안으로는 탐학한 관리의 머리를 베고, 밖으로는 횡포한 강적의 무리를 쫓아 내몰고자 함이라.

❀ 폐정 개혁안 12개조

1. 동학도는 정부의 정책에 협력한다.
2. 탐관오리는 죄상을 조사하여 엄징한다.
3. 횡포한 부호를 엄징한다.
4. 불량한 유림과 양반의 무리를 징벌한다.
5. 노비 문서를 소각한다.
6. 7종의 천인 차별을 개선하고 백정이 쓰는 평량갓은 없앤다.
7. 청상과부의 개가를 허용한다.
8. 무명의 잡세는 일체 폐지한다.
9. 관리 채용에는 지벌을 타파하고 인재를 등용한다.
10. 왜와 통하는 자는 엄징한다.
11. 공사채를 막론하고 무효로 한다.
12. 토지는 평균하여 분작한다.

❀ 농민군 4대 강령

1. 사람 죽이지 말고 가축 잡아먹지 마라.
2. 충효를 다하여 세상을 구하고 …
3. 일본 오랑캐 몰아내고 …
4. 군대를 몰고 서울로 들어가 …

▶ **동학 농민 운동의 의의와 한계**

• 의의 ┬ 조직적 농민 전쟁
├ 반봉건·반침략 민족 운동
└ 아래로부터의 개혁 추진
• 한계 ┬ 구체적 개혁 방안 제시 ✕
├ 농민층 외 지지 기반 확보 ✕
└ 양반 계층과 갈등 (민보군)

2강 갑오개혁과 을미개혁

기본서 382~387쪽

실전 Tip

1차 갑오: 군국기무처
2차 갑오: 박영효

解法 요람

갑오·을미개혁의 전개 [기출필수코드 25]

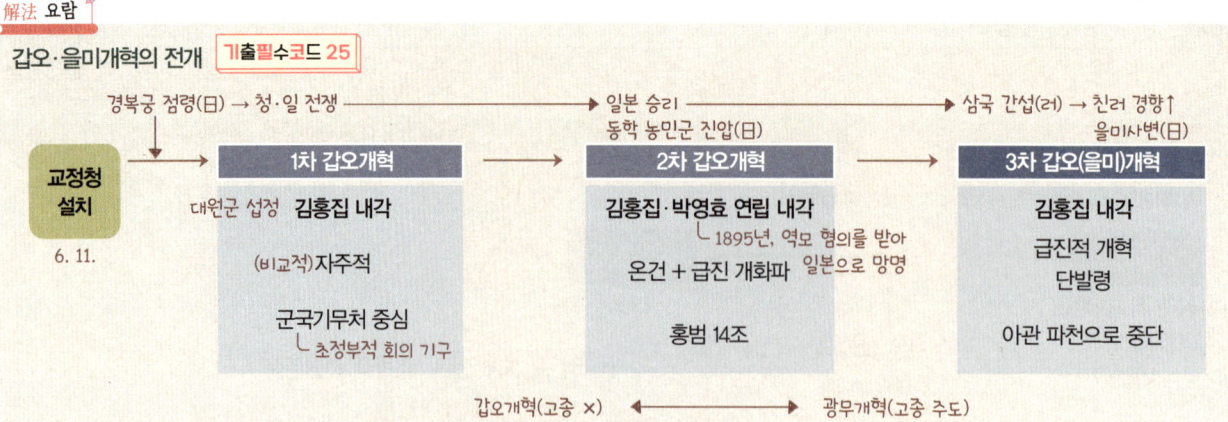

경복궁 점령(日) → 청·일 전쟁 ──────→ 일본 승리   ──────→ 삼국 간섭(러) → 친러 경향↑
                                   동학 농민군 진압(日)   을미사변(日)

교정청 설치
6. 11.

대원군 섭정 **1차 갑오개혁**   김홍집 내각
(비교적)자주적
군국기무처 중심
└ 초정부적 회의 기구

2차 갑오개혁
김홍집·박영효 연립 내각
└ 1895년, 역모 혐의를 받아 일본으로 망명
온건 + 급진 개화파
홍범 14조

3차 갑오(을미)개혁
김홍집 내각
급진적 개혁
단발령
아관 파천으로 중단

갑오개혁(고종 ✕) ◄─────────► 광무개혁(고종 주도)
왕권 강화 ✕   황제권 강화
친일 내각 주도

갑오·을미개혁의 비교 [기출필수코드 25]

(은 본위제 확립(1차 갑오)
  금 본위제 실시(화폐 정리 사업)

(친위대 / 진위대(을미)
  시위대 / 진위대(광무)

구분	제1차 갑오개혁(1894. 6.)	제2차 갑오개혁(1894. 11.)	을미개혁(제3차 갑오개혁, 1895. 8.)
정치	군국기무처 설치 • 정부와 왕실 사무 분리 의정부(국정) / 궁내부(왕실) • 개국 연호 사용 • 과거제 폐지 • 6조 → 80아문 경무청 설치(경찰 업무) 사간원 폐지	독립서고문·홍범 14조 반포(1894. 12.) • 내각제 시행 의정부 폐지 • 80아문 → 7부 공무아문+농상아문 → 농상공부 • 8도 → 23부(337군) • 사법권과 행정권 분리 (지방 재판소 설치, 지방관 권한 축소)	• 연호 '건양' • 친위대, 진위대
경제	• 재정 일원화(탁지아문) • 도량형 통일 • 조세 금납화(지세와 호세로 통합) • 은 본위 화폐 제도	관세사 · 징세사(지방 징세 업무 개편) 육의전 · 상리국 폐지	
사회	• 공 · 사 노비법 폐지 • 고문과 연좌제 폐지 • 조혼 금지, 과부 재가 허용	교육 입국 조서(1895) ⇒ 한성 사범 학교, 한성 중학교, 외국어 학교	• 태양력 사용 음력 1895. 11. 11. → 양력 1896. 01. 01. • 단발령 • 우편 사무 재개 우체사 설치 • 소학교 설치 소학교령 공포 종두법 실시(지석영, 종두 규칙)

▶ **동학 농민군의 요구 수용(갑오개혁)**

• 청상과부의 재가 허용
• 신분제 폐지(공 · 사 노비법 폐지 등)
  토지 제도 개혁 요구는 수용되지 못함.

▶ **을미사변(1895)의 배경**

일본, 청·일 전쟁에서 승리 → 일본, 요동반도
획득 → 러·프·독의 강요로 일본은 요동반도 포기
(삼국 간섭) → 중전 민씨는 러시아를 끌어들여
일본 견제 → 일, 중전 민씨 살해
                    └ 명성황후

갑오개혁

▶ 1894년
집강소 → 교정청 → 경복궁 점령 → 청·일 전쟁 발발 → 1차 갑오개혁

1차 갑오개혁 (1894. 6.~)

- 배경: 일본은 경복궁을 점령하고 조선에 개혁 강요 → 1차 김홍집 내각 성립(섭정-흥선 대원군)
  - └ 당시 일본은 청·일 전쟁 중, 적극 간섭 ×   └ 온건 개화파 중심
- 군국기무처 설치: 1차 갑오개혁의 중심 기구(초정부적 회의 기구), 김홍집·김윤식·박정양·유길준 등 참여
- 개혁 ┬ 정치: 개국 기원(개국 연호) 사용, 왕실(궁내부 신설)과 정부 사무 분리, 6조를 8아문으로 개편
  │   └ 청나라 연호 ×, 조선 건국 1392년을 원년으로 삼음.   └ 국왕의 권한 제한
  │   └ 경무청 설치(경찰 기관), 과거제 폐지(근대적 관리 임용제 실시), 사간원 등 인론 기관 폐지
  ├ 경제: 재정 일원화(탁지아문), 조세 개혁, 신식 화폐 발행 장정(은 본위제), 도량형 통일
  │   └ 지세와 호세로 통합, 화폐로 납부
  └ 사회: 신분제 폐지(+노비제 철폐), 봉건적 악습 폐지(연좌제·고문 등), 조혼 금지, 과부의 재가 허용

2차 갑오개혁 (1894. 11.~)

- 배경: 일본의 내정 간섭 본격화(청·일 전쟁에서 승기 잡음+동학 농민 운동 진압)
- 김홍집·박영효의 연립 내각 성립: 1894년 12월 고종은 독립서고문과 홍범 14조 발표
  - └ 온건 └ 급진   └ 자주 독립 선포 └ 갑오개혁의 기본 강령
- 개혁 ┬ 정치 제도: 군국기무처 폐지, 내각제 도입(의정부 폐지 → 내각), 8아문을 7부로 개편, 재판소 설치
  ├ 지방 제도: 전국 8도를 23부로 재편, 부·목·군·현 등 행정 구역 명칭을 군으로 통일(337군)
  ├ 경제: 지방에 관세사·징세사 두어 세금 징수 담당, 육의전과 상리국 폐지
  │   └ 조세 징수권: 지방관 → 관세사·징세사
  └ 교육: 교육 입국 조서 반포(근대적 교육 추진) → 한성 사범 학교, 외국어 학교 등 관립 학교 설립
          └ 한성 사범 학교 관제 발표에 따라 설립

> ◉ 홍범 14조(2차 갑오개혁의 개혁 방향 제시)
> 1. 청에 의존 ×(청의 종주권 부인), 자주독립의 기초 세움.
> 2. 왕위 계승 법칙과 종친·외척의 구별을 명확하게 함.
> 3. 종실·외척의 내정 간섭 ×
> 4. 왕실 사무와 국정 사무 분리
> 5. 의정부와 각 아문의 직무를 명확히 규정
> 6. 납세는 법으로 정함(함부로 징수 ×).
> 7. 조세 징수와 경비 지출은 탁지아문 관할(재정 일원화)
> 8. 왕실의 경비 절약
> 9. 왕실과 관청의 1년 예산 미리 정함.
> 10. 지방 제도 개편
> 11. 총명한 젊은이는 외국에 파견(인재 양성)
> 12. 장교 교육, 징병 실시
> 13. 민법과 형법 제정
> 14. 문벌 폐지, 능력에 따른 인재 등용

을미개혁 (1895. 8.~1896. 2. 아관 파천으로 중단)

- 배경: 삼국 간섭(러·프·독) → 3차 김홍집 내각 수립(친러 정책 추진) → 을미사변(1895. 8.) 친러 외교를 주도하던 중전 민씨 제거
  - └ 박영효 실각, 온건 개화파+친러파의 연립 내각
- 4차 김홍집 내각 성립: 김홍집·유길준이 중심이 된 친일 내각, 급진적인 개혁 추진
- 개혁 ┬ 정치: 건양 연호 사용(개국 연호 폐지), 친위대(서울)·진위대(지방) 설치
  ├ 사회: 태양력 사용, 단발령 시행, 종두법 실시, 우체사 설치
  │   └ 갑신정변으로 중단된 우편 제도 다시 실시
  └ 교육: 소학교령 공포 → 전국에 소학교 설치하기 시작
- 을미사변·단발령의 시행에 따른 반감 → 을미의병 발발 → 아관 파천 단행 → 개혁 중단, 김홍집 내각 붕괴
  - └ 고종은 단발령 철회   └ 군중에게 타살당함(1896).

3강 독립 협회와 대한 제국

기본서 388~395쪽

解法 요람

1890년대 주요 사건 기출필수코드 26

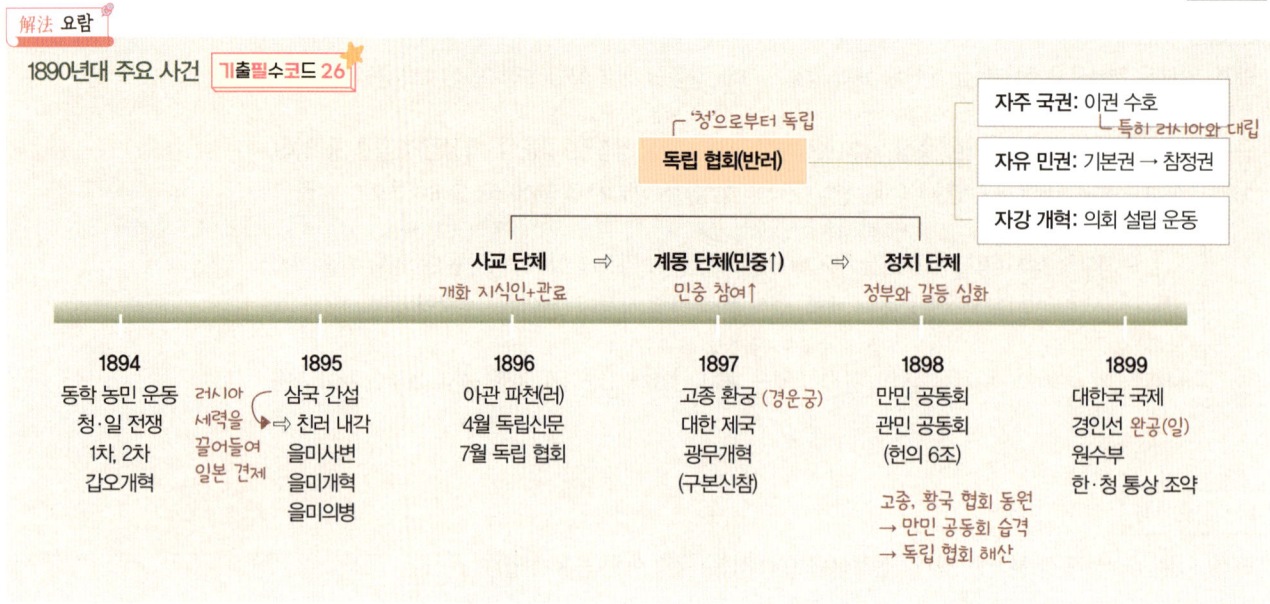

독립 협회
- ┌ '청'으로부터 독립
- 독립 협회(반려)
- 자주 국권: 이권 수호 → 특히 러시아와 대립
- 자유 민권: 기본권 → 참정권
- 자강 개혁: 의회 설립 운동

사교 단체 ⇒	계몽 단체(민중↑) ⇒	정치 단체
개화 지식인+관료	민중 참여↑	정부와 갈등 심화

1894
동학 농민 운동
청·일 전쟁
1차, 2차
갑오개혁

러시아 세력을 끌어들여 일본 견제

1895
삼국 간섭
⇒친러 내각
을미사변
을미개혁
을미의병

1896
아관 파천(러)
4월 독립신문
7월 독립 협회

1897
고종 환궁 (경운궁)
대한 제국
광무개혁
(구본신참)

1898
만민 공동회
관민 공동회
(헌의 6조)

고종, 황국 협회 동원
→ 만민 공동회 습격
→ 독립 협회 해산

1899
대한국 국제
경인선 완공(일)
원수부
한·청 통상 조약

아관 파천 1896. 2.

- ┌ 배경: 을미사변 이후 고종의 위기 의식 심화
  - └ 춘생문 사건(미국 공사관으로 탈출 시도, 실패)
- ├ 아관 파천: 1896년 2월 고종, 러시아 공사관으로 피신 고종은 러시아 공사관에서 러시아 군대의 보호를 받음.
- └ 결과 ┌ 러시아의 내정 간섭 강화, 러시아·미국 등 열강들에게 각종 이권 침탈(근거: 최혜국 대우)
  - │   └ 각종 이권(압록강 유역의 산림 채벌권 등) 획득, 러시아인을 군사·재정 고문으로 삼음.
  - ├ 을미개혁 중단: 김홍집 내각 해산, 친미·친러 내각 구성(박정양·이완용·이범진 등)
  - │   → 단발령 중단, 고종의 의병 해산 권고(효유조칙)
  - └ 고종의 환궁: 고종의 환궁을 요구하는 여론이 커짐. → 1897년 고종, 경운궁으로 환궁

▶ 을미개혁의 중단
- 내각 폐지, 의정부 복설
- 지방 제도 개편(23부 → 13도)
- 호구 조사 규칙 반포

독립 협회

- ┌ 서재필, 미국에서 귀국 → 독립신문 창간(1896. 4.) → 독립 협회 조직(1896. 7.)
- ├ 구성: 정동 구락부(사교 단체)+현직 관리(개혁적 성향)+신흥 사회 세력들
  - │   └ 친미·친러 성향의 개혁파 관료 그룹
- ├ 창립기: 독립문과 독립관 건립 → 독립관에서 각종 강연회·토론회 개최
  - │   └ 독립문 건립 기금을 내면 누구나 회원 가입 가능
- ├ 민중 참여 ┌ 구국 선언 상소문 발표 후, 종로에서 만민 공동회 개최(1898) 우리나라 최초의 근중 대회
  - │   └ 이권 수호 운동 전개: 러시아의 군사 교관·재정 고문 철수, 러시아의 절영도 조차 요구 철회 등
- ├ 내정 개혁 요구 ┌ 의회 설립 운동 추진, 정부의 보수 관료들과 갈등 심화
  - │   └ 관민 공동회: 정부 관리+독립 협회 → 헌의 6조 결의, 중추원 개편(→ 의회) 요구 등
- └ 해산: 보수 세력의 모함 → 고종, 독립 협회의 해산을 명령 → 독립 협회의 저항(만민 공동회 개최) → 황국 협회, 만민 공동회 습격
  - └ 독립 협회가 황제를 폐위하고 공화정 세우려 한다~!
  - → 만민 공동회 강제 해산(정부가 군대 보냄.)

▶ 독립 협회의 이권 수호 운동
- 러시아 군사 교관·재정 고문 철수
- 러시아의 절영도 조차 요구 철회
- 한·러 은행 폐쇄

◈ 헌의 6조(1898)
1. 외국인에게 의지하지 말고 전제 황권을 공고히 할 것
2. 외국과의 이권에 관한 조약은 각 대신과 중추원 의장이 합동 서명
3. 국가 재정은 탁지부에서 전관, 예산과 결산은 국민에게 공포
4. 중대 범죄 공판, 피고 인권 존중
5. 칙임관 임명시 중의에 따름.
6. 정해진 규칙 실천

▶ 의회 설립 운동

김홍륙 독차 사건으로 연좌법·노륙법 부활 논의
→ 독립 협회와 보수파와의 갈등 심화
→ 대대적인 시위 전개, 보수파 내각 퇴진
→ 박정양 진보 내각 수립, 관민 공동회 개최
→ 헌의 6조 결의, 의회식 중추원 관제 반포
　(관선 25명, 민선 25명으로 구성)

※ 노륙법: 죄인의 스승·아들·남편·아버지를 죽이는 법

갑신정변, 동학 농민 운동, 갑오개혁, 관민 공동회 개혁안 비교

구분	갑신정변 (14개조 정강)	동학 농민 운동 (폐정 개혁안 12조)	갑오개혁 (홍범 14조)	관민 공동회 (헌의 6조)
신분제 폐지 (관리 등용 개선)	문벌을 폐지하여 인민 평등의 권리를 세워 능력에 따라 관리를 등용한다.	관리 채용에는 지벌을 타파하고 인재를 등용한다.	문벌을 가리지 않고 인재 등용의 길을 넓힌다.	
세제 개혁	지조법을 개혁하여 국가의 재정을 넉넉하게 한다.	무명의 잡세는 일체 폐지한다.	납세는 법으로 정하고 함부로 세금을 징수하지 않는다.	예산과 결산을 국민에게 공포한다.
재정의 일원화	모든 재정은 호조에서 통할한다.		조세의 징수와 경비 지출을 모두 탁지아문의 관할에 속한다.	국가 재정은 탁지부에서 전관한다.
국왕의 전제권 제한	대신과 참찬은 매일 합문 내의 의정부에 모여서 정령을 의결하고 반포한다. 입헌 군주제 요소		민법, 형법을 제정하여 인민의 생명과 재산을 보전한다.	외국과의 이권에 관한 계약과 조약은 각 대신과 중추원 의장이 합동 날인하여 시행한다. └ 입헌 군주제 요소
관리 부정 방지	부정한 관리 중 그 죄가 심한 자는 치죄한다.	탐관오리는 그 죄상을 조사하여 엄징한다.		
행정 기구 개편	의정부, 6조 외의 불필요한 기관을 폐지한다.		왕실 사무와 국정 사무를 나누어 서로 혼동하지 않는다.	
토지 제도 개혁		토지는 평균하여 분작한다.		

묄렌도르프
• 임오군란 때 외교 고문으로 파견
• 당오전 발행 건의
• 동문학 설치 주도

알렉세예프
• 1897년 탁지부 고문으로 임명
• 1898년 러시아로 돌아감.

스티븐스
• 1904년 외교 고문으로 부임
• 1908년 장인환·전명운에게 살해됨.

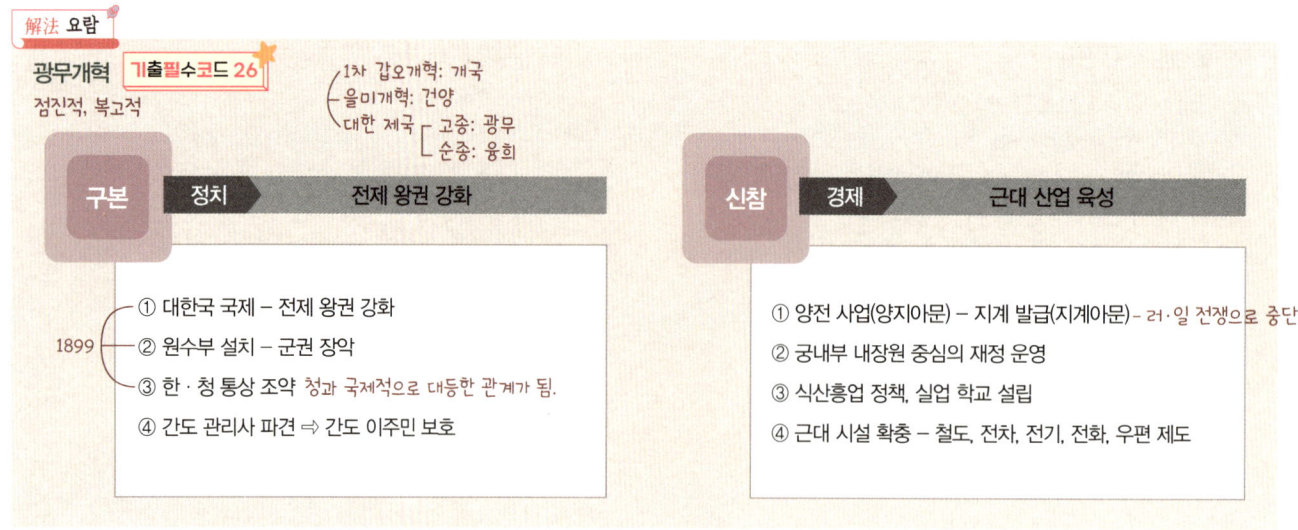

解法 요람
기출필수코드 26 ⭐
광무개혁
점진적, 복고적

- 1차 갑오개혁: 개국
- 을미개혁: 건양
- 대한 제국 ┬ 고종: 광무
            └ 순종: 융희

구본	정치 ▶	전제 왕권 강화

1899
① 대한국 국제 – 전제 왕권 강화
② 원수부 설치 – 군권 장악
③ 한·청 통상 조약 청과 국제적으로 대등한 관계가 됨.
④ 간도 관리사 파견 ⇨ 간도 이주민 보호

신참	경제 ▶	근대 산업 육성

① 양전 사업(양지아문) – 지계 발급(지계아문) – 러·일 전쟁으로 중단
② 궁내부 내장원 중심의 재정 운영
③ 식산흥업 정책, 실업 학교 설립
④ 근대 시설 확충 – 철도, 전차, 전기, 전화, 우편 제도

대한 제국과 광무 개혁

성립

- 고종의 경운궁 환궁 → 원구단(환구단)에서 대한 제국 선포(연호 '광무')
   └ 1897. 2.   └ 1897. 10.
- 구본신참을 원칙으로 삼아 점진적인 개혁 추진(갑오개혁의 급진성 비판)
   └ 옛것을 근본으로 삼고 새것을 참고!!

정치적 개혁

- 황제권 강화 ┬ 대한국 국제 반포(1899): 만세 불변의 전제 정치, 황제권의 무한함 강조
              └ 경운궁을 정궁으로 정하고, 평양을 서경으로 높임.
- 군사 ┬ 원수부 설치(1899): 황제가 군대 지휘권 장악
       ├ 시위대(중앙)와 진위대(지방) 병력 증강
       └ 경위원(황실 경찰 기구) 설치, 무관 학교 설립(장교 양성)
- 외교 ┬ 한·청 통상 조약 체결(1899): 청과 국제적으로 대등한 관계
       └ 교민 보호: 블라디보스토크에 해삼위 통상 사무관 파견, 간도에 북변도 관리 파견, 수민원 설치(이민 업무)

▶ 우편 ┬ 1883 보빙사의 건의(홍영식)
- 1884년 우정국 설치
- 1895년 우체사 설치(을미)
- 1900년 만국 우편 연합 가입(광무)

경제적 개혁

- 양전·지계 사업 ┬ 토지 조사: 양지아문 설치(1898), 양전 사업 실시(미국인 측량사 초빙)
                 ├ 지계 발급: 지계아문 설치(1901), 지계(토지 소유권을 법적으로 인정) 발급
                 │   → 러·일 전쟁 중 일본의 압력으로 중단(일부 지역만 실시)
                 └ 특징: 개항장 이외에서는 외국인의 토지 소유 금지(열강의 토지 침탈 제한)
- 재정: 황제 직속 궁내부 산하의 내장원의 기능 강화(광산·홍삼·철도 등의 수입 관리)
- 근대적 기술 습득: 상공 학교·광무 학교 등 실업 학교와 의학교·외국어 학교 등 설립, 우편학당·전무학당 마련
                                                                      └ 우편 사무원 양성
- 서북 철도국(경의선 부설 작업 추진), 상무사(보부상 지원)
- 금융 제도 개혁: 금 본위제 실시 시도(→ 재정 부족으로 실패), 백동화 남발(물가 상승)
   └ 금 본위 개정 화폐 조례와 중앙은행 조례 발표   └ 화폐 정리 사업의 배경
- 칙령 개항: 황제의 명령으로 목포, 마산, 군산 등 개항
   └ 외국과의 조약 없이 정부가 개항 결정

                                  1883   1885   1898   1899
※ 보부상 단체: 혜상공국 → 상리국 → 황국 협회 → 상무사

4강 / 일제의 침략과 국권 피탈

解法 요람

국권 피탈의 과정 기출필수코드 27 ★

1902 1차 영·일 동맹(영국, 러시아 견제)
1903 러시아, 용암포 점령(일본과 갈등↑)

• 1890년대 청·일 세력의 균형
→ 1894년 청·일 전쟁으로 깨짐.
• 1900년대 러·일 세력의 균형
→ 1904년 러·일 전쟁으로 깨짐.

(1904. 2.) 리·일 전쟁   대한 제국 대외 중립 선언, 일본 뤼순항 공격
└ 러·일 전쟁 직전에 발표(1904. 1.)
⌄

(1904. 2.) 한·일 의정서
4조   1조   2~3조
군사 요지(전략상 필요한 지점) 점령권, 대한 제국에 대한 충고권, 황실과 영토 보전 약속
⌄

(1904. 8.) 제1차 한·일 협약   ⌈ 장인환·전명운 의거로 미국에서 피살(1908)
= 한·일 협정서   ㉖문 정치 ⇒ 재정(메가타), 외교(스티븐스) 등
                        └ 1905, 화폐 정리 사업 추진
⌄

열강들의 묵인   ⌈ 러·일 전쟁이 끝난 후 미국의 중재로 체결
7月 가쓰라 – 태프트 밀약(미), 8月 제2차 영·일 동맹(영), 9月 포츠머스 강화 조약(러)
└ 열강들에게 한국에 대한 지배권 인정받음.
⌄

(1905. 11.) 을사조약   ㉖감 정치, 대한 제국의 외교권 박탈 ⇒ 통감부 설치(1906)
= 2차 한·일 협약

┌ 헤이그 특사 파견을 계기로 고종 강제 퇴위   ⌈ 법령 제정, 행정 처분,
                                            고위 관리 임면 등

(1907. 7.) 한·일 신협약   ㉖관 정치(일본인 차관), 통감의 권한 강화
= 3차 한·일 협약   부속 협약 – 군대 해산
= 정미 7조약   └ 시위대의 대대장 박승환 자결
⌄

(1909) 기유각서   사법권·감옥 사무 박탈
┌ 1909. 남한 대토벌 → 의병 탄압
└ 1910. 6. 경찰권 박탈: 헌병 경찰 파견(대한 제국, 치안권 상실)

(1910) 한·일 병합 조약   국권 피탈 ⇒ 총독부 설치

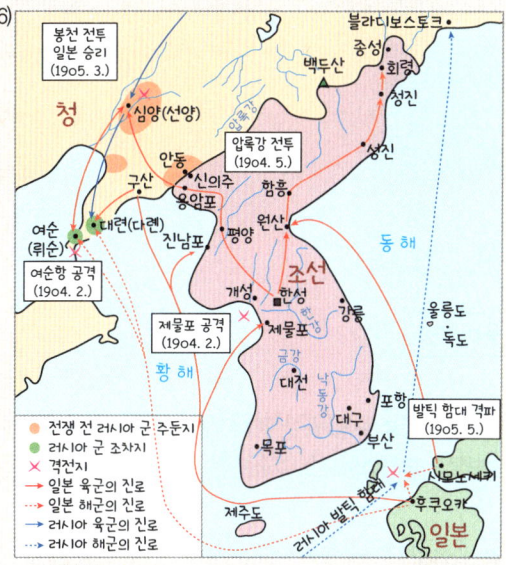
△ 러·일 전쟁

◉ **한·일 의정서**
제2조 일본 정부는 대한 제국의 황실을 친의로써 안전·강녕하게 할 것
제3조 일본 정부는 대한 제국의 독립과 영토 보전을 확실히 보증할 것
제4조 대한 제국 정부는 일본 정부의 행동이 용이하도록 충분히 편의를 제공할 것. 일본 정부는 이를 위해 군략상 필요한 지점을 사용할 수 있음.

◉ **을사조약(제2차 한·일 협약)**
제2조 한국 정부는 일본 정부의 중개를 거치지 않고는 어떠한 조약이나 약속을 하지 않을 것
제3조 통감을 두어 외교에 관한 사항을 관리하고 한국 황제 폐하를 내알하는 권리를 가질 것

◉ **한·일 신협약(정미 7조약)** 통감의 권한 강화↓↓
제1조 시정 개선에 관하여 통감의 지도를 받을 것
제2조 법령 제정 및 중요한 행정상의 처분은 통감의 승인을 거칠 것
제4조 고등 관리의 임명은 통감의 동의로써 이를 행할 것
제5조 통감이 추천한 일본인을 한국 관리로 임명할 것
제6조 통감의 동의 없이 외국인을 용빙 아니할 것

5강 │ 항일 의병과 애국 계몽 운동

기본서 401~411쪽

解法 요람

항일 의병 전쟁 기출필수코드 28

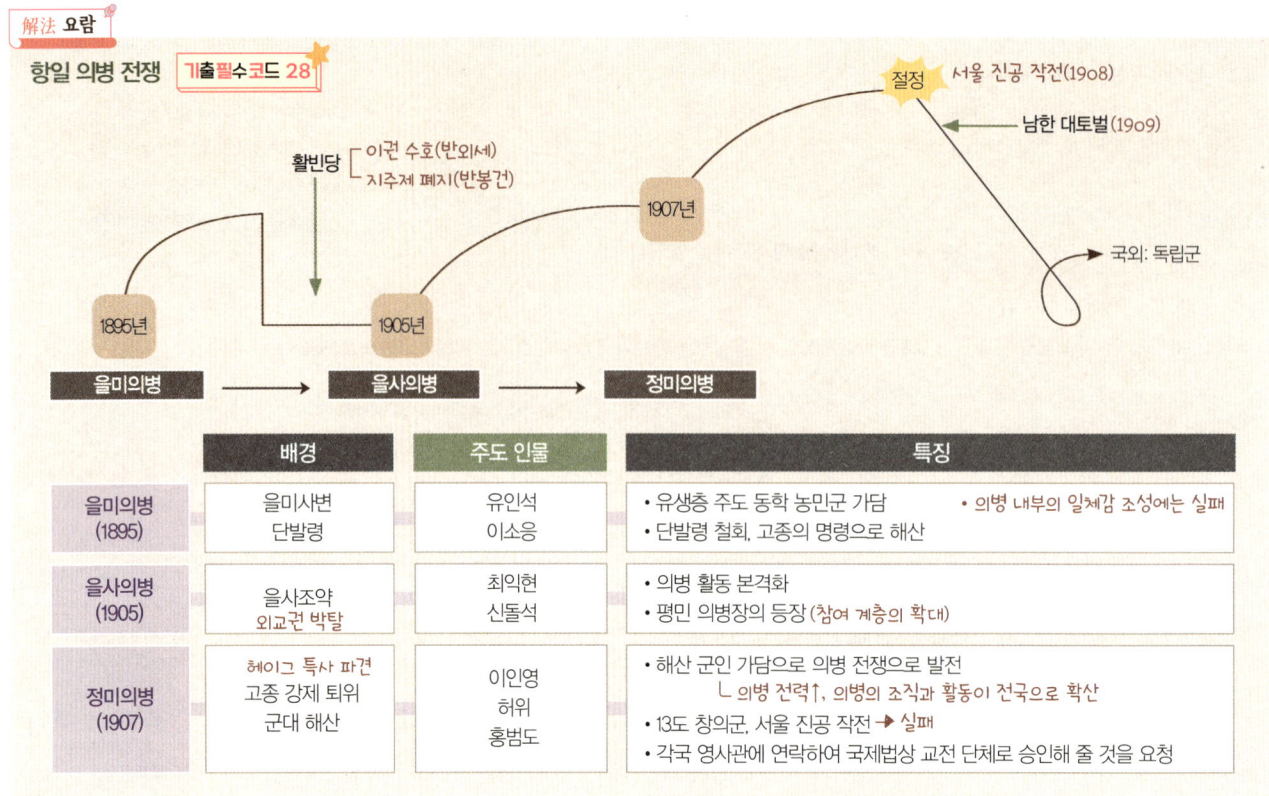

	배경	주도 인물	특징
을미의병 (1895)	을미사변 단발령	유인석 이소응	• 유생층 주도 동학 농민군 가담 • 의병 내부의 일체감 조성에는 실패 • 단발령 철회, 고종의 명령으로 해산
을사의병 (1905)	을사조약 외교권 박탈	최익현 신돌석	• 의병 활동 본격화 • 평민 의병장의 등장 (참여 계층의 확대)
정미의병 (1907)	헤이그 특사 파견 고종 강제 퇴위 군대 해산	이인영 허위 홍범도	• 해산 군인 가담으로 의병 전쟁으로 발전 └ 의병 전력↑, 의병의 조직과 활동이 전국으로 확산 • 13도 창의군, 서울 진공 작전 → 실패 • 각국 영사관에 연락하여 국제법상 교전 단체로 승인해 줄 것을 요청

항일 의병 운동

을미의병 1895

┌ 계기: **을미사변, 단발령**
├ 특징: 유생들 주도(위정척사 사상), 동학 농민군 잔여 세력과 농민들 등 가담, **고종의 해산 권고(효유조칙)**로 자진 해산
└ 의병장: 유인석(제천), **이소응**(춘천), 민용호 등

을사의병 1905

┌ 계기: **을사조약**의 체결(대한 제국의 외교권 강탈)
├ 특징: **평민 의병장의 등장**(을미의병의 한계 극복), 여러 계층의 참여
└ 의병장 ┬ 민종식(전직 관료, 홍주성 점령)
      ├ **최익현**(전라도에서 제자들과 봉기, 대마도에 유폐·순국)
           └ 임병찬
      └ **신돌석**(평민 출신, 울진 등지에서 활동, 태백산 호랑이)
           └ 태백산맥을 넘나들며 활약

정미의병 1907

┌ 계기: 고종 황제 강제 퇴위·순종 즉위, **한·일 신협약(정미 7조약) 체결**, 대한 제국의 군대 해산
├ 특징 ┬ **해산된 군인들의 의병 합류**(전투력 강화, 의병 전쟁으로 확산), 의병 구성의 다양화
│   └ 의병의 조직과 활동이 전국 각지로 확산(호남 지방 의병 활동이 급증)
└ 활동 ┬ 서울 주재 각국의 영사관에 의병을 국제법상 교전 단체로 승인해 줄 것을 요구
      ├ **서울 진공 작전: 13도 창의군 결성**(1907, 총대장 이인영, 군사장 허위) → 서울 진격(1908) → 실패
      │   1908
      └ **남한 대토벌 작전(1909)** → 이후 의병들은 만주와 연해주 등지로 이동
           └ 일제는 호남 지역을 집중적으로 탄압(의병의 근거지 초토화)

▶ **홍범도** 2021년 홍범도 장군의 유해 봉환
• 평안도 출신, 머슴·광산 노동자·산포수 등을 전전함.
• 정미의병 당시 함경도에서 활약
• 3·1 운동 이후 대한 독립군 창설

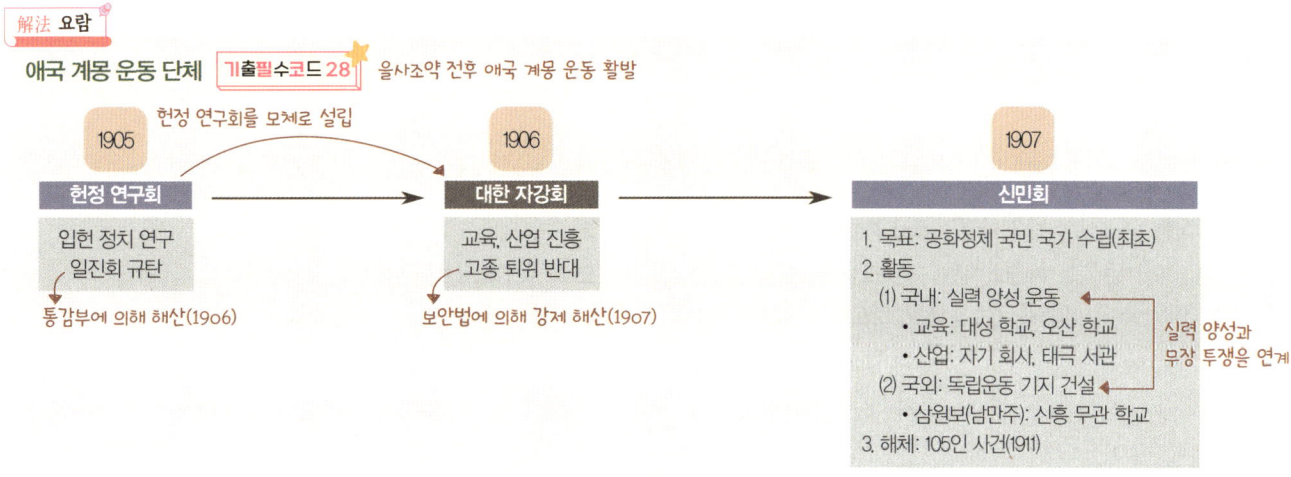

解法 요람
애국 계몽 운동 단체 | 기출필수코드 28 | 을사조약 전후 애국 계몽 운동 활발

1905		1906		1907

헌정 연구회를 모체로 설립

헌정 연구회
입헌 정치 연구
일진회 규탄
→ 통감부에 의해 해산(1906)

대한 자강회
교육, 산업 진흥
고종 퇴위 반대
→ 보안법에 의해 강제 해산(1907)

신민회
1. 목표: 공화정체 국민 국가 수립(최초)
2. 활동
  (1) 국내: 실력 양성 운동
    • 교육: 대성 학교, 오산 학교
    • 산업: 자기 회사, 태극 서관
  (2) 국외: 독립운동 기지 건설
    • 삼원보(남만주): 신흥 무관 학교
3. 해체: 105인 사건(1911)

실력 양성과 무장 투쟁을 연계

애국 계몽 운동 단체 교육과 산업을 통해 민족의 실력 양성 주장

┌ **보안회**: 민중 집회를 열어 일본의 황무지 개간권 요구를 철회
│ 1904
├ 헌정 연구회 ┌ 독립 협회 계승, 입헌 정치 체제의 수립을 목표로 활동
│ 1905   └ 친일 단체인 일진회 비판, 통감부에 의해 해산(1906)
├ **대한 자강회** ┌ 헌정 연구회 계승, 윤치호·장지연 등 주도
│ 1906   ├ 국권 회복을 위해 교육과 산업의 진흥을 강조, 전국에 33개의 지회 설치, 월보 간행, 연설회 개최
│   ├ 국채 보상 운동에 참여, 고종 황제의 강제 퇴위·정미 7조약 체결 반대 운동 주도
│   └ 1907년 통감부는 대한 자강회를 강제 해산시킴(보안법 적용).
├ **대한 협회**: 오세창 등 천도교 계열이 조직 → 점차 변질 1910년 해체
│ 1907
└ 신민회 ┬ 안창호, 양기탁, 이동녕, 이승훈 등 서북 지방 인물을 중심으로 조직
   1907 ├ 공화정체의 국민 국가 수립(최초), 비밀 결사 단체
        ├ 국내 ┬ 문화·경제적 실력 양성 운동 전개(합법적 활동)
        │   ├ 대성 학교(평양), 오산 학교(정주)
        │   └ 태극 서관(대구·평양 등), 자기 회사(평양)
        ├ 국외 ┬ 간도와 연해주에 독립군 기지 건설(무장 투쟁 준비)
        │   └ 남만주 삼원보, 북만주 밀산부(한흥동) 등
        └ 해체: 일제가 데라우치 총독 암살 미수 사건 날조
              → 신민회의 지도자들 검거·투옥(1911, 105인 사건)

⊕ 신민회 설립 취지서
신민회는 무엇을 위하여 일어났는가? …… 간단히 말하면 오직 신정신을 불러 깨우쳐서 신단체를 조직한 후에 신국을 건설할 뿐이다.

▷ 105인 사건(1911)
안명근(안중근 사촌)의 체포를 빌미로 일제는 총독 암살 미수 사건을 날조하여 양기탁·이승훈·이동휘 등을 체포(105인 구속·기소)
→ 서북 지방의 기독교 세력과 신민회 탄압

을사늑약에 대한 저항

┌ 고종 : 미국(헐버트)과 헤이그(이상설·이위종·이준)에 특사 파견, 『대한매일신보』에 친서 발표(을사늑약은 무효!!)
├ 관료층 : 조병세·이상설 등은 을사늑약 폐기를 주장하는 상소 올림, 민영환은 자결
├ 장지연 : 「시일야방성대곡」(『황성신문』) 발표(을사늑약 체결의 부당성 규탄)
│   └『대한매일신보』도 「시일야방성대곡」 게재
├ 나철, 오기호 : 5적 암살단(자신회) 조직, 일진회 습격, 을사오적의 집 공격
├ 장인환, 전명운(1908) : 대한 제국의 외교 고문이었던 스티븐스 사살(대한인 국민회 결성 계기)
├ 안중근 의거(1909) ┬ 초대 통감 이토 히로부미를 만주 하얼빈 역에서 사살
│ └ 연해주에서 의병 활동 └ 뤼순 감옥에서 『동양평화론』 집필(미완성), 사형 집행(1910. 3.)
└ 이재명(1909) : 매국노 이완용을 칼로 찔러 중상을 입힘.

▷ 헤이그 특사 사건(1907)
• 헤이그 만국 평화 회의에 이준·이상설·이위종 파견
• 을사조약 체결의 부당함을 국제 사회에 호소 → 회의장 입장 거부(일제의 방해+열강의 묵인)
• 고종 강제 퇴위의 계기

간도와 독도

간도

┌ 간도 귀속 문제 발생: 백두산정계비(토문강 위치)에 대한 해석상의 차이
│   └ 두만강(청) vs 송화강(조선)
├ 조선: 대한 제국 때 이범윤 파견(1903, 간도 관리사)
├ 통감부: 1907년 간도 파출소 설치 → 간도를 조선 영토로 인정 but 간도 지역의 독립운동 탄압
└ 간도 협약(1909): 일본은 간도를 청의 영토로 인정, 대신 남만주의 철도 부설권·푸순 광산 채굴권 획득

울릉도와 독도

┌ 우리 측 기록물 ┌ 『삼국사기』: 6C 지증왕 때 이사부가 우산국 복속
│   ├ 『세종실록지리지』: 울릉도·독도를 강원도 울진현 소속으로 기록
│   ├ 팔도총도: 울릉도·독도를 별개의 섬으로 수록한 최초의 지도
│   └ 『동국문헌비고』·『만기요람』: 울릉도와 독도를 우리나라 영토로 파악
│
├ 일본 측 기록물 ┌ 은주시청합기: 독도를 언급한 최초의 일본 측 기록(17세기), 당시 일본은 독도를 자국의 영토가 아닌 것으로 인식
│   ├ 삼국접양지도: 18세기 일본인이 그린 지도, 울릉도와 독도를 '조선의 것'으로 명시함.
│   └ 태정관 지령문: 1877년 일본 최고 정무 기관인 태정관의 공식 문서('울릉도 외 한 섬'은 자국의 영토가 아님.)
│
├ 안용복 사건 ┌ 배경: 조선 태종의 공도 정책(쇄환 정책) → 일본 어민들의 울릉도·독도 출몰↑
│   │   └ 섬을 비움(주민들 이주).
│   ├ 숙종 때 안용복이 두 차례 일본에 가서 울릉도·독도가 조선 영토임을 확인
│   └ 일본: 도쿠가와 막부는 울릉도·독도를 조선 영토로 인정(1699)
│
├ 근대 ┌ 적극적인 울릉도 경영 김옥균 → 동남제도 개척사
│   ├ 대한 제국: 칙령 제41호(1900) → 울릉전도·죽도·석도(독도)를 관할한다고 규정
│   └ 일본: 시마네현 고시를 통해 독도를 자국 영토에 불법적으로 편입
│   └ 1905, 러·일 전쟁 中 '독도는 주인 없는 땅'(무주지 선점권)
│
└ 현대 ┌ 샌프란시스코 강화 조약(1951): "제주도·거문도·울릉도를 포함하는 … 모든 권리 포기"
       └ 인접 해양에 대한 주권에 관한 선언(평화선): 1952년 이승만 정부 발표, 독도가 한국의 영토임을 분명히 함.

3장 개항 이후의 경제·사회·문화

실전 Tip

10년 단위 경제 상황 시기 구분
열강의 침탈과 경제적 구국 운동 연계해서 기억

1강 근대의 경제·사회

기본서 413~423쪽

解法 요람

열강의 경제 침탈과 경제적 구국 운동의 전개 기출필수코드 55

열강의 경제적 침탈	경제적 구국 운동 전개
1. 금융 지배 제일 은행 설립 화폐 정리 사업(1905, 메가타)	**1. 민족 은행** 조선 은행, 대한 천일 은행
2. 차관 제공 시설 개선 명분 일본, 경제적 예속 의도	**2. 국채 보상 운동** ─ 국채 1,300만원 서상돈, 양기탁 대구에서 시작(1907) 국채 보상 기성회, 금주·단연 운동 통감부의 탄압으로 실패
3. 토지 약탈 토지 약탈 본격화 러·일 전쟁 ┌ 황무지 개간권 요구 ├ 군용지와 철도 부지 확보 └ 독도 강탈 - 시마네현 고시 제40호	**3. 보안회** (1904) 황무지 개간권 요구 반대 농광 회사
4. 내륙 통상 ─ 1880년대 이후 토착 상인의 몰락 (보부상, 객주)	**4. 1880년대 상회사 설립** **1890년대 상권 수호 운동** 평양 서울 개성 대동 상회, 장통 회사, 종삼 회사 황국 중앙 총상회(1898): 시전 상인
5. 각종 이권 침탈 나무 → 러 : 삼림 채벌권(압록강, 울릉도, 두만강) 금 → 미 : 금광 채굴권(운산), 전차·전기 부설권 철도 → 일 : 철도 부설권 └ 금은 전기가 잘 통해	**5. 이권 수호 운동** 독립 협회, 황빈당
6. 일본 상인의 곡식 반출 입도선매, 고리대 일본인 대농장 경영(전라도)	**6. 방곡령**(개정 통상 장정 이후) 함경도(1889), 황해도(1890) 선포
7. 철도 부설권 ⟨ 대륙 침략 경제 수탈 1899 경인선 : 미국 ⇒ 일본 1904 경부선 : 일본 러·일 전쟁 1906 경의선 : 프랑스 ⇒ 일본	

불평등 조약 체결 이후의 경제 변화

- 무관세·무항세: 조·일 통상 장정에는 관세 부과에 대한 내용 ×, 일본의 선박들은 항세 안 냄.
- 외국 화폐 사용: 조·일 수호 조규 부록에 따라 개항장에서 일본 화폐 사용 가능
- 무역 구조: 국내의 곡물이 외국으로 유출, 외국의 공산품들이 국내 유입

7막 근대 사회의 전개

외국 상인의 침투, 무역 확대

- 1870년대
  - 일본 주도: 일본 상인들은 영사 재판권·일본 화폐 사용·무관세 등을 이용하여 약탈적인 무역 활동 전개
  - 거류지 무역: 개항장에서 10리 이내로 제한적으로 활동
- 1880년대
  - 외국 상인의 내륙 진출
    - 조·청 상민 수륙 무역 장정(청 상인의 내륙 진출 허용)
    - 이후 최혜국 대우 규정에 따라 다른 나라 상인들도 내륙 진출 가능
  - 청·일의 경쟁: 임오군란 이후 조선의 상권을 둘러싸고 청·일 상인의 경쟁 치열
  - 미·면 교환 체제: 청과 일본 상인들은 영국의 면제품을 가져와 조선의 쌀과 교환(중계 무역)
- 1890년대
  - 일본의 상권 장악: 청·일 전쟁에서 일본 승리(청 상인의 세력 약화)
  - 국내 상인의 몰락: 외국 상인의 내륙 진출 활발 → 개항장과 내륙의 조선 상인들 타격
  - 쌀의 유출 증가: 일본으로 쌀 유출↑ → 곡물 가격 폭등 → 빈농, 도시 빈민의 생활난↑
    - 일부 지주와 상인들은 오히려 쌀을 팔아 이익을 얻음.

▶ 미·면 교환 체제

영국 →(면제품)→ 일본 ↔(면제품) 조선 면방직 공업↓
일본 →(곡물) 조선 쌀값 폭등

제국주의 열강의 이권 침탈

- 아관 파천을 계기로 러시아 등 열강들의 이권 침탈 본격화
  - 균점의 예(최혜국 대우)
- 나무 / 금 / 철도
- 러시아: 경원·종성 광산 채굴권, 울릉도·압록강 유역 삼림 채벌권 → 1903년 압록강 삼림 채벌권 보호를 구실로 용암포 점령
- 미국
  - 갑산 광산·운산 금광 채굴권, 전등·전화·전차 부설권 → 황실의 신임을 받는 선교사와 외교관 이용
  - 경인선 철도 부설권(1897년 일본에 양도, 1899년 완공)
- 일본
  - 서양 열강들의 이권 매입(철도 부설권 획득에 주력)
  - 경인선 부설권(1899년 완공), 경부선 부설권(1904년 완공), 경의선 부설권(1906년 완공)
- 프랑스(경의선 철도 부설권, 1896)
  - 1899년 대한 제국 환수 → 일본이 완공

- 경원선(1914): 북부 지방의 물자 수탈
- 호남선(1914): 호남 평야의 쌀 수탈

일본의 금융 장악과 토지 약탈

금융 장악

- 황실 재정 대폭 축소, 일본은 대규모 차관 제공(내정 간섭 목적)
- 화폐 정리 사업 (1905년 실시)
  - 재정 고문 메가타 주도, 조선 화폐인 백동화·엽전(상평통보)을 일본 화폐로 교환
    - 전환국에서 발행(1892~1904)
  - 비등가 교환(액면가 X, 화폐 상태 O) → 국내 상인 타격
    - 품질에 따라 교환액 다름.

▶ 화폐 정리 사업(1905)

- 일본 제일은행권을 본위 화폐(교환용 화폐)로 삼음(대한 제국의 화폐 발행권 X).
- 백동화의 가치가 일정치 않다는 이유로 액면가 무시됨. → 대부분 가치가 절하된 을종·병종 판결(병종은 교환에서 제외됨.)

토지 약탈

- 임오군란 이후: 일본인의 활동 범위가 개항장 밖으로 확대, 조선인의 토지 약탈↑
- 러·일 전쟁 이후: 철도 부지와 군용지 확보를 구실로 대규모 토지 약탈, 황무지 개간권 요구(보안회 반대)
- 통감부 설치 이후: 토지 가옥 증명 규칙(1906, 외국인의 토지 소유 합법화), 동양 척식 주식회사(1908)
  - 1908년 삼림법 제정(신고제 적용, 신고에서 누락된 삼림은 국유림으로 편입)
  - 국책 회사, 일본인의 토지 투자·농업 이민 후원

근대적 산업 자본의 육성

- 정부의 식산흥업 정책 ┌ 금융 정책: 전환국 설치(1883, 화폐 발행)
  - └ 농업 진흥: 농무 목축 시험장 설치(1884, 보빙사 건의)
- 산업 자본의 성장 ┌ 상회사: 1880년대부터 대동상회(평양), 장통회사(서울) 등 상회사 설립
  - ├ 면직물 공업(대한 직조 공장), 유기 공업(이승훈의 유기 제조 공장)
  - └ 한계: 자금 및 기술 부족으로 도산하거나 일본인에게 넘어감.
- 금융 자본의 성장 ┌ 배경: 은행 설립의 필요성 점차 커짐(일본 금융의 침투 등).
  - ├ 조선은행(1896, 최초의 근대직 민간 은행), 한성은행(1897), 대한천일은행(1899) 설립
  - └ 한계: 화폐 정리 사업을 계기로 대부분 몰락

경제적 이권 수호를 위한 노력

- 방곡령 선포 ┌ 일본으로 곡물 유출↑ → 조선의 쌀값 폭등+흉년
  - ├ 함경도(1889), 황해도(1890) 등지에서 지방관(관찰사)이 방곡령 선포
  - ├ 일본은 통상 장정(1883)의 규정을 이용하여 방곡령 철회·배상금 지불 요구
  - │   └ 실시 1개월 전 미리 통고(통상 장정 37관)
  - └ 1894년까지 방곡령 수차례 발동
- 상권 수호 운동 ┌ 1880년대 이후 외국 상인들이 전국 주요 상권에 진출
  - ├ 시전 상인: 외국 상점들의 철거 요구, 황국 중앙 총상회 조직(1898)
  - ├ 경강 상인: 일본인들의 정부 세곡 운반 독점으로 타격↑, 증기선 구입(상권 유지 노력)
  - └ 객주·보부상: 외국 상인들의 내륙 진출로 큰 타격 입음, 상회사 등 조직
  -       └ 대부분 일본 자본에 편입
- 독립 협회: 절영도 조차 요구 저지, 한·러 은행 폐쇄
- 황무지 개간권 반대 운동 ┌ 농광 회사: 정부의 허락을 받아 설립한 특허 회사, 우리 손으로 황무지 개간
  - 1904 └ 보안회: 황무지 개간권 반대 집회 전개 → 철회 성공 일본은 그 보복으로 보안회 탄압
- 국채 보상 운동 ┌ 배경: 일본, 거액의 차관(1,300만 원) 제공 → 대한 제국의 경제 예속화 목적
  - 1907 ├ 대구에서 시작(서상돈 등) → 국채 보상 기성회 중심으로 전국 확산
  - ├ 대한 자강회 등 단체와 『황성신문』, 『대한매일신보』, 『제국신문』 등 언론의 지지
  - └ 결과: 베델의 추방 공작 전개, 양기탁 구속(횡령 혐의) 등 통감부의 탄압으로 실패

▶ 함경도의 방곡령(1889) 조병식

1889~1890년 함경도·황해도 지역의 방곡령은 규모가 매우 컸으며 조선과 일본 간의 외교적 분쟁으로 확대되기도 함.

◉ 국채 보상 운동(1907)

국채 1,300만 원은 우리 대한의 존망에 관계있는 것이다. ··· 2천만 인이 3개월을 한정하여 담배의 흡연을 폐지하고 그 대금으로 매 1인마다 20전씩 징수하면 1,300만 원이 될 수 있다.

화폐의 역사 총정리

고조선·초기 국가	고대	고려	조선 전기	조선 후기	개항 이후

• 화폐 사용(8조법)
• 중국 화폐 출토
  (반량전·명도전)
	양나라 동전 출토
	(무령왕릉)
		• 건원중보(성종)
		• 삼한통보(숙종)
		• 해동통보(숙종)
		• 활구(은병, 숙종)
		• 저화(공양왕)
			• 저화(태종)
			• 조선통보(세종)
			• 팔방통보(세조)
			  └ 시도만 실제 유통×
				• 팔분체 조선통보(인조)
				• 상평통보(인조)
				  └ 보급 확대(효종)
				  └ 법화 채택(숙종)
					• 당백전(대원군)
					• 당오전(1883)
					• 백동화(1892)
					  건환국(1883)에서 발행

민권 의식의 성장

- 배경: 개항 이후 평등 의식 확산(서학·동학의 교세 확장, 개신교 전래)
- 갑신정변과 동학 농민 운동 ┬ 갑신정변: 급진 개화파는 문벌의 폐지, 인민 평등권 확립 등 주장
  - 동학 농민 운동: 지벌을 타파한 인재 등용, 노비 문서 소각, 천인 차별 개선, 과부의 개가 허용 등 주장
  - 결과: 전통적 신분 사회의 붕괴에 영향, 갑오개혁에 일부 반영
- 갑오개혁 ┬ 신분제와 과거제 폐지, 조혼·과부 재혼 금지·고문과 연좌제·태형 등 봉건적 악습 폐지
  - 결과: 법제상으로 신분 차별 없어짐. └ 무단 통치 시기에 부활(1912)
- 독립 협회 ┬ 배경: 갑오개혁 이후에도 봉건적인 구습은 여전히 존재
  - 민중 계몽: 신문과 잡지 간행, 강연·연설·만민 공동회 개최 등
  - 자유 민권 운동: 신체의 자유와 언론·출판·집회·결사의 자유 요구, 의회 설립 운동 등 전개
  - 만민 공동회 회장으로 시전 상인 선출, 관민 공동회에서 백정(박성춘)이 연설
- 애국 계몽 운동: 전국에 다수의 사립 학교 건설 → 민족 의식과 근대적 사회 의식 전파

▶ 평등 사회로의 진전

1801	공노비 해방(순조)
1884	갑신정변의 14개조 개혁 정강
1886	노비 세습제 폐지
1894	동학 농민군의 폐정 개혁안
1894	갑오개혁(신분제 폐지)
1896	호구 조사 규칙(신분 대신 직업 기재)

의식주 생활의 변화

- (의) ┬ 의복의 변화는 평등 의식 확산에 기여
  - 예복: 검정 두루마기 착용(을미), 문관도 예복으로 양복 착용(1900)
    - └ 문관 복장 규칙 반포
  - 한복 개량: 저고리 위에 마고자와 조끼 착용, 개량 한복
- (식) ┬ 상차림 변화: 겸상 or 두레상 보급 → 평등 의식 확산 기여
  - 중화요리 확산(청요릿집), 일본 음식 전파(우동·어묵·유부), 서양 음식 전래(커피·홍차·빵)
- (주) ┬ 신분제 폐지 → 가옥의 규모에 따른 규제 X, 한옥과 양옥 절충한 주택 양식 등장
  - 서양식 건물 ┬ 고딕: 약현 성당, 명동 성당, 정동 교회
    - └ 1898
    - 르네상스: 덕수궁 석조전, 러시아 공사관
      - └ 1910년 완공, 제1차 미·소 공위 회담 장소(1946)
    - 바로크: 프랑스 공사관
    - 독립문: 프랑스의 개선문 본떠 건립
      - └ 1897

▶ 여성의 사회 운동

- 소학교령 발표 → 교육 남녀 평등 법제화
- 신교육 운동: 찬양회(1898, 여권통문)
  - └ 최초 여성 단체
- 학교: 순성 여학교, 한성 고등 여학교
  - └ 조선인이 세운 최초 여학교
  - → 사회 진출(교사, 의사 등)
- 애국 계몽 운동, 국채 보상 운동 참여
  - 국채 보상 탈환회

2강 근대의 문화

解法 요람

근대 시기 언론 활동 기출필수코드 56

	발행	기간	활동과 성격
한성순보	박문국 3차 수신사 박영효 건의	1883~1884	최초의 신문(관보 성격), 순한문, 10일에 한 번 간행, 갑신정변으로 폐간
독립신문	독립 협회 (서재필 등)	1896~1899	• 최초의 민간 신문, 정부의 지원, 독립 협회 해산 이후 점차 쇠되 • 대중 계몽 위한 한글판과 국내 사정을 외국에 알리는 영문판 발행 └ 국제 여론 형성 위해
황성신문	남궁억	1898~1910	• 장지연, '시일야방성대곡': 을사조약 체결에 대한 반발 • 양반 유생 대상 국한문 혼용체 • 황무지 개간권 반대 운동 전개, 보안회 후원
제국신문	이종일	1898~1910	순한글, 부녀자와 서민층 대상
대한매일신보	영국인(일본이 검열 ✕) 베델 양기탁	1904~1910	• 고종의 을사조약 부당성 폭로 친서 발표 • 국문/영문 ⇒ 국문/국한문/영문, 박은식, 신채호 활약 • 항일 논조 강함, 의병에 대해서도 호의적 • 황무지 개간권 반대 운동, 국채 보상 운동 주도

제국신문 └ 이승만이 주필로 활약

* 신문지법(1907) · 출판법 제정(1909): 언론 활동 탄압 ➔ 신 신문지법(신문지법 개정, 1908): 외국인 발행 신문(『대한매일신보』)도 탄압

* 한글로 간행: 독립신문, 제국신문, 대한매일신보, 경향신문 등

근대 문물과 시설

1883 ┼ 박문국: 근대적 인쇄술 도입, 『한성순보』 발간
└ 갑신정변 때 불탐. 재정 문제로 1888년에 폐지

전환국: 화폐 주조

기기창: 영선사의 건의로 설립

1884 ┼ 우정총국: 홍영식 총판, 갑신정변으로 중단

1885 ┼ 광혜원: 최초의 근대식 병원(알렌) → 제중원으로 이름 변경

1887 ┼ 경복궁 건청궁에 최초로 전등 설치

1895 ┼ 을미개혁으로 우편 사무 재개(우체사 설치)

1898 ┼ 한성 전기 회사 설립(콜브란+황실 합작)

경운궁에 전화 최초 설치

1899 ┼ 한성 전기 회사에서 전차 운행(서대문~청량리)

경인선 철도(미국인 모스 최초 착공 → 일본이 완성)

1900 ┼ 만국 우편 연합 가입

1904 ┼ 경부선 철도 ┐
1906 ┼ 경의선 철도 ┘ → 러·일 전쟁 중 일본이 군사적 목적에 따라 부설

1910 ┼ 덕수궁 석조전 완공(1900~1910)

근대 교육의 발전

1880년대

1. 근대 교육 시작: 원산 학사(1883) – 최초, 신학문 + 무술

육영 공원(1886) – 최초의 관립, 헐버트, 길모어 등 미국인 교사 초빙

    * 외국인 선교사: 배재 학당(1885), 이화 학당(1886)
    └ 아펜젤러, 선교사가 세운 최초 사립 학교

1890년대

2. 근대 교육 제도 마련: 관립 학교 설립↑
(교육 입국 조서)   한성 사범 학교, 한성 중학교, 소학교 (을미개혁)
└ 2차 갑오개혁 때 반포
    * 광무개혁: 실업 학교(상공 학교, 광무 학교)

1900년대

3. 애국 계몽 운동↑: 사립 학교 설립↑
(국권 피탈 위기감 고조) 대성 학교, 오산 학교, 보성 학교
    └ 안창호 └ 이승훈
    * 사립 학교령(1908): 사립 학교의 설립과 운영 통제
    cf. 사립 학교 규칙(1911), 서당 규칙(1918)

근대 교육과 학교 설립

┌ 1880년대 ┌ 원산 학사(1883): 최초의 근대적 사립 학교, 문예반(외국어·국제법 등) + 무예반(병서)
│   ├ 동문학(1883): 정부가 세운 통역관 양성소, 통상아문 부속 기관(묄렌도르프)
│   ├ 육영 공원(1886): 최초의 관립 학교, 미국인 교사 초빙(헐버트, 길모어 등)
│   └ 외국인 선교사의 학교 건립 ┌ 배재 학당(1885, 아펜젤러), 이화 학당(1886, 스크랜턴)
│   └ 경신 학교(언더우드), 숭실 학교(베어드), 정신 여학교(엘러스)
│
├ 갑오개혁 ┌ 학무아문 설치, 교육 입국 조서(1895, "국가의 부강은 국민의 교육에 있다", 지·덕·체 중시)
│   └ 한성 사범 학교(1895, 교원 양성), 외국어 학교, 소학교 등 설립
│
├ 광무개혁 ┌ 각종 실업 학교 설립(상공 학교, 광무 학교, 의학교 등)
│   └ 한성 중학교(1900, 최초의 중등 교육 기관)
│
└ 을사늑약 이후 ┌ 안창호(대성 학교), 이용익(보성 학교), 이승훈(오산 학교), 학회(서북 학회 등)
          └ 사립 학교령(1908): 통감부에서 학교 설립과 교과서 사용 허가

▶ 육영 공원
- 좌원: 현직 관료 중 선발
- 우원: 양반 자제들 중 선발

국학 연구

국어

┌ 국·한문체 보급(유길준, 『서유견문』) → 국문 사용(독립신문, 제국신문, 대한매일신보)
│   └ 최초의 국비 유학생으로 선발(1881)
├ 국문 연구소(1907): 지석영·주시경 중심, 국문의 발음·철자법 등 연구
└ 주시경(『국어 문법』과 『말의 소리』 등 저술), 유길준(『대한문전』 저술)
    └ 『독립신문』 발간에 관여

국사

┌ 신채호 ┌ 각종 역사서 편찬(애국 명장의 전기, 외국 흥망사)
│   └ 독사신론(1908): 『대한매일신보』에 게재, 민족주의 사학 연구 방향 제시
├ 박은식: 애국적인 인물들에 대한 전기 저술, 국혼 강조, 유교구신론(1909)
├ 현채(『유년필독』, 대표적인 역사 교과서), 정교(『대한계년사』), 황현(『매천야록』, 절명시)
└ 조선 광문회(1910): 최남선·박은식 등 설립, 민족의 고전 간행·보급

문학·예술·종교

문학

- 신소설 ┬ 언문일치의 문장 사용, 봉건적 가치관 비판, 미신 타파·남녀평등 등을 소재로 함.
  - └ 이인직 『혈의 누』(1906), 안국선 『금수회의록』(1908), 이해조 『자유종』(1910)
    - └ 최초의 신소설
- 신체시 ┬ 구어체 사용, 주로 계몽적인 내용 다룸.
  - └ 최남선 「해에게서 소년에게」(1908, 잡지 『소년』 창간호)
    - └ 최초의 신체시

예술

- 음악 ┬ 서양 음악 소개(선교사들에 의해 찬송가 보급)
  - └ 창가의 유행: 전통적 가사조 노랫말+서양 악곡
- 연극 ┬ 판소리: 신재효가 판소리 여섯 마당을 정리
  - ├ 창극의 유행: 판소리를 1인 1역의 공연 형태로 개편한 창극이 유행
  - └ 극장의 건립: 최초의 서양식 극장인 원각사 설립(1908, 이인직)

종교

- 천주교: 1886년 이후 포교 자유 허용, 자선 활동·언론·사회 활동
- 개신교: 1880년대 이후 본격 수용, 교육·의료 및 선교 활동
- 동학 ┬ 변질: 이용구의 동학 친일화 시도(1906년 시천교 창설)
  - │   └ 일진회 조직하고 동학 조직까지 흡수하려고 함.
  - └ 대응: 손병희의 천도교 창설(1905), 보성사 설립, 만세보 창간, 보성 학교 운영
    - └ 출판사
- 대종교: 1909년 나철·오기호 등이 창시, 1910년 단군교에서 대종교로 개칭, 간도·연해주에서 독립운동 전개
- 유교 ┬ 유교의 친일화에 대한 저항: 박은식·장지연 등이 대동교 창건(대동 사상)
  - └ 박은식의 「유교구신론」(1909): 양명학 보급 주장, 실천적인 유교 정신 강조

1909년 (대동교: 유교·박은식
         대종교: 단군·나철

▷ 대종교

- 국권 피탈 이후, 교단 본부를 만주로 옮겨 활동
- 북로 군정서군의 주축을 형성(무장 독립 전쟁을 적극 수행)

▷ 유교의 3대 문제(박은식)

1. 지배층만 생각, 일반 백성에 대한 생각이 부족
2. 공자처럼 세상을 돌아다니며 바꾸려는 노력을 하지 않음.
3. 오직 주자 성리학에만 빠져 있음.

한눈에 보는 근대 사회의 전개 연표

〈 1860~1894 〉

1863	고종 즉위, 흥선 대원군 집권
1864	최제우 처형
1865	비변사 혁파, 경복궁 중건(~1868), 『대전회통』 편찬
1866	병인박해
	제너럴셔먼호 사건
	병인양요
1867	사창제 실시, 『육전조례』 편찬
1868	오페르트 도굴 사건
1871	이필제의 난, 신미양요, 호포법 실시
1873	고종 친정 선언, 흥선 대원군 하야
1875	운요호 사건
1876	조·일 수호 조규, 1차 수신사 파견
	└ 수호 조규 부록, 조·일 무역 규칙
1880	2차 수신사 파견, 『조선책략』 유포
1881	영남 만인소(이만손)
	조사 시찰단 파견, 별기군 창설
	만언 척사소(홍재학)
	영선사 파견
1882	조·미 수호 통상 조약
	임오군란
	→ 제물포 조약 + 조·일 수호 조규 속약
	→ 조·청 상민 수륙 무역 장정, 3차 수신사 파견
1883	원산 학사 설립, 기기창 설치
	개정 조·일 통상 장정, 보빙사 파견
	전환국 설치
	박문국 설치, 혜상공국 설치, 동문학 설립
	└ 『한성순보』 발간(1883~1884)
1884	조·러 수호 통상 조약
	갑신정변 → 한성 조약
1885	→ 톈진 조약 ※전신 개설(서울~인천)
	광혜원 설립
	배재 학당 설립(아펜젤러)
	거문도 사건(~1887)
1886	한성주보 발간, 노비 세습제 폐지
	조·불 수호 통상 조약, 이화 학당 설립(스크랜턴)
	육영 공원 설립
1887	경복궁 건청궁에 전등 설치
1888	연무 공원 설립
1889	함경도 방곡령 선포
1892	삼례 집회
1893	보은 집회
1894	고부 민란
	무장·백산 봉기, 황토현 전투, 황룡촌 전투
	→ 전주성 입성, 전주 화약
	교정청 설치, 경복궁 점령(일), 청·일 전쟁, 군국기무처 설치
	동학 농민군 2차 봉기 → 우금치 전투
	독립서고문·홍범 14조 반포

〈 1895~1910 〉

1895	교육 입국 조서 반포, 한성 사범 학교
	시모노세키 조약, 삼국 간섭
	을미사변, 을미개혁, 을미의병
	춘생문 사건
1896	아관 파천
	독립신문 창간, 독립 협회 설립
1897	대한 제국 선포
1898	만민 공동회 ※ 황국 중앙 총상회(시전 상인)
	명동 성당 건설 ※ 찬양회(최초 여성 단체)
	양지아문 설치 └ 순성 여학교 설립
	제국신문 창간, 황성신문 창간
	관민 공동회, 헌의 6조
	흥화 학교 설립(민영환)
	독립 협회 해산
1899	전차(서대문~청량리), 경인선(철도)
	대한국 국제 반포, 원수부 설치
	한·청 통상 조약
1900	활빈당 조직, 광제원 설립, 한성 중학교
	파리 만국 박람회 참여, 만국 우편 연합 가입
1901	벨기에와 국교 수립
	지계아문 설치
1902	덴마크와 국교 수립
	손탁 호텔 건립
1903	국제 적십자사 가입, 이범윤 간도 관리사 임명
1904	러·일 전쟁 발발 ※ 경부선(철도)
	한·일 의정서
	보안회 조직, 대한매일신보 창간
	제1차 한·일 협약
1905	헌정 연구회
	화폐 정리 사업
	가쓰라·태프트 밀약, 제2차 영·일 동맹, 포츠머스 강화 조약
	을사늑약, 을사의병
1906	대한 자강회 ※ 경의선(철도)
	만세보 창간 ※ 서전서숙(이상설)
1907	국채 보상 운동, 신민회 설립, 헤이그 특사 파견
	고종 강제 퇴위, 정미 7조약 → 정미의병
	오산 학교(이승훈), 대성 학교(안창호)
1908	서울 진공 작전 ※ 독사신론(신채호)
	장인환·전명운 의거
	원각사(극장) 건설
	사립 학교령
	동양 척식 주식회사 설립
1909	간도 협약 ※ 남한 대토벌 작전
	안중근 의거 ※ 유교구신론(박은식)
1910	덕수궁 석조전 건립
	국권 피탈

1장 일제의 식민 통치와 민족의 수난

1강 식민 통치 체제의 구축과 경제 수탈

기본서 439~451쪽

解法 요람

일제 강점기 개관 기출필수코드 29

	통치 방식	경제 수탈		국내 대응	국외 대응
땅 1기	무단 통치 (헌병 경찰)	토지 조사 사업 + 안정적 지세 확보 + 토지 약탈 (신고주의)	재정 확보: 전매 제도(소금, 인삼 등) 삼림령(1911), 어업령(1911) 광업령(1915), 임야 조사령(1918) 회사령(1910, 허가제)	비밀 결사 ┌ 1912 ├ 독립 의군부(복벽) └ 대한 광복회(공화) └ 1915	독립운동 기지 건설 북간도 남만주 연해주 북만주 중국 미주
	1919 3·1 운동				
쌀 2기	문화 통치 (기만적) ⇒ 이간 분열	산미 증식 계획 + 식량 사정 악화 만주에서 잡곡 수입	연초 전매제(1921) 일본의 산업화: 회사령 철폐(⇒ 신고제) 일본 상품의 관세 철폐(1923)	물산 장려 농민 노동 민립 대학 형평 여성 민족주의+사회주의 신간회	1. 독립군의 편성·활약 2. 독시련(간도·자유시) 3. 독재편성(3부) 4. 독통합(혁신·국민)
	1931 만주 사변				
몽땅 3기	민족 말살 통치 (황국 신민화) ⇒ 전쟁 동원	만주 사변 (1931) 중·일 전쟁 (1937) 태평양 전쟁 (1941)	병참 기지화 정책 ┌ 대공황 → 보호 무역↑ ├ 남면북양 정책: 공업 원료 확보 └ 중화학 공업 강화(북부 지방) 기형적 국가 총동원법 ┌ 배급제, 공출제 ├ 물적 수탈: 산미 증식 계획 재개, 각종 공출제 └ 인적 수탈: 징용, 지원병제 전쟁 동원: 학도 지원병제, 징병제, 여자 정신대 근로령	위축 농민 노동 문맹 퇴치 항일 운동↑ (조선·동아) (불법화)	한·중 연합 작전 • 만주 사변 ┌ 한국 독립군 └ 조선 혁명군 • 중·일 전쟁 ┌ 조선 의용대 └ 한국 광복군

식민 통치 체제의 구축

총독
┌─────┴─────┐
정무총감   경무총감=헌병 사령관
(행정)   (치안)

무단 통치 1910~1919

┌ 헌병 경찰제 실시: 현역 군인인 **헌병이 경찰 업무까지 담당**
│   └ 치안·사법·세금 징수 등 일반 행정 업무까지
│ ┌ 범죄 즉결례(1910): 헌병 경찰에게 즉결 처분권 부여 법적인 절차 없이 처벌 가능
│ ├ 조선 태형령(1912): 조선인에 한해 태형 부활
│ └ 경찰범 처벌 규칙(1912): 조선인의 일상 생활까지 통제
├ 공포 분위기 조성: 학교 교원, 일반 관리들이 제복을 입고 칼을 착용
├ 교육 통제: 1차 조선 교육령(1911), 민족 교육 탄압(사립 학교와 서당 감독·통제)
│   └ 식민 통치에 순응하는 인간 육성, 실업 교육 실시
├ 언론·집회·출판·결사의 자유 박탈: 언론·출판·집회·결사의 자유를 극도로 제한 → 한국인이 만든 정치 단체·신문 등이 없어짐.
│   └ 보안법·신문지법·출판법 확대·적용
└ 민족 독립운동 탄압: 105인 사건(1911, 신민회 해체) 등

▶ 조선 총독
• 육·해군 대장 출신들 중에서 임명
• 일본 국왕 직속(일본 내각 통제 ✕)
• 조선의 입법·사법·행정·군사권 장악

◈ 경찰범 처벌 규칙(1912)

다음 각호에 해당하는 자는 구류 또는 과료에 처함.
2. 일정한 주거 또는 생업 없이 이곳저곳 배회하는 자
20. 불온한 연설을 하거나 불온 문서, 도서, 시가를 게시·반포·낭독
21. 남을 유혹하는 유언비어 또는 허위 보도를 하는 자

▶ 중추원의 기능 변화
• 고려: 왕명 출납, 군국 기무
• 조선: 특별한 담당 업무 ✕
• 일제: 총독부 자문 기관(실권 ✕)

1910년대 경제 수탈

토지 조사 사업 1910~1918, 임야는 조사 ✕

- 명분: 근대적 토지 소유권 확립, 식민지 통치에 필요한 재정 확보
- 준비: 토지 조사국 설치(1910), 토지 조사령 공포(1912)
- 시행 ┌ 신고주의: 기한부 신고제(기간 짧고, 절차 복잡) → 신고 토지만 인정, 미신고지 약탈
       └ 토지 약탈: 궁방전·역둔토·문중의 공유지 → 총독부 소유(국유지 명목)
                    └ 동양 척식 주식회사·일본인에게 헐값에 넘김.
- 결과 ┌ 전국의 약 40% 토지가 총독부에 귀속(총독부의 토지세 수입 증가)
       ├ 식민지 지주제 성립(토지에 대한 지주의 권리만 인정, 농민의 관습적인 경작권 부정)
       │   └ 토지 권리가 소유권 중심으로 단순화, 토지 매매 용이
       ├ → 지주의 소유권 O, 농민의 도지권(영구 소작권)·입회권 ✕
       │   └ 마을 공용지 사용 권리(땔감 채취, 가축 방목 등)
       └ 농민 몰락: 기한부 계약제 소작농으로 전락, 만주·연해주·일본 등지로 이주

산업 침탈

- 회사령(1910): 회사 설립 → 조선 총독의 허가제
- 전매제: 인삼·소금 등을 총독부에서 전매(총독부 수입↑) 연초 전매령(1921)
- 어업령(1911), 삼림령(1911), 조선 광업령(1915), 임야 조사령(1918) 등 제정
- 금융 독점 ┌ 은행령 제정(1912, 은행의 설립·운영을 총독부가 허가·감독)
           └ 조선 은행(1911), 조선 식산 은행(1918)
                         └ 총독부의 경제 정책 뒷받침

⊕ 토지 조사령(1912)

제4조 토지 소유주는 조선 총독이 정하는 기간 내에 주소, 씨명, 명칭 및 소유주의 소재, 목, 지번호, 사표, 등급, 지적, 결수를 임시 토지 조사국장에게 신고한다.

⊕ 회사령(1910년 제정·1920년 폐지)

제1조 회사의 설립은 조선 총독의 허가를 받아야 한다.

제5조 회사가 이 법령 또는 이 법령에 의한 명령과 허가의 조건을 위반하거나 공공질서 및 선량한 풍속에 반하는 행위를 한 때에는 조선 총독은 사업의 정지·금지, 지점의 폐쇄 또는 회사의 해산을 명할 수 있다.

문화 통치 1920년대, 보통 경찰 통치

- 배경: 3·1 운동으로 무단 통치의 한계 절감, 악화된 국제 여론의 영향
- 본질: 가혹한 식민 통치 은폐(기만 정책), 친일파 육성(민족의 분열 조장)
- 문관 총독 임명 가능 but 문관이 총독에 임명된 적 없음.
- 보통 경찰제 ┌ 헌병 경찰제 폐지(경찰 업무와 군대 업무 분리)
             └ but 경찰 관서·인원 등 3배 이상 증가(1군 1경찰서, 1면 1주재소), 고등 경찰제 독립운동 탄압 강화
- 치안 유지법 제정(1925): 사회주의와 독립운동 탄압 ex. 조선 공산당 사건, 수양 동우회 사건, 조선어 학회 사건 등
- 언론·출판·집회·결사의 자유 일부 허용 ┌ 동아일보·조선일보 등 한글 신문 발행 but 검열 강화 삭제·압수·정간 多
                                   └ 집회·단체 활동은 식민 지배를 인정하는 범위에서만 허용
- 지방 자치제: 도 평의회와 부·면 협의회 설치(형식적인 자문 기구, 의결권 ✕), 일부 지역에 선거제 도입
- 2차 조선 교육령: 조선인에 대한 교육 기회 확대 표방 but 실제 취학률 저조   └ 일부 부유층에게만 선거권 부여
  1922

⊕ 치안 유지법(1925)

제1조 국체를 변혁하거나 사유 재산 제도를 부인하는 것을 목적으로 결사를 조직하거ㅣ 또는 사정을 알고 이에 가입한 자는 10년 이하의 징역 또는 금고에 처한다.

1920년대 경제 수탈

산미 증식 계획 1920~1934

- 배경: 일본의 식량 문제 해결(공업화+인구 증가) → 부족한 식량을 한반도에서 착취
- 과정: 쌀 생산↑(농지 확장·수리 시설·종자 개량) → 증산은 목표량에 미달, 쌀 수탈량은 목표대로 달성 → 중단(1934)
  └ 일본 농민 보호
- 결과 ┌ 식량 부족: 한국의 식량 사정 악화 → 만주에서 잡곡 수입 증가
      ├ 농민 몰락: 농민 부담 증가(높은 소작료+지세+비료 대금+수리 조합비 등) → 소작농·도시 빈민으로 전락, 국외 이주 등
      │   └ 쌀 증산 비용 ┘
      └ 농업 구조 개편: 쌀 농사 중심으로 단순화

일본 자본의 침투

- 회사령 철폐(1920): 회사 설립(허가제 → 신고제), 일본 기업들의 조선 진출 본격화
- 관세 철폐(1923): 조선에 수입되는 일본 상품들에 대한 관세 철폐(면직물·주류 제외)
- 신은행령(1928): 한국인 소유 은행들이 일본 은행에 강제 합병
- 투자 산업 변화: 경공업 → 중공업 분야(1920년대 중반 이후)

민족 말살 통치 1930~1940년대, 황국 신민화

- 배경: 일제의 대륙 침략 강행 → 한국인을 전쟁에 동원하기 위한 정책 실시
  └ 한반도를 대륙 침략의 병참 기지로 삼음.
- 민족 정신 말살: 내선일체, 일선 동조론(일본인=조선인) 등 표방
- 황국 신민의 서사 암송(1937~), 궁성 요배 강요, 신사 참배
- 창씨개명: 우리의 성과 이름을 일본식으로 바꾸도록 강요(거부하면 불이익)
- 3차 조선 교육령(조선어 선택 과목화), 4차 조선 교육령(조선어·조선사 X)
- 학교와 관공서에서 조선어 사용 금지(일본어 사용)
- 동아일보·조선일보 강제 폐간(1940), 한글로 발행되는 신문·잡지 X
- 조선 사상범 보호 관찰령(1936), 조선 사상범 예방 구금령(1941)
  └ 치안 유지법 위반자들을 출소 후에도 감시 └ 재판 없이 체포·구금

▶ 조선 민사령

1939년 민사령을 개정하여 창씨개명 추진함.

1930년대 이후 경제 수탈

배경 만주 사변(1931), 중·일 전쟁(1937), 태평양 전쟁(1941)
     → 한반도는 전쟁에 필요한 인적·물적 자원을 공급하는 역할

만주 사변 이후 1931~

- 중화학 공업 강화: 만주 점령 이후, 한반도를 중화학 공업 지대로 설정 만주는 농업 지대로 설정
      → 한반도 북부 지방에 발전소와 금속·기계 공장을 많이 건설
- 남면북양 정책: 공업 원료 수탈 목적 → 한반도 남부(면화 재배), 한반도 북부(양 사육)
- 농촌 진흥 운동 ┌ 목표: 춘궁 퇴치, 차금(빚) 퇴치, 차금 예방
  1932~1940   ├ 명분: 조선 농촌의 자력갱생 도모
                └ 본질: 농촌 통제, 소작 쟁의 약화
                      └ 소작 조정령(1932), 조선 농지령(1934)
                         └ 소작민과 지주의 분쟁 조정 └ 고율의 소작료 제한

중·일 전쟁 이후 1937~

1938년

- 육군 특별 지원병제(1938. 2.): 병력 부족 해소
  - └ 조선인, 일본 군대 입대 가능
- 국가 총동원법(1938. 5.): 한반도의 물적·인적 자원 수탈에 주력
- 국민 정신 총동원 조선 연맹: 애국반(10호 단위)을 통해 일상생활 통제
- 근로 보국대: 학생, 여성, 농촌의 노동력을 각종 작업장에 투입

⊕ **국가 총동원법(1938)**

제1조 국가 총동원이란 전시에 국방 목적을 달성하기 위하여 국가의 전력을 가장 유효하게 발휘하도록 인적 및 물적 자원을 운영하는 것이다

제4소 정부는 전시에 국가 총동원상 필요한 때에는 칙령이 정하는 바에 따라 제국 신민을 징용하여 총동원 업무에 종사할 수 있게 할 수 있다.

1939년 '모집' 형식으로 인력 동원

- 국민 징용령: 조선인들을 노동자로 끌고 감. → 탄광, 군수 공장 등에 투입
- 산미 증식 계획 재개: 군량미 확보

1940년 '알선' 형식으로 인력 동원

- 식량 배급 제도 실시: 총독부가 직접 소비 규제(미곡)
- 미곡 공출제 실시: 미곡의 시장 유통 금지

1941년 태평양 전쟁 발발

- 물자 통제령: 배급제 확대
- 금속류 회수령: 무기를 만들 수 있는 금속 제품을 군수 물자로 공출

1943~44년 44년부터는 '징용' 형식으로 인력 동원

- 조선 식량 관리령(1943): 공출 범위 확대(미곡 → 전체 식량)
  - └ 흉작으로 식량 통제 더욱 강화
- 학도 지원병제(1943), 징병제(1944), 여자 정신대 근로령(1944)
  - └ 학생들까지 전쟁 동원   └ 일부는 일본군 '위안부'로 동원

▶ **일본군 '위안부'**

- Military Sexual Slavery by Japan(일본군 성노예)
- 설치: 상하이 사변 이후(1932)
  → 중·일 전쟁 이후 본격 설치(1937)

일제의 교육 정책

- 1차 조선 교육령 1911
  - 우민화 교육: 시대의 추세와 국민 수준에 맞는 교육(명분)
  - 보통 교육과 실업 교육에 치중, 일본어 교육과 수신 교육 중시
  - 교육 기간 단축: 보통학교의 수업 연한(4년)
    - └ 서당 규칙(허가제 적용)
  - 민족 교육 탄압: 사립 학교와 서당에 대한 탄압 강화
    - └ 사립학교령·사립학교규칙·개정사립학교규칙 → 학교 설립, 교육 내용 통제

- 2차 조선 교육령 1922
  - 일본인과 조선인의 동등한 교육, 조선인의 교육 기회 확대
  - 교육 기간 증가: 보통학교의 수업 연한 증가(4년 → 6년), 학교 수 증가
    - └ 외형상 일본과 동일 학제로 편성
  - 교육 내용: 조선어(필수 과목), 한문(선택 과목)
  - 고등 교육 가능: 대학 설립 가능
  - 민립 대학 설립 운동 전개 ↔ 일제는 경성 제국 대학(1924)을 세워 이를 탄압

- 3차 조선 교육령 1938
  - 3대 교육 강령(국체명징, 내선일체, 인고단련)
  - 학제상 차별 절폐: 일본과 동등한 학교 명칭과 교육 과정 실시
  - 조선어 교육 축소: 조선어(선택 과목) 실제 선택하는 경우는 거의 없음, 사실상 폐지

- 1941년 국민학교령: 초등 교육 기관인 심상소학교의 명칭을 국민학교로 개칭
  - └ 황국 신민의 학교라는 의미

- 4차 조선 교육령: 조선어 사용 금지, 초·중등 교육에서 조선어 과목과 조선사 교육 없앰. 1943

▶ **일제 강점기 조선어 교육**

- 1차: 한문과 묶어 한과목으로 수업
- 2차: 독립 과목(한문만 선택 과목)
- 3차: 선택 과목
- 4차: 조선어 사용 금지

▶ **보통학교와 소학교**

- 보통학교: 조선인, 국어(일본어)를 상용 ✕
- 소학교: 일본인, 국어(일본어)를 상용 ○
  ↓
3차 조선 교육령 이후, 보통학교와 소학교는 심상소학교로 명칭 동등해짐.

일제의 언론 탄압

- 1910년대: 신문지법의 적용(허가, 검열)으로 언론의 암흑기 → 매일신보(총독부 기관지)만 존속
- 3·1 운동 이후 ┌ 조선일보, 동아일보 등 한글 신문의 발행 허용
  └ 기사 삭제, 발매 중지, 압수, 폐간 등 탄압·통제↑
- 1930년대 이후: 언론에 대한 탄압 강화(언론 폐간 多, 다수 언론인 체포)
  → 일장기 삭제 사건(1936), 조선·동아일보 폐간(1940)
  └ 손기정, 베를린 올림픽에서 금메달

일제의 종교 탄압과 종교계의 대응

기독교

- 탄압 ┌ 105인 사건(데라우치 총독 암살 사건): 서북 지방의 기독교계 민족주의 세력 탄압
  ├ 3·1 운동 당시 수많은 교회와 기독교계 학교들 파괴
  └ 중·일 전쟁 이후: 신사 참배 거부하는 종교 지도자와 학교들 탄압
- 대응: 천도교와 함께 3·1 운동 주도, 신사 참배 거부 투쟁

불교

- 탄압: 사찰령(조선 총독이 사찰의 주지를 임명하고, 사찰의 재산을 관할)
- 대응 ┌ 조선 불교 유신회 조직(1921, 한용운): 사찰령 폐지 주장, 친일 주지 성토 운동 전개
  └ 항일 비밀 결사 조직인 만당 조직(1930, 한용운 당수)

천도교

- 탄압: 3·1 운동 이후 일제의 탄압 강화
- 대응 ┌ 3·1 운동의 준비 및 실행에 크게 기여, 제2의 3·1 운동 계획(1922, 실패)
  └ 독립운동 자금 모금, 『개벽』·『신여성』·『어린이』·『학생』 등의 잡지 간행

대종교

- 단군을 섬김(민족주의 성향↑), 국권 피탈 후 본거지를 만주로 옮김.
- 비밀 결사인 중광단 결성(3·1 운동 이후 북로 군정서로 개편)

원불교

- 박중빈 창시, 불교의 생활화·대중화 주장
- 새생활 운동 전개(남녀평등, 허례 의식 폐지), 개간 사업과 저축 운동(자립 의식 고취)

천주교

사회 사업에 주력(고아원·양로원 운영), 만주에서 항일 운동 단체인 의민단 조직

2강 │ 3·1 운동과 대한민국 임시 정부

기본서 452~460쪽

3·1 운동 기출필수코드 31

	만세 시위 운동의 특징	주도 계층
1단계	서울에서의 독립 선언(비폭력주의 표방)	태화관 단계: 종교계 대표(천도교 손병희, 기독교 이승훈, 불교 한용운 등 33인) └ 태화관에서 만세 삼창 후 자진 체포됨. 탑골 공원 단계: 학생 +시민
2단계	주요 도시로 확산 (상인들의 철시 운동, 노동자들의 시위)	교사, 학생, 상인, 노동자 등
3단계	농촌으로 확산(전국적 확산) (무력 저항주의 – 폭력 투쟁 전개) 일제의 무력 진압에 저항	농민층 토지 조사 사업 등으로 큰 피해 → 일제에 대한 저항 의식↑

┌ 배경 ┌ 윌슨의 민족 자결주의 → 1919년 파리 강화 회의에 대표 파견(신한 청년당의 김규식)
│   │   └→ 국제 사회에 독립을 청원하자는 여론 확산 ┘
│   ├ 대동단결 선언(1917), 무오 독립 선언서, 2·8 독립 선언서(1919)
│   │   └ 한국 병합 조약은 무효, 공화주의, 국민 주권론 주장
│   └ 국내: 고종의 갑작스런 죽음(독살설) → 민중의 분노↑
├ 전개 과정 ┌ 준비 ┌ 종교계와 학생들은 대규모 만세 시위 계획
│   │   │   └ 천도교의 손병희, 기독교의 이승훈, 불교의 한용운 등 민족 대표 구성
│   │   └ 독립 선언서 작성: 최남선(초고), 한용운(공약 3장 추가) → 일원화·대중화·비폭력
│   ├ 시위 시작: 3월 1일 민족 대표들은 태화관에서 독립 선언서 낭독 후 자진 체포
│   │   → 탑골 공원에 모인 학생과 시민들은 독립 선언 후 비폭력 만세 시위 전개
│   └ 시위 확대: 지방의 주요 도시로 확산 → 농촌과 산간 벽지까지 시위 전개, 점차 무력 투쟁으로 전환됨.
│   → 국외(간도·연해주·미주 지역)에서도 만세 시위 전개
└ 영향 ┌ 일제의 통치 방식 변화: 무단 통치에서 문화 통치로 전환
       ├ 임시 정부 수립: 독립운동을 이끌 지도부가 필요 → 각지에 임시 정부 수립
       └ 독립운동의 주체 확대: 3·1 운동은 모든 계층이 참여한 우리 역사상 최대 규모의 민족 운동
                   → 민족 운동의 주체가 학생·농민·노동자로 확대

◉ 대동단결 선언(1917, 상하이)

융희 황제가 삼보(토지, 인민, 정치)를 포기한 8월 29일은 바로 우리 동지가 삼보를 계승한 8월 29일이니, 그간에 한순간도 숨을 멈춘 적이 없음이라. 우리 동지는 완전한 상속자이니 저 황제의 소멸한 때가 곧 민권이 발생한 때요. 구한국 최후의 날은 곧 신한국 최초의 날이니 무슨 까닭이오.

▷ 대동단결 선언(1917)
• 상하이에서 신규식, 신채호, 조소앙 등이 발표
• 융희 황제(순종)의 주권 포기 → 국민에게 주권 이양
• 복벽주의 노선 종결하고 공화주의 노선 확립

◉ 무오 독립 선언(만주)

궐기하라. 독립군! 독립군은 일제히 천지를 바르게 한다. 한 번 죽음은 사람이 피할 수 없는 것이나, 개, 돼지와도 같은 삶을 누가 바라겠는가. 살신 성인하면 2천만 동포는 같이 부활할 것이다. 육탄혈전으로 독립을 완성하자.

◉ 2·8 독립 선언(1919, 일본)
• 본단은 한·일 병합이 우리의 자유 의사로 된 것이 아닐 뿐 아니라 우리의 생존과 발전을 위협하여 동양의 평화를 위협하는 원인이 되는 이유로 인하여 독립을 주장한다.
• 위의 요구가 거절될 때에는 우리는 일본에 대하여 영원히 혈전을 선포할 것이며 이로 인하여 생겨나는 참화는 우리 민족에게 책임이 없도다.

解法 요람
대한민국 임시 정부　기출필수코드 32

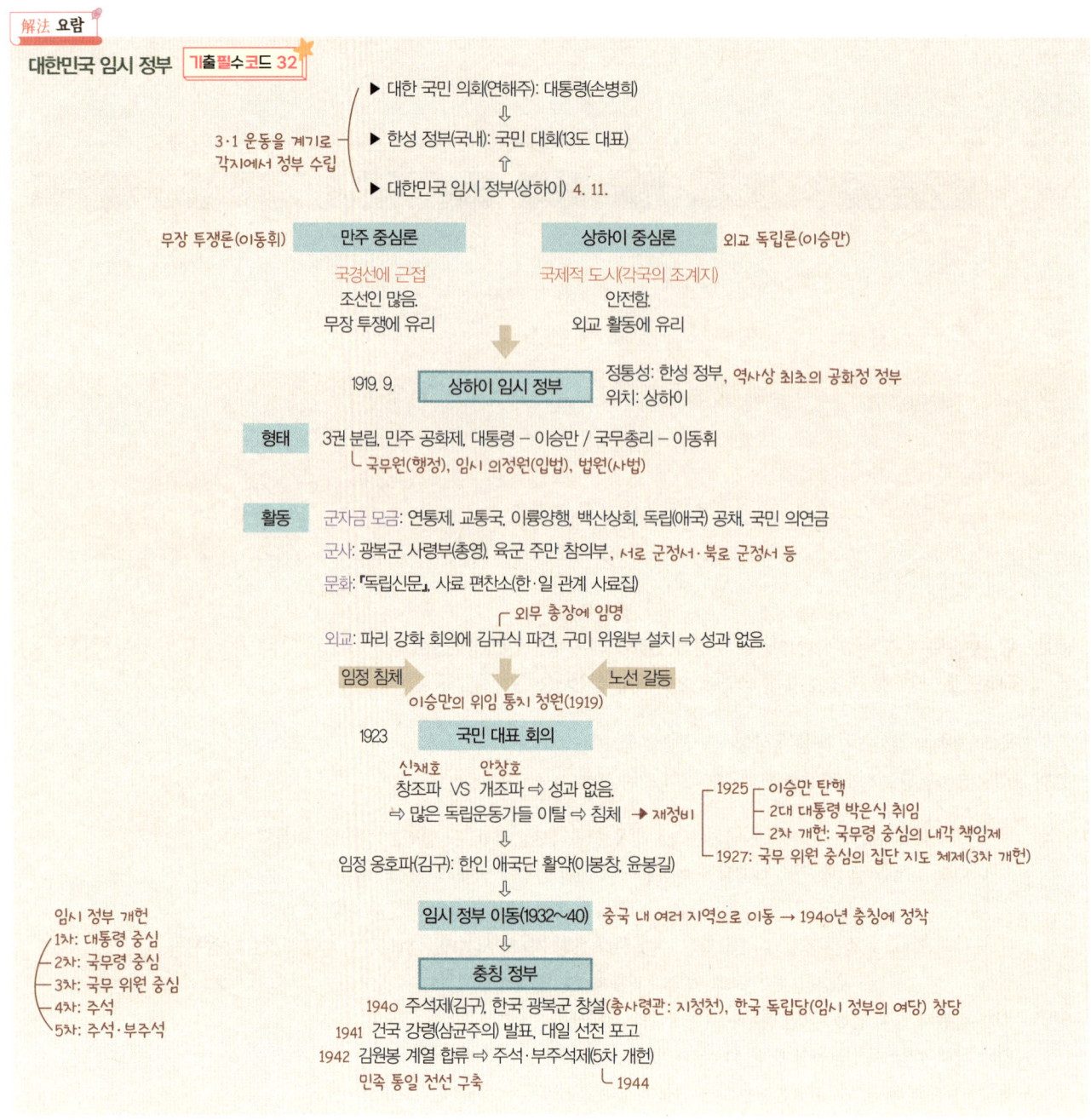

3·1 운동을 계기로
각지에서 정부 수립

▶ 대한 국민 의회(연해주): 대통령(손병희)
⇩
▶ 한성 정부(국내): 국민 대회(13도 대표)
⇧
▶ 대한민국 임시 정부(상하이) 4. 11.

무장 투쟁론(이동휘)　| 만주 중심론 |　| 상하이 중심론 |　외교 독립론(이승만)

국경선에 근접　　　　국제적 도시(각국의 조계지)
조선인 많음.　　　　안전함.
무장 투쟁에 유리　　외교 활동에 유리

1919. 9.　| 상하이 임시 정부 |　정통성: 한성 정부, 역사상 최초의 공화정 정부
위치: 상하이

| 형태 |　3권 분립, 민주 공화제, 대통령 – 이승만 / 국무총리 – 이동휘
└ 국무원(행정), 임시 의정원(입법), 법원(사법)

| 활동 |　군자금 모금: 연통제, 교통국, 이룡양행, 백산상회, 독립(애국) 공채, 국민 의연금
군사: 광복군 사령부(총영), 육군 주만 참의부, 서로 군정서·북로 군정서 등
문화: 『독립신문』, 사료 편찬소(한·일 관계 사료집)
┌ 외무 총장에 임명
외교: 파리 강화 회의에 김규식 파견, 구미 위원부 설치 ⇒ 성과 없음.

| 임정 침체 |　　| 노선 갈등 |
이승만의 위임 통치 청원(1919)

1923　| 국민 대표 회의 |

신채호　안창호
창조파 VS 개조파 ⇒ 성과 없음.　　┌ 1925 ┌ 이승만 탄핵
⇒ 많은 독립운동가들 이탈 ⇒ 침체 → 재정비　│　├ 2대 대통령 박은식 취임
⇩　　　　　　　　　　　　　　　　│　└ 2차 개헌: 국무령 중심의 내각 책임제
임정 옹호파(김구): 한인 애국단 활약(이봉창, 윤봉길)　└ 1927: 국무 위원 중심의 집단 지도 체제(3차 개헌)

임시 정부 개헌　　| 임시 정부 이동(1932~40) |　중국 내 여러 지역으로 이동 → 1940년 충칭에 정착
┌ 1차: 대통령 중심
├ 2차: 국무령 중심　　| 충칭 정부 |
├ 3차: 국무 위원 중심
├ 4차: 주석　　　1940 주석제(김구), 한국 광복군 창설(총사령관: 지청천), 한국 독립당(임시 정부의 여당) 창당
└ 5차: 주석·부주석　1941 건국 강령(삼균주의) 발표, 대일 선전 포고
　　　　　　　　1942 김원봉 계열 합류 ⇒ 주석·부주석제(5차 개헌)
　　　　　　　　민족 통일 전선 구축　└ 1944

상하이 임시 정부의 3대 거두

이승만	안창호	이동휘
┌ 독립 협회 활동(1896)	┌ 독립 협회 가입, 만민 공동회 연설(1897)	┌ 강화 진위대에서 근무(1899)
├ 정부 전복 획책 혐의로 투옥(1898)	├ 점진 학교 설립(1899)	├ 강화도에 보창 학교 설립(1905)
├ 감형 후 석방, 미국 유학(1904)	├ 신민회 조직, 대성 학교 설립(1907)	├ 강화도에서 대한 자강회 총회 개최(1907)
├ 임시 정부 대통령(1919) → 탄핵	├ 청년 학우회 조직(1909)	├ 정미의병 도모, 신민회 조직(1907)
├ 독립 촉성 중앙 위원회 총재(1945)	├ 샌프란시스코에서 흥사단 조직(1913)	├ 105인 사건으로 투옥 → 러시아 망명(1911)
├ 정읍 발언(1946): 단독 정부 주장	├ 임시 정부 참여(1919)	├ 대한 광복군 정부 부통령(1914)
├ 대한민국 초대 대통령 당선(1948)	├ 국민 대표 회의 → 개조파로 활동(1923)	├ 한인 사회당 조직(1918)
├ 제2대·제3대 대통령 당선	├ 한국 독립 유일당 북경 촉성회(1926)	└ 임시 정부 국무총리 취임(1919)
└ 4·19 혁명 → 하야, 하와이 망명(1960)	├ 윤봉길 의거로 상하이에서 체포(1932)	
	└ 수양 동우회 사건으로 체포(1937)	

대한민국 임시 정부

임시 정부의 통합
- 연해주: 전러 한족 중앙 총회 → 대한 국민 의회(3. 17.)
- 상하이: 신한 청년단 → 임시 의정원(4. 9.) → 임시 헌장 반포, 임시 정부 수립(4. 11.)
- 서울: 한성 정부(4. 23.)

- 각지의 정부 통합(1919. 9.) 상하이(외교) vs 간도·연해주(무장 투쟁)
- 정부 위치는 상하이, 한성 정부의 법통을 계승(정통성)
- 정부 조직: 이승만(대통령), 이동휘(국무총리) / 대통령 중심제, 3권 분립
  - 행정: 국무원
  - 입법: 임시 의정원
  - 사법: 법원

▶ 임시 정부의 개헌	
1차 개헌 (1919)	이승만 중심 대통령제
2차 개헌 (1925)	국무령 중심 내각 책임제
3차 개헌 (1927)	국무 위원 중심 집단 지도 체제
4차 개헌 (1940)	김구 중심 주석 단일 체제
5차 개헌 (1944)	주석(김구)· 부주석(김규식)

상하이 정부 우리나라 역사상 최초의 공화정 정부
- 국내와 연결: 연통제(비밀 행정 조직), 교통국(정보 수집 기관) → 각종 정보와 군사금 전달 등
- 군자금: 독립 공채·의연금 등으로 충당, 이륭양행(만주)과 백산상회(부산) 통해 전달
- 군사: 만주의 서로 군정서·북로 군정서와 연결, 광복군 사령부와 광복군 총영(1920), 육군 주만 참의부(1923)
- 외교: 프랑스(김규식을 외무총장 겸 파리 위원부 대표로 임명), 미국(구미 위원부 설치), 소련(독립운동 지원 약속)
- 문화: 독립신문 발간, 임시 사료 편찬 위원회(한·일 관계 사료집 간행) 등

▶ 국민 대표 회의(1923)
- 연통제·교통국 파괴로 자금난·인력난↑, 노선 갈등(무장 투쟁론 vs 외교론)
  → 외교 노선에 비판적인 신채호, 박은식 등이 이승만에 대한 불신임과 함께 회의 요구
  └ 위임 통치 청원
- 개조파와 창조파로 분열 → 성과 X → 독립운동가들 이탈, 임시 정부 침체
  └ 김구의 내무부령 1호 공포(국민 대표 회의의 해산 명령)

▶ 창조파 vs 개조파	
창조파	개조파
임정 부정 → 새 정부, 무장 투쟁 강조	임정 유지 → 개조, 민족주의 실력 양성
신채호 등	박은식, 안창호 등

임시 정부 재정비
- 1925년 임시 정부는 이승만을 대통령직에서 파면, 2대 대통령으로 박은식 취임
- 헌법 개정하여 집단 지도 체제로 전환(대통령 중심제 → 국무령 중심 내각 책임제 → 국무 위원 중심 집단 지도 체제)
  1919   1925   1927
- 1931년 김구가 한인 애국단 조직
- 중국 각지로 이동(1932~1940)

충칭 정부

1940 ─ 주석제(4차 개헌, 주석 김구), 한국 광복군 창설, 한국 독립당 창당
1941 ─ 건국 강령(삼균주의) 발표(11월), 대일 선전 포고(12월)
1942 ─ 김원봉 계열이 임시 정부에 합류
1943 ─ 인도·미얀마 전선에 한국 광복군 파견
1944 ─ 주석·부주석제(5차 개헌)
1945 ─ 국내 진공 작전 준비(실행 X)

※ 만주 사변 이후
→ 한인 애국단 설립(1931)
→ 이봉창 의거(1932. 1.)
→ 상하이 사변
→ 윤봉길 의거(1932. 4.)
→ 임시 정부 이동 시작(1932~1940)

충칭 임시 정부의 3대 거두

지청천
- 신흥 무관 학교 교관(1919)
- 청산리 대첩 참여(1920, 서로 군정서)
- 양기탁·오동진 등과 정의부 조직(1924)
- 한국 독립당 창당, 한국 독립군(1930)
- 민족 혁명당 합류(1935) → 탈당(1937)
- 조선 혁명당으로 임정 합류(1937)
- 한국 광복군 총사령관(1940)

김구
- 동학 농민 운동 참여(1894) 꼬마 접주
- 일본 육군 중위(쓰치다) 살해
  → 사형 집행 전 중지(1896) 고종의 특별 사면
- 임시 정부 초대 경무국장(1919)
- 한인 애국단 조직(1931)
- 한국 국민당 조직(1935) 민족 혁명당 ×
- 임시 정부 주석 선출(1940)
- 「삼천만 동포에게 읍고함」 발표(1948. 2.)
- 김규식과 남북 협상 전개(1948. 4.)
- 경교장에서 안두희에게 암살(1949)

조소앙
- 동제사 참여(1913)
- 무오 독립 선언서 작성(1918)
- 임시 정부 국무 위원 겸 외무부장(1919)
- 한국 독립당 창당(1930)
- 삼균주의, 건국 강령으로 채택(1941)
- 임시 정부 외무부장(1945)
- 2대 총선 출마, 전국 최다 득표로 당선(1950)
- 6·25 전쟁 때 강제 납북(1950)

2장 국내외 항일 운동

1강 국내의 항일 운동

기본서 462~470쪽

解法 요람

국내의 항일 만세 운동 　기출필수코드 33

광주에서 한·일 학생 간 충돌 → 시위 전개(광주 → 전국)

6·10 만세 운동

1926

- 순종(융희) 인산일
- 조선 공산당 + 천도교 + 학생, 노·농 단체
- 조선 학생 과학 연구회 주도
- 민족주의와 사회주의 연대 계기
  └ 민족 유일당 운동, 신간회 결성에 영향

신간회
1927
└ 일제 치하의 최대 규모의 합법적 단체

광주 학생 항일 운동

1929

- 민족 차별 교육 + 학생 운동 역량↑
  + 신간회 활동
  └ 민중 대회 준비 → 개최 ×
- 학생 투쟁 + 일반 국민 ⇒ 전국 규모 확대
  　　　　　　　　　　만주 및 일본까지 확산
- 3·1 운동 이후 최대 민족 운동

| 7월 | 조선 민흥회 |

| 11월 | 정우회 선언 |

"타락한 형태가 아니라면 민족주의와 적극적으로 제휴하여 …"

① 창립(1927): 이상재, 홍명희
  ┌ 중앙 본부: 민족주의 주도
  └ 지방 지회: 사회주의 중심
② 주요 활동(1929)
  ▶ 광주 학생 항일 운동 지원
  ▶ 원산 노동자 총파업 지원
  ⇒ 일제 탄압 ⇒ 지도부 검거

③ 해체(1931)
  ┌ 새 지도부 우경화(타협적 민족주의자↑)
  │ ⇒ 중앙 본부 VS 지방 지회 갈등 증폭
  │　　　　　　　　　└ 신간회 해소 주장
  └ 코민테른 노선 변경
     └ 민족주의자와의 분리 투쟁 지시

의열단과 애국단 　기출필수코드 35

1920년대

의열단

약산 김원봉

- 김상옥: 종로 경찰서 폭탄 투척
- 나석주: 동척, 식산 은행, 철도 회사 폭탄 투척
- 의열단 선언문(1923): 신채호 '조선 혁명 선언'

1926년 황포 군관 학교 입학
1935년 (조선) 민족 혁명당　→ 김구 참여 ×
1938년 조선 의용대　중국 관내 최초의 군사 조직
1942년 충칭 정부에 합류

VS

1930년대

애국단

백범 김구　동학 접주 출신

- 이봉창: 일본 국왕(도쿄) 투탄 의거
- 윤봉길: 상하이 홍커우 공원 투탄 의거
  ⇒ 중국 국민당의 임정 지원 계기

1931년 만보산 사건: 한·중 농민들의 충돌
　　　만주 사변: 일제의 만주 침략(만주국 수립)
1932년 1월 이봉창 의거: 일왕의 행차에 폭탄 투척 → 실패
1932년 1월 상하이 사변
1932년 4월 29일 윤봉길 의거　→ 중국 국민당(장제스),
　　　　　　　　　　　　　　　　임시 정부에 대한 지원 강화
⇒ 임시 정부 이동 시작

◉ 6·10 만세 운동 당시 격문
우리는 벌써 민족과 국제 평화를 위하여 1919년 3월 1일에 우리의 독립을 선언하였다. … 조선은 조선인의 조선이다. 8시간 노동제를 실시하라. … 학교의 용어는 조선어로, 동일 노동 동일 임금, 학교장은 조선 사람이어야 한다. … 조선 민중아! 우리의 철천지 원수는 자본 제국주의 일본이다. 2천만 동포야! 죽음을 각오하고 싸우자!

◉ 광주 학생 항일 운동의 격문
학생, 대중이여 궐기하라!
검거된 학생은 우리 손으로 탈환하자.
언론·결사·집회·출판의 자유를 획득하라.
식민지 교육 제도를 철폐하라.
조선인 본위의 교육 제도를 확립하라.
전국 학생 대표자 대회를 개최하라.

국내의 민족 운동

1910년대 기출필수코드 30

비밀 결사

독립 의군부 1912

┌ 의병장 임병찬이 고종의 밀명을 받아 결성, **복벽주의** 표방
│   └ 고종의 복위 목표
└ 일본에 국권 반환 요구서 제출 시도 but 사전 발각되어 지도부 체포

대한 광복회 1915

┌ 대한(풍기) 광복단 + 조선 국권 회복단
│   └ 의병 계열 단체(채기중)   └ 애국 계몽 계열 단체(박상진)
├ **공화주의** 건국 이념 표방, 무력 투쟁을 통한 독립 쟁취
├ 군대식 조직(총사령 **박상진**, 부사령 김좌진)
└ 군자금 마련, 독립군 양성, 친일 부호 처단 등 활동
     └ 군자금 모집 중 일본 경찰에 들켜 해체

1920년대

6·10 만세 운동 1926

┌ 배경: 일제의 수탈과 식민지 교육 정책에 대한 반발 + **순종의 사망**(1926. 4.)
├ 준비: 사회주의 세력과 민족주의 세력 그리고 학생 대표들은 만세 시위를 계획
│   └ 조선 공산당   └ 천도교 청년회
├ 전개: 6월 10일(순종의 인산일) 조선 학생 과학 연구회 등 학생 단체들의 주도로 만세 시위 전개
└ 의의: 민족 유일당 운동의 기폭제 역할

신간회 기출필수코드 34 ⭐ 1927~1931, 개인 본위의 조직(단체 가입 ×)

┌ 성립: 회장에 이상재, 부회장에 홍명희 → 전국 각지에 140여 개의 지회 설립 만주, 일본에도 지회 조직
├ 강령: 정치·경제적 각성을 촉구함, 단결을 공고히 함, 기회주의를 일체 부인함.
├ 활동 ┌ 전국 각지를 돌며 민중 계몽·민족 의식 고취 → 일제의 식민 통치 비판(한국인 본위 교육 시행·착취 기관 폐지 등)
│   └ 노동 운동·농민 운동·청년 운동·여성 운동 등 각종 사회 운동 적극 지원
│   → **광주 학생 항일 운동**(조사단 파견·민중 대회 계획), **원산 노동자 총파업**(격문 발송) 등
│   갑산 화전민 추방에 대한 항의 운동, 단천 산림 조합 시행령 반대 운동 지원
├ 해체 ┌ 내부 갈등: 김병로 등 새로운 지도부는 자치 운동 세력과 협력 시도 → 사회주의 세력 반발
│   ├ 사회주의 노선 변경: 코민테른은 민족주의자와의 분리 투쟁 권고
│   ├ 과정: 사회주의자들이 해소론 제기 → 비타협적 민족주의 세력은 해소 반대 주장 → **1931년** 신간회 해소안 가결
│   └ 이후: 사회주의자(혁명적 노동·농민 조합 운동), 비타협적 민족주의자(조선학 운동)
└ 의의 ┌ **사회주의 세력과 비타협적 민족주의 세력의 연대**
       └ 일제 치하 최대 규모의 합법적 민족 운동 단체

▶ **복대표 회의**

일제의 탄압으로 신간회의 정기 대회 금지 → 몇 개의 지방 지회가 모여 복대표 회의 개최(정기 대회 대신함!)

▶ **신간회 지도부의 변화**

집행 위원장 허헌(좌익, 대규모 민중 집회 노선)
↓
광주 학생 항일 운동 때 지도부 체포
↓
집행 위원장 김병로(온건, 자치 운동 세력과 결탁)

▶ **근우회**(1927~1931)

• 신간회의 자매단체(설립·해체 영향받음.)
• 목표: 여성들의 공고한 단결과 여성 지위 향상

광주 학생 항일 운동 1929, 3·1 운동 이후 최대 규모의 민족 운동

- 배경: 일제의 민족 차별 교육에 대한 반발+전국 각지의 학교에 독서회 등 다수 조직
  └ 학생들의 비밀 결사
- 계기: 일본인 학생의 한국인 여학생 희롱 사건 → 한·일 학생들의 편싸움 → 경찰이 일본 학생만 두둔 한국 학생들만 검거·탄압
- 전개: 11월 3일 광주의 여러 학교들이 연합하여 길거리에서 대규모 시위 전개
- 확산: 성진회·독서회 중앙 본부 등 조직적인 활동+신간회의 후원 → 시위는 전국으로 확대, 이듬해 봄까지 지속
  └ 진상 조사단 파견, 민중 대회 개최 계획(사전 발각)

의열 투쟁

의열단 | 기출필수코드 35 ⭐

- 1919년 만주 길림성에서 김원봉을 중심으로 조직된 비밀 결사
- 목적: 일제 요인 암살과 식민 통치 기관의 파괴
- 조선 혁명 선언(1923) ┬ 김원봉의 요청을 받은 신채호가 작성 의열단의 투쟁 노선·행동 강령 제시
  └ 외교론·자치론·준비론 등 비판, 민중의 직접 혁명을 통한 독립 쟁취 강조
- 활동 ┬ 박재혁(1920): 부산 경찰서 폭탄 투척
  ├ 최수봉(1920): 밀양 경찰서 폭탄 투척
  ├ 김익상 ┬ 조선 총독부 폭탄 투척(1921)
  │   └ 황포탄 의거(1922, 상하이에서 육군 대장 다나카 저격)
  ├ 김상옥(1923): 종로 경찰서 폭탄 투척
  ├ 김지섭(1924): 도쿄 궁성 폭탄 투척(이중교 의거)
  └ 나석주(1926): 동양 척식 주식회사와 철도 회사, 식산 은행에 폭탄 투척(임시 정부와 제휴)
- 변화 ┬ 조직적인 무장 투쟁 노선으로 전환 ┬ 황포 군관 학교에 일부 단원 입학(1926)
  │   └ 개별적 투쟁의 한계 인식   └ 조선 혁명 간부 학교 설립(1932)
  └ 민족 혁명당 ┬ 난징에서 5개 단체가 통합(김구는 참여 안함.)
    1935   │ └ 의열단·한국 독립당·조선 혁명당·대한 독립당·신한 독립당
             └ 군사 조직으로 조선 의용대(1938) 편성, 1942년 충칭 임시 정부 합류

▶ **황포탄 의거(김익상, 1922)**

상하이에서 일본 육군 대장 저격 시도 실패
→ 권총 오발로 미국인 여성 여행객 사망
→ 상하이에서 의열단에 대한 여론 악화
→ 신채호에게 조선 혁명 선언 작성 요청
  (의열단 활동의 정당성 설명)

● **조선 혁명 선언(1923, 신채호)의 주요 내용**
1. 일본을 강도로 규정, 이를 타도하기 위한 혁명은 정당
2. 외교론·자치론·준비론·문화 운동론의 한계를 비판
3. 일제를 몰아내는 혁명은 민중의 직접 혁명이어야 함.
4. 조선 혁명을 위해 다섯 가지 파괴(총독부, 동양 척식 주식회사, 매일신보사, 각 경찰서 및 주요 기관)와 다섯 가지 건설 목표 제시

▶ **의열단의 행동 지침**
- 공약 10조(1이 9를 위해, 9가 1을 위해 헌신함.)
- 오파괴(조선 총독부, 동양 척식 주식회사, 매일신보사 등)
- 칠가살(조선 총독·일본 군부 수뇌·매국노·친일파 거두 등)

한인 애국단 | 기출필수코드 35

- 김구를 중심으로 상하이에서 조직(1931)
- 이봉창의 일본 국왕 투탄 의거(1932), 윤봉길의 상하이 홍커우 공원 의거(1932)
- 대한민국 임시 정부를 중국 국민당 정부가 인정하고 지원하는 계기
  └ 1940년 한국 광복군 설치에 영향

대한 노인단

- 1919년 러시아 블라디보스토크에서 조직
- 강우규: 서울 남대문 정거장에서 조선 총독(사이토) 향해 폭탄 투척(1919)

기타 의거

▶ **효창 공원(독립운동가 묘소)**
- 3의사: 윤봉길, 이봉창, 백정기
- 김구·이동녕 등 임정 인사
- 안중근 시신 찾을 시 이장 예정

- 백정기: 흑색 공포단 소속(이회영), 중국에서 일본 공사 암살 시도(육삼정 의거, 1933)
- 박열: 관동 대지진 때 일본 왕족의 암살 시도
- 조명하: 타이완에서 일본 왕족을 칼로 찌름.

2강 무장 독립 전쟁의 전개

기본서 471~482쪽

解法 요람

1910년대 국외 독립운동 기지 건설 기출필수코드 36 ⭐

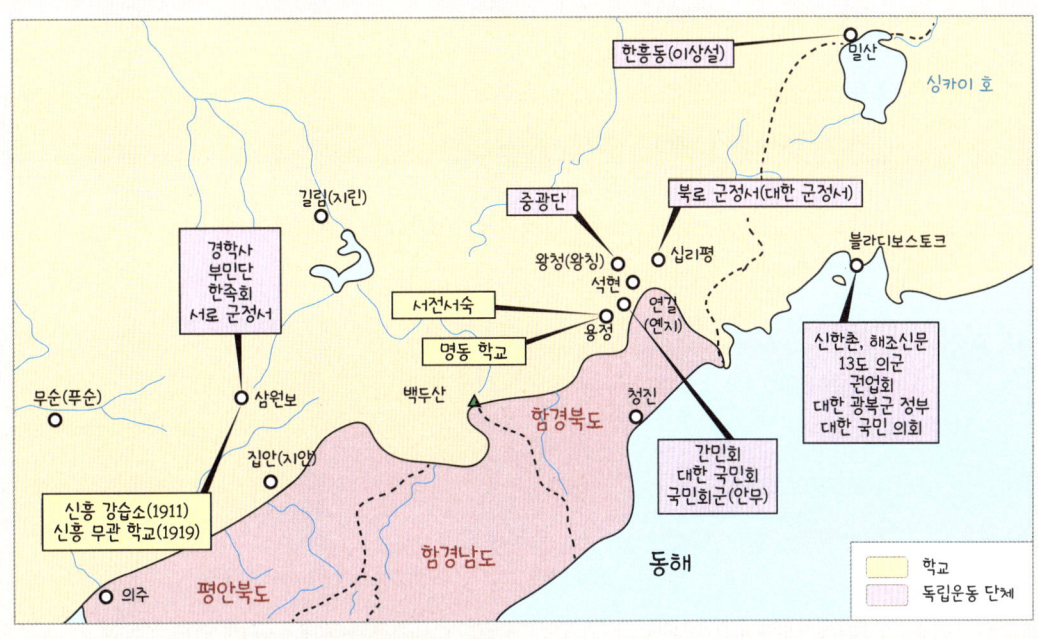

지역	기지	단체
남만주	삼원보	경학사 ⇨ 부민단 ⇨ 한족회 ⇨ 서로 군정서, 신흥 무관 학교(신흥 강습소) └ 1911, 이회영·이시영 등 대종교인을 중심으로 남만주에 설립된 최초의 자치 단체
북간도	용정 연길 왕청	• 서전서숙(이상설) 용정에 설립한 최초의 국외 학교(1906) • 간민회 ⇨ 대한 국민회 ⇨ 국민회군 • 중광단(대종교) ⇨ 북로 군정서(대한 군정서) 　└ 서일 중심으로 조직, 무오 독립 선언서 발표
연해주	신한촌 (블라디보스토크)	• 해조신문(1908), 13도 의군(1910, 유인석) 　└ 의병 조직 통합 • 권업회(1911, 이상설), 권업신문(1912) • 대한 광복군 정부(1914): 최초의 국외 정부, (정) 이상설, (부) 이동휘 • 대한 국민 의회(1919): 임시 정부, (정) 손병희 　└ 전러 한족 중앙 총회가 정부 형태로 개편, 1919년 상하이 임시 정부에 합병
북만주	밀산부	한흥동(이상설), 집단 한인촌 대한인 국민회와 이상설 등 신민회 간부들이 한인촌을 형성하고 한민 학교 설립
중국	상하이	• 동제사(1912): 신규식 · 박은식, 한인 규합 • 신한 청년당(1919): 여운형, 파리 강화 회의에 김규식 파견 독립 청원서 제출
미국 (미주)		• 대한인 국민회(1910): 미주 일대 한인 통합 단체 　└ 1908 장인환 구명 운동을 계기로 조직 • 대조선 국민군단(1914): 박용만이 하와이에서 조직하여 군사 훈련 • 흥사단(1913): 안창호가 샌프란시스코에서 조직 • 구미 위원부(1919): 이승만이 워싱턴에 설치, 임시 정부의 외교 사무소

무장 독립 전쟁 전개 과정 기출**필수코드 36**

1920년대

1. 독립군의 편성 (⇐ 3·1 운동)

2. 독립군의 활약

훈춘 사건 조작

봉오동 전투(1920. 6.): 대한 독립군(홍범도) 外

청산리 대첩(1920. 10.): 북로 군정서(김좌진) 外 6일간의 혈전, 독립군 항전 사상 최대 승리
└ 백운평·천수평·고동하·완루구·어랑촌 전투

3. 독립군의 시련

간도 참변(1920. 10.~1921. 4.) ⇨ 밀산부 한흥동 ⇨ 대한 독립군단(서일) ⇨ 소련
└ 경신참변, 한인 촌락에 대해 무자비한 살상

자유시 참변(1921): 소련 적색군의 배신(소련 내 한인 부대들 간에 군사 지휘권 분쟁)
└→ 이후 독립군들은 만주로 귀환

4. 독립군의 재편성

1925, 북만주, 김좌진 중심

3부의 성립: 민정 + 군정 – ⓐ의부(임정 직할 부대), ⓑ의부, ⓒ민부
└ 1923, 집안   └ 1924, 남만주, 지청천 중심

1924 1차 국공 합작(중국)
　→ 민족 유일당 운동↑
1925 치안 유지법
　→ 사회주의자 탄압
1926 6·1o 만세 운동
1927 신간회

5. 미쓰야 협정 (1925) 만주 독립군 큰 시련
└ 만주 군벌 장쭤린–일제 경무국장 미쓰야

6. 독립군의 통합 3부 통합 운동 ⇨ 한국 독립 유일당 북경 촉성회(1926, 민족 유일당)
└ 개인 본위   └ 안창호의 요청으로 개최

북만주 – 혁신 의회(1928) ⇨ 한국 독립당(한국 독립군, 지청천)

남만주 – 국민부(1929) ⇨ 조선 혁명당(조선 혁명군, 양세봉)
└ 단체 본위

1930년대

한·중 연합 작전

7. 만주 – 한·중 연합

한국 독립군(지청천) + 중국 호로군 ⇨ 쌍성보, 대전자령, 사도하자 전투 外

조선 혁명군(양세봉) + 중국 의용군 ⇨ 영릉가, 흥경성 전투
└→ 일본군의 대토벌 작전, 중국군 사기 저하 등 더 이상 지속 × →만주의 독립군, 중국 관내로 이동

8. 중국 – 한·중 연합
　　　　　　　　　　　　　　　　　　　　　　　↗ 민족주의 계열(조소앙, 지청천 등) 이탈
1935, 민족 혁명당(민족주의+사회주의) → 조선 민족 전선 연맹(1937)

민족 혁명당 ── **조선 의용대**(1938)
　　　　　　　　　　　　　　　　　　　↗ 조선 의용대 화북 지대 ┐
중국 국민당(장제스) 후원 ── 조선 의용대(김원봉) VS 조선 의용대(화북 지방) ⇨ 조선 의용군(김두봉)
　　　　　　　　　　　└ 1942, 한국 광복군에 합류　　　　　　　　　조선 독립 동맹
충칭 정부 ── **한국 광복군**(1940)
　　　　　　　　　└ 지청천, 이범석
대일 선전 포고(1941), 인도·미얀마 전선 파견(+영국), 국내 진입 작전 준비(+미국)
　　└ 연합군의 일원으로 참전　　　　　　　└ 정진군, 미국 OSS와 연합(1945)

1910년대 국외 독립운동 기지 건설

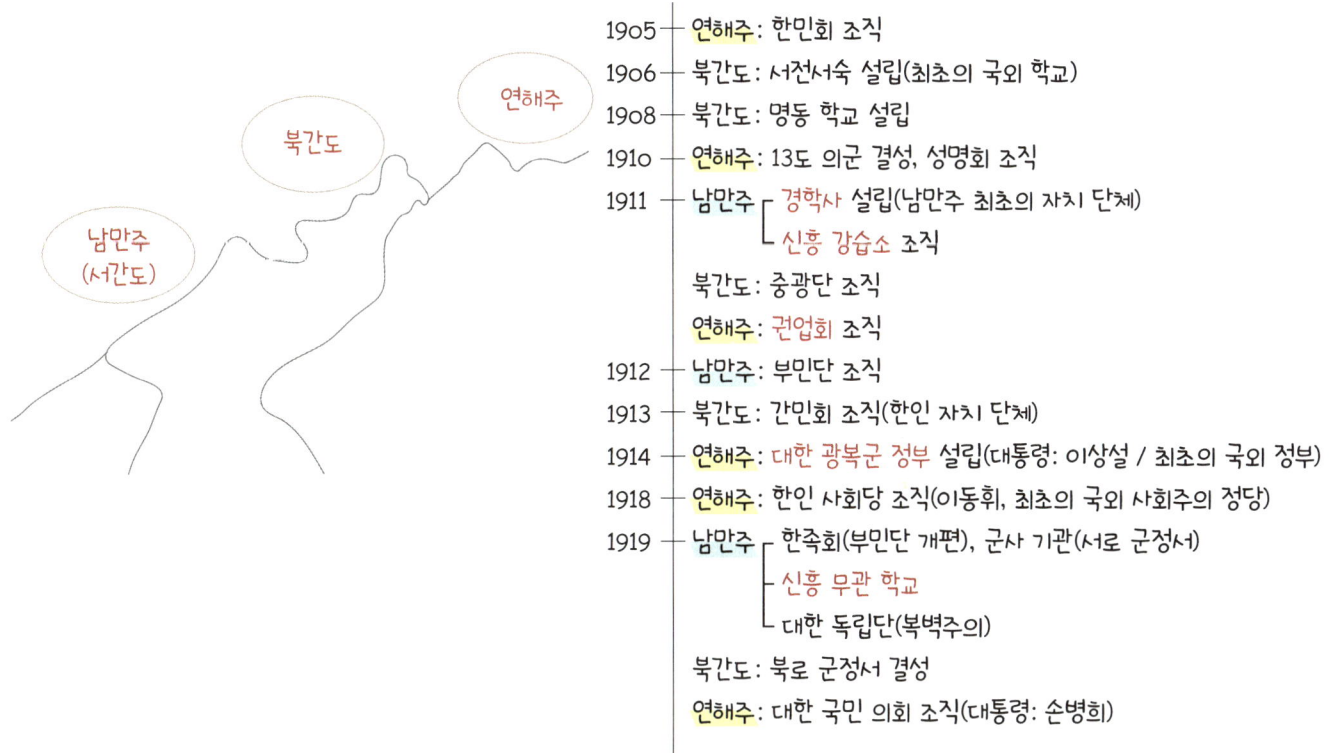

1905	**연해주**: 한민회 조직
1906	북간도: 서전서숙 설립(최초의 국외 학교)
1908	북간도: 명동 학교 설립
1910	**연해주**: 13도 의군 결성, 성명회 조직
1911	남만주 ┌ 경학사 설립(남만주 최초의 자치 단체) └ 신흥 강습소 조직
	북간도: 중광단 조직
	연해주: 권업회 조직
1912	남만주: 부민단 조직
1913	북간도: 간민회 조직(한인 자치 단체)
1914	**연해주**: 대한 광복군 정부 설립(대통령: 이상설 / 최초의 국외 정부)
1918	**연해주**: 한인 사회당 조직(이동휘, 최초의 국외 사회주의 정당)
1919	남만주 ┌ 한족회(부민단 개편), 군사 기관(서로 군정서) ├ 신흥 무관 학교 └ 대한 독립단(복벽주의)
	북간도: 북로 군정서 결성
	연해주: 대한 국민 의회 조직(대통령: 손병희)

기타 지역의 독립운동

1910	대한인 국민회(미): 장인환 구명 운동을 계기로 미주의 한인 단체들이 통합·조직, 박용만·이승만 중심
1912	동제사(중): 상하이에서 신규식·박은식·조소앙 등이 조직
1913	흥사단(미): 샌프란시스코에서 안창호가 조직, 외교 및 교민 교화 활동 전개
1914	대조선 국민군단(미): 하와이에서 박용만이 조직, 군사 훈련 실시
1915	대동 보국단(중): 신규식·박은식 등이 조직, 잡지 「진단」 발행
1918	신한 청년당(단)(중): 상하이에서 여운형 등이 조직, 파리 강화 회의에 김규식 파견(1919)
	조선 청년 독립단(일): 일본에서 최팔용이 조직, 2·8 독립 선언서 발표(1919)
1919	구미 위원부(미): 워싱턴에서 이승만이 설치, 임시 정부의 외교 사무소 역할

국외 이주 동포들의 시련

- 만주: 1910년대 독립운동 기지 건설, 간도 참변(1920), 만보산 사건(1931)
- 연해주: 다수의 신한촌 건설, 자유시 참변(1921), 중앙아시아 강제 이주(1937)
- 일본 ┌ 국권 피탈 이전: 유학생+정치적 망명
  └ 국권 피탈 이후: 다수의 농민들 이주(노동자로 취업), 관동 대학살(1923)
- 미주: 사탕수수 농장 및 철도 건설 노동자로 활동

8단 일제의 침략과 민족의 독립운동

독립군의 편성과 활약, 시련

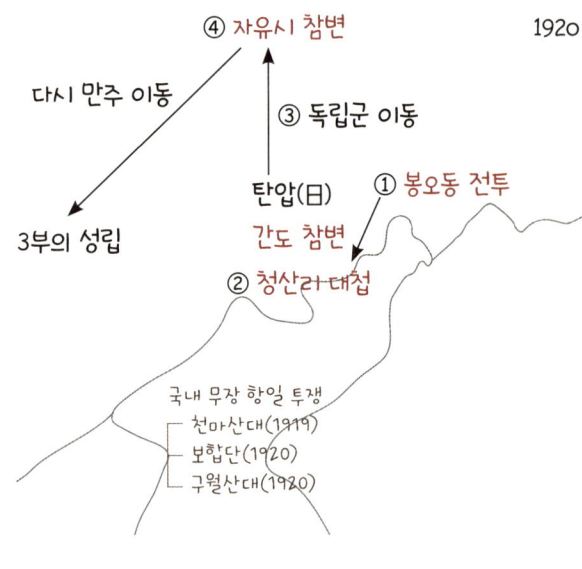

④ 자유시 참변

다시 만주 이동

③ 독립군 이동

3부의 성립

탄압(日)   ① 봉오동 전투
간도 참변

② 청산리 대첩

국내 무장 항일 투쟁
┌ 천마산대(1919)
├ 보합단(1920)
└ 구월산대(1920)

1920 ① 봉오동 전투

국내 진입 작전 → 일본군은 두만강을 건너 추격

→ 봉오동 지역으로 유인·기습 공격, 일본군 격파

② 청산리 대첩

┌ 훈춘 사건(조작) → 일본군, 만주에 대규모 병력 투입
├ 6일간의 혈전(백운평·천수평·고동하·완루구·어랑촌 전투)
└ 결과: 청산리 지역에서 일본군 대파(독립군 사상 최대 성과)

✿ 간도 참변 → 한인 촌락(독립군 근거지) 초토화

③ 독립군의 이동

┌ 소련·만주 국경 지대(밀산부) 집결
└ 대한 독립군단 조직(총재 서일) → 자유시(소련)로 이동
                        └ 북로 군정서 총재

1921 ④ 자유시 참변

독립군 부대의 지휘권을 놓고 분쟁 발생

→ 소련 공산당에 의해 무장 해제(수백 명의 독립군 희생)

→ 일부 독립군, 만주로 귀환
        └ 김좌진

독립군의 재편성과 통합

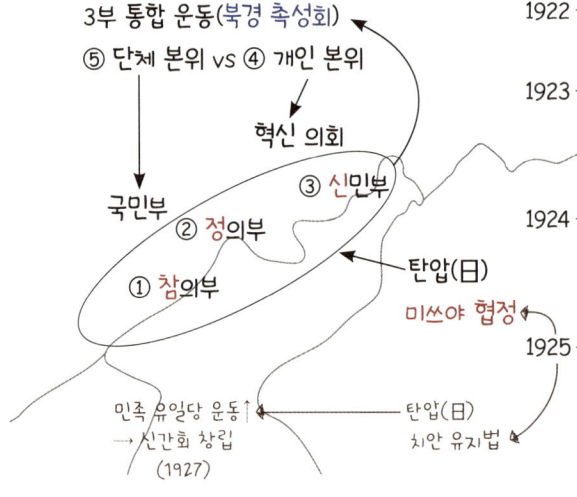

3부 통합 운동(북경 촉성회)

⑤ 단체 본위 vs ④ 개인 본위

혁신 의회

국민부   ③ 신민부

② 정의부

① 참의부   탄압(日)
미쓰야 협정

민족 유일당 운동↑   탄압(日)
→ 신간회 창립   치안 유지법
    (1927)

1922 대한 통의부(남만주 일대 독립군 통합)

1923 ① 육군 주만 참의부(압록강 맞은 편 집안)

임시 정부 직속 군사 조직

1924 ② 정의부(남만주) ————————   ※ 3부의 성격: 민정+군사

지청천 중심

1925 ③ 신민부(북만주)

김좌진 중심
                                총독부 경무국장
✿ 미쓰야 협정: 만주 군벌(장쭤린) + 일본(미쓰야)

→ 독립군 탄압 한국인 독립운동가를 체포할 경우 일본에 넘기기로 함.

1926 ✿ 독립군 통합 운동(한국 독립 유일당 북경 촉성회)
                └ 안창호의 요청
→ 개인 본위론과 단체 본위론 간의 대립

1928 ④ 개인 본위 통합 → 혁신 의회 조직(북만주)

1930년 한국 독립당·한국 독립군

1929 ⑤ 단체 본위 통합 → 국민부 조직(남만주)

조선 혁명당·조선 혁명군

한·중 연합 작전

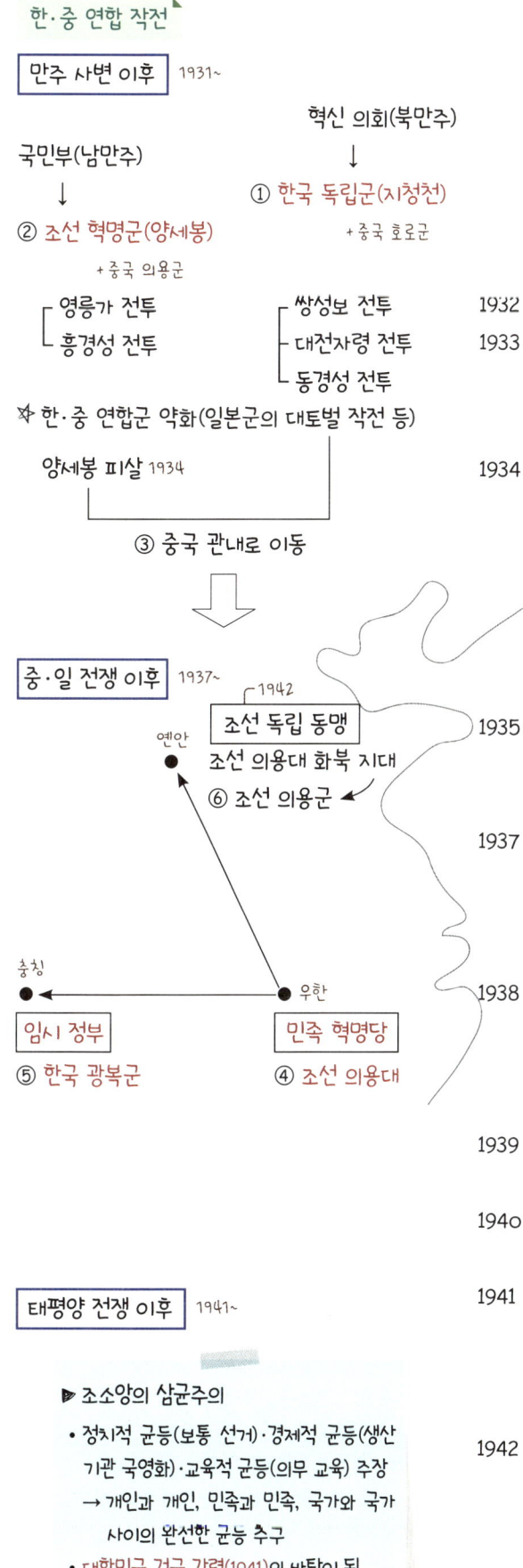

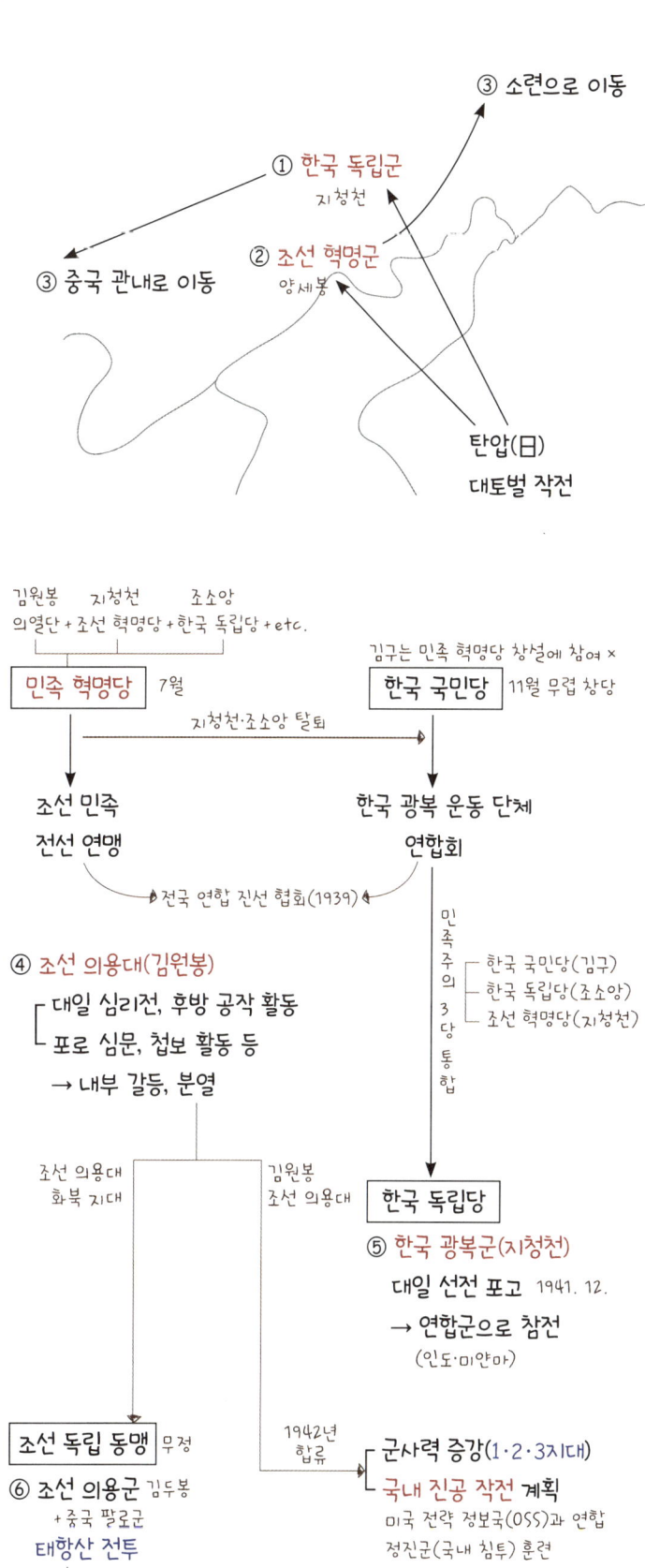

만주 사변 이후 1931~

혁신 의회(북만주)
↓
국민부(남만주)   ① 한국 독립군(지청천)
↓   + 중국 호로군
② 조선 혁명군(양세봉)
   + 중국 의용군

┌ 영릉가 전투   ┌ 쌍성보 전투   1932
└ 흥경성 전투   ├ 대전자령 전투   1933
                      └ 동경성 전투

✿ 한·중 연합군 약화(일본군의 대토벌 작전 등)

양세봉 피살 1934   1934

③ 중국 관내로 이동

중·일 전쟁 이후 1937~

┌1942
조선 독립 동맹   1935
연안 ●
조선 의용대 화북 지대
⑥ 조선 의용군   1937

충칭 ● ← 우한 ●   1938
임시 정부   민족 혁명당
⑤ 한국 광복군   ④ 조선 의용대

                                             1939

                                             1940

태평양 전쟁 이후 1941~   1941

▶ 조소앙의 삼균주의
• 정치적 균등(보통 선거)·경제적 균등(생산
  기관 국영화)·교육적 균등(의무 교육) 주장
  → 개인과 개인, 민족과 민족, 국가와 국가
    사이의 완선한 균능 추구
• 대한민국 건국 강령(1941)의 바탕이 됨.

오른쪽 지도:

③ 소련으로 이동
① 한국 독립군
  지청천
② 조선 혁명군
  양세봉
③ 중국 관내로 이동
탄압(日)
대토벌 작전

김원봉   지청천   조소앙
의열단 + 조선 혁명당 + 한국 독립당 + etc.

김구는 민족 혁명당 창설에 참여 ×

민족 혁명당 7월   **한국 국민당** 11월 무렵 창당
      지청천·조소앙 탈퇴 →

조선 민족   한국 광복 운동 단체
전선 연맹   연합회

        → 전국 연합 진선 협회(1939) ←

④ 조선 의용대(김원봉)
┌ 대일 심리전, 후방 공작 활동
└ 포로 심문, 첩보 활동 등
  → 내부 갈등, 분열

민족주의 3당 통합
┌ 한국 국민당(김구)
├ 한국 독립당(조소앙)
└ 조선 혁명당(지청천)

한국 독립당

⑤ 한국 광복군(지청천)
대일 선전 포고 1941. 12.
→ 연합군으로 참전
  (인도·미얀마)

조선 의용대   김원봉
화북 지대   조선 의용대

조선 독립 동맹 무정   1942년 합류
⑥ 조선 의용군 김두봉
  + 중국 팔로군
태항산 전투
  └ 1942
→ 광복 후 북한 인민군에 편입

군사력 증강(1·2·3지대)
국내 진공 작전 계획
미국 전략 정보국(OSS)과 연합
정진군(국내 침투) 훈련

3장 일제 강점기의 경제·사회·문화

1강 일제 강점기의 경제·사회

기본서 484~494쪽

解法 요람

민족 운동의 분화 [기출필수코드 55]

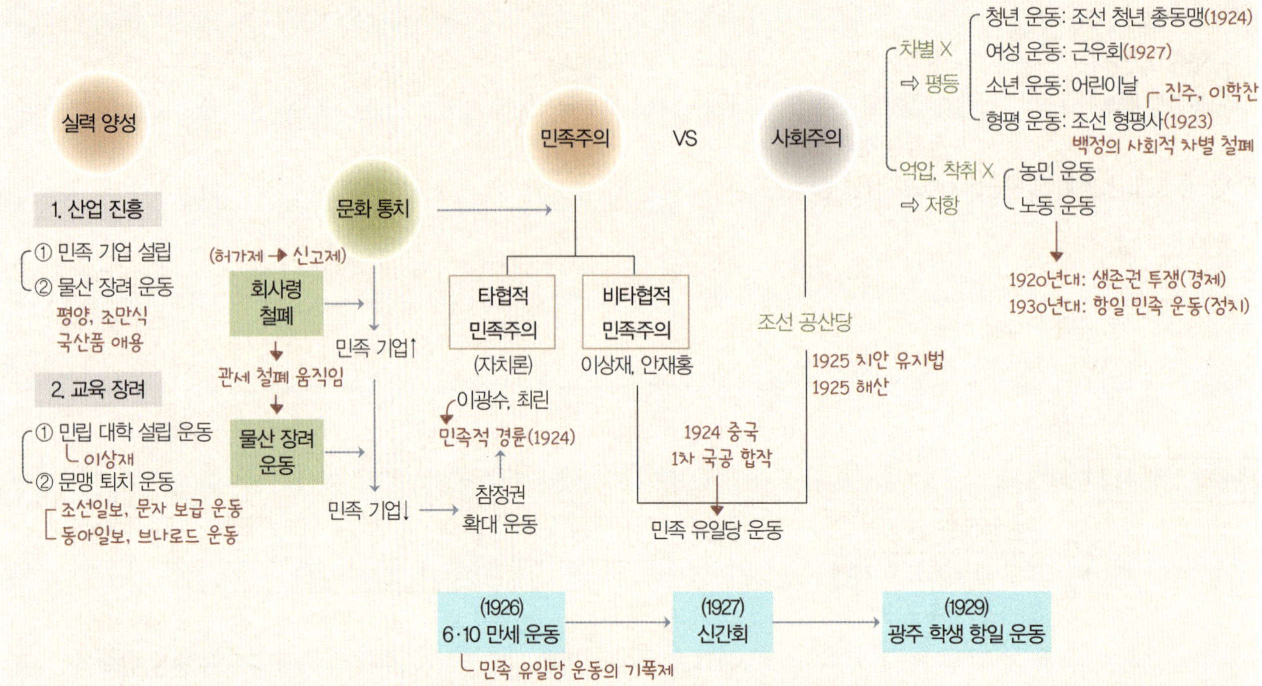

실력 양성

민족주의 VS **사회주의**

차별 X ⇒ 평등
- 청년 운동: 조선 청년 총동맹(1924)
- 여성 운동: 근우회(1927)
- 소년 운동: 어린이날 ┐ 진주, 이학찬
- 형평 운동: 조선 형평사(1923) └ 백정의 사회적 차별 철폐

억압, 착취 X ⇒ 저항
- 농민 운동
- 노동 운동

1920년대: 생존권 투쟁(경제)
1930년대: 항일 민족 운동(정치)

문화 통치

1. 산업 진흥
- ① 민족 기업 설립
- ② 물산 장려 운동
  평양, 조만식
  국산품 애용

2. 교육 장려
- ① 민립 대학 설립 운동 ┐ 이상재
- ② 문맹 퇴치 운동
  - 조선일보, 문자 보급 운동
  - 동아일보, 브나로드 운동

(허가제 → 신고제)
회사령 철폐 → 민족 기업↑
관세 철폐 움직임
물산 장려 운동 → 민족 기업↓

타협적 민족주의 (자치론)
비타협적 민족주의 이상재, 안재홍

이광수, 최린
민족적 경륜(1924)
참정권 확대 운동

조선 공산당
1925 치안 유지법
1925 해산

1924 중국
1차 국공 합작

민족 유일당 운동

(1926)	(1927)	(1929)
6·10 만세 운동	신간회	광주 학생 항일 운동

└ 민족 유일당 운동의 기폭제

농민 운동과 노동 운동

	1920년대	1930년대	1930년대 말
농민 운동(소작 쟁의)	소작료 인하, 소작지 이동 반대	지주제 폐지 주장	위축(일본 탄압↑)
1923 암태도 소작 쟁의	생존권 투쟁	항일 민족 운동	
노동 운동(노동 쟁의)	장시간 노동, 저임금	혁명적 노동조합	
1929 원산 노동자 총파업		소규모, 단위 노조별	
└ 신간회 지원		지하 조직화	

조선 노농 총동맹(1924) → 분화 발전
조선 노동 총동맹(1927) & 조선 농민 총동맹(1927)

▶ 민족 운동의 분화
- 실력 양성 운동 ┌ 먼저 민족의 실력을 키워 독립 준비 '선 실력 양성, 후 독립'
  └ 경제(물산 장려 운동·민족 기업 설립), 문화(민립 대학 설립 운동), 언론(국민 계몽·문맹 퇴치)
- 자치 운동 ┌ 이광수, 최린, 김성수 등 중심
  ├ 일제의 지배 인정하는 대신 참정권, 자치권 등 정치적 권리 요구
  └ 비타협적 민족주의자, 사회주의자들의 비판
- 사회주의 운동 ┌ 농민과 노동자 단결 강조, 일제 타도
  └ 사유 재산 제도에 바탕을 둔 자본주의 체제 부정

▶ 사회주의 사상의 유입·확산
- 3·1 운동 이후 일본·만주·러시아를 통해 국내 유입
  └ 소련의 약소민족 독립 지원 약속↓
- 독서회, 토론회, 강연회 등을 통해 사회주의 사상 연구·선전
- 노동 운동·농민 운동 등 각종 사회 운동 지원
  → 조선 청년 총동맹, 조선 노농 총동맹 결성에 영향
- 1925년 조선 공산당 결성(사회주의 운동의 중심 세력)

민족 기업의 등장

- 배경: 회사령 폐지(허가제 → 신고제)
- 유형 ┬ 지주 설립: 경성 방직 주식회사(1919, 김성수)
  └ 서민 설립: 평양 메리야스 공장, 평양 고무신 공장
- 1930년대 이후: 일제의 탄압으로 해체되거나 일본인 기업에 흡수

물산 장려 운동

- 배경: 일제의 관세 철폐 추진에 따라 민족 자본의 위기 의식 고조
- 전개 ┬ 조만식을 중심으로 평양에서 시작, 1920년 조선 물산 장려회 결성
  │   └ 서울에서는 1923년에 조직
  ├ 서울을 비롯한 전국으로 확대, 자작회(학생)와 토산 애용 부인회(여성) 등 각종 단체 설립
  └ 국산품 애용·근검 절약 운동, '내 살림 내 것으로', '조선 사람 조선 것', '우리 것으로만 살자'
- 결과: 토산물(국산품) 가격 상승, 사회주의 계열의 비판(자본가 계급의 이익만 추구), 1923년 이후 점차 쇠퇴

민립 대학 설립 운동

- 제2차 조선 교육령(1922)에서 대학 설립 허용, 고등 교육 기관인 대학 설립의 필요성 대두 민족의 역량 강화
- 조선 교육회 인사들이 주도, 조선 민립 대학 기성회 결성(1923)
- '한민족 1천만이 한 사람에 1원씩' 구호 아래 국내외에서 모금 운동 전개
- 결과 ┬ 일제의 탄압, 경성 제국 대학 설립(1924)
  └ 남부 지방 가뭄과 전국적 수해로 모금 운동에 차질 → 좌절

문맹 퇴치 운동

- 문자 보급 운동(1929): 조선일보, '아는 것이 힘, 배워야 산다', 『한글 원본』을 농촌에 보급, 전국 순회 강연 등
- 브나로드 운동(1931): 동아일보, 문맹 퇴치·미신 타파·구습 제거·근검절약 등 생활 개선
- 탄압: 총독부의 명령에 의해 금지(1935)

과학 대중화 운동

- 배경: 안창남의 고국 방문 비행 등을 통해 민족의 자신감↑ "떴다, 올려 보아라 안창남의 비행기 달린다, 내려 보아라 엄복동의 자전거"
- 발명 학회 ┬ 조직: 김용관이 과학 대중화를 목적으로 조직(1924)
  ├ 활동 ┬ 잡지 『과학조선』 간행, '과학의 날'을 통해 전국적인 과학 행사
  │   └ 과학 지식 보급회 조직(생활의 과학화, 과학의 대중화 주장)
  └ 결과: 일제의 탄압으로 중단

사회 운동의 전개

청년 운동

- 3·1 운동 이후 전국 각지에서 다수의 청년 단체 조직
- 활동: 강연회, 토론회, 야학 등 개최하여 민중 계몽
- 조선 청년 총동맹 조직(1924): 전국의 청년 단체들 통합

여성 운동
┌ 1898 찬양회(최초, 여권통문)
├ 1923 토산 애용 부인회(물산 장려 운동)
└ 1927 근우회

- 일제 강점기 여성의 지위 퇴보 + 여성 노동자들의 열악한 환경(장시간 노동, 저임금)
- 여성 단체들이 조직되어 강연회·야학 등 활동, 사회주의 사상의 영향(여성의 투쟁, 여성 노동자 해방)
- 근우회(1927): 신간회의 자매단체, 여성의 계몽과 여성 노동자의 권익 옹호 주장

소년 운동

- 배경: 일제 시기 아이들의 열악한 처지(인격체로 대우 X) 대부분 아이들은 교육 받을 기회도 적었으며, 공장 등에서 고된 노동에 종사
- 천도교 소년회 창립(1921): 방정환 주도, 어린이날 제정, 잡지 『어린이』 발간
- 조선 소년 연합회(1927, 전국적 조직)
- 탄압: 1930년대 일제의 탄압(소년 운동=민족 운동의 일환)

형평 운동 갑오개혁 이후 법제적 신분제 폐지, 그러나 신분 차별 의식은 잔존

- 백정들의 신분 차별: 호적에 백정임을 표시
  └ 호적에 도한으로 기록, 붉은 점으로 표시
- 조선 형평사 조직(1923): 경남 진주에서 이학찬 등이 창립, 전국적으로 조직 확대
  └ 저울처럼 평등한 세상을 만들자!
- 활동: 백정들에 대한 사회적 차별 철폐 주장, 항일 민족 운동 전개, 1930년대 이후 경제적 이익 단체로 변질
- 결과: 호적과 학적부에 백정 표시가 공식적으로 사라짐, 백정 자녀의 학교 입학 허용

농민 운동

- 배경: 일제의 토지 조사 사업, 산미 증식 계획 실시 → 다수의 농민들 몰락
- 1920년대 ─ 소작 쟁의 다수 발생(생존권 투쟁), 전라남도 신안의 암태도 소작 쟁의(1923)
  │   └ 소작권 이전 반대, 소작료 인하 등 주장
  └ 조직 결성: 조선 노농 총동맹(1924), 조선 농민 총동맹(1927) 전국적인 농민 운동 단체
- 1930년대 ─ 농민 운동의 격화(비합법적인 혁명적 농민 조합을 중심으로 전개), 항일 민족 운동의 성격
  └ 일제의 탄압: 농촌 진흥 운동 전개, 소작 조정령(1932)·조선 농지령(1934) 제정
     └ 1932~1940   └ 소작 쟁의 억제   └ 고율의 소작료 제한

노동 운동

- 배경: 회사령 폐지, 식민지 공업화 진행 → 노동자의 숫자 증가, 노동자의 환경 열악(저임금·민족 차별)
- 1920년대 ─ 노동자의 생존권 투쟁(임금 인상, 노동 시간 단축 등)
  │   └ 조직 결성: 조선 노농 총동맹(1924), 조선 노동 총동맹(1927)
  └ 원산 노동자 총파업(1929)
- 1930년대 ─ 일제의 탄압 강화로 합법적인 노동 운동 불가능 → 혁명적 노동 조합 결성(비합법적 지하 조직)
  └ 반제국주의적 항일 민족 운동 전개

의식주 생활의 변화

- 의 ─ 개항 이후 양복·양장 점차 보급, 한복에 모자나 구두를 함께 착용하기도 함.
  └ 1940년대: 남성은 국민복 착용(+전투모, 각반), 여성은 작업복인 몸뻬(바지) 착용
- 식 ─ 서양 음식과 기호 식품들 본격 유입(주로 도시 상류층 소비)
  └ 서민의 식량 사정 열악(일제의 수탈↑)
- 주 ─ 개량 한옥(1920년대), 문화 주택(1930년대), 연립 주택인 영단 주택 등장(1940년대)
  │ 서울 변두리: 토막집을 짓고 거주(빈민) └1920년대 후반부터 등장 └ 도시의 주거난 해소 목적
  └ 농촌: 3칸의 초가집, 구식의 기와집 등이 대다수 차지

▶ 모던 걸과 모던 보이

1920~30년대 경성 등 대도시에서 주로 단발과 양장, 양복 차림으로 거리를 활보하던 신식 여성과 남성을 지칭하는 말, 일제 강점기 자본주의적 소비 문화를 대표함.

▶ 일제 강점기 서울의 변화

- 남촌: 본정(충무로), 명치정(명동), 황금정
  (을지로) → 일본인 거리 형성
- 북촌: 종로 중심(조선인 상가 多)

북촌 ─ 청계천
남촌

※ 일제의 좌측통행 강요(1920년대 이후)

2강 │ 일제 강점기의 문화

기본서 495~505쪽

解法 요람

1920년대 민족주의 사학 │기출필수코드 56│

박은식 '국혼(신명)'
• 현대사에 관심(국권 피탈의 상황 극복) ┐ 민족정신을 혼으로 파악,   • 『한국통사』: (일제의 침략 과정), '나라는 형이요, 역사는 혼이다.' ┘ 혼이 담긴 민족사 강조   • 『한국독립운동지혈사』: 독립운동의 과정 서술, 사료 편찬소(임정)에서 편찬   • 임시 정부 2대 대통령

정인보 '얼'
『조선사 연구』, 『5천 년간 조선의 얼』

신채호 '낭가사상'
• 고대사 연구에 주력   • 『조선 상고사』: 단군~백제 멸망, "역사란 아와 비아의 투쟁 기록이다."   • 『조선사 연구초』: 묘청의 서경 천도 운동을 '조선 역사상 일천년래 제   일대 사건'으로 평가, 낭가사상 강조   • 『조선 혁명 선언』: 의열단 선언문, 자치론과 외교론 비판, 민중 혁명론   └ 1923   • 임시 정부 국민 대표 회의에서 창조파로 활동

1930년대 사회 경제 사학 │기출필수코드 56│

백남운 사적 유물론	• 『조선 사회 경제사』, 『조선 봉건 사회 경제사』 • 사적 유물론에 입각해 세계사적 보편성을 한국사에 적용, 일제의 정체성론 반박, 사회 경제사 연구에 집중 └ 일제의 봉건 사회 결여론 반박 광복 이후 『조선 민족의 진로』 저술 └ 연합성 신민주주의

1930년대 실증주의 사학

실증주의 랑케 학파	• 철저한 객관적 문헌 고증, 있는 그대로의 역사 • 진단 학회(1934): 이병도, 손진태

국어 연구와 한글 보급 │기출필수코드 56│

구한말	1920년대	1930년대
국문 연구소(1907)	조선어 연구회(1921) ──계승──▶	조선어 학회(1931)
주시경, 지석영 • 주시경, 『국어문법』 • 국문 정리와 국어 연구	이윤재, 최현배 등 • 잡지 『한글』 간행 • 한글 기념일인 '가갸날' 지정 • 한글 연구와 보급	조선어 연구회 계승 • 한글 맞춤법 통일안과 표준어 제정, 외래어 표기법 제정 • 『우리말 큰 사전』 편찬 착수 그러나 일제 방해로 실패 ──▶ 해방 이후 한글 학회에서 간행 • 1942, 조선어 학회 사건으로 해산

식민 사관

┌ 일선동조론: 한국과 일본의 조상이 같다고 주장, 고대사 심하게 왜곡(단군 조선 부정)
├ 타율성론: 한국의 역사는 외세의 간섭과 지배에 의해 좌우됨. 주체성 ×
├ 반도성론: 위치적으로 외세의 침략을 받는 게 당연함. 대륙 → 반도 국가 ← 해양
├ 정체성론 ┬ 한국사는 봉건 사회로 발전 ×, 고대 사회에 정체됨.
│   └ 백남운의 반박: 우리 역사에 봉건제 사회가 존재했음을 입증
│   └ 삼국 말기~조선을 아시아적 봉건제 사회로 파악
├ 당파성론: 우리 민족성을 당파성으로 일반화
│   └ 파벌의식·분열주의
└ 만선사관: 우리 역사를 만주의 일부로 파악함.

▶ 친일 학술 단체

• 고적 조사 위원회: 각종 문화재 탈취
• 조선사 편수회: 한국 역사 왜곡, 식민 사관 유포
• 청구 학회: 조선사 편수회 계승

민족주의 사학

박은식 국혼(민족혼), 유교구신론(1909, 실천적인 유교 정신 강조)

- 현대사 중시: 망국의 원인 파악, 국권 피탈 상황 극복
  - 『한국통사』: "나라는 형체(국백), 역사는 정신(국혼)"
  - 『한국독립운동지혈사』: 임시 정부 사료 편찬소에서 간행, 독립운동의 과정 서술
    - └ 갑신정변~3·1 운동
  - 임시 정부 2대 대통령(1925)

> **◉ 박은식의 『한국통사』(1915)**
> 옛사람이 이르기를 나라는 없어질 수 있으나 역사는 없어질 수 없다고 하였으니, 그것은 나라는 형체이고 역사는 정신이기 때문이다. 이제 한국의 형체는 허물어졌으나, 정신만이라도 오로지 남을 수 없는 것인가.

신채호 낭가사상

- 민족 중심의 자주적 역사관 강조, 고대사 연구 중시(민족의 독자성과 우수성 강조)
- 『조선사연구초』: 묘청의 서경 천도 운동을 '조선 역사상 일천년래 제일대 사건'으로 평가
  - 『조선상고사』: "역사란 아(我)와 비아(非我)의 투쟁의 기록"
- 『조선상고문화사』: 대종교와 연결되는 전통적인 민간 신앙에 관심, 국수보전론
  - 『조선 혁명 선언』: 의열단 선언문, 자치론과 외교론 비판

> **◉ 신채호의 『조선상고사』(1931)**
> 무엇을 '아(我)'라 하며 무엇을 '비아(非我)'라 하는가? 깊게 팔 것 없이 간단히 말하면 무릇 주체적 위치에 선 자를 '아'라 하고, 그 밖에는 '비아'라 하는데 …… 그러므로 역사는 '아'와 '비아'의 투쟁의 기록인 것이다.

1930년대 민족주의 사학

- 정인보 ─ 신채호의 민족주의 사관 계승, '얼' 강조(민족 정신) 광개토대왕비문 연구
  - └ 『조선사연구』, 『5천년간 조선의 얼』 → 동아일보에 연재
- 문일평: 조선심, 『대미 관계 50년사』
  - └ 근대 대외 관계사 정리
- 안확: 『조선문명사』(사회 진화론 + 문명진보론)

> **▶ 조선학 운동(1930년대)**
> - 정인보, 안재홍, 문일평 등
> - 계기: 정약용 서거 99주기, 『여유당전서』 간행 1934
> - 실학에서 자주적 근대 사상과 학문의 주체성 모색

신민족주의 사학

- 민족주의 사학 계승 → 자주적 민족 국가 수립(사회 계층 간의 대립 지양, 민족 중심으로 단결)
- 안재홍 ─ 신채호의 고대사 연구 계승·발전, 『조선상고사감』 저술
  - └ 극단적인 우익과 좌익을 배제한 민족주의 국가 건설 주장
- 손진태 ─ 이병도 등과 함께 진단 학회 발기, 민속학의 대가
  - ├ 신민족주의를 통한 민족 단결과 평등 등을 강조
  - └ 『조선민족사개론』 등 저술

> **▶ 민속학 연구**
> - 독자적 학문으로 발전(손진태 등)
> - (간송)전형필: 문화재 수집(문화재 유출 막음.)

사회·경제 사학

- 유물 사관, 한국사가 세계사의 보편적인 발전 법칙에 입각하여 발전해 왔음을 강조
- 백남운 ─ 사회 경제사 중시: 일제의 봉건 사회 결여론 반박, 조선의 봉건 사회 입증 ⟷ 정체성론(식민사학) 반박
  - ├ 『조선사회경제사』(고대 경제사), 『조선봉건사회경제사』
  -   └ 고려와 조선 시대에도 봉건 사회 존재
  - └ 『조선 민족의 진로』(1946): 연합성 신민주주의 제창

실증 사학

- 철저한 문헌 고증, 한국사 객관적 서술
- 진단 학회: 1934년에 이병도 등이 조직, 『진단 학보』 발간

> **▶ 실증 사학**
> - 주관적인 판단 최대한 배제
> - 사실을 있는 그대로 기술
> - 순수 학문 표방(식민사학에 학문적으로 대항)

국어 연구

- 조선어 연구회 ┬ 이윤재, 최현배 등이 창립, 한글 연구와 보급 목적
  1921 └ 한글 기념일인 '가갸날' 제정(1926), 『한글』 잡지 간행
- 조선어 학회 ┬ 조선어 연구회를 확대 개편
  1931 ├ 한글 맞춤법 통일안과 조선어 표준어 제정, 외래어 표기법 통일안 제정
  ├ 『우리말 큰 사전』 편찬 착수: 일제의 방해로 실패
  │ └→ 해방 이후 한글 학회에서 완간(1957)
  └ 조선어 학회 사건(1942)으로 강제 해산
     └ 일제는 조선어 학회를 독립운동 단체로 간주(치안 유지법)

▶ 김두봉(1889~1960?)
- 주시경 문하에서 한글 공부
  → 조선어 사전 『말모이』 편찬 사업 참여
- 민족 혁명당의 간부로 활동
- 조선 독립 동맹의 주석으로 선출
- 해방 후 북한의 언어 정책 주도

문학

- 1910년대: 최남선(신체시, 언문일치 문장 구사), 이광수의 「무정」(1917, 최초의 장편 소설)
- 1920년대 ┬ 『창조』·『폐허』·『백조』 등 동인지와 잡지의 간행 활발 　3·1 운동 이후 우리말 신문·잡지의 발간 허용
  ├ 근대 문학 발전 ┬ 인간 본능과 사회 현실을 사실적 묘사(사실주의 문학)
  │　　　　　　　　 └ 김동인·현진건·김소월·한용운 등 활동
  └ 신경향파 문학 등장: 사회주의 영향, 문학의 사회적 실천, 카프(문학 단체) 결성
- 1930년대 ┬ 만주 사변 이후 일제의 탄압 강화, 친일 문학 활동 장려
  ├ 순수 문학 활동: 정지용·김영랑(『시문학』 동인)
  └ 이육사·윤동주 등 항일 문인들 활동 ↔ 최남선·이광수 등 친일 문인들 활동(일제 침략 전쟁 찬양)
- 1940년대: 한국 문단의 암흑기, 서정주·노천명·최남선·이광수·주요한 등 친일 매국 활동

문화·예술 활동

- 음악 ┬ 1910년대: 국권 강탈 이후 창가 유행(저항적 성격)
  ├ 1920년대: 홍난파(봉선화), 현제명, 윤극영(반달) 등 가곡과 동요를 통해 민족 정서 표현
  └ 1930년대: 안익태(1935, 코리아 환상곡), 홍난파와 현제명 등은 친일로 변절
- 미술: 안중식(우리 전통 회화 발전), 고희동·나혜석(서양화), 이중섭(소)
  　　　　　　　　　　　　　　　 └ 「이혼고백서」 공개 발표
- 연극 ┬ 1910년대: 판소리 등 거의 도태, 일본풍 신파극 유행
  ├ 1920년대: 토월회, 본격적인 신극 운동 전개
  └ 1930년대: 극예술 연구회, 동양 극장(최초의 연극 전용 극장)
- 영화: 나운규가 영화 '아리랑'(1926) 제작·발표, 조선 영화령(1940)
- 스포츠: 조선 체육회 설립(1920), 경평 축구 대회(1929~)

근대 문화 총정리

	구한말	1920년대	1930년대
역사	근대 계몽 사학	민족주의 사학	사회·경제 사학, 실증주의 사학
국어	국문 연구소(1907)	조선어 연구회(1921)	조선어 학회(1031)
문학	신소설, 신체시 이인직 「혈의 누」 최남선 「해에게서 소년에게」	동인지, 잡지 ⇨ 현대 문학의 태동 사실주의 문학 민족적 정서 노래: 김소월, 한용운 신경향파(프로 문학) ↔ 국민 문학(민족주의)	순수 문학 친일 문학 ↔ 저항 문학

1장 광복과 대한민국의 수립

1강 8·15 광복과 대한민국의 수립
기본서 508~521쪽

解法 요람

대한민국의 수립 과정 기출필수코드 37★

1945년

8月 해방
대한민국 임시 정부, 조선 독립 동맹, 조선 건국 동맹(1944)
└ 여운형이 국내에서 조직
건국 준비 위원회(여운형, 안재홍, 중도 우파와 중도 좌파 결집: 좌우 합작) 송진우·김성수 등 우익 참여 ×, 미군정 부정
└ 전국에 145개 지부 조직(치안과 행정 담당), 조선 인민 공화국 선포(1945. 9. 6.), 좌파가 실권 장악

9月 군정 맥아더 포고령 1호
└ 행정권, 치안권 넘겨줌.
북 : 소련 – 간접 통치: 인민 위원회 활동 인정, 김일성 세력의 권력 장악을 지원
남 : 미국 – 직접 통치: 건국 준비 위원회와 조선 인민 공화국 부정, 충칭 임시 정부 부정
└ 총독부 체제를 이용, 한민당을 비롯한 우익 세력 지원
10월 이승만 귀국
11월 김구 귀국

12月 모스크바 3상 회의
⇒ 임시 정부 구성, 미·소 공동 위원회 설치, 신탁 통치 결정 한국 문제에 관한 4개항의 결의서
⇒ 신탁 통치 반대 운동
⇒ 반탁 vs 회의 결정안 지지 ⇒ 좌우익 대립 격화(국민 여론은 반탁 지지 ➡ 우익은 세력 기반↑, 좌익은 국민의 지지 상실)
김구, 이승만과 한민당 등 우익 ┘ └ 좌익, 신탁 통치안의 본질이 임시 정부 수립에 있다고 파악하고 회의 결정안 지지

1946년

3月 1차 미·소 공동 위원회
결렬(임시 정부에 참여할 단체의 자격과 범위를 놓고 이견) 〈 소련: 모스크바 협정안에 반대하는 정당, 단체와의 협의 거부
미국: 모든 정치 단체 포함 주장(표현의 자유)
└ 서울의 덕수궁에서 개최

6月 이승만의 정읍 발언
"남쪽이라도 임시 정부 혹은 위원회를 조직하자."(단정론 주장) 김구·박헌영 등은 반대

7月 좌우 합작 위원회
김규식, 여운형 좌우 합작 운동 전개, 이승만·김구·박헌영 계열 불참
미군정 지지 이후 지지 철회
10月 좌우 합작 7원칙 발표
12月 남조선 과도 입법 의원(김규식) ⇒ 남조선 과도 정부 설치(안재홍, 1947. 5.)

1947년

5月 2차 미·소 공동 위원회
미·소 냉전으로 결렬
⇒ 9月 유엔에 한반도 문제 상정: 미국(소련 반대)
7月 여운형 암살

11月 유엔 총회
인구 비례에 의한 남북한 자유 총선거 결의(유엔 감시단 입국하)
12月 좌우 합작 위원회 해산

1948년

1月 유엔 감시단 입국
소련 측이 유엔 한국 임시 위원단 입북 거부, 남측만 입국
2月 1o日 김구, 「삼천만 동포에게 읍고함」 발표

2月 유엔 소총회
유엔 한국 임시 위원단 활동이 가능한 지역(분단 의미)에서만이라도 선거 실시 결의
└ 남한만!!

4月 단독 선거 반대
남북 협상파 김구, 김규식 등 남북 연석회의(평양) 개최: 구체적 방안 × 북측: 김일성, 김두봉
제주도 4·3 사건 무고한 양민 희생, 10·19 여수·순천 반란 사건
└ 단독 정부 수립 반대하며 봉기 └ 좌익계 군인들이 4·3 사건 진압을 거부하고 무장 봉기

5月 5·10 총선거
⇒ 남한만의 총선거 실시(남북 협상파, 공산주의자 불참), 제헌 국회(1대 국회)
└ 우리나라 최초의 민주 보통 선거(21세 이상 투표권 부여) └ 임기 2년, 반민족 행위 처벌법과 농지 개혁법 제정

7月 헌법 제정
⇒ 대통령 중심제, 대통령 국회 간선
└ 대한민국 임시 정부의 법통 계승 └ 내각 책임제 요소 반영

8月 대한민국 정부 수립
국회에서 이승만을 대통령으로 선출(1948. 7. 2o.)

9月 반민족 행위 처벌법 제정
⇒ 10월 반민족 행위 특별 조사 위원회
12月 유엔 총회 승인: 대한민국이 유일한 합법 정부

건국 준비 활동

- 대한민국 임시 정부 ┬ 한국 독립당 결성(1940): 민족주의 계열의 단체들 통합
  - ├ 대한민국 건국 강령 제정·공포(1941): 조소앙의 삼균주의 채택
  - └ 연합 전선 강화: 조선 민족 혁명당(조선 의용대) 흡수(1942)
- 화북 조선 독립 동맹 ┬ 사회주의 계열(김두봉)
  1942 └ 조선 의용군: 중국 공산당 팔로군과 연합
- 조선 건국 동맹 ┬ 여운형 중심, 민족주의자와 사회주의자 참여, 비밀 결사 단체
  1944 └ 국외 독립운동 단체와 연결 시도, 3불(三不)의 원칙(불언·불문·불명)

▶ **한반도 관련 국제 회의(광복 이전)**

- 카이로 회담 ┬ 최초 한국 독립 약속
  1943 └ "적절한 시기에 한국을 독립 …"
- 얄타 회담 ┬ 소련의 대일전 참전 결의
  1945. 2. └ 신탁 통치 처음 논의
- 포츠담 선언 ┬ 카이로 회담의 내용 재확인
  1945. 7. └ 일본에 무조건 항복 요구

광복

- 배경 ┬ 독립 약속: 카이로 회담(1943, 미·영·중), 포츠담 선언(1945. 7, 미·영·중·소)
  │ └ 우리 민족의 독립 투쟁 결과
  └ 일본의 패전: 히로시마와 나가사키에 원자 폭탄 투하, 소련 참전, 일본의 무조건 항복(연합군 승리)
  └ 1945. 8. 6. └ 1945. 8. 9. └ 1945. 8. 8. └ 1945. 8. 15.
- 일제와 협상(정무총감 엔도-여운형): 치안권·3개월 분의 식량 확보 등을 조건으로 일본인 안전 귀국 보장

광복 직후의 정치 상황

미·소 군정

- 배경: 소련군, 한반도 진출 → 미국, 소련에 분할 점령 제안(38도선 기준) → 소련, 수락 → 한반도에 미·소 군정 실시
- 미군정 ┬ 군정 선포: 하지 중장 입국(1945. 9. 8.), 맥아더 포고령 1호 발표(1945. 9. 9.)
  - ├ 직접 통치 방식 채택, 일제의 총독부 체제를 그대로 활용
  - ├ 건국 준비 위원회의 활동과 조선 인민 공화국 수립을 부정, 대한민국 임시 정부도 부정
  - ├ 국내 우익 세력 지원(한국 민주당 등)
  - └ 경제 정책: 소작료 1/3 낮춤, 신한 공사 설치, 귀속 재산 처리법 실시
- 소군정 ┬ 간접 통치 방식 채택(인민 위원회의 자치 인정)
  └ 김일성 등 사회주의 세력 지원

▶ **건국 준비 위원회 강령**

1. 완전한 독립 국가의 건설
2. 민주주의 정권의 수립
3. 일시적 과도기(대중 생활 확보)

남한

- 건국 준비 위원회 ┬ 조선 건국 동맹(1944)을 모체로 조직
  1945. 8. 15. ├ 여운형과 안재홍 중심, 친일 세력 제외한 좌·우익을 망라하여 발족(송진우 등 보수 우파 참여 ✕)
  - ├ 치안대 설치, 전국에 145개 지부 조직 → 각지의 치안과 행정 담당
  - │ └ 조선 인민 공화국 선포 이후, 인민 위원회로 개편
  - └ 조선 인민 공화국 ┬ 미군의 입국에 대비해 협상에서 유리한 입장 차지할 목적
    1945. 9. 6. ├ 이승만(주석), 여운형(부주석) 임명
    └ 세력 약화: 좌익 세력이 주도권을 장악하자 안재홍 등 우익 세력 이탈, 미군정 인정 ✕
    └ 이후 조선 국민당 창당
- 한국 민주당: 송진우·김성수 등 조직, 임시 정부의 지지 선언, 미군정과 긴밀한 관계
- 독립 촉성 중앙 협의회: 한국 민주당·국민당 등 여러 단체 참여, 이승만을 총재로 추대
- 한국 독립당: 김구와 임시 정부 요인들이 개인 자격으로 귀국한 후 이를 중심으로 활동
- 민족 자주 연맹: 좌우 합작 운동 실패 후 김규식이 조직, 남북 연석회의 주도, 단독 정부 수립 불참
  └ 1947. 12. 중도 좌파 세력 결집
- 해방 직후의 주요 정치 지도자

구분	박헌영	여운형	안재홍	김규식	김구	이승만	김성수
정당	조선 공산당	조선 인민당	(조선) 국민당	민족 자주 연맹	한국 독립당	독립촉성중앙협의회	한국 민주당
경력	공산주의 활동	임시 정부, 건준위	신간회, 건준위	임시 정부	임시 정부	임시 정부	동아일보 사장
		좌우 합작 운동					
성향	좌파	중도 좌파	중도 우파		우파		
토지 개혁	무상 몰수, 무상 분배	무상 몰수			국유화	유상 몰수, 유상 분배	
친일파 처리	즉시 처단				처단 반대		

좌·우 합작 운동과 단독 정부 수립 결정

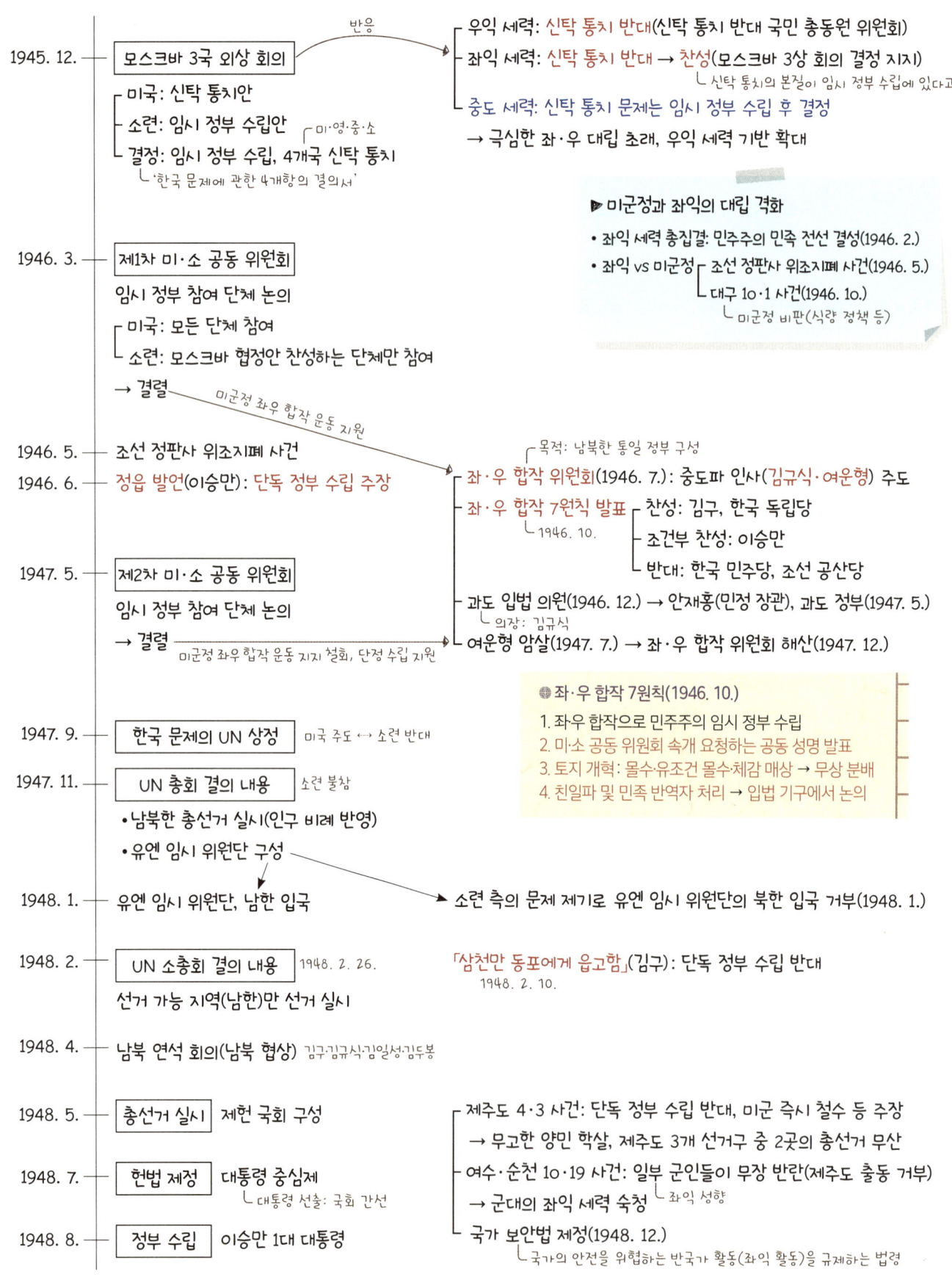

1945. 12. — 모스크바 3국 외상 회의 ──반응──

- 미국: 신탁 통치안
- 소련: 임시 정부 수립안 ⌐ 미·영·중·소
- 결정: 임시 정부 수립, 4개국 신탁 통치
  └ '한국 문제에 관한 4개항의 결의서'

- 우익 세력: 신탁 통치 반대(신탁 통치 반대 국민 총동원 위원회)
- 좌익 세력: 신탁 통치 반대 → 찬성(모스크바 3상 회의 결정 지지)
  └ 신탁 통치의 본질이 임시 정부 수립에 있다고 파악
- 중도 세력: 신탁 통치 문제는 임시 정부 수립 후 결정
- → 극심한 좌·우 대립 초래, 우익 세력 기반 확대

▶ 미군정과 좌익의 대립 격화
- 좌익 세력 총집결: 민주주의 민족 전선 결성(1946. 2.)
- 좌익 vs 미군정 ⌐ 조선 정판사 위조지폐 사건(1946. 5.)
  └ 대구 10·1 사건(1946. 10.)
    └ 미군정 비판(식량 정책 등)

1946. 3. — 제1차 미·소 공동 위원회

임시 정부 참여 단체 논의

- 미국: 모든 단체 참여
- 소련: 모스크바 협정안 찬성하는 단체만 참여
- → 결렬 ──미군정 좌우 합작 운동 지원──

1946. 5. — 조선 정판사 위조지폐 사건

1946. 6. — 정읍 발언(이승만): 단독 정부 수립 주장

목적: 남북한 통일 정부 구성

- 좌·우 합작 위원회(1946. 7.): 중도파 인사(김규식·여운형) 주도
- 좌·우 합작 7원칙 발표 ⌐ 찬성: 김구, 한국 독립당
  └ 1946. 10.   ├ 조건부 찬성: 이승만
                      └ 반대: 한국 민주당, 조선 공산당
- 과도 입법 의원(1946. 12.) → 안재홍(민정 장관), 과도 정부(1947. 5.)
  └ 의장: 김규식
- 여운형 암살(1947. 7.) → 좌·우 합작 위원회 해산(1947. 12.)

1947. 5. — 제2차 미·소 공동 위원회

임시 정부 참여 단체 논의

- → 결렬 ──미군정 좌우 합작 운동 지지 철회, 단정 수립 지원──

🌐 좌·우 합작 7원칙(1946. 10.)
1. 좌우 합작으로 민주주의 임시 정부 수립
2. 미·소 공동 위원회 속개 요청하는 공동 성명 발표
3. 토지 개혁: 몰수·유조건 몰수·체감 매상 → 무상 분배
4. 친일파 및 민족 반역자 처리 → 입법 기구에서 논의

1947. 9. — 한국 문제의 UN 상정 미국 주도 ↔ 소련 반대

1947. 11. — UN 총회 결의 내용 소련 불참

- 남북한 총선거 실시(인구 비례 반영)
- 유엔 임시 위원단 구성

1948. 1. — 유엔 임시 위원단, 남한 입국

소련 측의 문제 제기로 유엔 임시 위원단의 북한 입국 거부(1948. 1.)

1948. 2. — UN 소총회 결의 내용 1948. 2. 26.

선거 가능 지역(남한)만 선거 실시

「삼천만 동포에게 읍고함」(김구): 단독 정부 수립 반대
1948. 2. 10.

1948. 4. — 남북 연석 회의(남북 협상) 김구·김규식·김일성·김두봉

1948. 5. — 총선거 실시 제헌 국회 구성

- 제주도 4·3 사건: 단독 정부 수립 반대, 미군 즉시 철수 등 주장
  → 무고한 양민 학살, 제주도 3개 선거구 중 2곳의 총선거 무산
- 여수·순천 10·19 사건: 일부 군인들이 무장 반란(제주도 출동 거부)
  → 군대의 좌익 세력 숙청 └ 좌익 성향
- 국가 보안법 제정(1948. 12.)
  └ 국가의 안전을 위협하는 반국가 활동(좌익 활동)을 규제하는 법령

1948. 7. — 헌법 제정 대통령 중심제
                      └ 대통령 선출: 국회 간선

1948. 8. — 정부 수립 이승만 1대 대통령

남북한 정부의 수립

대한민국 정부의 수립

※ 1949년 $\left(\begin{array}{l}\text{6월 농지 개혁법(1950년 3월 실시)} \\ \text{12월 귀속 재산 처리법}\end{array}\right)$

1948 ─ 5월 10일 5·10 총선거 ┌ 우리나라 역사상 최초의 민주 보통 선거(투표 자격: 21세 이상)
  └ 김구·김규식·조소앙 등 남북 협상파 세력 불참

─ 5월 말 제헌 국회 개원: 국회 의원 임기는 2년(2년 후 총선 실시)
  └ 헌법을 만들었기 때문에 제헌 국회라고 불림.

─ 7월 17일 헌법 제정 ┌ 3·1 운동 정신과 대한민국 임시 정부의 법통을 계승
  └ 대통령 중심제+내각 책임제 요소

─ 7월 20일 국회에서 대통령·부통령 선출: 대통령에 이승만, 부통령에 이시영 당선
  내각 구성: 국무총리 이범석, 국회의장 신익희, 대법원장 김병로, 농림부 장관 조봉암

─ 8월 15일 이승만 대통령, 대한민국의 수립 선포

─ 9월 반민족 행위 처벌법: 제헌 국회는 반민족 행위 처벌법 제정
  → 이후 반민족 특별 조사 위원회 구성, 특별 재판부·특별 검찰부 설치

─ 10월 여수·순천 10·19 사건: 제주 4·3 사건의 진압을 위해 여수에 주둔하던 군인들에게 제주도 출동을 명령
  → 군대의 좌익 세력들이 제주도 출동을 거부하고 무장 봉기

─ 12월 유엔 총회의 승인: 대한민국이 한반도에서 유일한 합법 정부임을 인정

1949 ─ 5월 국회 프락치 사건: 김약수 국회부의장과 반민특위 소속의 일부 국회 의원들을 북한과 내통했다는 혐의로 구속함.

─ 6월 반민특위 습격 사건: 친일 경찰들이 반민특위 사무실 습격, 직원들 연행
  농지 개혁법 제정: 유상 매수·유상 분배, 1950년 3월부터 실시

─ 8월 31일 반민특위 와해: 8월 31일로 반민족 행위 처벌법의 공소 시효가 만료됨에 따라 반민특위 해체

북한 정권의 수립

┌ 해방 직후 북한 상황 ┌ 평양에서 평남 건국 준비 위원회(조만식) 조직·활동 → 8월 말, 소련에 의해 해체
│ └ 소련은 김일성이 구성한 인민 위원회를 조종하며 사실상 군정 시행
├ 북조선 임시 인민 위원회(1946. 2.): 김일성(위원장)·김두봉(부위원장), 토지 개혁(무상 몰수·무상 분배)
│ └ 1947년 2월 북조선 인민 위원회로 개편
├ 단독 정부 준비: 북조선 노동당 창당(1946. 3.), 조선 인민군 창설(1948. 2.)
│ 1948년 8월 25일 최고 인민 회의 대의원을 선출하는 선거 실시 → 최고 인민 회의 구성
└ 조선 민주주의 인민 공화국(1948. 9. 9.)
  1949년 조선 노동당 창당(위원장 김일성)

▶ 여운형의 주요 활동

1918 ─ 상하이에서 신한 청년당 조직
1933 ─ 조선중앙일보 사장으로 취임
1936 ─ 조선중앙일보 자진 폐간(일장기 말소 사건)
1944 ─ 조선 건국 동맹 조직
1945 ─ 조선 건국 준비 위원회 결성
1946 ─ 좌·우 합작 운동 주도
1947 ─ 서울 혜화동 로터리에서 피격·사망

2강 6·25 전쟁

解法 요람

6·25 전쟁의 배경과 경과 기출필수코드 38

배경	중국 공산화(1949. 10.) – 공산당이 국공 내전에서 승리 미국의 극동 방위선에서 한반도를 제외(애치슨 라인: 1950. 1.) → 한·미 상호 방위 원조 협정

경과

1. 북한군 남침(1950. 6. 25.) ⇨ 낙동강 저지선까지 후퇴 ㉠ ⇨ ㉡
   → 9. 28. 서울 수복 → 10. 19. 평양 탈환
2. 유엔군 참전(1950. 7.): 인천 상륙 작전(1950. 9. 15.), 압록강 진격(1950. 10. 26.) ㉡ ⇨ ㉢
   └ 유엔, 북한을 침략자로 규정(군사 지원)
3. 중국군 참전(1950. 10. 25.): 국제전의 양상을 띰, 흥남 철수(1950. 12) ㉢ ⇨ ㉣
   └ 국군과 유엔군 후퇴 → 1951. 1. 4. 서울, 북한 점령 → 1951. 3. 서울 재수복
4. 휴전 협상 시작(1951. 7.): 휴전 협정 체결(1953. 7. 27.), 한·미 상호 방위 조약 체결(1953. 10.)
   └ 소련이 유엔을 통해 휴전 제안

휴전 회담

구분	유엔군 주장	공산군 주장
휴전 방식	선 휴전, 후 협상	선 협상, 후 휴전
군사 분계선	현재의 군사 대치선 (38도선보다 북쪽)	38도선의 원상회복
포로 송환	개별 자원 송환(자유 송환)	전원 자동 송환(강제 소환)

6·25 전쟁

배경

- 국외: 중화 인민 공화국 수립(1949. 10.), 미국의 애치슨 선언(미국의 태평양 방어선에서 한반도 제외)
  └ 한국의 요청으로 한·미 상호 방위 원조 협정(1950. 1.) 체결
- 국내 ┌ 북한: 소련의 지원을 받아 남침 준비, 중국의 조선 의용군이 북한 인민군에 편입(전력 강화)
       └ 남한: 국군 창설(치안 유지·국방력 강화), 38도선 부근에서 소규모 충돌

전쟁 과정

- 전쟁 발발: 1950년 6월 25일 북한의 기습 남침 → 유엔은 유엔군 파견 결정, 3일 만에 서울 함락, 이승만 피난(대전 → 대구 → 부산)
  ┌ 북한의 행위를 침략으로 규정
  → 8월 국군은 낙동강 유역까지 후퇴 국군과 유엔군은 낙동강 방어선 중심으로 반격 시도
- 국군·유엔군 반격: 9월 15일 인천 상륙 작전 성공 → 9월 28일 서울 탈환 → 10월 평양 탈환, 압록강까지 진격
- 중국 개입: 중국, 대규모 인민군(중공군) 파견하여 북한 지원 → 흥남 철수, 서울 뺏기고 평택·오산까지 후퇴
- 전선의 교착: 국군과 유엔군의 반격으로 서울 재탈환 → 이후 38도선 부근에서 양측은 일진일퇴의 공방전 지속

휴전 협정

- 1951년 6월 소련은 유엔을 통해 휴전 제의 → 휴전 회담 개최
- 주요 쟁점: 군사 경계선 설정 문제, 포로 교환 문제 등
- 과정 ┌ 유엔군 측: 현재 대치선(38도선보다 북쪽)에 군사 분계선을 설정, 전쟁 포로의 자유 송환
       ├ 북한 측: 38도선을 군사 분계선으로 설정, 전쟁 포로의 강제 송환
       └ 남한의 반응 ┌ 휴전 반대 운동을 전국적으로 전개(북진 통일)
                      └ 반공 포로 석방: 이승만은 휴전 협정 체결 직전에 반공 성향이 있는 인민군 포로 석방(1953. 6.)
- 휴전 협정의 체결 ┌ 판문점에서 유엔군 대표 클라크와 북한군 대표 김일성, 중공군 대표 팽덕회가 최종적으로 서명
  (1953. 7. 27.) └ 대한민국은 휴전에 반대하여 휴전 협정서에 서명 ✕
                  └ 미국은 한국을 달래기 위해 1953년 10월 한·미 상호 방위 조약을 체결

결과

- 분단의 고착화: 남북 간 무력 대결 상태 지속, 남북한 모두 독재 체제 강화(남한의 이승만 정부–북한의 김일성 정권)
- 경제·사회: 남북한 모두 물적·인적 피해 多, 수많은 이산가족 발생
- 문화: 전쟁 이후 서구 문화의 무분별한 수입으로 전통적 가치와 규범이 동요됨.

2장 민주주의의 시련과 발전

1강 4·19 혁명과 민주주의의 성장

기본서 527~533쪽

解法 요람

제1공화국 기출필수코드 39

1대~3대

이승만 정부
1948~1960

1. 대한민국 정부 수립(1948)
2. 2대 총선(1950)에서 패배(무소속↑): 친일파 청산 수혼, 농지 개혁에 소극적
3. 6·25 전쟁 중에 자유당 조직(1951)
4. **발췌 개헌(1차 개헌, 1952)**: 대통령 직선제 ⇨ 2대 대통령 당선
5. **사사오입 개헌(2차 개헌, 1954)**: 초대 대통령의 중임 제한 철폐
6. 3대 대선(1956): 대통령 이승만, 부통령 장면 당선
7. 독재 정치 강화: 진보당 사건(1958), 보안법 파동(1958), 경향신문 폐간(1959)
8. **3·15 부정 선거(1960, 4대 대선)**: 이기붕의 부통령 당선을 목표로 부정 선거
   ⇨ 4·19 혁명 ⇨ 이승만 대통령 사임

4·19 혁명

배경	이승만의 장기 독재, 경기 침체(미국의 원조 축소), 3·15 부정 선거
과정	1차 마산 의거(경찰의 발포) ⇨ 2차 마산 의거(김주열 시신 발견, 시위 전국 확산) ⇨ 4월 19일 **서울 대규모 시위** (경찰 무차별 발포) ⇨ 계엄령 선포 ⇨ **대학 교수들의 시국 선언(4. 25.)** ⇨ 이승만 대통령 사임(4. 26.) ⇨ 허정 과도 정부 수립
의의	• 학생과 시민이 중심이 되어 **독재 정권을 무너뜨린 민주주의 혁명**(아시아 최초) • 민주주의 발전의 밑바탕, 통일 운동의 활성화 계기

제2공화국

장면 내각 1960~1961	• **제3차 개헌(1960)**: 허정 과도 정부에서 개헌 추진(내각 책임제, 양원제) ⇨ 총선에서 민주당 압승, 대통령 윤보선·국무총리 장면(장면 내각 성립) • 민주화·통일 운동↑: 소극적, 부정적 대처 • 경제 개발 5개년 계획 마련 ⇨ 5·16 군사 정변(1961)으로 붕괴

민주주의의 발전 과정

구분	4·19 혁명(1960)	5·18 광주 민주화 운동(1980)	6월 민주화 항쟁(1987)
계기	3·15 부정 선거	신군부의 권력 장악 (계엄령 선포)	직선제 개헌 요구 4·13 호헌 조치
양상	전국적 시위	광주에 국한	계획적, 조직적, 전국적 시위
결과	이승만 하야	전두환 정권 수립	직선제 개헌 쟁취
개헌	내각제 개헌(3차)	7년 단임 간선제(8차)	5년 단임 직선제(9차)
의의	민주주의의 시작	1980년대 민주화 운동 토대	민주주의의 완성

▶ 10년 단위로 정리하는 현대사

1950년대	이승만(1공)	개헌 과정 4·19 혁명
1960년대	박정희(3공)	경제 성장 반공
1970년대	박정희(유신)	통일 주체 국민 회의 긴급 조치
1980년대	전두환(5공)	강권 통치 유화 정책
1988년	노태우(6공)	북방 외교 여소야대
1993년	김영삼(문민)	각종 개혁 각종 사건
1998년	김대중	햇볕 정책 신자유주의

이승만 정부(제1공화국)

- **민심 이반** ┬ 친일파 청산 소홀, 농지 개혁에 소극적
  └ 2대 총선(1950)에서 정부에 비판적인 무소속이 많이 당선, 거창 양민 학살 사건, 국민 방위군 사건 등 실정 거듭 ← 6·25 전쟁 중 발생

- **독재 기반 형성** ┬ 이범석의 민족 청년단을 중심으로 자유당 조직(1951. 12.) 이승만의 지지 세력 결집
  │ ┌ **발췌 개헌** ┬ 부산 정치 파동: 개헌안에 반대하는 야당 의원들 구금·체포
  │ │ 1952. 7. └ **대통령 직선제·국회 양원제**를 주요 내용으로 하는 발췌 개헌 통과
  │ │ └ 실제로 실시 × └ 기립 표결로 통과
  │ ├ 발췌 개헌에 따라 직선제 선거 실시 → 이승만, 2대 대통령으로 선출(1952. 8.)
  │ ├ 1954년 5월 3대 국회 의원 선거에서 관권의 개입으로 자유당 압승
  │ ├ **사사오입 개헌**: 초대 대통령에 한해서 중임 제한 철폐
  │ │ └ 1954. 11.(1표 차이로 부결됐으나, 이틀 후에 사사오입 논리를 내세워 통과)
  │ │ 이승만 반대 세력은 민주당 창당(1955)
  │ └ 1956년 5월 3대 정·부통령 선거 → 대통령에 이승만 당선, 부통령에 민주당의 장면 당선

- **독재 권력 강화** ┬ 장면의 부통령 당선과 조봉암의 30% 득표에 충격 → 조봉암을 간첩죄로 구속(1958, 진보당 사건)
  └ 국가 보안법 개정, 정부를 비판하던 경향신문 폐간(1959)

- **3·15 부정 선거**: 자유당은 이기붕을 부통령으로 당선시키기 위해 부정 선거 추진
  └ 이승만의 대통령 당선 확실시(민주당 후보 조병옥의 병사) └ 4할 사전 투표, 3인·5인·9인 공개 투표, 투표함 바꿔치기 등

2강 **민주화 운동과 민주주의의 발전**   기본서 534~548쪽

解法 요람

박정희 정권 기출필수코드 39

5대~9대

박정희 정부
1961~1963(군정)
1963~1979

군사 정부 (1961~1963)	1. 군정 실시: 혁명 공약, **국가 재건 최고 회의**, 중앙정보부 설치 2. 정치: 정치인들의 활동 제약, 진보 세력 탄압 3. 경제: **경제 개발 5개년 계획** 시작(1962), 화폐 개혁(10환 ⇒ 1원) 4. 민정 이양 준비: 5차 개헌(1962) – 대통령 중심제, 민주 공화당 창당
제3공화국 (1963~1972)	1. 한·일 기본 조약 체결(1965, 한·일 협정): 김종필·오히라 메모, 6·3 항쟁(한·일 회담 반대) 2. 베트남 파병(1965): 브라운 각서(1966, 미국의 보상 명시), 베트남 특수 3. 경제 정책: 1·2차 경제 개발 5개년 계획 추진(1962~1971) – 노동 집약적 경공업 4. 6차 개헌(3선 개헌, 1969): **3선 금지 조항 삭제**, 장기 집권 구축 ⇒ 7대 대통령 당선
유신 체제 (1972~1979)	1. 배경: 냉전 완화, 경제 침체, 야당의 성장 2. 명분: 한국적 민주주의 표방, 통일 정책 추진 ⇒ 1972년 7월 7·4 남북 공동 성명 발표 3. 유신 체제 성립: 10월 비상 계엄 선포(10월 유신) ⇒ 11월 공포 4. 유신 헌법: 대통령 권한 강화 　(1) 장기 집권: 대통령 선출(**통일 주체 국민 회의** 간선), 대통령 임기 6년, 중임 제한 × 　(2) 대통령의 권한 극대화: **긴급 조치권**(초법적 권리), 국회 장악(국회 의원 1/3 추천)과 법원 장악(법관 임명) 5. 유신 반대 운동: 개헌 청원 100만인 서명 운동(⇒ 긴급조치 1호), 3·1 민주 구국 선언(1976) 6. 유신 체제 붕괴: YH 노동자 사건과 김영삼 의원직 박탈 ⇒ **부·마 항쟁** 　⇒ 10·26 사태(중앙정보부장 김재규가 박정희 대통령 저격)

군사 정부(1961~1963)

- 5·16 군사 정변 ─ 1961년 박정희 등 일부 군인들 정변 일으킴.
  - └ 정변의 구실: 장면 내각의 무능과 사회 혼란
  - └ 군사 혁명 위원회 설치, 6개의 혁명 공약 발표, 전국에 비상계엄령 선포
    - └ 혁명 공약 1호(반공을 국시의 제1로 삼음.)
- 군정 실시 ─ 국가 재건 최고 회의(최고 권력 기구), 중앙정보부 설치(정보 수집 기관)
  - ├ 정치인들의 활동 제약, 혁명 재판 실시, 사회 정화 사업(불량배·부정축재자 처벌)
  - └ 경제 정책: 1차 경제 개발 5개년 계획 시작(1962. 1.), 화폐 개혁(10환을 1원으로)
- 민정 이양 준비: 5차 개헌(1962, 대통령 중심제·단원제), 민주 공화당 창당(1963, 지지 세력 결집)

제3공화국(1963~1972)

한·일 협정 식민지 지배에 대한 사과를 명문화하지 못함!!

- 목적: 경제 개발에 필요한 자금 마련, 미국의 동아시아 전략(한·미·일 안보 동맹 구축)
- 김종필·오히라 회담(1962): 6억 달러 가량의 자금 제공 약속(무상 3억 달러+유상 2억 달러+민간 차관 1억 달러 이상)
- 6·3 항쟁(1964) ─ 언론에 김종필·오히라 메모 공개 → 굴욕적 대일 외교에 반발 "민족적 민주주의를 장례한다."
  - └ 정부는 비상계엄령, 휴교령, 위수령 선포하여 시위 진압
- 체결(1965): 야당과 시민의 반대를 누르고 한·일 기본 조약 조인, 한·일 국교 정상화 무상 3억 달러 + 유상 2억 달러 + 민간 차관 3억 달러 이상

장기 집권 체제 마련

- 6대 대통령 선거(1967): 윤보선 누르고 당선
- 6·8 총선(1967): 부정 선거 자행 → 부정적인 여론을 덮기 위해 동백림 사건 조작
  - └ 막걸리, 고무신 선거
- 3선 개헌 ─ 조국 근대화와 민족중흥 과업 달성을 명분으로 삼음.
  - (6차 개헌) ├ 국회에서 날치기로 통과(1969)
  - └ 박정희가 7대 대통령으로 당선(1971) 박정희 vs 김대중(40대 기수론)

▶ 동백림 사건(동베를린 간첩단 사건)
유럽에서 평화 통일 운동을 하던 작곡가 윤이상·화가 이응노 등을 간첩으로 체포하여 국내로 압송, 고문 수사를 벌였지만 이들에 대한 간첩 혐의는 구체적으로 입증되지 못함.

경제 정책

- 베트남 파병: 베트남 전쟁에 참전, 전투 부대 파병(1965~1973), 외화 획득(베트남 특수)
- 브라운 각서(1966): 베트남 파병에 대한 미국의 보상 → 한국군 장비 현대화, 차관과 군사 원조 제공 약속
- 1·2차 경제 개발 계획 실시(1962~1971): 경공업 중심, 수출 중심
- 새마을 운동 시작·경부 고속 국도 개통(1970)

기타 사건·정책

- 교육 정책: 국민 교육 헌장 제정(1968, 국가주의적 역사 의식), 중학교 무시험 진학 제도(1968)
  - └ 1969년 서울부터 실시
- 한·미 행정 협정(1966, SOFA): 주한 미군의 법적 지위에 관한 협정, 불평등 조항
- 1968년 북한의 도발: 1·21 사태(김신조 사건), 푸에블로호 나포 사건, 울진·삼척 무장 공비 침투 사건
  - └→ 향토 예비군 창설(1968. 4.)
- 사회적 동요: 전태일 분신 사건(1970), 와우 아파트 붕괴 사건(1970), 광주 대단지 사건(1971) 등
- 프레스 카드제(1972): 기자 등록제, 정부에 호의적인 언론만 출입 가능하게 함(언론 탄압).

유신 체제(1972~1979)
┌ 대외: 냉전 체제의 완화
└ 대내: 야당의 성장+경제 침체+사회 모순 심화

10월 유신
┌ 한국적 민주주의 표방(경제 난국 극복+평화 통일)
└ 10월 17일 비상 계엄 선포(국회 해산, 모든 정치 활동 금지)

유신 헌법   1972년 10월 제정, 11월 국민 투표로 확정
┌ 통일 주체 국민 회의에서 간접 선거로 대통령 선출 → 대통령 임기 6년, 중임 제한 철폐
├ 대통령 권한 극대화 ┬ 국회 장악(국회 의원 1/3 추천, 국회 해산), 법원 장악(법관 임명)
│   │   └ 유신 정우회 구성
│   └ 긴급조치권 부여(초헌법적 권리, 대통령 임의대로 각종 법률의 효력 정지)
└ 8대 대통령(1972. 12.): 통일 주체 국민 회의 대의원들이 단독 후보로 출마한 박정희를 대통령으로 선출

유신 반대 운동 탄압
┌ 김대중 납치 사건(1973): 일본에서 김대중을 납치 → 국내 자택에 감금
├ 긴급 조치 ┬ 1973년 개헌 청원 100만인 서명 운동을 탄압하기 위해 긴급 조치 1호 선포
│   └ 1974년부터 1975년까지 총 9차례 발표
└ 2차 인혁당 사건(1974): 전국 민주 청년 학생 연맹을 배후 조종한 혐의로 관련자들에게 사형 선고

문세광 대통령 저격 사건(1974)
→ 영부인 육영수 피살당함.

유신 체제에 대한 저항
┌ 야당 세력: 야당 정치인과 종교인 등은 민주 회복 국민회의 결성(1974)
├ 재야 세력: 3·1 민주 구국 선언 발표(1976) → 박정희 정권 퇴진 등 요구
├ 언론: 언론 자유 수호 운동 전개
└ 노동 운동: YH 무역 노동자 사건(1979) 등

경제 정책
┌ 3·4차 경제 개발 5개년 계획(1972~1981): 중화학 공업 중심
├ 포항 제철 완공(1973), 100억 달러 수출 달성(1977)
├ 1차 석유 파동(1973): 중동 특수로 극복
└ 2차 석유 파동(1979): 극복하지 못함. → 경기 침체

유신 체제 붕괴
┌ YH 무역 노동자 사건(1979. 8.): 신민당사에서 농성 중이던 YH 무역의 여공들을 경찰이 강제 진압 → 노동자와 야당이 결집
├ 김영삼 의원직 박탈: 1979년 10월 3일 정부 여당은 신민당 총재인 김영삼을 국회에서 제명
├ 부·마 항쟁(1979. 10.): 부산·마산 등지에서 유신 체제에 반대하는 시위가 대규모로 전개
└ 10·26 사태: 중앙정보부장 김재규가 궁정동 만찬에서 박정희 대통령 저격
     └ 수습: 전국에 비상계엄 선포, 12월 통일 주체 국민 회의에서 국무총리 최규하를 대통령으로 선출

解法 요람

전두환 정부와 노태우 정부

11대~12대

전두환 정부
1981~1987

1. 12 · 12 사태: 전두환 신군부 세력의 권력 장악 ⇨ 서울의 봄(신군부 퇴진 요구)
2. 5 · 18 광주 민주화 운동: 계엄령 철회와 김대중 석방 요구 ⇨ **과잉 진압과 시민군 조직** ⇨ 협상 시도
   ⇨ 무자비한 진압 ⇨ 군정 실시(국가 보위 비상 대책 위원회)
3. 전두환 정부 수립: 11대 대통령 당선(1980, 통일 주체 국민 회의) ⇨ **8차 개헌(1980, 7년 단임, 간선)**,
   12대 대통령 선출(1981, 대통령 선거인단 간선)
4. 강권 통치: 언론 통제, 학생 운동 탄압, 삼청 교육대
5. 유화 정책: 각종 규제 해제(통행금지 ×, 교복 자율화, 해외여행 자유), 우민화 정책(3S 정책)
6. 경제 정책: 3저 호황(저달러, 저유가, 저금리), 경제 고도 성장, 최초 무역 수지 흑자
7. 6월 민주 항쟁(1987): 직선제 개헌 운동 ⇨ **박종철 고문 치사 사건** ⇨ 4 · 13 호헌 조치 ⇨ 6월 민주 항쟁
   (**조직적, 범국민적**) ⇨ 6 · 29 선언(노태우) ⇨ **9차 개헌(5년 단임, 직선제)**

13대

노태우 정부
1988~1992

1. 외교 정책: **북방 외교** – 소련, 중국 등 사회주의 국가와 수교
2. 통일 정책: 남 · 북한 유엔 동시 가입(1991), 남북 기본 합의서 채택(1991)

역대 대통령 선거와 개헌 과정

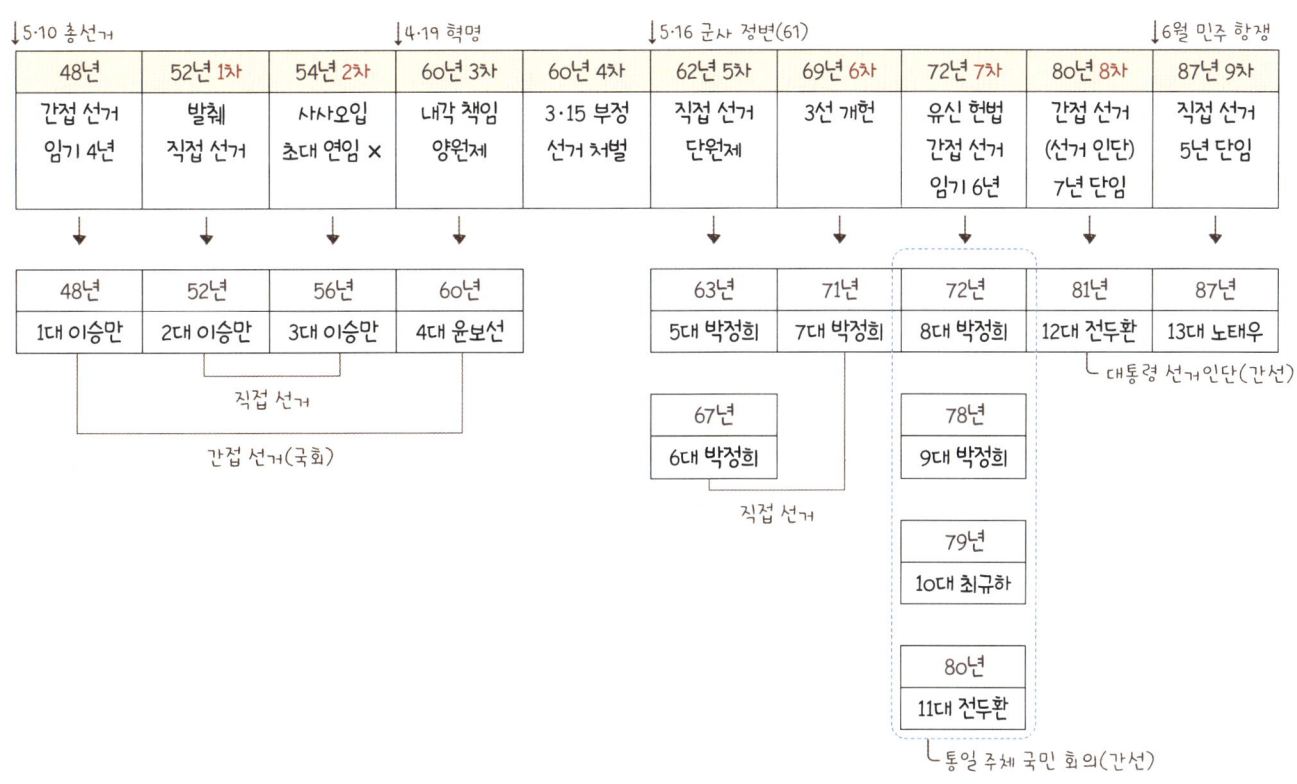

↓5·10 총선거			↓4·19 혁명		↓5·16 군사 정변(61)				↓6월 민주 항쟁
48년	52년 1차	54년 2차	60년 3차	60년 4차	62년 5차	69년 6차	72년 7차	80년 8차	87년 9차
간접 선거 임기 4년	발췌 직접 선거	사사오입 초대 연임 ×	내각 책임 양원제	3·15 부정 선거 처벌	직접 선거 단원제	3선 개헌	유신 헌법 간접 선거 임기 6년	간접 선거 (선거 인단) 7년 단임	직접 선거 5년 단임

48년 1대 이승만 — 52년 2대 이승만 — 56년 3대 이승만 — 60년 4대 윤보선
직접 선거 (52년, 56년)
간접 선거(국회) (48년, 60년)

63년 5대 박정희 — 71년 7대 박정희 — 72년 8대 박정희 — 81년 12대 전두환 — 87년 13대 노태우

67년 6대 박정희
직접 선거

└ 대통령 선거인단(간선)

78년 9대 박정희
79년 10대 최규하
80년 11대 전두환
└ 통일 주체 국민 회의(간선)

신군부의 등장과 광주 민주화 운동

1979 ─ 12월 6일 통일 주체 국민 회의에서 최규하가 10대 대통령으로 당선

　　　　12·12 사태: 신군부 세력 군부 장악

1980 ─ 서울의 봄(5. 15.): 신군부 퇴진과 계엄령 해제 등을 요구하는 시위 전개

　　　　계엄령 확대, 일체 정치 활동 금지(5. 17.)

　　　　　└→ 김대중·문익환 등을 내란 음모죄로 체포

　　　　광주 민주화 운동(5. 18.~5. 27.)

　　　　국가 보위 비상 대책 위원회 설치(5. 31.)

　　　　　└→ 언론 기관 통폐합, 정치인 활동 통제, 삼청 교육대 운영

　　　　8월 11대 대통령으로 전두환 당선(통일 주체 국민 회의)

　　　　10월 8차 개헌(7년 단임, 대통령 선거인단의 간접 선거)

1981 ─ 1월 민주 정의당 창당

　　　　2월 제12대 대통령 선거 → 전두환 당선

▶ 광주 민주화 운동
- 원인 ┬ 신군부의 계엄령 확대
　　　 └ 김대중과 문익환 목사 체포(내란 음모죄)
- 과정: 광주에서 학생들 주도로 민주화 시위(5·18)
　　　→ 계엄군의 발포로 많은 시민 사망
　　　→ 시위대가 시민군 조직, 광주 시내 장악
　　　→ 계엄군 광주 봉쇄, 시민들 정부와 협상 시도
　　　→ 계엄군의 무력 진압(1980. 5. 27.)
- 의의: 1980년대 반독재 민주화 운동의 밑거름

전두환 정부(제5공화국)

강권 통치

─ 언론 통제(언론 통폐합, 보도 지침 하달)
　　　　　└ 1980년 12월 정부는 보도 지침을 하달하여 기사 내용을 통제함.

─ 삼청 교육대 운영(무차별 검거, 가혹한 훈련)

└ 학생 운동 탄압: 대학에 정·사복 경찰 투입

유화 정책

─ 중앙정보부 → 국가 안전 기획부(안기부)

─ 각종 규제 해제: 해외여행 자율화, 중·고등학교 교복 자율화, 야간 통행금지 해제

─ 우민화 정책: 3S 정책, 국풍 81, 컬러 TV 방송, 프로 스포츠 출범
　　　　　　　　　　　　　　　　　　　　└ 야구·축구

└ 대학 정책: 학도 호국단 폐지(1984), 대학 입학 본고사 폐지, 졸업 정원제 실시

경제 성장과 정권의 타락

─ 3저 호황(1986~1988) → 연 10% 이상 고도성장, 최초로 무역 수지 흑자 달성

─ 권력형 부정 비리 사건: 이철희·장영자 금융 사기 사건, 전경환 새마을 운동 본부장 비리 사건 등 속출

└ 민주화 운동 탄압: 부천 경찰서 성고문 사건(권인숙 사건), 박종철 고문치사 사건 등 폭로

6월 민주화 항쟁(1987)

─ 배경 ┬ 직선제 개헌 운동 전국적으로 확산, 박종철 고문치사 사건(1987)
　　　　└ 4·13 호헌 조치(1987): 헌법을 그대로 유지한 채 선거를 치르겠다고 발표

─ 과정: 시민과 학생들이 조직적·범국민적으로 전개(호헌 철폐, 독재 타도, 민주 헌법 주장)

─ 결과: 노태우 민정당 대표의 6·29 선언 발표 → 9차 개헌(5년 단임의 대통령 직선제)
　　　　　　　　　　　　　　　　　　└ 대통령 직선제 개헌

└ 의의: 4·19 혁명 이후 가장 규모가 큰 민주화 운동, 민주주의 발전에 크게 기여(민주주의 완성)

❀ 6·10 대회 선언문(6월 민주화 항쟁)
국가의 미래요 소망인 꽃다운 젊은이를 야만적인 고문으로 죽여 놓고 … 국민적 여망인 개헌을 일방적으로 파기한 4·13 호헌 조치를 철회시키기 위한 민주 장정을 시작한다.
'민주 헌법 쟁취 국민운동 본부' 결성(6. 10.)

노태우 정부(제6공화국)

─ 정책 ┬ 서울 올림픽(1988), 범죄와의 전쟁 선포(1990), 지방 자치제 부분 실시(1991)
　　　　│　　　　　　　　　　　　　　　　　　　└ 김영삼 정부 때 전면 실시(1995)
　　　　├ 북방 정책: 소련(1990, 한·소 수교), 중국(1992, 한·중 수교)과 외교 관계 수립
　　　　├ 1991년 국제 연합(UN)에 남북한이 동시 가입
　　　　└ 남북 기본 합의서(1991. 12.), 한반도 비핵화 선언(1991. 12.) 등

└ 3당 합당 ┬ 노태우 정권, 여소야대 정국을 타개하기 위해 야당과 합당(김영삼, 김종필) → 민주 자유당 창당
　　1990　 └ 결과: 14대 대통령 선거에서 김영삼 당선

解法 요람

김영삼 정부와 김대중 정부

14대
김영삼 정부
1993~1997

1. 주요 정책: **금융 실명제 실시**, 지방 자치제 전면 실시, 역사 바로 세우기(일제 잔재 청산)
2. 경제 정책: UR(우루과이 라운드) 타결, WTO(세계 무역 기구) 출범, OECD(경제 협력 개발 기구) 가입
3. **IMF 외환 위기 발생**(1997) ⇨ IMF에 구제 금융 신청

15대
김대중 정부
1998~2002

1. 정권 교체: 최초로 선거에 의한 평화적 여야 정권 교체
2. 주요 정책: IMF 극복(노사정 위원회, 구조 조정)
3. 통일 정책: 남북 정상 회담(최초), **6·15 남북 공동 선언**(2000)

김영삼 정부

(서울 성수대교 붕괴 사고(1994))
(삼풍 백화점 붕괴 사고(1995))

- 주요 정책: 공직자 윤리법, 금융 실명제, 부동산 실명제, 지방 자치제 전면 실시, 학교 운영 위원회 설치
  └ 지방 자치 단체장 선거   └ 학교 자치 토대 마련
- 역사 바로 세우기 ─ 12·12 사태를 '쿠데타'로 규정, 전두환과 노태우를 반란 혐의로 기소(1995) 5월 18일을 국가 기념일로 제정
  └ 일제 잔재 청산: 국민학교를 초등학교로 개칭, 조선 총독부 건물 철거
- 경제 정책 ─ 국내 시장 개방: UR(우루과이 라운드), WTO(세계 무역 기구) 체제에 편입, OECD(경제 협력 개발 기구) 가입(1996)
  └ 외환 위기 발생: 1997년 말 국제 경제 여건의 악화, 외환 부족으로 경제 위기 → IMF에 구제 금융 신청
  → 기업과 금융의 구조 조정, 금 모으기 운동 전개   └ 국제 통화 기금

김대중 정부

- 우리나라 헌정 사상 최초로 선거에 의한 평화적 여·야 정권 교체
- 대북 정책 ─ 금강산 관광 사업(1998, 해로)
  (햇볕 정책)
  - 분단 이후 최초로 남북 정상 회담(2000) 개최 → 6·15 남북 공동 선언
  - 경의선 철도 복원 기공식(2000): 6·15 남북 공동 선언의 후속 조치
  └ 개성 공단 사업, 이산가족 상봉 실현, 김대중의 노벨 평화상 수상(2000. 12. 10.)
- 주요 정책 ─ IMF 극복: 경제 구조 조정, 외국 자본 유치, 부실 기업 정리, 노사정 위원회 구성(노사 협조)
  - 사회 복지 정책 확대: 국민 기초 생활 보장법, 남녀 차별 금지법 등 제정
  - 정부 조직 개편 ─ 국가 안전 기획부 → 국가 정보원, 교육부 → 교육 인적 자원부
    └ 여성부 신설, 문화재 관리국을 문화재청으로 승격   └ 현재 교육부
    └ 2024년 국가유산청으로 명칭 변경

노무현 정부

- 정부 정책: 저소득층을 위한 복지 정책 강화, 시민 사회를 위한 비정부 기구(NGO) 활성화
- 남북 관계 ─ 개성 공업 지구 조성(2003~2004), 개성 공단 본격 가동
  └ 제2차 남북 정상 회담(2007. 10.) → 10·4 남북 공동 선언 발표
- 탄핵 사태(2004)

▶ 남북 협력 사업(노무현 정부)
- 금강산 육로 관광 시작(2003)
- 겨레말 큰사전 공동 편찬(2004)
- '뽀로로와 친구들 1' 공동 제작(2005)
- 북관 대첩비 반환 사업(2005)
- 안중근 의사 유해 공동 발굴(2006)
- 경의선·동해선 연결(2007)

이명박 정부

- 정부 정책: 4대강 정비 사업, 시장 중시 정책(기업 활동 규제 완화 등) 다문화 가족 지원법 제정(2008)
- 남북 관계: 북한의 핵 문제에 강경하게 대처

3장 평화 통일과 경제·사회의 변화

1강 통일 정책과 북한의 변화

기본서 550~557쪽

解法 요람

통일 정책의 추진 [기출필수코드 40]

7·4 남북 공동 성명	1972	• 자주 · 평화 · 민족적 대단결의 민족 통일 3대 원칙 → 서울과 평양에서 동시 발표 남북 조절 위원회 설치, 서울-평양 간 상설 직통 전화의 개설 약속 • 남북 집권 세력은 7·4 남북 공동 성명을 독재 체제 강화에 이용 └ 남한(유신 헌법), 북한(사회주의 헌법)
남북 이산가족 고향 방문	1985	최초로 남북 이산가족 고향 방문, 예술 공연단 교환 방문 └ 이후 북한이 팀 스피리트 훈련 중단, 국가 보안법 폐지 등을 내세우며 대화 중단
남북 유엔 동시 가입	1991. 9.	남북 고위급 회담 시작(1990. 9.), 남북이 유엔에 동시 가입함.
남북 기본 합의서 └ 공개적으로 공식 합의한 최초의 통일 방안	1991. 12.	• 남북 간의 화해와 불가침 및 교류 · 협력에 관한 합의서 • 통일 지향하는 과정에서 잠정적으로 형성되는 특수 관계 인정
한반도 비핵화 선언	1991. 12	한반도 비핵화에 관한 공동 선언 채택(1991. 12. 31.)
금강산 관광 사업(해로)	1998	현대 그룹 주도, 금강호가 분단 후 처음으로 동해항에서 출발 육로: 2003년 시작, 2008년 중단
6·15 남북 공동 선언 └ 7·4 남북 공동 성명과 남북 기본 합의서의 내용 반영	2000	• 최초의 남북 정상 회담의 결과, 통일 문제의 자주적 해결 • 남측의 '남북 연합제안'과 북측의 '낮은 단계의 연방제안'의 공통성 인정 • 8·15 이산가족 방문단 교환(상봉 면회소 설치), 개성 공단 설치, 경의선 복구

● **7·4 남북 공동 성명(1972)** 정부는 이후락(중앙정보부장)을 비밀리에 북한에 파견

첫째, 통일은 외세에 의존하거나 외세의 간섭을 받음이 없이 자주적으로 해결하여야 한다.
둘째, 통일은 서로 상대방을 반대하는 무력행사에 의거하지 않고 평화적 방법으로 실현하여야 한다.
셋째, 사상과 이념, 제도의 차이를 초월하여 우선 하나의 민족으로서 민족적 대단결을 도모하여야 한다.

● **남북 기본 합의서(1991)**

남과 북은 … 7·4 남북 공동 성명에서 천명된 조국 통일 3대 원칙을 재확인하고, … 쌍방 사이의 관계가 나라와 나라 사이의 관계가 아닌 통일을 지향하는 과정에서 잠정적으로 형성되는 특수 관계라는 것을 인정하고 평화 통일을 성취하기 위한 공동의 노력을 경주할 것을 다짐하면서 다음과 같이 합의하였다.

● **6·15 남북 공동 선언(2000)**

1. 남과 북은 나라의 통일 문제를 그 주인인 우리 민족끼리 서로 힘을 합쳐 자주적으로 해결해 나가기로 하였다.
2. 남과 북은 나라의 통일을 위한 남측의 연합제안과 북측의 낮은 단계의 연방제안이 서로 공통성이 있다고 인정하고 앞으로 이 방향에서 통일을 지향시켜 나가기로 하였다.

▶ **남북한 통일 방안 비교**

남한	북한
민족 공동체 통일 방안(1994)	고려 민주 연방 공화국 창설안(1980)
• 1단계: 화해 협력 단계 • 2단계: 남북 연합 • 3단계: 통일 국가 완성 단계 – 국민 투표로 인한 헌법 확정	• 전제 조건 – 국가 보안법 폐지 – 주한 미군 철수 • 고려 민주 연방 공화국 수립
남북 연합	과도 체제 없음.
1민족 1국가 1체제 1정부	1민족 1국가 2제도 2정부
민족 사회 우선 건설 (민족 통일 → 국가 통일)	국가 체제 조직 우선 (국가 통일 → 민족 통일)

각 정부별 통일 정책

| 이승만 정부 | 북진 통일 주장 |

| 장면 내각 | 장면 내각은 통일 정책 추진에 매우 소극적인 태도 |
- '선경제 건설, 후통일' 주장
- 학생들과 일부 정치인들 중심으로 통일 운동 전개
  └ 중립화 통일론, 남북 협상론

| 박정희 정부 |
- 반공을 국시로 삼음(반공 태세 강화).
- 남북 적십자 회담 제의(1971~): 남북한 사이의 최초 평화 협상
- 7·4 남북 공동 성명(1972) ┌ 자주·평화·민족 대단결의 3대 통일 원칙, 서울과 평양에서 동시 발표
  ├ 남북 조절 위원회 설치, 상설 직통 전화 개설(서울–평양)
  └ 남북한은 이를 정치적으로 이용, 이후 독재 체제 구축
- 1975년 이후 남북 대화는 사실상 중단
- 북한의 도발: 1·21 청와대 습격 사건(1968), 푸에블로호 납북 사건(1968), 울진·삼척 무장 공비 사건(1968), 판문점 도끼 만행 사건(1976)

| 전두환 정부 |
- 남북 이산가족 고향 방문 및 예술 공연단의 교환 방문(최초, 1985)
- 북한의 도발: 아웅산 폭탄 테러(1983), 대한항공 858 폭파 사건(1987)

| 노태우 정부 |
- 미·소 냉전 체제 붕괴, 북방 외교 정책 적극적으로 추진
  └ 독일 통일(1990), 소련 붕괴(1991)
- 7·7 특별 선언(1988), 한민족 공동체 통일 방안 제시(1989)
- 한·소 수교(1990), 남·북한 유엔 동시 가입(1991. 9.), 한·중 수교(1992)
- 남북 기본 합의서(1991. 12.) ┌ 남북 화해·남북 불가침·남북 교류 협력 등을 골자로 함.
  │ └ 군사적으로 침범하지 않기로 합의
  ├ 남북 관계를 '통일 과정의 잠정적 특수 관계'라고 규정
  └ 남북한 정부가 공개적으로 공식 합의한 최초의 통일 방안
- 한반도 비핵화에 관한 공동 선언(1991. 12.): 핵무기를 개발하지 않기로 남북이 합의

| 김영삼 정부 |
- 민족 공동체 통일 방안(1994): 자주·평화·민주를 기본 원칙으로 통일 국가 형성 주장
- 경수로 건설 사업 추진(1994년 합의, 1995년 KEDO 설치)

| 김대중 정부 |
- 햇볕 정책 추진(다양한 대북 화해 협력 정책 전개)
- 6·15 남북 공동 선언(2000): 최초의 남북 정상 회담
- 금강산 관광 시작(해로, 1998), 경의선과 동해선 철도의 연결 추진, 개성 공단 건설(남한 기업 참여)
- 북한의 도발: 서해 연평 해전(1999, 2002)

| 노무현 정부 |
- 두 번째 남북 정상 회담 개최(2007), 10·4 남북 공동 선언(2007)
- 금강산 육로 관광(2003)

2강 경제 발전과 사회·문화의 변화

기본서 558~571쪽

解法 요람

현대 경제 총정리 기출필수코드 57

1950년대 (농지 개혁)	• 실시: 1949년 6월 제정, 1950년 3월부터 시행 • 내용: 산림·임야를 제외한 3정보 이상의 농지 대상, 연평균 생산량의 1.5배로 유상 매입 ⇨ 농민에게 3정보를 한도로 유상 분배, 5년간 수확량의 30%씩 상환 ┗ 지주에게 지가 증권을 발급(5년 만기) • 의의: 지주제 폐지로 인한 자영농 육성, 6·25 전쟁 당시 남한의 공산화 방지 • 한계: 6·25 전쟁으로 산업 자본의 전환 미흡, 빈농층 몰락으로 소작제 재등장
1960년대 (1,2차 경제 개발 5개년)	• 정부 주도 노동 집약적 경공업 육성(섬유, 신발) ⇨ 수출 중심의 성장 전략 • 베트남 특수, 빠른 경제 성장과 수출 증대 • 국가의 경제 기반 구축 ⇨ 경부 고속 국도, 포항 제철 건설
1970년대 (3,4차 경제 개발 5개년)	• 재벌 중심의 자본 집약적 중화학 공업 육성(자동차, 조선) • 1973년 1차 석유 파동 ⇨ 건설업 중동 진출(중동 특수) • 신흥 공업국으로 성장 ⇨ 100억 달러 수출 달성(1977) • 1979년 2차 석유 파동 ⇨ 경기 침체
1980년대	3저 호황(1986~1988): 저달러, 저유가, 저금리 ⇨ 3년간 높은 경제 성장률
1990년대	• 국내 시장의 개방: 김영삼 정부 때 1994년 우루과이 라운드(UR) 타결, WTO 체제에 편입, OECD 가입 ┗ 결과: 외국 농수산물 대량 유입, 국내 농업 큰 타격 • 1997년 IMF 외환 위기 발생 ⇨ 2001년 IMF 관리 체제에서 벗어남.

광복 직후(미군정기)의 경제 ▸ 1945년부터 3년간 '점령지 행정 구조 원조(GARIOA)' 전개

- 경제 악화: 지하자원·중공업 시설의 북한 편중(남북한 경제의 불균형), 남한의 전력 부족(북한의 송전 중단)
- 남한 인구 증가: 해외 동포 귀국, 북한 동포의 월남 → 식량 부족과 실업난 초래
- 물가 폭등: 광복 전후, 일제와 미군정의 화폐 남발 → 통화량 크게 증가, 물가 폭등
- 미곡 수집제 실시(1946): 식량 부족 해결 목적, 미군정의 미곡 수집 → 대부분 소작농들에게만 과중한 부담
- 3·1 소작제 실시: 소작료를 1/3로 낮춤. → 기대에 미치지 못함.
- 신한 공사 설립(1946): 동양 척식 주식회사와 일본인 소유의 농지 관리
  ┗ 1948년에 해체
- 중앙 토지 행정처 설치(1948): 신한 공사가 관리하던 귀속 농지 처리·매각

정부 수립 이후의 경제 정책

- 농지 개혁 ┬ 실시: 1949년 6월 제정, 1950년 3월부터 시행
  - 목적: 경자유전의 원칙, 자영농 육성
  - 대상: 임야와 산림을 제외한 농지
  - 유상 매입: 3정보(약 3만㎡) 이상을 소유한 지주에게 농지를 유상 매입 → 1년 수확량의 1.5배를 5년간 보상(지가 증권 발급)
  - 유상 분배: 농민에게 유상 분배 → 5년에 걸쳐 수확량의 30%씩을 상환
  - 의의: 지주제 소멸, 농민 중심의 토지 소유 확립
    한계: 농지 개혁 대상 토지들이 크게 감소(농지 개혁 시행 이전에 지주들이 토지 매각), 산업 자본으로의 전환 미흡(6·25 전쟁)
- 귀속 재산 불하(1949, 귀속 재산 처리법) → 민간에게 헐값에 매각
  ┗ 1950년대 독점 자본으로 성장

▶ 남한의 농지 개혁과 북한의 토지 개혁 비교

남한	북한
산림, 임야 제외	전체 토지
1949. 6. 법령 공포 (1950. 3. 시행)	1946. 3. 법령 공포
유상 매입·유상 분배	무상 몰수·무상 분배
토지 상한선 3정보	토지 상한선 5정보

6·25 전쟁의 복구와 경제 원조

- 전후 복구 ┌ 한·미 원조 협정(1948. 10.): 미국의 경제 원조(경제 안정, 시설 복구) 1950년 한·미 상호 방위 원조 협정
  └ 경제 재건: 파괴된 도로, 항만, 철도 등 사회 기간 시설 마련
- 미국의 경제 원조 ┬ 물자: 소비재(식료품, 농업 용품, 의료품), 삼백 산업(면방직·제당·제분) 원료에 집중
  ├ 영향 ┬ 순기능: 물자 부족 해소, 소비재 공업 성장
  │   └ 역기능: 밀·면화 등 농산물이 값싸게 들어와 농촌 경제 타격
  └ 차관 전환: 1950년대 후반 무상 원조 대신 유상 차관으로 전환하여 제공
  → 삼백 산업 위기, 경제 성장률 히락

경제 개발 계획의 추진

- 장면 정권: 경제 개발 5개년 계획(1961~1965) 수립 → 5·16 군사 정변으로 실시 ✕
- 시행: 박정희 군사 정부 때 처음 실시(1962~)
- 비용 마련 ┬ 한·일 국교 정상화 대가 차관: 총 8억 달러 규모의 유·무상 차관(일)
  └ 베트남 파병 대가 차관: 2억 달러의 원조와 차관(미)
- 1960년대 ┬ 정부 주도 노동 집약적 경공업 육성(섬유, 신발), 수출 중심의 성장 전략
  1차, 2차 ├ 베트남 특수, 빠른 경제 성장과 수출 증대
  └ 충주 비료 공장 가동(1961), 울산 정유 공장 가동(1964)
    └1955년 착공   └석유 화학 공업의 원료원 확보
- 1970년대 ┬ 국가의 경제 기반 구축(경부 고속 도로, 포항 제철 건설)
  3차, 4차 │   └1973년 완공
  ├ 중화학 공업 육성(자동차, 조선)
  ├ 마산·이리(익산)에 수출 자유 지역 조성 → 외국 기업 유치
  │   └1970 └1973
  ├ 1973년 1차 석유 파동 → 건설업 중동 진출(중동 특수) 등으로 극복
  ├ 100억 달러 수출 달성(1977)
  ├ 1970년대 중반 다수확 품종 개발 → 쌀의 자급자족 가능
  └ 1979년 2차 석유 파동 → 경기 침체
- 성과: 고도의 경제 성장, 전국 일일 생활권, 식량 생산 증대
- 문제점 ┬ 빈부 격차: 정부 주도 → 재벌 형성
  ├ 선성장 후분배: 저임금, 저곡가 정책
  ├ 수출 위주의 정책으로 무역 의존도↑(원자재·기술의 외국 의존도 높음.)
  └ 일본, 미국에 편중된 무역

▶ 경제 발전 연표

1950	농지 개혁 실시
1962	제1차 경제 개발 5개년 계획 실시
1965	한·일 협정 조인
1970	• 경부 고속 국도 개통 • 새마을 운동 시작
1973	제1차 석유 파동
1979	제2차 석유 파동
1986~88	3저 호황
1993	금융 실명제 실시
1996	OECD 회원국 가입
1997	IMF에 구제 금융 공식 요청
2001	외환 위기 극복

▶ 경제 개발 5개년 계획 →(성과) 신흥 공업국 성장(한강의 기적)

(특징)	정부주도	성장위주	수출지향
(문제)	정경유착 각종 비리	분야별 격차↑ 계층간·도농간·지역간 등	저임금·저곡가 해외 의존도 大

1980년대의 경제 안정

- 경제 위기: 중화학 공업의 과잉 투자, 제2차 석유 파동, 정치 불안 등
  → 마이너스 경제 성장, 국제 수지 약화, 물가 상승
- 경제 상황: 3저 호황(저금리·저유가·저달러), 무역 흑자 기록

1990년대의 경제 상황

- 국내 시장 개방: 우루과이 라운드(UR) 타결(1994), 세계 무역 기구(WTO) 편입, 경제 협력 개발 기구(OECD) 가입(1996)
- IMF 사태 ┬ 무역 적자의 누적+대기업 부도 사태+금융권 부실
  - → 기업 부도, 대규모 실업 발생 등 국가 위기
  - 극복 ┬ 국제 통화 기금(IMF)의 지원을 받아 국가 부도 모면
    - 국민들의 자발적 모금 운동 전개(금 모으기 운동 등)
    - 노사정 위원회 구성(노·사 간 고통 분담)

▶ 2000년대 이후 시장 개방의 확대
(2004년 노무현 정부 때부터~)

칠레를 시작으로 아세안, 유럽 연합, 미국 등과 자유 무역 협정(FTA)을 체결 → 전자·자동차 등 공산품 판매 시장은 더욱 확대, 반대로 농·축·수산물의 국내 시장 개방이 가속화

산업화와 농촌의 변화

- 산업화 ┬ 경제 개발 5개년 계획 → 산업 사회로 진입(이촌향도↑)
  - 농촌 중심의 촌락 공동체 붕괴, 환경 오염 및 도시의 주택 문제, 교통 문제↑
    - └ 광주 대단지 사건(1971)
- 농촌 사회 ┬ 산업화 이후 농촌 문제 발생
  - 새마을 운동: 근면·자조·협동 정신 → 주택 개량, 도로 확충, 하천 정비, 전기 시설 확충
  - 농민 운동 활성화(함평 고구마 피해 보상 운동 등)

노동 운동과 사회 운동, 여성 운동

- 노동 운동 ┬ 경제 성장으로 노동자 증가, but 저임금, 열악한 노동 환경 → 노·사 간 갈등 심화
  - 1970년대 ┬ 전태일 분신 사건(1970) → 지식인 등도 노동 운동에 적극 참여
    - └ YH 무역 사건(1979): 신민당 당사에서 농성
  - 1980년대: 6월 민주화 항쟁 이후 대규모 노동 쟁의 多
    - → 임금 인상, 노동 환경 개선, 민주적인 노동조합 결성 등 요구
  - 1990년대 ┬ 국제 노동 기구(ILO) 가입(1991), 전국 민주 노동조합 총연맹 결성(1995)
    - └ 외환 위기 이후: 다수 실업자 발생 → 노사정 위원회 구성(1998)
- 사회 운동: 6월 민주화 항쟁 이후 시민운동 단체 증가
- 여성 운동: 여성부 신설(2001), 호주제 폐지(2005) 등

의식주 생활의 변화

- 의: '재건복'(남)과 '신생활복'(여)(1960년대), 청바지와 장발 유행(1970년대)
- 식: 식량난, 혼·분식 장려 운동(1960~1970년대), 통일벼 적극 보급(1970년대)
- 주: 재건 주택(광복~6·25 전쟁 이후), 마포에 아파트 단지 조성(1964)

▶ 정부의 혼식·분식 장려
- 점심 때마다 학생들의 도시락을 검사하여 혼식 장려
- 1969년부터 매주 수·토요일을 분식의 날, 쌀이 없는 날로 지정

학문의 발전

- 1950년대: 우리말 큰사전 완간(1957, 한글 학회)
- 1960~1970년대: 박정희 정부의 국사 교육 강화
- 1980년대 이후: 사회 과학 분야의 서적들 발간 多, 일본의 교과서 왜곡 문제(1982)

교육 정책의 변화

- 미군정기 ┌ 교육 이념: 홍익인간, 민주 시민의 육성
  └ 남녀 공학제 도입, 미국식 6-3-3학제 마련
- 1950년대: 초등학교 의무 교육 실시(1950. 6.)
- 1960년대: 학도 호국단 폐지(1960), 국민 교육 헌장 선포(1968), 중학교 무시험 진학 결정(1968)
- 1970년대: 국사와 국민 윤리 교육 강화, 고등학교 평준화 정책(1974) 시행
  └ 연합고사로 바뀜.
- 1980년대: 과외 전면 금지, 대학 입학 본고사 폐지, 졸업 정원제, 교복과 두발의 자유화
- 1990년대 이후: 대학 수학 능력 시험 도입(1994), 중학교 의무 교육의 전국적인 시행(2002)

광복 이후 언론 활동

- 미군정~이승만 정부 ┌ 신문 발행 허가제(4·19 혁명 이후, 허가제 → 등록제)
  └ 경향신문 폐간(1959)
- 박정희 정부 ┌ 동아일보 중심으로 언론 자유 수호 운동 전개
  │ → 탄압: 동아일보 백지 광고 사태, 기자들 해직 등
  └ 프레스 카드제(기자 등록제)
- 전두환 정부: 언론 통폐합, 언론인 강제 해고, 보도 지침
- 6월 민주화 운동 이후 ┌ 언론 규제 완화(프레스 카드제 폐지)
  └ 한겨레신문 등 다수의 신문들 창간

문예·종교·체육·과학

- 문예 ┌ 1950년대: 반공적 문화+미국식 자유주의 문화
  │ └ 정비석의 「자유부인」(1954)
  │ 1960년대: 참여 문학론 대두, 민족·민중시 발전
  │ └ 신동엽 「껍데기는 가라」, 이영도 「진달래」
  │ 1970년대: 산업화·도시화를 주제로 한 문학 작품 발표
  │ 1980년대: 민중·노동 문학 활발
  └ 1990년대: 흥미나 개인의 내면을 추구하는 작품
- 종교: 민주화 운동에 앞장서거나 노동, 농민, 통일 운동을 적극 지원
- 체육 ┌ 프로 야구와 프로 축구 창설(1980년대)
  └ 아시안 게임(1986)과 서울 올림픽 대회(1988) 개최, 일본과 공동으로 월드컵 개최(2002)
- 과학 ┌ 한국 과학 기술원 설립(1980년대 초, KAIST)
  └ 아리랑 1호 발사(1999)

노범석 한국사 **커리큘럼**

노범석
박문각 공무원 한국사 전임교수
전) EBS 공무원 한국사 강사
　　KG패스원 공무원 한국사 전임교수
　　강남구청 인터넷수능방송 강사
　　두로경찰간부학원 한국사 교수
　　을지대학교 한국사 특강 교수

1번수강 4회독 커리큘럼 소개

지금까지의 한국사는 잊어라!
듣는 순간 외워진다

1단계 ## 개념 완성

올인원반

**수험 한국사 전체 내용을 기초부터 시작하여
심화 내용까지 완벽하게 정리하는 All in one 반**

1. 공무원 한국사를 준비하는 수험생이 수강해야 할 필수 강좌
2. 기출 분석을 통한 주요 내용 확인
3. 시간의 흐름에 따라 한국사 기본 개념 빠르게 정리

필기노트

방대한 한국사 내용을 빠르게 압축 정리

2단계 ## 문제풀이

**9月
기출문제 풀이**
[기출문제 기필코 830제]

1. 시행처별 기출문제 완벽 분석
2. 최근 16년간 주요 기출문제 수록

**11月
단원별 문제 풀이**
[기출필수코드 단원별 실전문제]

1. 57개 기출필수코드로 정리
2. 핵심 Summary + 기출 + 변형 문제
3. 실전편(1회분 20문항)
4. 매주 단원별 모의고사 실시

**1月
동형 모의고사**

1. 철저한 기출 분석을 바탕으로 만들어진 수준 높은 실전 모의고사
2. 매시간 시험 결과(정답률)에 근거한 해설 & 점검
3. 동형 모의고사와 동일 주제로 출제한 듀얼 모의고사 제공

3단계 ## 최종 점검 FINAL

**15시간에 끝장내는
한국사 파이널 특강**

1. 최종 점검 핵심 요약 정리 파이널 특강(주교재: 노범석 한국사 필기노트)
2. 한국사 전 과정을 시대사 · 주제사로 빠르게 체크

특강

서울시&지방직 대비 특강, 고난도 문제 풀이 특강, 문화사 특강, 지도 특강 등

노범석

주요 약력

- 박문각 공무원 한국사 전임교수
- 전) EBS 공무원 한국사 강사
- 전) KG패스원 공무원 한국사 전임교수
- 전) 강남구청 인터넷수능방송 강사
- 전) 두로경찰간부학원 한국사 교수
- 전) 을지대학교 한국사 특강 교수

주요 저서

- 2026 박문각 공무원 노범석 한국사 기본서
- 2026 박문각 공무원 노범석 한국사 기출문제 기필코 830제
- 2026 박문각 공무원 노범석 한국사 필기노트
- 2025 박문각 공무원 노범석 한국사 기출필수코드 단원별 실전문제
- 2025 박문각 공무원 노범석 한국사 기선제압 OX
- 2025 박문각 공무원 노범석 한국사 적중동형 국가직·지방직 봉투모의고사 Vol.1
- 2025 박문각 공무원 노범석 한국사 적중동형 봉투모의고사 Vol.2
- 박문각 공무원 입문서 시작! 노범석 한국사
- 박문각 한국사능력검정시험 노범석 원샷 한능검 심화 1/2/3급

동영상강의

www.pmg.co.kr

노범석 한국사카페

http://cafe.naver.com/historykahn

노범석 한국사 필기노트

초판 인쇄 | 2025. 10. 10.   초판 발행 | 2025. 10. 15.   편저 | 노범석
발행인 | 박 용   발행처 | (주)박문각출판   등록 | 2015년 4월 29일 제2019-000137호
주소 | 06654 서울시 서초구 효령로 283 서경 B/D 4층   팩스 | (02)584-2927
전화 | 교재 문의 (02)6466-7202

정가 19,000원
ISBN 979-11-7519-240-9